鎌倉新仏教論と叡尊教団

松尾剛次

法藏館

鎌倉新仏教論と叡尊教団　目次

第一部　鎌倉新仏教教団としての叡尊教団

第二部　叡尊教団の畿内・北陸・関東地方への展開

第三部　叡尊教団の中国・四国地方への展開

凡　例

本書では以下のような原則で表記などの統一を図った。

一、漢字表記は基本的に史料・地の文ともに新字を使用した。

一、年号は基本的に北朝年号を使用し、史料などによって南朝年号を使用せざるを得ない場合は、北朝年号も併記した。

一、「光明真言過去帳」には、○や●があるが、○は朱丸が、●は黒丸が書かれていることを示している。

一、史料に太字、傍線を付けるなどの加工を施している。

一、癩病という語は、それ自体が差別的表記とされ、ハンセン病と表記されることが多い。しかし、中世においては、癩病にはハンセン病のみならず、ハンセン病ではない重い皮膚病も入っており、ハンセン病と言い換えることは正確ではない。忍性による治療によって癩病が治るという奇跡が起こったのも、ハンセン病ではない皮膚疾患の患者が、癩病患者とされていたからである。それゆえ、癩病という表記を使用するが、それは、ハンセン病患者に対する差別を助長するためではないことをあらかじめ断っておきたい。

一、史料番号下の出典などについては、原則として、以下のように略記し、後ろに頁数・該当年などを記す。

・「西大寺末寺帳　その三」（奈良国立文化財研究所編『西大寺関係史料（一）諸縁起・衆首交名・末寺帳』奈良国立文化財研究所、一九六八年）→「西大寺末寺帳　その三」

・「西大寺代々長老名」（奈良国立文化財研究所編『西大寺関係史料（一）諸縁起・衆首交名・末寺帳』奈良

国立文化財研究所、一九六八年）→「西大寺代々長老名」
・「金剛仏子叡尊感身学正記」（『西大寺叡尊伝記集成』法藏館、一九七七年）→「金剛仏子叡尊感身学正記」
・「西大勅謚興正菩薩行実年譜」（『西大寺叡尊伝記集成』法藏館、一九七七年）→「西大勅謚興正菩薩行実年譜」
・「西大寺田園目録」（『西大寺叡尊伝記集成』法藏館、一九七七年）→「西大寺田園目録」
・「招提千歳伝記」（『大日本仏教全書一〇五』名著普及会、一九七九年）→「招提千歳伝記」
・「律苑僧宝伝」（『大日本仏教全書一〇五』名著普及会、一九七九年）→「律苑僧宝伝」
・「報恩寺文書」（『兵庫県史　史料編中世二』兵庫県、一九八七年）→「報恩寺文書」
・松尾剛次「西大寺末寺帳考」（松尾『勧進と破戒の中世史』吉川弘文館、一九九五年）→松尾「西大寺末寺帳考」
・松尾剛次「西大寺叡尊像に納入された「授菩薩戒交名」と「近住男女交名」」（松尾『日本中世の禅と律』吉川弘文館、二〇〇三年）→松尾「西大寺叡尊像に納入された「授菩薩戒交名」と「近住男女交名」」
・「東大寺円照上人行状」（東大寺図書館、一九七七年）→「東大寺円照上人行状」
・『山口県史　史料編中世1』（山口県、一九九六年）→『山口県史　史料編中世1』
・『山口県史　史料編中世2』（山口県、二〇〇一年）→『山口県史　史料編中世2』
・『愛媛県史　資料編古代・中世』（愛媛県、一九八三年）→『愛媛県史　資料編古代・中世』
・『広島県史　古代中世資料編Ⅳ』（広島県、一九七八年）→『広島県史　古代中世資料編Ⅳ』
・『宮津市史　史料編第一巻』（宮津市役所、一九九六年）→『宮津市史　史料編第一巻』

・『伊予史料集成〈第六巻〉国分寺・保国寺文書』（伊予史料集成刊行会、一九七九年）→『伊予史料集成〈第六巻〉国分寺・保国寺文書』
・『北国庄園史料』（旭光社、一九六五年）→『北国莊園史料』
・『極楽律寺史　中世・近世編』（極楽律寺、二〇〇三年）→『極楽律寺史　中世・近世編』
・『泉州久米田寺文書』（岸和田市、一九七三年）→『泉州久米田寺文書』
・松尾剛次『中世都市鎌倉の風景』（吉川弘文館、一九九三年）→松尾『中世都市鎌倉の風景』
・松尾剛次『中世叡尊教団の全国的展開』（法藏館、二〇一七）→松尾『中世叡尊教団の全国的展開』

鎌倉新仏教論と叡尊教団

はじめに

本書は、鎌倉新仏教論と関係させつつ、中世叡尊《えいぞん》教団の全国的展開を考察することをめざしている。叡尊教団と聞いてすぐにわかる人はほとんどいないであろう。ここでは奈良西大寺を拠点にした叡尊（一二〇一〜九〇）をいわば開祖とする教団のことを指している。法然を祖師とする教団を法然教団と呼ぶようなものである。

別著『新版鎌倉新仏教の成立』(1)や本書第一部で述べるように、私は叡尊教団はもう一つの「鎌倉新仏教」教団であったと考えている。彼らは教理に注目した場合、戒律を重視し、真言密教を学ぶ僧が多かったこともあって、後世「真言律宗」と呼ばれるようになる。なお、「真言律」という呼称は江戸前期に浄厳が『真言律弁』（元禄七〈一六九四〉年）を幕府に提出して独自な教学的な立場を樹立したことに始まり(2)、「真言律宗」という宗教法人は一八九五年に真言宗から独立して成立した(3)。

もっとも教団の形成期は、いわばマグマのような状態で、叡尊、覚盛らを中核に、「釈迦へ帰れ」をスローガンに、戒律の復興、および密教を中核とする種々の教学の復興を目指す運動であった。そのために、「真言律宗」といった範疇に収まらない、釈迦信仰を中核とする多元的な教理、信仰を有する教団であった(4)。そのことは、関東地方における拠点寺院の一つであった金沢称名寺（神奈川県）長老湛睿（一二七一〜一三四七）が律・真言密教のみならず華厳・禅にも精通していたことに端的に表れている(5)。しかし、彼らは中世において基本的な僧侶であった官僧身分から離脱し（遁世と呼ばれた）、遁世僧として独自な戒壇授戒というシステムを有するなど、新しい教団を樹立していった[6]。この官僧と遁世僧に関しては第一部第一・二章で触れる。

この叡尊教団に関し、従来は、遁世僧として教団を形成していた事実すら忘れられ、傑出した高僧であった叡尊と忍性（一二一七～一三〇三）が注目される程度であった。実際は、叡尊とその弟子たちは日本全国に布教活動を行い、その末寺は叡尊の時代において一五〇〇余を数え[7]、以後も増加していった。とりわけ、重要なのは、叡尊や忍性の没後も弟子たちは叡尊の遺志を継いで全国に布教活動を行い続けた点である。その活動は、一五世紀後半までは確実に継続していた。

たとえば、善願房順忍、本性房俊海らは鎌倉極楽寺を拠点に布教を行い[8]、叡尊の跡を継いだ慈道房信空は西大寺を拠点に叡尊教団を発展させた[9]。また、浄賢房隆賢は紀伊国や越前国に末寺を展開し[10]、深教房定証は備後浄土寺を中心に、紀伊国においても布教活動を行った[11]。このように、第二、第三の叡尊、忍性が続々と輩出していた点を忘れてはならない。本書第二部・第三部には、そうした叡尊・忍性以後の弟子たちの活動と末寺の全国的な展開を追った論文を集めた。

従来、中世叡尊教団の全国的展開を考察する際、明徳二（一三九一）年九月二八日に書き改められたという「西大寺末寺帳」（以下、「明徳末寺帳」とも略す）と永享八（一四三六）年付の「坊々寄宿末寺帳」が使用されてきた[12]。「明徳末寺帳」は国ごとに西大寺直末寺、いわば西大寺から住持が派遣される直轄寺院であった僧寺が書かれ、その記載の順は寺格順である。また、「明徳末寺帳」には、極楽寺本と西大寺本があり、平凡社版の地名シリーズなどでは極楽寺本が使われてきた。たしかに、極楽寺本には大和不空院など西大寺本にない末寺七箇寺（後掲の「西大寺末寺帳比較表」では▽で表記）が記載されており貴重である。しかしながら、摺り切れで見えない不退寺と喜光寺は除いても、加賀国分寺、越中国分寺など西大寺本にはあって極楽寺本にないものが一一箇寺（○で表記）もある。しかも、明徳二年以後に直末寺となった末寺も記載されているなど、いつの写しかまったく明確ではない。他方、西大寺本は「明徳末寺帳」を文亀二（一五〇二）年五月に校合されたものであり、また数多くの注記がある。そこで、本書では西大寺本を基本に極楽寺本を含めた諸本対校を行った翻刻を使っている。[13]

もっとも、後出する「西大寺末寺帳比較表」のように、西大寺本「明徳末寺帳」には、都合二一八箇寺が書かれているはずなのに、二六二箇寺が記載されている。それは、寄進年（西大寺直末寺となったことを意味する）が注記された寺院三七箇寺と極楽寺本にのみ記載された寺院七箇寺併せて四四箇寺を除くと二一八箇寺（◎と○で表記）であり、おそらく「明徳末寺帳」書写当初の時期には、二一八箇寺であったことを意味すると推測される。ただ、表のように、注記によれば明徳二年九月二八日以前に直末寺となった寺院一五箇寺も除く必要があるのは謎であり、後考を期したい。

「坊々寄宿末寺帳」は、注記によれば永享八年三月以後に直末寺となった寺院も書かれているが、そうした注記のないものは基本的に永享八年三月に記されたと考えられる末寺帳である。それには、毎年奈良西大寺で開催された光明真言会に全国の末寺から西大寺に集ってきた末寺の僧衆が寄宿する坊ごとに、その末寺を書き上げたもので、一九六箇寺が記載されている。光明真言会は叡尊が文永元（一二六四）年九月四日に西大寺建立の本願である称徳女帝の忌日を期して、七昼夜にわたって亡者の追善、生者の現世利益のために光明真言を読誦する法会であり、諸国の末寺から僧衆が集《つど》い、西大寺内に宿泊して法会を勤修する叡尊教団の年中行事の中で最大のものであった。それゆえ、末寺の中でも光明真言会に参加した寺院が記載されている。[14]

また、本書では、それらと、一五世紀半ばに作成された「西大寺末寺帳[15]」などを基に、中世叡尊教団の全国的展開を考察した。それらの末寺帳の比較については、「西大寺末寺帳比較」表を参照されたい。

私は二〇一〇年に『中世律宗と死の文化』[16]を吉川弘文館から、二〇一七年には『中世叡尊教団の全国的展開』[17]を法藏館から上梓した。本書はそれらの続編といえる。

『中世律宗と死の文化』では平安京と伊勢・伊賀などにおける展開を、『中世叡尊教団の全国的展開』では、本州の一部と九州地域に注目した。本書では、大和、陸奥、出羽、但馬、丹波、阿波などを除く諸国の叡尊教団寺院を、とりわけ律寺化の過程に注目して論じた。

大和に関しては、上田さち子氏「叡尊と大和の西大寺末寺」[18]や細川涼一氏[19]、大石雅章氏[20]、元興寺文化財研究所編『中世民衆寺院の研究調査報告書Ⅰ』[21]などの研究が出ており、私も『中世の都市と非人』[22]で触れた。陸奥、出羽に関しては、拙著『山をおりた親鸞　都を捨てた道元』[23]で触れている。但馬、阿波に関しては現地調査ができていない。

以上のように、不十分ながらも、ひとまず本書で、西国を中心とした中世叡尊教団の全国的展開を概観する試みを終えることができそうである。

もちろん、近年は、地域史研究が進み、叡尊教団に関する新史料が続々と出ている。海外でも、私がベルギー国ルーバン・ラ・ヌーヴ・カトリック大学で見いだした美濃小松寺の大般若経[24]のように、新発見史料が予想される。また、本書所収論文でも論じたが、極楽寺流（鎌倉極楽寺とその末寺）の全国的展開の大きさも明らかとなってきた[25]。とりわけ、三河国以東の東国における展開にも目を向ける必要が明らかになってきた。

それゆえ、中世叡尊教団の全国的展開に関する研究もまだまだ完成したわけではないが、叡尊教団研究のひとまずの一里塚を示すことは重要と考え、本書を上梓する次第である。

西大寺末寺帳比較表

no.	寺名	国名	明徳末寺帳 明徳	明徳末寺帳 寄進時期	坊々寄宿末寺帳 記載の有無・宿坊	坊々寄宿末寺帳 注記	一五世紀半ばの末寺帳 記載の有無
1	般若寺	大和	◎		◎二聖院		◎
2	海竜王寺	大和	◎		◎一室		◎
3	大安寺	大和	◎		◎大慈院		◎
4	白毫寺	大和	◎		◎南室二		◎
5	不退寺	大和	◎		◎二室		◎
6	喜光寺	大和	◎		◎護国院		◎
7	額安寺	大和	◎		◎東室四		◎
8	最福寺	大和	◎		◎大慈院		◎
9	大御輪寺	大和	◎		◎四室		◎
10	敬田寺(箕田)今は永正寺	大和	◎		◎二室		◎
11	惣持寺	大和	◎		◎二室		◎
12	現光寺(吉野郡)	大和	◎		◎護国院		◎
13	神願寺(高尾)	大和	◎		◎大慈院		◎
14	三学院(香久山)	大和	◎		◎東室四		◎
15	福田寺(興田)	大和	◎		◎地蔵院		◎
16	小塔院(南都)	大和	◎		◎東室一		◎
17	仙澗寺(栖原)	大和	◎		◎二室		◎
18	三宝院(布施)	大和	◎		◎一室		◎
19	羂索院(フセ)	大和	◎		◎一室		◎
20	高福寺(ユキ)	大和	◎		◎南室三		◎
21	三鈷寺(栖原)	大和	◎		◎東室一		◎
22	極楽寺(磯野)	大和	◎		◎二室		◎
23	常楽寺	大和	◎				◎
24	神宮如法院(吉野)	大和	◎		◎東室四		◎
25	迎摂寺(市原)	大和	◎		◎護国院		◎
26	仏隆寺(宇多アカハネ)		×		×		◎
27	円福寺(上保寺)	大和	◎		◎一室		◎
28	如意輪寺(吉野塔尾)	大和	◎		×		◎
29	観音寺(宇野)	大和	◎		◎二聖院		◎
30	秋篠寺(文殊院)	大和	◎		◎一室		◎
31	大日寺(宇智郡)(二見)	大和	◎		◎一室		◎
32	神宮寺(佐美)	大和	◎		◎一室		◎
33	長安寺	大和	◎		◎南室三		◎
34	元興寺極楽院	大和	▲	第九代長老御時	◎二聖院		◎
35	八木寺	大和	▲	第一八長老御代	◎三室		◎
36	阿弥陀寺(十市)(山坊)	大和	▲	第一八長老御代明徳二(一三九一)年八月日	◎南室二		◎
37	勝福寺(寺田)(吐田)	大和	△	第一九長老応永三(一三九六)年	◎地蔵院		◎

38	寿福寺	大和	△	山城国相楽郡山田庄第二七代之時	×		◎
39	大善寺（宇智郡）（牧野）	大和	△	第二七代良誓御寄付二聖院	◎二聖院	二七代和上寄付	◎
40	極楽寺（横田庄）	大和	△	当国北横田庄第二七代之時	◎南室三	第二七代和上良誓長老御代	◎
41	知足院（南都）	大和	◎		◎地蔵院		◎
42	来迎寺（高樋）	大和	◎		◎西室		◎
43	不空院（南都）	大和	▽		×		◎
44	竹林寺（笠）	大和	○		×		◎
45	福智院	大和	▽		×		◎
46	円証寺	大和	▽		×		◎
47	本光明寺（森本）	大和	▽		×		◎
48	菩提寺（高市郡橘寺）	大和	×		◎二聖院	二七代和上寄付	◎
49	常満寺	大和	×		◎西室		×
50	法隆寺北室	大和	×		×		◎
51	大聖無動寺	大和	×		×		◎
52	浄住寺	山城	◎		◎南室三		◎
53	速成就院	山城	◎		◎二室		◎
54	大乗院（八幡）	山城	◎		◎東室二		◎
55	大覚寺（不懐化身院）	山城	◎		◎南室二		◎
56	放生院（宇治）	山城	◎		◎三室		◎
57	長福寺（三条大宮）	山城	◎		◎西室		◎

58	法光明院（西谷）	山城	◎		◎三室		◎
59	醍醐菩提寺	山城	▲	第一四長老御時応安二（一三六九）六	◎一室		◎
60	常福寺（京中御門西洞院）	山城	▲	第一六長老御時永徳三（一三八三）二月日	◎護国院		◎
61	寿福寺（山田庄）	山城	△	二七代之時□進□	◎二室	山城国相楽郡山田庄二七代和尚之時	◎
62	相楽郡観音寺	山城	◎		◎西室		◎
63	極楽坊	山城	◎		×		◎
64	木幡観音寺	山城	◎		◎東室一		◎
65	知足院	山城	◎		×		×
66	桂宮院	山城	◎		×		◎
67	遍照心院	山城	◎		×		◎
68	戒光寺	山城	▽		×		◎
69	成心院	山城	▽		×		◎
70	平等心王院	山城	▽		×		◎
71	橋寺（宇治常光院）	山城	×		×		◎
72	西琳寺	河内	◎		◎大慈院		◎
73	教興寺	河内	◎		◎護国院		◎
74	真福寺	河内	◎		◎東室一		◎
75	泉福寺	河内	◎		◎東室二		◎
76	寛弘寺	河内	◎		◎大慈院		◎
77	千光寺	河内	◎		◎大慈院		◎
78	西方寺（六辻）	河内	◎		◎東室一		◎
79	金剛蓮花寺	河内	◎		◎護国院		◎

80	薬林寺	河内	◎		×		◎
81	広成寺	河内	◎		◎東室四		◎
82	神弘寺（三箇）	河内	◎		◎東室一		◎
83	宝泉寺	河内	◎		◎東室一		◎
84	宝蓮花寺（誉田奥院）	河内	△	応永一四（一四〇七）年丁亥七月二〇日第二〇代長老御代二室	◎二室		◎
85	禅寂寺（坂下）	和泉	◎		◎一室		◎
86	長承寺	和泉	◎		◎東室一		◎
87	来迎寺（信達）	和泉	◎		◎三室		◎
88	清弘寺	和泉	◎				◎
89	天王寺薬師院	摂津	◎		◎東室三		◎
90	多田院	摂津	◎		◎一室		◎
91	荘厳浄土寺	摂津	◎		◎三室		◎
92	妙台寺	摂津	◎		◎三室	河内とするも誤	◎
93	慈光寺	摂津	◎		◎一室		◎
94	東光寺	摂津	◎		◎東室二		◎
95	安養寺	摂津	◎		◎一室		◎
96	能福寺	摂津	▲	第一四長老御時応安二（一三六九）三九	◎一室		◎
97	極楽院	摂津	◎		◎東室三		◎
98	吉祥寺	摂津	◎		◎東室三		◎

99	観音寺（西成）（兵庫八王子）	摂津	△	応永一八（一四一九）六月日第二一代御時	◎一室		◎
100	法薗寺（猪名寺）	摂津	△	第二七代長老ニ寄進	◎西室	二七代寄付	◎
101	安楽寺（マキ）	摂津	◎		◎西室		◎
102	大岡寺（服部）	伊賀	◎		◎四室		◎
103	大聖寺	伊賀	◎		◎南室二		◎
104	妙覚寺	伊賀	◎		◎東室二		◎
105	七仏薬師院	伊賀	◎		◎大慈院		◎
106	長福寺	伊賀	◎		◎護国院		◎
107	良福寺（徳井）	伊賀	◎		◎東室二		◎
108	長楽寺	伊賀	◎		◎西室		◎
109	阿弥陀寺	伊賀	◎		◎三室		◎
110	報恩寺（トモノヲ）	伊賀	◎		×		◎
111	無量寿福寺	伊賀	◎		×		◎
112	報恩寺	伊賀	×		×		◎
113	地蔵堂	伊賀	○		×		×
114	不動寺	伊賀	○		×		×
115	弘正寺	伊勢	◎		◎護国院		◎
116	円明寺	伊勢	◎		◎東室三		◎
117	大日寺	伊勢	◎		◎二室		◎

118	長妙寺(田村)	伊勢	◎		◎護国院		◎
119	興光寺	伊勢	◎		◎護国院		◎
120	宝寿寺	伊勢	◎		×		◎
121	宝生院(森寺)	伊勢	◎		◎三室		×
122	戒泉寺	伊勢	◎		◎西室		◎
123	円興(光)寺	伊勢	◎		×		◎
124	常光寺	伊勢	▲	第一五長老御時応安七(一三七四)九八	◎西室		◎
125	福善寺	伊勢	◎		◎四室		◎
126	法延寺	伊勢	◎		◎三室		×
127	金光寺	伊勢	◎		×		×
128	大福田寺	伊勢	◎		×		◎
129	慈恩寺	伊勢	◎		×		×
130	東観音寺	伊勢	◎		×		×
131	新福寺	伊勢	◎		×		×
132	宝蓮院(二階堂宝蓮寺)	近江	◎		◎西室		◎
133	慈恩寺(佐々木)	近江	◎		◎一室		◎
134	石津寺	近江	△	第二二長老御代応永二〇(一四一三)年八月一〇日	◎一室		◎
135	福泉寺(愛智郡長野庄)	近江	△	二七代和上御代文安五(一四四八)年四月日南三室	◎南室三	第二七代和上御代寄付	◎
136	長安寺(伊香郡)	近江	△	二七代和上御代西室文安五(一四四八)年寄進	◎西室	文安五(一四四八)年寄進二七代和上御時	◎
137	法薗寺	近江	△	二七代ニ寄進今ハ薬師院被返了	×		◎
138	常福寺(八対野)	近江	△	二七代ニ寄進	◎西室	勢州八村野同二七代寄付	◎
139	阿弥陀寺(タカシマ郡新城庄ほり川)	近江	◎		◎四室		◎
140	釈迦寺(田嶋)	尾張	◎		◎一室		◎
141	円光寺(長牧)	尾張	◎				◎
142	円満寺	尾張	◎		◎一室		◎
143	金勝寺	尾張	◎				◎
144	安国寺	尾張	◎		◎一室		◎
145	阿弥陀寺	尾張	▲	明徳二(一三九一)年一二月一三日一八代長老	×		×
146	国分寺	尾張	○		×		◎
147	松蔵寺(山田)	美濃	◎		◎一室		◎
148	長康寺(大井)	美濃	◎		×		◎

149	小松寺	美濃	◎		×		◎
150	報恩寺(牛薮)	美濃	△	一八代長老明徳二(一三九一)年十月三〇日	×		◎
151	盛興寺(二科)	信濃	◎		×		◎
152	山善寺	信濃	▲	第一五長老御時永和元(一三七五)九三	×		◎
153	神宮護国寺(金津)	越前	◎		◎大慈院		◎
154	大善寺	越前	◎		◎大慈院		◎
155	長福寺	越前	◎		×		◎
156	月輪寺(月影)	加賀	◎		◎二聖院		◎
157	西光寺(吉光)	加賀	◎		◎東室三		◎
158	神宮寺(松任)	加賀	◎		×		◎
159	明星寺(二口)	加賀	◎		◎南室二		◎
160	宝光寺	加賀	◎		◎四室		◎
161	称名寺(トクミツ)	加賀	△	応永五(一三九八)年八月二五日第一九長老	×		◎
162	国分寺	加賀	○		×		◎
163	禅興寺(曽根)	越中	◎		◎一室		◎
164	弘正院(長沢)	越中	◎		◎四室		◎

165	宝薗寺(黒河)	越中	◎		◎一室		◎
166	聖林寺(野尻)	越中	◎		◎大慈院		◎
167	大慈院(長徳寺)	越中	△	明徳三(一三九二)年三月二二日一八代長老今ハ号長徳寺	◎西室		◎
168	円満寺	越中	○		◎四室		◎
169	国分寺	越中	○		×		◎
170	安禎寺	越後	▲	貞治二(一三六三)年ニ直末寺ニ被定云々	×		◎
171	曼陀羅寺	越後	▲	明徳二(一三九一)年辛未八月二五日	◎東室四		◎
172	常楽寺(北条)	播磨	◎		◎東室一		◎
173	成福寺(ヲノヘ)	播磨	◎		◎二聖院		◎
174	福泉寺	播磨	◎		×		◎
175	曼陀羅寺(延命寺)(サタニ)	播磨	◎		×		◎
176	興善寺	播磨	◎		×		◎
177	長坂報恩寺	播磨	◎		◎二聖院		◎
178	二堂報恩寺	播磨	▲	第一六長老御時至徳元(一三八四)年八月日	◎護国院	備州とするも誤か	◎

179	竜華院（谷坂）	播磨	△	第一九長老御時被承候応永一〇（一三八四）	◎東室二		◎
180	餝万寺	播磨	△	第二七代和上御代文安四（一四四七）年八月日	◎二聖院	播州餝東郡第二七代和上御代寄付	◎
181	延命寺	播磨	◎		◎西室		◎
182	常住寺	播磨	◎		◎三室		◎
183	福泉寺	播磨	◎		◎三室		×
184	長坂寺	播磨	△		◎護国院	是ハ私相伝歟惣末寺帳ニ不入候	◎
185	平報恩寺	播磨	○		◎地蔵院		×
186	善養寺（成羽）	備中	◎		◎東室二		◎
187	金光寺	備中	◎		◎四室		◎
188	菩提寺（軽部）	備中	×		×		◎
189	浄土寺	備後	◎		◎二聖院		◎
190	常福寺（草出）	備後	◎		◎東室二		◎
191	今高野金剛寺	備後	◎		◎南室二		◎
192	浄宝寺	周防	◎		◎四室		◎
193	国分寺	周防	◎		◎三室		◎
194	安楽寺	周防	×		×		◎
195	法華寺	周防	×		×		◎

196	長願寺	周防	×		×		◎
197	長童寺	周防	×		×		◎
198	国分寺	長門	▲	昔ハ西室興泉和上御代無宿坊申請	×		◎
199	律成寺	長門	◎		◎西室		◎
200	浄名寺	長門	◎		◎一室		◎
201	蔵福寺	長門	◎		◎四室		◎
202	長光寺	長門	◎		◎大慈院		◎
203	善興寺	長門	○		×		◎
204	金光明寺（国分寺）	丹後	◎		◎護国院		◎
205	金剛心寺	丹後	◎		◎南室二		◎
206	泉源寺（志楽荘）	丹後	◎		◎三室		◎
207	成願寺	丹後	▲	第一五長老御時応安六（一三七三）四三	◎一室		◎
208	長福寺	丹波	×		◎西室		×
209	惣持寺	丹波	×		◎護国院		×
210	常住金剛寺	但馬	◎		◎四室		◎
211	花蔵寺	但馬	◎		×		◎
212	金光明寺	但馬	◎		×		◎
213	正法寺（三角）	石見	◎		◎大慈院		◎

214	金剛寺	紀伊	◎		◎東室二		◎
215	利生護国寺（隅田）	紀伊	◎		◎大慈院		◎
216	福林寺（トヨ田）	紀伊	◎		◎大慈院		◎
217	岡輪（林）寺（新宮）	紀伊	◎		◎南室三		◎
218	西福寺	紀伊	◎		◎一室		◎
219	観音寺	紀伊	◎				◎
220	光明院（寺）	紀伊	◎		◎東室三		◎
221	宝金剛寺	紀伊	◎				◎
222	宝光寺	紀伊	◎		◎大慈院		◎
223	遍照光院（高野）	紀伊	△	応永五（一三九八）年八月二五日一九代長老	◎東室四		◎
224	妙楽寺	紀伊	○		×		◎
225	医王寺	紀伊	×		◎一室	伊賀カ	×
226	高林寺	阿波	◎		×		◎
227	成願寺	阿波	◎		×		◎
228	観音寺	阿波	◎		×		◎
229	地蔵寺	阿波	◎		×		×
230	鷲峰寺	讃岐	◎		◎四室		◎
231	普賢寺	讃岐	◎		×		◎
232	国分寺	讃岐	◎		◎四室		◎

233	屋島寺	讃岐	×		×		◎
234	興法院	伊与	◎		×		◎
235	国分寺	伊与	◎		◎四室		◎
236	大乗寺	筑前	◎		◎三室		◎
237	最福寺	筑前	◎		◎二室		◎
238	安養院	筑前	◎		×		◎
239	神宮寺（田村）	筑前	◎		◎三室		◎
240	長福寺	筑前	◎		◎三室		◎
241	浄土寺（酒見）	筑後	×		◎一室	筑後酒見二八代之時寄付享徳二癸酉（一四五三）	◎
242	報恩寺	出雲	◎		×		◎
243	大興善寺	豊前	◎		◎西室		◎
244	宝光明寺	豊前	◎		×		◎
245	宝勝寺（ミヤコ）	豊前	◎		◎二聖院		◎
246	大楽寺	豊前	◎		◎一室		◎
247	常福寺（城井）	豊前	◎		◎二聖院		◎
248	観音寺（城）	豊前	◎		×		◎
249	中願寺	豊前	◎		×		◎
250	万福寺（中津川）	豊前	◎		◎三室	満福寺	◎
251	観音寺	豊前	◎		×		◎

252	金剛宝戒寺	豊後	◎		◎西室		◎
253	永興寺	豊後	◎		◎東室四		◎
254	最勝寺	豊後	◎		◎一室		◎
255	潮音寺	豊後	◎		×		◎
256	神宮寺	豊後	×		×		◎
257	東妙寺（田手）	肥前	◎		◎一室		◎
258	法泉寺	肥前	◎		×		◎
259	宝生寺	肥前	▲	第一五長老御時永和元（一三七五）六二五	◎東二		◎
260	紀伊宝勝寺	肥前	×		◎西室	豊前宝勝寺か	×
261	浄光寺	肥後	◎		◎護国院		◎
262	天福寺	肥後	◎				◎
263	大琳寺	肥後	◎		◎二室	筑後とするも誤り	◎
264	春日寺	肥後	◎		◎一室		◎
265	正法寺	肥後	◎		◎三室		×
266	玉泉寺	肥後	◎		◎一室		◎
267	金剛光明寺	肥後	◎		◎一室		◎
268	観音寺（河尻）	肥後	◎		◎一室		◎
269	霊山寺	肥後	△○	永享八（一四三六）年卯月一六日	◎西室		◎
270	正国寺（宮内）	大隅	◎		◎四室		◎

271	慈音寺	大隅	◎		◎一室		◎
272	泰平寺	薩摩	◎		×		◎
273	宝満寺	日向	◎		◎東室三		◎
274	宝泉寺	日向	◎		×		◎
275	国分寺	因幡	◎		◎護国院		◎
276	国分寺	伯耆	◎		◎四室		◎
277	平福寺	常陸	◎		×		◎
278	大慈恩寺（院）	下総	◎		◎二室		◎
279	真福寺	下野	◎		×		◎
280	菩提寺（アイキ）	出羽	△	応永一八（一四一一）年七月一日旦那小野寺殿第二一代和上御時当寺附了四室	◎四室		◎
281	極楽寺	相模	◎		◎四室		◎
282	金沢称名寺	武蔵	×		×		◎
283	海岸寺	武蔵	×		×		◎
284	常福寺	武蔵	×		×		◎
285	長福寺	陸奥	×		×		◎
286	長楽寺	陸奥	×		×		◎
287	蔵勝寺	陸奥	×		×		◎
288	普賢院	陸奥	×		×		◎

289	多門院	陸奥	×		×		◎
290	法善院	陸奥	×		×		◎
291	宗明院	陸奥	×		×		◎
292	金蔵院	陸奥	×		×		◎
293	千手院	陸奥	×		×		◎
294	多福院	陸奥	×		×		◎
295	密蔵院	陸奥	×		×		◎
296	大王寺	陸奥	×		×		◎
297	国分寺	陸奥	×		×		◎
298	法華尼寺	大和	×		×		◎
299	中宮尼寺	大和	×		×		◎
300	道明尼寺	河内	×		×		◎
301	浄願尼寺	大和	×		×		◎

※本表では「明徳末寺帳」、「坊々寄宿末寺帳」、一五世紀半の「西大寺末寺帳」を比較する。各欄で×は、末寺帳に記載のないことを示し、◎などは記載があることを示す。「明徳末寺帳」の○は西大寺本にのみ見える末寺を、▽は極楽寺本にのみ見える末寺を、▲は明徳二（一三九一）年九月二八日以前に寄進された末寺を、△は明徳二年九月二八日以後に寄進された末寺を示す。

註

（1）松尾剛次『新版鎌倉新仏教の成立』（吉川弘文館、一九九八年、旧版は一九八八年に刊行）。
（2）佐伯俊源「叡尊の思想基盤と社会的実践」（『日本佛教学會年報』八一号、二〇一六年）一九七頁。
（3）真言律宗独立認可一〇〇周年記念誌編纂委員会編『近代の西大寺と真言律宗――宗派の独立とその後』（西大寺、一九九六年）参照。
（4）叡尊の思想については、松尾『日本中世の禅と律』（吉川弘文館、二〇〇三年）第一部第二章参照。
（5）納富常天「湛睿の教学について」（『印度學佛教學研究』六―一、一九五八年）。
（6）松尾『新版鎌倉新仏教の成立』〈前註（1）〉一八四～二一二頁。
（7）「西大寺光明真言会縁起」（『西大寺叡尊伝記集成』奈良国立文化財研究所編、一九七七年）二五〇頁。
（8）松尾「鎌倉極楽寺流の成立と展開――初代から九代までの極楽寺歴代住持に注目して」（『山形大学大学院社会文化システム研究科紀要』第十四号、二〇一八年。本書第二部第七章に収載）。

（9）追塩千尋『中世南都の僧侶と寺院』（吉川弘文館、二〇〇六年）第三部など参照。
（10）松尾『中世叡尊教団の全国的展開』（法藏館、二〇一七年）第二部第三章および本書第二部第五章参照。
（11）『広島県史　中世』（広島県、一九八四年）八八六〜八八八頁など。浄土寺については『新修尾道市史　第六』（尾道市役所、一九七七年）、『国宝の寺　尾道浄土寺』（浄土寺、二〇〇一年）なども参照。本書第三部第二章で触れた、定証の紀伊国における活動については苅米一志「地頭御家人における信仰の基本的特質」（『日本文化研究』一三、二〇〇二年）参照。
（12）「明徳末寺帳」「坊々寄宿末寺帳」ともに、松尾『勧進と破戒の中世史』（吉川弘文館、一九九五年）第五章「西大寺末寺帳考」で翻刻し、解説した。それ以後見出した一五世紀半ばの末寺帳は、松尾『中世叡尊教団の全国的展開』〈前註（10）〉第三部第二章第三節で翻刻した。
（13）「西大寺末寺帳考」〈前註（12）〉参照。
（14）「西大寺末寺帳考」〈前註（12）〉参照。
（15）松尾『中世叡尊教団の全国的展開』〈前註（10）〉三五一〜三五九頁で翻刻した。本末寺帳（西大寺経蔵一一二函第一〇号）には、「下書」のためか作成年も書写年も記されていない。西大寺で原本を確認したところ、江戸時代の写本であり後世の注記もあるが、ひとまず寺名などの基本的な内容は一五世紀半ばに作成されたと考えられる。
（16）松尾『中世律宗と死の文化』（吉川弘文館、二〇一〇年）。
（17）松尾『中世叡尊教団の全国的展開』〈前註（10）〉。
（18）上田さち子「叡尊と大和の西大寺末寺」（大阪歴史学会編『中世社会の成立と展開』吉川弘文館、一九七六年）。
（19）細川涼一『中世の律宗寺院と民衆』（吉川弘文館、一九八七年）。
（20）大石雅章『日本中世社会と寺院』（清文堂出版、二〇〇四年）。
（21）元興寺文化財研究所編『中世民衆寺院の研究調査報告書Ⅰ』（元興寺文化財研究所、一九八九年）。

（22）松尾『中世の都市と非人』（法藏館、一九九八年）第二部第一章「中世都市奈良の四境に建つ律寺」。

（23）松尾『山をおりた親鸞　都をすてた道元』（法藏館、二〇〇九年）第八章など。西岡芳文・瀬谷貴之・永村眞他「福島県いわき市長福寺本尊地蔵菩薩坐像と納入文書：概報」（『金沢文庫研究』三三〇、二〇一三年）なども参照。

（24）松尾『中世叡尊教団の全国的展開』〈前註（10）〉二二八頁。

（25）大塚紀弘「鎌倉極楽寺流律家の西国展開——播磨報恩寺を中心に」（『地方史研究』三五七、二〇一二年）は極楽寺流の存在に大きなスポットを当てた点は注目に値する。また、松尾「鎌倉極楽寺流の成立と展開——初代から九代までの極楽寺歴代住持に注目して」〈前註（8）〉も参照されたい。

第一部

鎌倉新仏教教団としての叡尊教団

第一章　黒衣と白衣──袈裟の色の思想史

はじめに

鎌倉新仏教とは、鎌倉時代に成立した新興仏教教団であって、その救済活動が、それ以前の教団とは異なっている、という点はほぼ了解がなされてきた。だが、平泉澄氏の研究を換骨奪胎した、黒田俊雄氏の研究によって、鎌倉新仏教教団は僧尼数、寺院数、寺領などの面で少数派であり、中世人（特に荘園農民）の救済願望に応えていたのは、密教化して国家権力と結び付いていた旧仏教（顕密仏教）の方だとする説（顕密体制論）が出ている(1)。

しかし、この顕密体制論には、重要な点で問題があると考える。その問題点については、別稿(2)で論じたのでそれを参照されたい。ここでは改めて鎌倉新仏教とは何かを問題とするが、鎌倉新仏教とは何かについての私見(3)をまとめてみると次のようになる。

すなわち、鎌倉新仏教とは、鎌倉時代に起こった、戒・定・恵のいわゆる三学における改革運動（結果として新しい仏教教団を生みだした）である。そして、戒を重視したのが、叡尊らの律宗（南都六宗の律宗と区別するために新義律宗と呼ぶ）であり、禅定を重視したのが禅宗、恵を重視したのが浄土宗（時宗も含む）、日蓮宗などである。鎌倉新仏教の祖師とその弟子たちは、自己の理想を実現しようとして既成の教団（官僧集団）から離脱し（それを当時、遁世といった）、「個人」の救済に存在をかけたのである。そうした既成僧団（官僧）と遁世僧には、次のような特徴がある。

一方の官僧は、天皇から得度を許可され、東大寺・観世音寺・延暦寺三戒壇のいずれかで受戒し、僧位・僧官を有し、白衣を基本的な制服とした。他方は、遁世僧と呼ばれ、例外はあるにせよ、官僧から離脱した僧（遁世僧）を祖師とし、得度・授戒において天皇とは無関係な教団をつくりだした僧団で、黒衣を基本的な制服とした。私は前者を官僧と呼び、後者は遁世僧と呼ぶ。官僧は、鎮護国家の祈禱を第一の役割としたが、他方、遁世僧は「個人」の救済を第一の役割とした。この遁世僧こそが鎌倉新仏教教団と考える。こういう考えに立つと、禅宗はもちろんのこと叡尊をいわば祖師とする律宗教団も鎌倉新仏教教団ということになる。それゆえ、禅僧と律僧とが大きな影響力を持ちだした鎌倉末から南北朝期以後は鎌倉新仏教は決してマイナーな勢力ではなかった。

本稿では、こうした官僧・遁世僧モデルに立って、官僧と遁世僧が着た袈裟のシンボリズムに注目して論じたい。なお、袈裟は元来、僧侶の着る三衣すべてを指したが、今日一般には、僧侶が衣の上からかけるものをいう。(4) ここでも、それを指している。

第一節　黒衣と白衣

さて、ここで特に注目するのは、官僧と遁世僧の袈裟の色の違いである。官僧は白袈裟（白衣）を着、遁世僧の方は黒っぽい袈裟（黒衣）を着ていた。(5) それゆえ、黒衣であるか白衣であるかによって、鎌倉新仏教僧であるか否かが、ひとまず区分できる。もっとも、後述のように念仏系の本願寺派は延暦寺との関係もあって覚如の時代は白衣を着すにいたるなど、例外はある。

ところで、黒衣の宰相というと、僧侶でありながら将軍の補佐役など政治上重要な役割を果たした人を指す言葉である。(6)このように黒衣といえば僧侶を意味し、その対の言葉である白衣とは無位・無官の庶民を指す(7)と一般には考えられている。たしかに、ここで対象とする日本中世(古代は言うまでもないが)においても、そういう意味で「黒衣・白衣」という言葉が使われる場合もある。

しかし、黒衣と白衣という言葉は、鎌倉時代以後、より正確には法然教団の成立以後、いま一つの意味を有するようになった。すなわち、黒衣と白衣とは、いずれも僧侶を指し、黒衣の方は、遁世僧と呼ばれた僧(尼)たちを、白衣の方は官僧(史料上は聖道門の僧と表現される場合が多い(8))を表していた。

具体的な例をあげるならば、禅僧、律僧、念仏僧(一遍らの時宗の僧も含む)、華厳僧(明恵教団)らは、墨染の黒っぽい袈裟が典型的な制服であったが、他方、官僧の方は白袈裟であった。(9)

もっとも、法然以前においても官僧から離脱した僧は黒衣を着たが、「黒衣・白衣」という言葉の新しい意味が世に認められるのは法然教団の成立以後であった。また、僧の位によって赤袈裟を着る(10)など袈裟の色には相違があったが、ここで問題としているのは、典型的な袈裟の色がどうであったか、である。そして、次に論じるように、中世史料を見ると、黒衣と白衣とが基本的かつ典型的な僧侶の袈裟の色であったことが確認できる。

まず、黒衣が遁世僧たちの典型的な制服と考えられていたことは、たとえば、建武四(一三三七)年九月に覚如が親鸞門流内の異端を正す(「邪を改める」)ために作成した(11)「改邪抄」(二十章より構成)の記事からわかる。

すなわち、「改邪抄」の第三章(12)には「遁世のかたちをこと、し、異形をこのみ、裳無衣を著し黒袈裟をもちゐる、しかるべからざる事」とあり、遁世者の姿をもっぱらにして「異形をこのみ、裳無衣を著し黒袈裟をもちゐる」ことを糾弾している。このことから、逆に遁世者の典型的な姿がどういうものであったかがわかる。それは「異形」であり、具体的には、裳無衣を著し黒袈裟を着ることであった。さらに、同章の他の部分には、「世法を放呵するすがたとおほしくて裳無衣を著し黒袈裟をもちゐる歟、はなはだしかるべからず(13)」とあって、裳無衣を著し黒袈裟を着ることは世間の道理を離脱する姿と考えられていたことがわかる。

このように、黒袈裟(黒衣)は異形で遁世者に特有のものであることがわかる。さらに、「改邪抄」の同章の他の部分には、『末法灯明記』に「末法には袈裟変じてしろくなるべし(14)」と見えるように末世相応の袈裟は白色であって黒袈裟は大いに末世にそむいている、などと述べている。このように、黒衣は遁世者の典型的な袈裟で、異形の姿として認識され、他方、白衣は末法の当時に似つかわしい袈裟として認識されていたことがわかる。

もっとも、そうした考えは「改邪抄」の筆者覚如の個人的見解ではないかと、いわれそうだが、そうではない。なぜなら、「改邪抄」では覚如の批判の対象になっている人々が、そう考え、覚如もそうした考えを前提としたうえで、親鸞門流は外見上は遁世者の姿をすべきではなく、心の内で他力を願うべきという立場から、それを批判しているからだ。

ところで、「改邪抄」からは、親鸞門流のうちでも覚如の門流は黒衣ではなく、白衣であったことがわかる。補註(1) それゆえ、鎌倉新仏教の典型とされてきた親鸞門流の本願寺派が白衣であり、遁世僧=黒衣、官僧=白衣という区分に疑問を持つ方も多いと推測される。

しかし、その当時においては、覚如の門流は、親鸞の門流の中でも劣勢であり、また覚如が批判している黒衣を着る一遍門流などの方が優勢であった。さらに、当時優勢であった禅宗・律宗といった遁世僧教団は黒衣を着ていた。いわば、覚如の門流が白衣を着たのは例外的なことだったのだ。

では、なにゆえに、法然教団ほかの念仏、禅、律、華厳といった遁世僧たちは黒衣を着、他方の官僧たちは白衣を着たのだろうか、また官僧たちは、いつから白衣を着たのだろうか。

こうした僧の袈裟の色を問題とすると、些細なことを問題にしていると思われる方もいるかもしれないが、僧がどのような色の袈裟を選び取ったのかには僧たちの思想が、象徴的に示されている、と考える。

もちろん黒と白といい、色についてのイメージも時代、場所を問わず普遍的かつ不変であるとはかぎらない。それゆえ、中世における黒と白とに対する一般的なイメージをまず考察する必要がある。このことを考えるにあたって、黒田日出男氏の黒船と白船をつかった色のシンボリズムに関する研究[15]が参考になるので、それを参考にしながら黒と白という色についてのイメージについて述べてみたいと考える。

黒船というと、幕末のペリー艦隊を思いおこす人が多い。しかし、日本史上、黒船と呼ばれたのは、彼らが最初ではない。一六世紀の南蛮船のほうが先である。鉄砲、キリスト教ほかを日本にもたらし、戦国時代の人々にいわば利益（夢）と恐怖とをあたえたポルトガルほかの船が（幕末のペリー艦隊もそうだが）、それぞれの国名、たとえばポルトガル船といった呼びかたをされずに黒船という呼びかたをされたことは注目される。

また、白船と呼ばれた船もあった。中国船がそうである。当時、東アジア世界の盟主（中心）を自他ともに認められていた中国の船は白船と呼ばれていた。

黒田日出男説[16]に従って、黒船と白船の例をあげたのは、中世末の日本人の色彩感覚、特に黒と白という色に関するイメージを理解するてがかりとなると考えたからである。すなわち、黒は両義的な意味を象徴していた。黒船が海のかなた（いわば異界である）から現れ、南蛮の珍奇なものをもたらすものであったように、中世人は黒に、異界のイメージと力（幸福をもたらす場合もあれば、その逆の場合もある）とを読み取っていた。他方、白に対しては、中国船を白のイメージで理解していたことから判断すると、中心のイメージを読み取っていたと考えられる。

この黒船と白船のケースから、黒と白とについての中世末期の人々の一般的なイメージが、ほぼ明らかになったと考えられるが、黒衣、白衣、それ自体に即して、どう理解されていたかについて次に述べてみる。

黒船の分析から、黒は異界、すなわち、別の世界からきた力あるもののイメージを持つ色であったのであるが、じっさい黒衣も、そういうイメージを持つ袈裟であった。すなわち、異形の色としてイメージされていたのだ。たとえば、さきに触れた「改邪抄」では、黒衣は異形で遁世者に特有のものであることが述べられている。このように、黒衣は遁世と密接な関係を持った、異形の姿として認識されていたことがわかる。

このことは、覚如だけの認識ではなく、当時かなり一般的な認識であった。たとえば、念仏僧として出家し、自身も黒衣を着た洞院公賢（法名空元）が、黒衣について当時、異形の存在として看做されていた「乞食法師」の姿として認識していたことにもあらわれている。それゆえ、後述するように、元亀二（一五七一）年五月に選述された「素絹記」では、黒衣は壊色であるという官僧側の認識が表明されている。[17] [18]

以上のように、遁世・乞食と結び付き異形のイメージを持つ黒衣をなにゆえに遁世僧たちは着したのだろうか。この謎を解く際、先の洞院公賢の主張が参考になる。

「乞食法師」というと、一見すると伝統的な既成の体制に属する側からの悪口のようであるが、注目すべきことに、念仏僧として出家し黒衣を着た洞院公賢自身が、黒衣は「乞食法師」の姿だからという理由で黒衣を着たのだ。すなわち、黒衣を着る側も、「乞食法師」の姿であることを認めたうえで、それゆえに、ことさら黒衣を着たのである。このことこそ、遁世の理想が、乞食のように既成の体制から離脱し、「自由」を得ることにあったことを示していると考えられる。いわば、異界に属する存在となることであったのだ。また、黒船が力をイメージしていたように、黒衣は、人々を救済する力をイメージさせ、それゆえに遁世僧たちは、黒衣を着したのだろう。

他方の白衣については、さきに触れた「素絹記」では、壊色を改めて白い素絹を天台僧が身に着けるようになったのは良源以来だとしたうえで、その改変の理由を「褊衫の黒衣は壊色であるので、天子の本命の寺である天台宗には不相応である[19]」からと記している。素絹は袈裟の下に着る法衣の一種[20]だが、白色に対する天台側の認識を知るてがかりとなる。すなわち、白は「天子本命」の色であったのだ。このことは、白船のところでも言えたが、おそらくは、鎮護国家の祈禱を第一義とした官僧たちが白衣を着たのも、それが「中心」「天子」をイメージする色だったからだろう。

以上の黒衣と白衣の話から、鎌倉新仏教僧たちが、遁世して、「異界」の存在となって、上は天皇、将軍から下は非人にいたるまで、「個人」の救済に存在をかけた僧たちであったことが明らかになったと考える。黒衣を着る遁世僧たちが、葬式、非人救済などに従事した（官僧は制約があった）のも、「異界」の存在であったことが、その重要な背景であったと考える。

最後に、いつから官僧が白衣を着るようになったのかが問題として残っている。私が見た範囲の史料では、建仁二（一二〇二）年七月の史料に「中古いらい、袈裟の色が白色に変じたのは、経・律の文に背き、これは仏法衰微の先兆である[21]」と述べているので、官僧が白衣を着るようになるのは、それ以前のことである。さらに、先の「素絹記」の記述が正しいならば一〇世紀後半以後のことかもしれない。

第二節　戒律と救済活動のはざまで

これまで述べてきたように、鎌倉新仏教は黒衣（黒っぽい袈裟）を典型的な制服とする遁世僧教団が担った仏教、他方の旧仏教は白衣（白袈裟）を典型的な制服とする官僧の仏教、と考えている。また、新仏教教団の典型の一つとして叡尊教団を位置づけている。

こうした考えは奇異に思われるかと思う。なぜなら、叡尊、忍性らの教団は戒律の「復興」を唱えた旧仏教の改革派、いうなれば旧仏教者と考えられてきたからである[22]。そう考えられてきた背景の一つとして、従来の研究が、妻帯を認めるなど反戒律的であった親鸞を鎌倉新仏教僧の典型と考えてきたことがある。

しかし、親鸞の教団は蓮如の出現までは優勢ではなく、戒律を重視した禅僧、律僧の方が社会的には大きな役割を占めていたことが明らかになってきた[23]。それゆえ、中世前期に限ってみれば親鸞の門流は例外であったと言えると考える。そして、戒律を重視した叡尊教団を、鎌倉新仏教の典型の一つであったと考えている。いわば鎌倉新仏教という新しい仏教運動において、戒律をめぐって対極にあったのが親鸞教団と叡尊教団とであったと考えているのだ[24]。

ところで、戒律は釈迦の定めたという僧侶集団の規範、いわば規則にあたるわけだが、日本においてもっとも依拠された戒律のテキストである『四分律』と『梵網経下巻』には、おのおの二百五十戒（一人前の僧が守るべき戒律の数）、十重四十八軽戒（十の重要な戒と四十八の補助的な戒で合せて五十八戒）の戒律が規定されている[25]。

叡尊らは『四分律』に依拠し、戒律を守りつつ目覚ましい社会救済事業を行ったが、その戒律の内容は、一見、彼らの活動をしばり、さまざまな救済活動を不可能にしていたかのように思える。というのも、「不淫・不殺・不盗・不妄」といった、そのうちの一つでも犯せば僧団追放される戒律を別にしても、「掘地戒」や「受蓄金銀銭戒」のような僧侶の社会的活動を阻害しかねない戒律があるからだ。

すなわち、「掘地戒」というのは、僧侶が自ら、あるいは他人に命令して地を掘ることを、土の中の生き物を殺すかも知れないというので禁止する戒律で(26)、他方の「受蓄金銀銭戒」は、僧侶が自ら或いは他人をして金・銀・銭に触れ蓄えることを禁ずる戒律である(27)。

これらの戒律は、寺院、橋、道路の新造・再建などを行おうとすれば必ず問題となったはずだ。ところが、叡尊、忍性らは、東大寺、四天王寺、諸国国分僧(尼)寺など諸寺院の「復興」につとめ、寺院の新造を行い、また、橋、道路の新造・再建など、さまざまな社会的救済活動を行ってきた(28)。

それゆえ、こうした戒律を守ることと、積極的な社会救済事業に取り組むこととは律僧たちの論理において、どのように矛盾なく統合されていたのかが問題となる。

もちろん『四分律』には、そうした戒律と僧侶生活とを両立させるために、浄法(浄とは合法化するという意味、以下、同じ)というのが規定されており、俗人の仏教信者を使って、金銭の授受や土木工事をさせるやり方が規定されている。たとえば、僧侶に衣代を渡すときには、その僧侶にそのことを告げ、その僧侶に仕える浄人(在家人)に金銀を渡し、衣を調えて僧侶に渡すことになっているし、土地を掘ることを命じる場合には、浄人に「この浄をなせ」と言うことになっていた(29)。

そして、叡尊教団も、斎戒衆という斎戒(午後に食事をしない)など八戒を守ることを誓った俗人が浄人として組織され、彼らが、叡尊教団の行った土木事業や勧進活動で大きな役割をはたしていた(30)。

このように戒律にいわばぬけ道があるのだが、それのみならず、叡尊らにとって、厳しい戒律を守ることが社会的救済活動と矛盾するどころか、その起点となっていた点が大いに注目される。

そのことは、西大寺第一一代長老覚乗（一二七三～一三六三）の逸話から考えられる。覚乗は伊勢神宮をめぐる秘説を集成した『天照太神口決』の作者として最近注目されて[31]いる人物だが、房名を慈淵房といい、「徳行は世に高く、通力は超人の人[32]」であったという。そして貞治二（一三六三）年正月二六日に九一歳で死去した[33]ことが「西大寺代々長老名」からわかる。西大寺長老としての在任期間はわずかに七五日間であり、伊勢の安濃郡岩田円明寺が活動の主な拠点であり、伊勢における律僧の中心人物であったと考えられる。そして覚乗の伊勢における活動を伝える興味深い史料が「三宝院旧記[34]　十四」に残されている。

それによると、彼は、叡尊の弟子の一人で、叡尊が伊勢興正寺（弘正寺）で受けた伊勢神宮の神のお告げによって円明寺に住むことになったという。ある日、彼は、円明寺から伊勢神宮へ百日間参拝する誓いをたてたが、結願の日になって、斎宮の料地を通り過ぎた時に、旅人の死者があった。そして、死者の関係者から覚乗は引導をたのまれ、葬送の導師をつとめた。その後、宮川の畔に到着したところ、一老翁が出てきて、「あなたは今、葬送を行ったではないですか。死穢に汚染されているのに、神宮に参拝しようとするのは、どういうことですか」と言った。それに対して、覚乗は次のように答えた。

「清浄の戒は汚染しないのです。それなのに、末世に相応して、一旦円明寺に帰れというのですか」。そうした問答が終らないうちに、白衣の童子が、どこからともなく現れて歌を詠み、「これからは円明寺から来るものは穢れないものとする」と言って影の消えるように消えたという。

この一老翁（実は神）と覚乗との問答には、厳しい戒律を守り続けていた律僧たちが、その戒律と社会救済活動とのはざまで、戒律を守ることをどのように考えていたかを端的に示している。すなわち、「清浄の戒は汚染なし」、言い換えれば、我らは日々厳しく戒律を守っており、それによって、さまざまの穢れから守られているのだ、という主張には、戒律を守ることが、社会的な救済活動を阻害するどころか、戒律が穢れから守ってくれているのだと考えていたことがわかる。そして、そうした主張を伊勢神宮の神も認めたことになっている。

そうした「清浄の戒は汚染なし」という論理こそは、叡尊教団が癩者（もっとも穢れた存在とされた）の救済に努めたり、葬送に従事するなど穢れに関わる活動を可能とするものであったと考える。

他方、私が旧仏教僧団と考える東大寺、興福寺、延暦寺などの官僧たちは、天皇から鎮護国家を祈る資格を認められ、鎮護国家の法会に参加することを典型的な任務としたために、穢れに関わることを忌避していたのである。そのことを東大寺僧のケースからみておく。

嘉暦三（一三二八）年一〇月六日に東大寺内で開かれた会議の内容を伝える文書[35]が残っている。それによると、奈良の新在家にあった非人温室（癩病患者専用の風呂）の移転問題が起こっていたことがわかる。東大寺の僧侶たちは、その非人温室を、「その穢気がなお、その憚があり」、「般若寺の以北にうつさるべき」という決議をしている。東大寺僧の惣寺（寺僧全体）の会議での決議であるので、東大寺僧が癩病患者をどうみていたのか、癩病患者に対してどういう態度をとっていたのか端的に示している。すなわち、非人温室があるだけでも、穢気があるので、非人温室を遠ざけようとしていたのだ。

ところで、非人温室が移転されようとしていた「般若寺の以北」の般若寺とは、文永四（一二六七）年に叡尊によって再興され、西大寺の末寺となっていた律僧の寺院である。そのそばには、北山十八間戸という癩病患者救済の施設が作られるなど、叡尊教団による癩病患者救済の拠点の一つとなった寺である[36]。

また、忍性によって文永四年に叡尊教団の寺の一つとなり、関東の律宗寺院でもっとも繁栄を誇った鎌倉極楽寺には、境内に癩宿（癩病患者の収容施設）をはじめとする癩病患者救済の施設が設けられていた[37]。

とすれば、官僧である東大寺僧（東大寺戒壇院ほかの律院の僧は除く）と、叡尊教団との非人集団への救済の態度の相違は明らかである。遁世僧教団の一つである叡尊教団は、官僧たちが穢れた存在として忌避した非人たちに対して、穢れを恐れることなく直接的な救済活動を行った。こうした活動を支えた論理として、覚乗が述べた「清浄の戒は汚染なし」という意識があったと考える。

以上のように「清浄の戒は汚染なし」という論理によって律僧たちは、清僧であることを求められた官僧たちがなしえなかったさまざまな活動をなしえたのだ。

こうした生身の非人に対する直接的な救済活動は女人救済とともに、遁世僧たちはなすべきもの、行っても不思議ではない活動であった。というのも、祖師神話という、祖師（開祖）に付会された神話には必ずといっていいほど非人救済の神話があるからだ[38]。それゆえ、私の鎌倉新仏教論において非人救済活動（非人救済神話）こそは鎌倉新仏教か否かを決める重要な指標である。そして、非人は、発生論的には、もろもろの共同体から切り放され、「個」として生きることを強いられた存在であり、そこに特徴がある。それゆえ、鎌倉新仏教教団である遁世僧たちが非人救済をめざしたということは、彼らが「個人」の救済をめざしたことを示していると考える。そして、こうした「個人」の救済をめざす宗教を個人宗教とし、他方、旧仏教のような共同体に埋没した存在論を有する人々の救済をめざす宗教を共同体宗教と考えている。

旧仏教の方は、鎮護国家の祈禱を第一義の勤めとしていた。この鎮護国家の国家とは当時は天皇のことを意味し、しかも個人としての天皇というより大和民族共同体の体現者（象徴）としての天皇のことである。それゆえ、鎮護国家を祈るということは、観念的には大和民族共同体の中に埋没した個々の人々を鎮護することだった(39)。

おわりに

以上、第一節では、私見の官僧・遁世僧モデルの立場に立ちつつ、一方の官僧が白衣を、他方の遁世僧が黒衣を典型的な制服とした意味、いわば袈裟の色のシンボリズムについて論じた。第二節では、黒衣の律僧に注目して、戒律護持が起点となって葬送・非人救済ほかの穢れに関わる活動に積極的に従事していたことを論じてみた。黒衣は、遁世僧が異界の存在となって、白衣の官僧に制約のあった穢れに積極的に関わることを象徴していたのである。

補論

この黒衣・白衣モデルに関して、平雅行氏「日本中世における在俗出家」(『大阪大学大学院研究科紀要』五五、二〇一六年)が変則的な事例をもって疑問を提起している。すなわち、たとえば葉室定嗣が出家後も黒衣を着て政務を行ったように、遁世僧でもない在俗出家者の存在に注目し、黒衣を着る人＝遁世僧ではないとする。そうした事例は例外ではなかったとしても、黒衣を着ながら政務に従事した葉室定嗣が批判されていたように、あくまでも変則的なことであった。私の黒衣・白衣モデルは変則的な存在よりも正規的な存在に注目している。また、平氏の研究によれば、在俗出家者の袈裟なども、黒衣・白衣の二種があったとする(平「日本中世における在俗出家」五四頁)が、それも官僧(聖道門)＝白衣、遁世僧＝黒衣を踏まえたものと考えられ、逆に黒衣・白衣モデルの有効性を示していよう。おそらく、黒衣を着るか否かは、主として出家の師が遁世僧か否かの違いによると考えられる。

註

（1）黒田俊雄『日本中世の国家と宗教』（岩波書店、一九七五年）。なお、中世において、旧仏教の方が鎌倉新仏教よりもメジャーであったとするのは平泉澄『中世に於ける社寺と社会との関係』（至文堂、一九二六年）が最初に指摘したことである。
（2）松尾剛次『中世律宗と死の文化』（吉川弘文館、二〇一〇年）第一部第一章など参照。
（3）松尾『鎌倉新仏教の誕生――勧進・穢れ・破戒の中世』（講談社、一九九五年）。
（4）『図説仏教語大辞典』（東京書籍、一九八八年）の「袈裟」の項など参照。
（5）松尾『新版鎌倉新仏教の成立』（吉川弘文館、一九九八年）七五、二〇七頁など。
（6）たとえば、『日本国語大辞典』四（小学館、一九七四年）の「黒衣」の項目。
（7）たとえば、『日本国語大辞典（第二版）』一〇（小学館、二〇〇一年）の「白衣」の項目。
（8）「書写山円教寺旧記」（兵庫県立博物館編『開館三周年記念特別展　一〇〇〇年の歴史を秘める書写山円教寺』、一九八六年、八五頁）。
（9）松尾『新版鎌倉新仏教の成立』〈前註（5）〉参照。
（10）たとえば、威儀師は赤袈裟を着る（五味文彦『院政期社会の研究』山川出版社、一九八四年、八五頁）。
（11）『日本仏教史辞典』（吉川弘文館、一九九九年）の「改邪抄」の項参照。
（12）『真宗聖教全書三　歴代部』（大八木興文堂、一九八一年）四頁。
（13）『真宗聖教全書三　歴代部』〈前註（12）〉四頁。
（14）『真宗聖教全書三　歴代部』〈前註（12）〉四頁。
（15）黒田日出男『境界の中世　象徴の中世』（東京大学出版会、一九八六年）所収「『荒野』と『黒山』」・「『黒船』のシンボリズム」。

(16)黒田日出男『境界の中世　象徴の中世』〈前註(15)〉所収「『荒野』と『黒山』」・「『黒船』のシンボリズム」参照。
(17)『園太暦』巻六、二七〇頁。
(18)『続群書類従』二十八下、四五七頁。
(19)『続群書類従』二十八下、四五七頁。
(20)『日本国語大辞典(第二版)』八(小学館、二〇〇一年)の「素絹衣」参照。
(21)『福智院家文書』(花園大学、一九七九年)一五頁。
(22)たとえば、黒田『日本中世の国家と宗教』〈前註(1)〉。最近では、蓑輪顕量『中世初期南都戒律復興運動の研究』(法藏館、一九九九年)のように、私見を支持する研究も出ている。
(23)今枝愛真『中世禅宗史の研究』(東京大学出版会、一九七八年)第二章、松尾『勧進と破戒の中世史』(吉川弘文館、一九九五年)など参照。
(24)松尾『鎌倉新仏教の誕生』〈前註(3)〉一五八頁。
(25)『四分律』については、佐藤密雄『律蔵』(大蔵出版、一九七二年)を、『梵網経』については、石田瑞麿『梵網経』(大蔵出版、一九七一年)、船山徹『梵網経』(臨川書店、二〇一七年)を参照。
(26)佐藤密雄『律蔵』〈前註(25)〉一七一頁。
(27)佐藤密雄『律蔵』〈前註(25)〉一四七頁。
(28)松尾『勧進と破戒の中世史』〈前註(23)〉第一章参照。
(29)「浄法」については、佐藤密雄『律蔵』〈前註(25)〉二一頁など参照。
(30)蓑輪「叡尊教団における構成員の階層」(『宗教研究』七〇—二、一九九六年)。
(31)伊藤聡「伊勢の神道説の展開における西大寺流の動向について」(『神道宗教』一五三、一九九三年)八六頁。
(32)「三宝院旧記　十四」(『大日本史料』六—二四)八六七頁。

(33)「西大寺代々長老名」(『西大寺関係史料(一)』奈良国立文化財研究所、一九六八年、七三頁)の「覚乗」の項目。
(34)「三宝院旧記　十四」〈前註(32)〉八六七頁。
(35)『大日本古文書　家わけ第十八　東大寺文書之十二』一四八、一五〇頁。
(36)般若寺については、松尾『中世の都市と非人』(法藏館、一九九八年)一一七頁参照。
(37)松尾『中世都市鎌倉の風景』(吉川弘文館、一九九三年)一三六頁。
(38)祖師神話と個人宗教との関係については、松尾剛次『新版鎌倉新仏教の成立』〈前註(5)〉第四章参照。
(39)官僧の仏教を共同体宗教ととらえることについては、松尾『新版鎌倉新仏教の成立』〈前註(5)〉第四章参照。

補註

(1)本稿脱稿後、草野顕之『『改邪鈔』史考』(東本願寺、二〇一八年)が出た。草野氏によれば、『改邪鈔』では白衣を末世相応の袈裟と述べているが、実際は薄墨色の袈裟を着していたとする(五七頁)。この点は、私見を改める必要があるが、本願寺派も広義の黒衣を着ていたことになる。

第二章　鎌倉新仏教論と律僧——平雅行氏による批判に応える

はじめに

この度、平雅行氏が、拙著『鎌倉新仏教の成立』[1]（以下、拙著とは『鎌倉新仏教の成立』を指す）の書評[2]の労をとってくださった。氏の書評に対して深甚の感謝の意を評したい。

しかしながら、残念なことに、この度の平氏の書評は、平氏の立場を絶対視したうえで、平説にとって拙著の「どこが役にたつか」という観点からの書評であり、また重要な論点で私見の誤解に基づいた批判もあり到底そのまま承服できるものではない。また、平氏の批判に答えることで、得度・授戒制史や鎌倉新仏教論の研究にわずかではあれ寄与できると考える。いわば、鎌倉新仏教論の深化のために、ここで反論しておく。

さて、平説の要点は以下のようにまとめられる。私見の中世の国家的得度・授戒制に関する実証的研究と官僧概念の提唱とについては評価するが、それらを踏まえた私見の鎌倉新仏教論は評価できない。もっとも中世国家的得度・授戒制の分析に関しても問題がある。平氏の批判は多岐にわっているが、まず鎌倉新仏教論に対する批判に反論を行い（第一節）、その後で得度・授戒制に関する個別具体的な問題についての批判に答える（第二節）ことにする。

第一節　鎌倉新仏教論への批判に対する反論

平氏は顕密体制論（拙著では通説Bとしてまとめて批判した）の立場から私の鎌倉新仏教論を批判している。とりわけ、以下の四つの点から私見に対する批判を展開する。すなわち、（一）私の方法では新仏教の祖師を包摂できない。（二）同じく中世社会に広範に存在していた聖たち（広義の遁世僧）を無視している。（三）私の旧仏教像は実態から乖離している。（四）私が提起した中世仏教の代表論は研究史的に無意味である。

この四つの批判に関する私の考えを、結論的にまとめて言えば以下のようになる。すなわち、（一）と（二）については、観点・関心の相違に基づく批判であり、（三）については、平氏が個のレベルと組織のレベルを混同したことに基づく批判であり、（四）については、私見の誤解に基づいた批判である。そこで、平氏の論旨の展開の順序とは異なるが、まず、平氏の誤解を正すのが第一であると考えるので、（四）、（三）、（一）、（二）の順で反論する。

まず、（四）について述べよう。私は官僧（尼）＝旧仏教僧（尼）団、遁世僧（尼）団＝鎌倉新仏教僧（尼）団と考えている。以下、必要がない限り、僧によって尼をも代表させて官僧、遁世僧と表現する。

一方の官僧は、原則的には天皇から得度を許可され、東大寺・観世音寺・延暦寺三戒壇のいずれかで受戒し、僧位・僧官を授与され、白衣を基本的な制服とした。他方の遁世僧は、例外はあるにせよ、官僧から離脱した僧（遁世僧）を祖師とし、得度・授戒において天皇とは無関係な教団をつくりだした僧団である。遁世僧は黒衣を基本的な制服とした。官僧は、鎮護国家の祈禱を第一の役割としたが、他方、遁世僧は「個人」（近代以降の個人とは異なるので括弧を付けたが、以下は略す）の救済を第一とした。この遁世僧こそが鎌倉新仏教教団と考える。

遁世僧が中世仏教の新しさ（個人救済）を典型的に示しているのであって、官僧による個人救済は変則的であった。それゆえ、官僧は中世を通じて古代以来の伝統的な鎮護国家の祈禱をする清僧が典型的であり、官僧の中世仏教としての変質（＝個人宗教化）は組織のレベルでは不徹底であったと考えている。すなわち、官僧の仏教は古代以来の伝統的な鎮護国家の祈禱をする清僧が中世を通じて典型的だという意味で「古代的」であると考えている。

ところが、平氏は松尾は「旧仏教＝中世仏教と考えているのだろう」（七五頁）と誤解した上で、（四）の議論を展開し、「松尾氏の研究が、もし旧仏教＝古代仏教論を補強するものとして提起されたなら、これは明らかに顕密体制論の盲点を突いたものになるだろう」（七五頁）と指摘されている。平氏の誤解は別として、私のねらいは、まさに、そうした「顕密体制論の盲点」、いや顕密体制論に代わるモデルの提起にあったのである。

また、平氏は、「覚悟を決めて井上説の再生を図るべきではなかったか」（七五頁）と非難する。しかし、井上光貞説らの通説Aは、私見と「鎌倉新仏教とは何か」を決定する指標がまったく異なっている。そのために、通説Aは、明恵・叡尊・恵鎮らの教団が、遁世僧で祖師信仰を有し、女人救済（神話を有する）、非人救済（神話を有する）をすることに象徴される個人救済をすることから鎌倉新仏教とする私見とは異なっている。従来の通説が、いずれも旧仏教の改革派とする僧たちは、鎌倉新仏教僧と位置づけられてきた僧たちと同じく、基本的に官僧から二重出家した僧を中核として構成員を再生産するシステムを創り出した遁世僧たちであり、かつ、祖師信仰・女人救済・非人救済に象徴される個人救済を目指すという特質を有していた。そうした点は、従来のいずれの説も注目しなかった事柄であった。私は、仏教の仏教たるゆえんは、第一義的には僧尼と信者（信者候補者）との関係にあると考え、その関係に注目して鎌倉新仏教か否かを区分する指標を設置したのである。官僧の担った仏教は共同体宗教、遁世僧のそれを個人宗教という、おのおの固有の役割を担っていたと述べたのである。

次に（三）について。平氏は「官僧が民衆救済をしなかった点については、どれ程の実証的裏づけがあるのか」（七三頁）と疑問を提起している。

私も、官僧が民衆救済（この用語は曖昧であり使いたくないが、平氏が使うので、ひとまず使用する）を行わなかったとは考えていない。もちろん、個々に行った僧は多数いたが、組織としては行ってはいないと考える。というのも、官僧は鎮護国家の祈禱従事を第一義とした。他方、遁世僧は鎮護国家の祈禱に従事する場合もあったが、個人救済を第一義としていたからである。鎮護国家の祈禱とは、大和民族共同体の象徴たる天皇の安穏を祈ることを典型としたように、官僧は共同体に埋没した観念的な存在としての人々を救済するのを第一義とした。それに対して、遁世僧の方は現実に生きた生身の一人ひとりの人間を救済することを第一義とした。こうした救済内容の相違を、共同体宗教と個人宗教と概念化した（拙著第四章第四節）。

いま一つ、非人（癩病患者を中核として、乞食・墓掘などに従事した人々）救済を例にあげよう。官僧による非人の座支配（それは非人を保護し、彼らに特権を付与することを伴っていた）は、非人の統括者たる長吏を媒介した集団としての非人把握であった。他方、忍性ほかの遁世僧は、僧侶が非人集団の中に入っていって一人ひとりに対して病気を治療するなど個人救済であった。

もっとも、拙著では、平氏が指摘するように、官僧の救済活動については具体的な史料をあげて論じてはいない。それは、拙著の眼目が入門儀礼システムと祖師神話との分析にあったからである。いわば、平氏の批判は「ないものねだり」をしているに過ぎない。そうはいっても、拙著刊行後、平氏の精力的かつ示唆にとむ研究(3)によって、旧仏教による民衆救済の研究も進んだ。そこで、少しだけ官僧による民衆救済、特に女人救済を取りあげ、私見を補強しておく。

平氏は、女人往生・女人成仏が旧仏教にとって常識的思潮であったとし、旧仏教は女性を排除していたのではなく、あくまでも差別（死に際して女が男となって救われるという変成男子・転女成仏説）を媒介とする来世救済を説いたとする。

しかしながら、個々の旧仏教者（官僧）らが、女人往生・女人成仏を説いたからといって、それはスローガンに過ぎないかもしれず、組織として女人救済に取り組んでいたか否かは別次元の問題である。わかりやすく言えば、平氏は政治家の演説をそのまま受け取るようなことをしているきらいがあるのだ。というのは以下の二つの理由からである。

第一に、古代・中世の尼と尼寺の研究[4]によれば、官僧の方は、正式の比丘尼（一人前の尼）を創り出さず、とりわけ、九世紀の半ば以降は尼寺がなくなっていた。

他方、遁世僧たちは、尼戒壇を創り出し、多くの尼寺を形成していった。尼への伝法灌頂をも認めていた。いや、中世の比丘尼と尼寺の基本は遁世僧教団所属であった。官僧が正式の比丘尼を認めず、他方の遁世僧がそれを認めたことは、官僧の方は女人を救済される対象にとどめたのに対して、遁世僧の方は女人が救済の主体（男よりも劣っているとするが）であることを認めたといえよう。また、尼寺を官僧の方はなくし、遁世僧たる禅・律僧らが創ったということは、官僧たちが組織としては生身の女人を救済しようとしなかったのに対して、遁世僧の方は組織として女人を救済しようとしていたことを端的に示している。

もっとも、遁世僧の尼寺に入った女人たちの中には、宗教的理由以外（たとえば天皇の「乱倫」の結果生まれた私生児など）から尼寺に入った人もいた(5)。そのため、中世の尼の宗教的役割を過小に評価する意見も予想される。しかし、そうした入寺の理由はともかく、法華寺、善妙寺ほかの多くの尼寺では尼による宗教活動が行われていたのである。

また、官の尼寺が減少していく理由を財政上の都合で説明する人も予想されるが、顕密体制論では中世においては旧仏教の再生がなされ、財政再建にひとまず成功した時代なのに、官僧の方は尼寺を創り出さなかった。それこそ、官僧が尼寺を創り出さなかったのは財政上の理由からではないことを端的に示している。他方、遁世僧たとえば叡尊らは、一人前の僧である比丘を生み出すと、まもなく尼戒壇で受戒した正式の比丘尼を創り、尼寺を創設していった。

第二に、法然の「無量寿経釈」によれば、法然は官僧側が女人往生・女人成仏を否定していると非難している。平氏は法然の議論が抽象的であることから、レトリックにすぎないと解釈する。私は、「官僧たちが、組織としては、女人往生・女人成仏を否定していた」のが常識であったから具体的な例をあげるまでもなかったと考える。そもそも、そうした指摘が東大寺の官僧を前になされたこと自体が、官僧たちが個々においては女人往生・成仏を説いているのに、組織としては否定していたことへの批判であると考える。

さらに重要なのは、道元も官僧は女人救済を拒否していると非難し、法然門下も法然に仮託して官僧が女人往生を拒否していると非難しているのである(6)。

要するに、『法華経』「提婆達多品」などによって、女人往生・成仏論の存在を知っており官僧たちの間でも議論していた。官僧たちの中には身近にいた女人に、それを教える僧も数多くいた。しかし、そのことは官僧が組織として女人救済を説いたことを意味しない。あくまでも、個々の僧が説いたにすぎない。他方、遁世僧の方は組織として説いたのである。

もっとも、こうした遁世僧の女人救済については、その救済の論理が「変成男子」・「転女成仏」説に基づくものであることから、女性を「いかがわしい」存在とする、いわば女性蔑視観に立つ救済であり、真の女人救済論ではないとする平説などがある。しかし、「真の救済論」か否かの観点を過去の宗教の救済論の分析に持ち込むべきではないとだけは言っておきたい。平等主義か否かで過去の宗教を判断すれば、ほとんどすべての宗教が偽の宗教になるからである。

ところで、平氏は石山寺縁起に、祖師信仰・女人救済・非人救済がすべて出そろっているとする。しかし、祖師信仰については、石山寺縁起のどこに私の定義でいう祖師信仰が書いてあるか疑問である。「良弁僧正の話」を想定しているのかもしれないが、良弁は祖師ではなく、一高僧にすぎず、石山寺縁起の中で良弁は祖師だとはどこにも位置づけられていない。なお、私の定義では「祖師とは生身の人間でありながら聖なる体験をして悟りを開き教団の開祖となった人」である。石山寺縁起に出てくる良弁の話は、良弁が聖なる体験をして黄金（東大寺大仏のための）産出の祈りをする聖地（石山寺の場所）を知ったという話で、「生身の人間でありながら聖なる体験をして悟りを開いた人」の伝記ではない。石山寺縁起の主眼は寺の縁起をかたることにある。弟子たちの生きるモデルを提示するものではない。すなわち、石山寺縁起には私の定義による祖師信仰はどこにもない。女人救済・非人救済についてては出てくるが、そうした話はその縁起が鎌倉末期に作成されたように、遁世僧の個人救済活動に対する官僧側の対応であると考えている。

次に（一）について、平氏が私の方法というのは、得度・授戒制という制度史分析と祖師神話という二つである。まず、得度・授戒制に関して。平氏は、私が度縁や戒牒を有するような整備された得度・授戒制に注目しているために、整備した得度・授戒制を持たなかった法然らの祖師は理解できないとする。それは、私が念頭においている得度・授戒制は、「僧侶集団に統一性を与える」ものである以上、整備されたそれのみだと誤解したうえでの議論である。私の分析の対象が、結果として整備された得度・授戒制を有する僧団にかたよったのは事実であるが、それは整備されていない入門儀礼システムは、「僧侶集団に統一性を与え」ないと考えているからではない。私の分析にそうしたかたよりがあったのは、祖師が活躍していた時期は入門儀礼システムが整備されていなかった場合が多く残存史料が少ない（私の史料採訪が不十分である）ことによると考える。法然のケースはともかく（それも、今後の研究によっては法名授与・黒衣を着する、といった得度儀礼が明らかにされうると考えるが）、叡尊らの新義律僧たちについては平氏も認めるように教団成立期の入門儀礼システムが明らかにできた。すなわち、こうした私の方法によって祖師（叡尊は西大寺流の祖師といえる）が生きていた時期の入門儀礼システムがわかる教団も事実ある。このように、入門儀礼システムは祖師とその弟子たちを視野に入れられる。

次に祖師神話について。平氏は、私が祖師神話から生身の歴史的存在としての祖師の思想などを主に分析しようとしたかのような誤解をしている。私が祖師神話から主に分析しようとしたのは、生身の歴史的存在としての祖師（の思想）ではなく、社会的な祖師、神話的な祖師である。私が特に問題としたのは、祖師の思想がその弟子や信者たちにどう受け取られていたかの方である。たとえ、それが祖師の実際の思想と乖離（まったく無関係になるとは思えないが）しようともである。

要するに、拙著での私の主な関心は教団にあり、教団がどのような入門儀礼システムを有していたのか、教団がどのような神話的祖師像を持っていたのかといったことを主に論じた。そのために、平氏が強い関心を有する生身の存在としての祖師については従（第二次的）の扱いになっている。平氏の（一）のような批判が起こったのは、そうした私と平氏との関心・観点の相違に基づくのであって、私の説が間違っていることを意味してはいない。

なお、平氏は、顕真は法然門下ではないとするが、私は井上光貞氏[7]の説に従ったのである。平氏は専修念仏と天台的浄土教の違いを強調する。私もそれを認めるのにやぶさかではないが、法然の門下には延暦寺の官僧が多く入った（入門しても、まもなく出ていった人も多かったと推測される）のであり、顕真が一時期、法然門下に入ったとしてもおかしくはないと考える。

最後に（二）の批判について。拙著では、個人で活躍する聖といった、きちんとした構成員を再生産するシステムを創り出さなかった遁世僧をひとまず無視したことは確かである。彼らは、過度的な存在、変則的な存在であり、教団に注目する立場にとっては、いわば奇形である。動物を論ずるにあたって、その奇形に注目するよりも、まず正常な存在に注目するのが第一義的なやり方であるように、鎌倉新仏教を論ずる際も、正規的な、いわば普通の存在にひとまず注目したにすぎない。広義の遁世僧については、別の機会に論じたい。なお、鎌倉新仏教ははじめて成立した個人宗教だと述べたのは、正規的な存在としてという意味である。すなわち、個人的信仰を担う教団が正規的に成立したという意味である。要するに、（二）の平氏の批判も、私と平氏の関心・観点の相違に基づくのであって、私の説が間違っていることを意味してはいない。なお、正規的とは、ある存在が一般に認知されているのに対して、変則的とは、ある存在がもはや例外とは言えないにもかかわらず、一般的には認知されず建前として無視されている状態をさしている。

第二節　得度・授戒制に関する批判への反論

得度・授戒制論についての拙著の問題点として平氏は二つをあげる。すなわち、第一に、私が扱った「様々な国制が、中世社会で実際に機能していたとする論証に不満が残る」(六七頁)とする。特に、年分度者制が形式化しつつも中世を通じて機能していたとする議論に対して、「遅くとも一一世紀中葉には年分度者制は実質的機能を失い、年分度者試経が修正会や竪義の付随儀礼として型式的に存続した」(六八頁)とする。

第二に僧位・僧官制を積極的に取りあげておらず、「官僧がどんなに遁世しようとしても、国家的戒壇で受戒した経歴が残る以上、一旦、官僧になった者は死ぬまで官僧であり続けるしかない。つまり空也も法然も親鸞も道元も、氏(=松尾)の概念規定では官僧ということにな」(六九頁)るとする。

第一の点について。平氏は、年分度者制が存続していたか否かを、(一)政府が得度制限策をとっていたか、(二)年分度者試経が試験としての実質を備えていたか、(三)年分度者の新設・増員が行われているか否かで判断すべきとする。平説は古代の年分度者制が、そのまま存続していなければ、年分度者制は機能していないという議論のたて方である。しかし、制度に変化はつきものであり、ある制度が機能を停止したという場合には、その制度の基本的な、より正確にはその制度を決定づける機能が消失した時である。もっとも、なにが基本的であるかは論者によって異なりうるが、名は体を表すというように、年分の度者という名からも推測されるように年分度者制の基本的な機能は「毎年その年の攘夷招福のために一定数の官僧(沙弥であるが)の定員増を認める」点にあるのは明らかであろう。それゆえ、拙著では、年分度者制の機能が存続したか否かは、年分度者制の官僧定員としての機能が消失しているか否かによると考えた。もちろん、年分度者制も変化したことを認めるのにやぶさかではない。たとえば、拙著でも述べたように試経の選抜テストとしての機能は形式化していた。さらに注目すべきは、年分度者制は臨時度者制(臨時に定員増を認める。臨時増募定員)と対になって存在している点である。

平氏は、一一・一二世紀には千僧御読経で一万枚もの度縁が僧侶への布施として大量に発給されていることなどから、政府が得度制限策を放棄したと考え、一一世紀半ばには年分度者制の機能の存在を疑問視する。たしかに、一一・一二世紀には一万枚もの大量な度縁の発給がなされるが、そのことは年分（臨時）度者制の実質的な機能の喪失を意味しない。なぜなら、そうした大量度縁の発給は、あくまで種々の措置（実際の得度が二〇年後といった）を取りやすい臨時度者（いわば臨時増募）であるからだ。実際、康治二（一一四三）年に得度した慶清は二〇年も前の保安三（一一二二）年一〇月六日付の一万人臨時度者の度縁を使って得度している。言い換えれば、その得度を公的に保障する根拠として臨時度者制度を使っているのである。もしも、臨時度者制（年分度者制と対になっている）が機能をなくしているのならば、どうして二〇年前の一万人臨時度者の度縁（＝定員）を使って得度する必要があるのだろうか。ないはずである。

また、平氏は『樵談治要』（一四八〇年）に、「今の世にも大法会の時は度者の使とて、たてらるるは昔をわすれぬばかりにて、その実なき事なり」とあることから、度者制が機能していないとする。たしかに、一見すると機能停止したようであるが、一条兼良がすべてに精通していたかどうかはわからないので、史料に則して当時の実態を見るべきであろう。

ところが、長享二（一四八八）年の維摩会年分度者には、すでに得度していた吉善法師が政覚を師主とする年分度者として得度したことになっている。こうした帳簿上の操作の存在は、定員と現員の不一致をやりくりするための操作と考えれば理解しやすい。それゆえ、一五世紀においても年分度者制は形式化しつつも、機能していたのではないかと想定したのである。

もっとも、戦国時代以降、とりわけ江戸幕府の成立によって、天皇との関係が密接な官僧は、特に大きな変化を被ったと推測される。近世にも維摩会試経や試経奏が散見される。がしかし、そのことをもって近世においても、年分度者制が機能したとは一言も言っていない。近世については、もっと細密な分析が必要であり判断を保留したのである。

また、平氏は「阿闍梨・供僧や永宣旨律師の増員・新設が行われることはあっても、中世を通じていかなる寺院にも年分度者が新設されなかった」（六八頁）ことをどう説明するのかと疑問を提起する。阿闍梨と永宣旨律師とについては、おのおの阿闍梨位・律師という比丘が任じられる僧位・僧官の定員の問題であって、沙弥の定員に関するものである年分度者制とは別の問題である。供僧も供僧職という沙弥が比丘となって任じられる官職であり、これまた別の話である。公家政権は一二世紀に沙弥の恒常的定員増を抑制し（固定化し）、沙弥の増員は臨時の度者で行い、比丘のつく僧官・僧位の増員は認めたといえる。いわば、毎年の恒常的な新規採用数を固定化し、一方、管理職は増やしていったといえる。その結果、応徳三（一〇八六）年に三〇名とされた僧綱の数も鎌倉初期には僧正だけで一三名、律師にいたっては「百五六十人」にものぼっている。しかし、そのことは、応徳の僧綱定員数が守られなくなったことを意味しているにしても、定員数の変更がなされて定員制自体は存続していたはずである。そして、そのことから鎌倉期の僧綱の定員制までも破綻していたと直ちには言えない。いや、僧綱の定員制が問題とされていたからこそ『愚管抄』でも触れたのであろう、すなわち、僧綱の定員制についても、機能していたのではないかと考えられ、それをもって年分度者制の機能停止の傍証とはならない。

なお、平氏は私の研究方法を評して「史料の存在を実態と即断しがち」（六五頁）とする。しかしながら、平氏自身も私の功績として認めた中世の官僧論は、なにゆえ、多くの国家的得度・授戒制の史料が中世を通じて存在するのか、という「史料の存在」へのこだわりから出発したのである。

また、形式化のすすむ中世後・末期の国家的得度・授戒制に関しては、「官僧は天皇が得度許可権をにぎり、鎮護国家を祈る清僧を典型とする」という建前（官僧の典型的なイメージ）が中世を通して存在したことを論証することに主眼があったのであり、そういう意味で国家的な得度・授戒制が機能していたと言ったのである。

第二の点について。私は官僧を国家的祭祀権を有する天皇から鎮護国家を祈る資格を認められた僧団と規定した。僧位・僧官は鎮護国家を祈る資格を示しているが、栄西のように、遁世僧でありながらも授与される僧がいるので、官僧であるか否かの指標としては非本質的であり、より本質的と考えられる国家的得度・授戒制に注目した。

また、平氏は、「官僧がどんなに遁世しようとしても、国家的戒壇で受戒した経歴が残る以上、一旦、官僧になった者は死ぬまで官僧であり続けるしかない。つまり空也も法然も親鸞も道元も、氏（＝松尾）の概念規定では官僧ということにな」（六九頁）るとする。

それは、私の官僧・遁世僧概念の誤解であり、そんな定義は拙著のどこにもしていない。官僧が遁世した時点（黒衣を着るなどに象徴される）で広義の遁世僧となり、彼らが恒常的かつ私的な入門儀礼システムを有した時点で狭義の遁世僧となったのである。もっとも、人間の社会組織の成立は複雑な過程がある以上、象徴的な事件をもって成立の指標とするに過ぎず、いつをもって狭義の遁世僧になったかを判断するのは難しい。法然のケースでいえば、黒谷に遁世した時点で広義の遁世僧となり、そこをおりて弟子を養成し出した（入門儀礼システムを生み出していた）時点で狭義の遁世僧となったと考えている。

おわりに代えて

以上、二節にわたって、平氏の拙著に対する批判に答えた。最後に、拙著刊行後に知りえた国家的得度・授戒制に関する注目すべきデータをあげておく。

（一）　延暦寺戒牒について

拙著では三一通の戒牒をあげたが、それらに以下の六例を付け加える。いずれも拙著での私見を補強する史料である。なお、古代・中世戒牒の古文書学的分析については別の機会（『古文書研究』第三四号、一九九一年）に論じた。

一　暦応四（一三四一）年八月一六日付沙弥尊道戒牒（「片玉集」六九）

二　観応二（一三五一）年四月八日付沙弥某戒牒（国会図書館所蔵貴重書目録三の三八、「延暦寺戒壇院表白」、なお岡野浩二氏のご教示による）

三　文和二（一三五三）年某月某日付沙弥某戒牒（延暦寺横川秘宝館蔵、「尊円親王筆戒壇院戒牒一巻」書七）

四　文和二（一三五三）年某月某日付沙弥某戒牒案（延暦寺横川秘宝館蔵、「尊円親王筆戒壇院戒牒一巻」書七、三の戒牒の案文か）

五　文和三（一三五四）年一一月八日付沙弥泰禅戒牒案断簡（三千院円融蔵甲箱下二〇）

六　貞治三（一三六四）年一一月八日付沙弥某戒牒案（叡山文庫寄託双厳院文書）

（二）　国家的授戒制が南北朝期にも機能していたことを示す史料として「宝戒寺文書」四一八号（『鎌倉市史』史料編第一所収）をあげることができる。それによると、貞和五（一三四九）年一一月一一日において戒臈が四でおのおの延暦寺の春（四月八日）と秋（一一月八日）に受戒した智賢と賢信とが記載されており、戒臈から逆算して貞和元（一三四五）年までは春・秋の恒例授戒が延暦寺戒壇院で行われていたことがわかる。

（三）『太平記』巻一五「園城寺戒壇の事」には、足利尊氏が園城寺戒壇造営協力の話をもって園城寺僧を味方につけた話が出てくる。こうしたことも、延暦寺戒壇での国家的授戒制が機能していたからこそ（園城寺僧が東大寺戒壇で受戒せざるをえなかったからこそ）問題となるのであり、この話も国家的授戒制が南北朝期にも機能していたことを示す史料と考えられる。

〔付記〕

恵鎮については「恵鎮円観を中心とした戒律の復興」（『三浦古文化』第四七号、一九九〇年、後に松尾『勧進と破戒の中世史』〈吉川弘文館、一九九五年〉に採録）で論じた。

〔補論〕

平氏は『鎌倉仏教と専修念仏』（法藏館、二〇一七年）の中で拙著への書評を採録されたが、基本的には説は変わっていないとする。ただ、補足された部分もあり、とりわけ「何をもって中世仏教とするか」という議論の中で、質を問題とするのでも量を問題とするのものではなく、政治体制を支えるか否かに注目するという。しかしその説は、驚くべき「問題発言」のように思える。なぜなら、平氏自身、前近代社会の特徴として「宗教が政治体制を支えるか否か」という質を問題としているからだ。

私も、そうした役割にも注目し、古代は官僧が、中世は、官僧と遁世僧へと、主体的な担い手が変化するようになったと考えている。遁世僧仏教側は、とりわけ禅寺・律寺ともに、将軍家祈禱所・天皇勅願寺となったり（松尾「関東祈禱所再考」、本書第一部第三章）、諸国の政治体制を宗教的に支えた国分寺の多くが遁世僧寺院（西大寺・極楽寺末寺）となっている。室町期の安国寺・利生塔の寺院の多くは禅寺・律寺であった（松尾『日本中世の禅と律』吉川弘文館、二〇〇三年、参照）。つまり、中世において、遁世僧が宗教的に政治体制を支える役割を果たし、官僧寺院にとってかわりつつあった。ただ、宗教の役割は多様であり、政治体制を宗教的に支えるか否かは、宗教の質の一面にすぎないと考える。

私は、「中世仏教を云々する場合」は質をこそ第一義に問題とすべきと考えているが、とりわけ、遁世僧仏教は「個人」（私は注意深く民衆仏教という表現を使っていないが）宗教という新しさを第一義とした点に注目している。私の中世仏教論については、松尾『鎌倉新仏教の誕生』（講談社、一九九五年）や松尾『新版鎌倉新仏教の成立』（吉川弘文館、一九九八年）などを参照されたい。

なお、「官僧・遁世僧モデル」を踏まえた鎌倉新仏教論に関しては、二項対立論として通説A（鎌倉新旧仏教論と一緒として論じる上島亨説（「鎌倉時代の仏教」『岩波講座日本歴史中世1』岩波書店、二〇一三年）がある。私見と通説Aとは何をもって鎌倉新仏教とするか否かなどで決定的に異なっている。また、二項対立論が常に間違っているわけではなく、それによって、新たに何が見えるか否かによって判断すべきである。たとえば、私見によって、平説も認めるように従来ほとんど注目されなかった日本仏教史における授戒制度や、官僧と遁世僧との葬式に対する対応の差などが明確になったとは考えている。以上の例をもってしても、上島説の私見への批判に問題があるのは明らかであろう。

なお、近年は、得度制や授戒制についても、岡野浩二「奈良・平安時代の出家――「官僧・私度僧」から「官僧・遁世僧」へ」（服藤早苗編『王朝の権力と表象――学芸の文化史』森話社、一九九八年）、佐藤文子『日本古代の政治と仏教――国家仏教論を超えて』（吉川弘文館、二〇一八年）といった著作が出ている。参照されたい。

註

（1）松尾剛次『鎌倉新仏教の成立』（吉川弘文館、一九八八年）。後に、増補・改訂版が『新版鎌倉新仏教の成立』（吉川弘文館、一九九八年）として刊行された。
（2）平雅行「書評：松尾剛次『鎌倉新仏教の成立』」（『史学雑誌』九九―三、一九九〇年）。本文中の頁数は平『史学雑誌』論文の頁数である。
（3）平「旧仏教と女性」（津田秀夫先生古稀記念会編『封建社会と近代』同朋舎出版、一九八九年）、「女人往生論の歴史的評価をめぐって――阿部泰郎氏の批判に答える」（『仏教史学』三三―二、一九八九年）。
（4）牛山佳幸「中世の尼寺と尼」（大隅和雄・西口順子編『女性と仏教一　尼と尼寺』平凡社、一九八九年）、および、松尾「遁世僧と女人救済――新義華厳教団を中心に」（同『女性と仏教二　救いと教え』平凡社、一九八九年）。『新版鎌倉新仏教の成立』〈前註（1）〉など。
（5）細川涼一『女の中世』（日本エディタースクール出版部、一九八九年）一〇八、一一〇頁。
（6）「浄土要義」（『法然上人全集』平楽寺書店、一九五五年）一一三頁。
（7）井上光貞『新訂日本浄土教成立史の研究』（山川出版社、一九八五年）。もっとも、田村圓澄氏は『法然』（吉川弘文館、一九五九年）で、顕真は法然門下ではないとするが、田村説は説得力に欠ける。

第三章　関東祈禱所再考——禅・律寺に注目して

はじめに

本稿の目的は、鎌倉将軍安泰のための祈禱を担当した鎌倉将軍家祈禱所の実態を、禅・律寺（僧）との関係に注目して述べることにある。この鎌倉将軍家祈禱所は「関東祈禱寺」とも表現され、研究史的には「関東祈禱寺」の方がしばしば使われてきた。しかし、鎌倉将軍家の祈禱を行ったのは寺院だけではなく、神社もあり、「関東祈禱所」という表現も使われる。ここでは、関東祈禱所のうちで圧倒的な多数を占めた寺院、すなわち関東祈禱寺に注目することになる。

関東祈禱所に関しては、湯之上隆氏の研究や木下龍馬氏の研究などがある(1)。とりわけ湯之上氏と木下氏の研究は、現在における関東祈禱所に関する総合的な研究の達成と評価できる。そこで、両氏の研究を整理しつつ、関東祈禱所の概要をまとめ、問題点などをも指摘していこう。

湯之上氏によれば、「関東祈禱寺とは史料上に「鎌倉殿祈禱所」、「将軍家御祈禱所」、「関東祈禱所」などとしてあらわれる鎌倉将軍の祈禱所のうち、さしあたり寺院を中心に考察しようとするため、便宜上名づけたもの(2)」という。

この関東祈禱寺は、「新たな武家政権として登場した鎌倉幕府と中世仏教勢力との間に取り結ばれた諸関係のうち、親和的関係を示すものであり、これについての検討は、中世社会における一権力機構として、種々の規定性を帯びざるをえなかった鎌倉幕府の本質を究明する、有力な手がかりを提供するものと考えられる(3)」とされる。

湯之上氏は、関東祈禱寺をこう位置づけたうえで、諸国の関東祈禱寺の実態を以下のように明らかにしている。関東祈禱寺は、鎌倉将軍のための祈禱をする寺院であるが、将軍とともに朝廷の安穏を祈願する寺院であった。関東祈禱寺は、巻数と呼ばれる、どれだけの経典を読み上げたのかというリストを鎌倉幕府に送る一方で、寺領の寄付・安堵・狼藉停止・殺生禁断、造営助成などの保護がなされた。とりわけ、たとえ執権の許可があったとしても、将軍の許可がなくしては関東祈禱寺には指定されないほど高い寺格と保護を与えられた点は忘れてはならない、とする。

そうした関東祈禱寺の定義と特権に関しては、先述の木下氏による湯之上説批判がある。まず定義に関しては、木下氏は「関東祈禱所」のうち、鎌倉の勝長寿院など幕府が直接建立した寺院と、地方の寺院・寺僧側からの申請によって関東祈禱寺になった寺院とを区別すべきとし、前者を幕府御願寺、後者を関東祈禱所とし、後者のみを関東祈禱所として扱っている。特権についても、武士などによる「濫暴狼藉」を禁止することが中心であったと指摘されている(4)。

木下氏のそうした指摘は鎌倉幕府による寺院把握の強度の相違などを理解するうえで大いに示唆に富んでいる。しかし、その相違は、後述する関東祈禱所の展開と関連していると、とらえるべきであろう。すなわち、とりわけ成立期においては将軍自らが御願寺を建立し、関東祈禱所(寺)とし、人事権・領地などを強力な支配下においた場合もあった。だが、後になれば、将軍と無関係に建立された、寺院・寺僧側などからの申請によって関東祈禱寺に指定されていったからである。ようするに、私は関東祈禱所には二つのパターンがあったと考える。

ところで、湯之上氏は、関東祈禱寺の成立と展開に関しては、三期に分けて説明している。すなわち、

(1) 第一期　幕府草創期から承久の乱以前

(2) 第二期　承久の乱から蒙古襲来以前

(3) 第三期　蒙古襲来以後幕府滅亡まで

の三つである。

さらに、湯之上氏は、こうした関東祈禱寺の制度は、全体として、真言と律を優遇する制度で、ようするに旧仏教を優遇するものであったと結論づけている。

以上のような湯之上、木下両氏の研究は関東祈禱寺研究の到達点と評価でき、支持できる面もあるが、種々の点で問題がないわけではない。

まず、一方で確実な史料によるとしながら、他方において後世の地誌によって関東祈禱寺を見いだしている。その結果、東北地方の関東祈禱所がまったく無視されている。この点は、関東祈禱所の展開と分布のみならず、関東祈禱所の性格理解にかかわる大きな問題である。本稿では後にその点にも触れたい。

また、木下氏は関東祈禱所を地方の寺・社が申請して祈禱所となった寺・社のみに限定し、いわば下からの契機のみに注目し、幕府側からの契機が軽視されすぎている。建治元（一二七五）年九月一四日付で蒙古退散祈禱命令が、おそらく全国の関東祈禱所に出されたように[5]、幕府は祈禱と修造[6]などをも通じて祈禱所を把握していたのは間違いない。そうした事例が一例しか残っていなかったとしても、七〇〇年以上もの時間の経過を考えれば、数多く

出されたと考えるべきであろう。

さらに、第三期において当時の日本仏教界を席巻し、大きな勢力を誇るように成長していった律宗（寺）との関係に対する注目がまだまだ十分ではない。そのことは、湯之上氏が、当時、律寺であった多くの寺院を真言寺院とされている点に端的に表れている。そこで、本稿では、とりわけ律寺との関係に注目しつつ見直したい。

まず、律寺（律僧）とは何かを見ておこう。当時の律僧たちは、真言（密教）、天台、華厳などを兼修していたにせよ、戒壇受戒を核とする律僧としての独自なまとまりを有し、律寺として緊密な関係を有していた。とりわけ、一三世紀後期には本寺・末寺関係を形成していき、どの寺院が律寺・律院であるか否かは明確であった。しかも、原則的には国家的な僧位・僧官の体制からははずれ、維摩会などの国家的な法会には参加できなかったが、非人救済、葬送従事など穢れに関わる活動に組織として従事していた。とりわけ、同じく将軍祈禱といっても、官僧と番を組んで一緒に行うことなどはなかった(7)。

そうした律寺には、奈良西大寺系、唐招提寺系、京都泉涌寺系の三大勢力があったが、とりわけ、西大寺叡尊を中心とした西大寺系（私は叡尊教団とも呼ぶ）がもっとも勢力があった(8)。

湯之上氏は、当時の研究状況の制約もあって、西大寺を興福寺の末寺と考えている。しかし、一三世紀前半以降の西大寺には、国家的な僧位・僧官の体制下にあった官僧（白衣）と、それから離脱していた遁世僧（私僧、黒衣）の二つのグループが存在した。官僧たちは興福寺の支配下にあったが、叡尊・忍性らの遁世僧たちは、独自に一五〇〇以上もの末寺を形成していた。いわば、叡尊教団と呼ぶべき教団を樹立していた(9)。ここで主な対象とする西大寺系とは叡尊ら律僧たちである。以上の点を踏まえて関東祈禱所を再考してみよう。

第一節　確立期の状況（1）――忍性による申請

まず、注目したいのは時期区分についてである。先述のように、湯之上氏によれば、関東祈禱寺は、源頼朝による鎌倉幕府の樹立以来成立し、その展開状況は、一二二一年の承久の乱、一二七四年と一二八一年の蒙古襲来という危機を画期として三期に分けられている。

私も、それら三期が画期であったことを認めるのに吝かではない。しかし、それらを単なる時期区分に終わらせるべきではなく、時代状況、寺院（神社、以下同じ）の内容・寺院数などに注目して成立期、展開期、確立期の三期として読み直したい。それぞれが、鎌倉幕府成立期の内乱、承久の乱、蒙古襲来という中世国家の危機に対応したものであった。

表のように、第一期には、二二箇寺（社）が、第二期には六箇寺が関東祈禱所化されている。

とりわけ、ここで注意したいのは、湯之上氏が第三期とする確立期である。この時期には、二度の蒙古襲来により、社会的な危機状況は決定的に深まっていった。三度目の蒙古襲来も予想されていた。とすれば、そうした危機的状況は関東祈禱所の増加を促したはずである。後述するごとく、この時期だけで全体（**表**のように九八箇の寺社がほぼ確実に関東祈禱所であった）の八割近くの六四にも達する。しかも、その多くは律寺であったのである。

ことに、この時期において、永仁六（一二九八）年に忍性の申請によって三四箇寺が関東祈禱寺化したことと、翌正安元（一二九九）年に鎌倉覚園寺開山で泉涌寺系律僧である心慧の申請によって、室生寺以下一三箇寺が関東祈禱寺に認定されたことは大いに注目される。

関東祈禱所表

no	寺名	所在地	宗派	指定期	典拠
1	勝長寿院	相模国	?	1	
2	永福寺	相模国	?	1	
3	大慈寺	相模国	?	1	
4	明王院	相模国	真言	1	
5	極楽寺	相模国	律	3	金沢文庫四八九九、小野塚充巨「中世極楽寺をめぐって」(『荘園制と中世社会』東京堂出版、一九八四年)四七七頁
6	満願寺	摂津国	真言	1	
7	薗光寺	河内国	真言	1	
8	通法寺	河内国	真言	1	
9	松尾寺	和泉国	天台	1	
10	河田別所	伊勢国	?	1	鎌四四、文治二(一一八六)年正月日多米正富申状案
11	寺名不詳	甲斐国	?	1	
12	威光寺	武蔵国	真言	1	
13	求明寺	武蔵国	真言	1	
14	長尾寺	武蔵国	天台	1	
15	進美寺	但馬国	天台	1	
16	片岡社	相模国	神社	1	「吾妻鏡」建暦二(一二一二)年八月二二日
17	前取社	相模国	神社	1	「吾妻鏡」建暦二(一二一二)年八月二二日
18	武雄社	肥前国	神社	1	鎌二八二六五、建保三(一二一五)年一〇月二日
19	杵築社	出雲国	神社	?1	鎌九二三八
20	吉田社神宮寺薬王院	常陸国	天台	?1	
21	敏満寺	近江国	天台	?1	
22	清水寺	播磨国	天台	?1	
23	金山寺	備前国	天台	?1	貞応より数十年以前
24	尊長護法寺	和泉国	?	2	鎌補一九八九
25	八塔寺	備前国	天台	2	
26	国主寺	紀伊国	真言	2	阿念置文案、鎌二一六二七
27	台明寺	大隅国	天台	2	
28	六郷満山	豊後国	天台	2	豊後長安寺文書、鎌補九四〇
29	瑞巌寺	陸奥国	禅(臨済宗)	2	入間田宣夫「中世の松島寺」(『宮城の研究』三)
30	三聖寺	山城国	禅(臨済宗)	3	
31	大徳寺	山城国	禅(臨済宗)	3	大徳寺文書、鎌三〇六二四
32	円福寺	山城国	禅(臨済宗)	3	法観寺文書、鎌二三一一二
33	泉涌寺	山城国	律	3	
34	観音寺	山城国	律	3	
35	東林寺	山城国	律	3	
36	浄住寺	山城国	律	3	
37	光台寺	山城国	律	3	
38	桂宮寺	山城国	律	3	
39	速成就院	山城国	律	3	

40	大乗院	山城国	律	3	
41	西大寺	大和国	律	3	
42	大安寺	大和国	律	3	
43	唐招提寺	大和国	律	3	
44	法華寺	大和国	律	3	
45	海竜王寺	大和国	律	3	
46	喜光寺	大和国	律	3	
47	不退寺	大和国	律	3	
48	般若寺	大和国	律	3	
49	長持寺	大和国	律?	3	
50	竜寺	大和国	律?	3	
51	三学院	大和国	律	3	
52	大窪寺	大和国	律?	3	
53	久米寺	大和国	律	3	
54	額安寺	大和国	律	3	
55	大御輪寺	大和国	律	3	
56	神願寺	大和国	律	3	
57	最福寺	大和国	律	3	
58	豊浦寺	大和国	律	3	
59	菩提寺	大和国	律	3	
60	弘福寺	大和国	律	3	
61	定林寺	大和国	律?	3	
62	竹林寺	大和国	律	3	
63	惣持寺	大和国	律	3	三郷町史
64	室生寺	大和国	律	3	
65	大滝寺	大和国	律?	3	
66	薬師院	摂津国	律	3	
67	舎那院	摂津国	律	3	
68	三ヶ院	摂津国	律	3	
69	多田院	摂津国	律	3	
70	泉福寺	河内国	律	3	
71	教興寺	河内国	律	3	
72	道明寺	河内国	律	3	
73	西琳寺	河内国	律	3	
74	真福寺	河内国	律	3	
75	性海寺	播磨国	律	3	
76	円覚寺	相模国	禅（臨済宗）	3	
77	弘正寺	伊勢国	律	3	
78	大日寺	伊勢国	律	3	
79	妙楽寺	紀伊国	律	3	
80	利生護国院	紀伊国	律	3	
81	金剛三昧院	紀伊国	律	3	
82	金剛寺	紀伊国	律	3	
83	千如寺	筑前国	律?	?3	「筑前国続風土記」三二六頁
84	浄土寺	筑後国	律	3	
85	高城寺	肥前国	禅（臨済宗）	3	
86	東妙寺	肥前国	律	3	
87	妙法寺	肥前国	律	3	
88	大光寺	肥前国	禅（臨済宗）	3	「国郡一統志」、如来禅寺
89	水上寺	肥前国	禅（臨済宗）	?3	
90	大慈寺	肥後国	禅（曹洞宗）	3	鎌一五九一九
91	如来寺	肥後国	禅（曹洞宗）	3	「国郡一統志」、如来禅寺
92	護国寺	陸奥国	禅（臨済宗）	3	入間田宣夫「鎌倉建長寺と藤崎護国寺と安藤氏」（『津軽安藤氏と北方世界』）

93	東昌寺	陸奥国	禅（臨済宗）	3	入間田宣夫「中世の松島寺」（『宮城の研究』三）
94	寿福寺	相模国	禅（臨済宗）	？	
95	光明寺	相模国	？	？	
96	大善寺	甲斐国	真言	？	
97	仁比山社	肥前国	神社	？	「仁比山寺文書」一一、『佐賀県史料集成古文書』五　北条英時巻数受取状
98	安養寺	備前国		？	鎌二六二三九

（1）指定期とは、祈禱寺に指定された時期で、その数字は本文を参照。
（2）典拠は湯之上隆「関東祈禱寺の展開と歴史的背景」（『静岡大学人文学部人文論集』二八―二、一九七七年）、「関東祈禱寺の成立と分布」（『九州史学』六四、一九七八年）、木下龍馬「再考・関東祈禱所：在地寺社と禁制」（『鎌倉遺文研究』三三、二〇一四年）にあげられていないものを中心にあげた。
（3）典拠欄の鎌四四とは『鎌倉遺文』四四号文書のことである。金沢文庫四八九九とは『金沢文庫古文書』四八九九号文書のことである。

というのも、現在知られている関東祈禱所は九八箇寺社であるが、そのほぼ五割の四七箇寺がこの二人の律僧の申請によって関東祈禱所化したことになるからだ。

まず、**史料（1）**と**史料（2）**をみて欲しい。

史料（1）　「大和西大寺文書」（『鎌倉遺文』巻二六、一九六七〇号文書）

関東御祈禱諸寺

西大寺、招提寺、菩提寺、薬師院、不退寺、大御輪寺、額安寺、海竜王寺、西琳寺、般若寺、喜光寺、大安寺、教興寺、竹林寺、速成就院、浄住寺、大乗院、弘正寺、最福寺、泉福寺、三学院、真福寺、惣持寺、神願寺、金剛寺、利生護国院、多田院、以上僧寺

法花寺、道明寺、三ケ院、豊浦寺、光台寺、舎那院、妙楽寺、以上尼寺

都合三十四ケ寺

永仁六年四月　日

史料（2）「相模極楽寺文書」（『鎌倉遺文』巻二六、一九六七八号文書）

南都西大寺以下僧尼寺之卅余ヶ寺、申成関□御願所候了、貴寺其随一候、於御教書正文者、留置西大寺候、案文幷寺号注文令進之候、此条雖不輙事候、戒律之陵廃、仏法之衰微、夙夜歎存候之間、枉申行候了、弥励興法利生、如説修行之大道、令受随相応候之様、可被触仰満寺之諸僧候哉、恐々謹言、

永仁六
五月十一日　　沙門忍性

西琳寺長老

史料（1）は、永仁六（一二九八）年四月日付の「関東祈禱寺寺号注文」（要するに関東祈禱寺名のリスト）で、西大寺以下の二七箇寺の僧寺と、法花寺以下の七箇寺の尼寺が関東祈禱所となったことを示し、それらの寺院名が記されている。

史料（2）は、永仁六年五月一一日付の忍性書状である。それによれば、忍性の申請によって、西琳寺もその一つである「南都西大寺以下僧尼寺之卅余ヶ寺」が関東御願寺（関東祈禱所）となったことを、西琳寺長老に伝えている。なお、**史料**（2）では、関東祈禱所に認定された寺院数は「卅余ヶ寺」と曖昧な表現になっているが、**史料**（1）に示すように三四箇寺と考えられている。

「道明尼律寺記」によれば、道明寺にも忍性によって関東祈禱所化したことが伝えられており[10]、おそらく、**史料**（1）の忍性書状は、**史料**（2）の三四箇寺すべてに出されたと推測されている[11]。

さて、ここで注目したいのは、それら三四箇寺がすべて律寺であったことで、ことに唐招提寺を除けば、すべてが奈良西大寺末寺の律寺（私は、それらを一括して叡尊教団とも呼ぶ）であった点である。

また、当時、唐招提寺は西大寺と授戒（戒律護持を誓う儀礼）という重要な儀式を協力しあうような友好な関係にあった。[12]それゆえに、忍性は、西大寺末寺ではない唐招提寺も含めた三四箇寺の関東祈禱所化を、鎌倉幕府に対して申請したのであろう。

そうした寺院の関東祈禱所化を申請した人物である忍性（一二一七～一三〇三）は、西大寺叡尊の弟子となり、建長四（一二五二）年に関東に下り、以後、常陸三村寺を中心に活動を行ったが、弘長元（一二六一）年には鎌倉に入り、文永四（一二六七）年には鎌倉極楽寺の長老となるなど関東地方、とりわけ鎌倉で活躍した。忍性は戒律を広め、鎌倉の都市民とりわけ癩病患者の救済活動などで、生きている菩薩としてあがめられた人物である。そうした救済活動によって、鎌倉幕府のみならず、朝廷側からも崇敬を集めた。その活動は、寺社再興、道路・橋の整備、鎌倉大仏の管理、鎌倉の主要な港であった和賀江津の管理維持など広範囲に及び、三河国より以東の地域の西大寺末寺の管理も行った。[13]私は鎌倉版のマザーテレサと呼んでいる。なお、二〇一六年は忍性菩薩生誕八〇〇年に当たった。

以上のように、忍性の申請によって、永仁六（一二九八）年には三四箇寺もの律寺、とりわけ叡尊教団の律寺が関東祈禱所に指定されていたのである。

第二節　確立期の状況（2）――心慧による申請

史料（3）[14]　『金沢文庫古文書　第七輯』五二四三号文書、『鎌倉遺文』巻二七、二〇二五〇号文書。

（端裏書）
「関東御祈禱寺々御下知案正安元十五 清書越中兵部□」

可令室生等諸寺注文有之、為関□□□□□□（東御祈願寺禁）断地頭御家人并□□□□□□□□□（甲乙人）（等濫暴狼藉事）

右、得心慧上人解状偁、件等□□□□□□瑞応之仏閣、或大権建立之仁祠□□□□浄域、或律法興隆之道場也、値□歳久□□日新、仍若帰敬之者、世治年豊、若聊爾之者□危民薄、誠是寰宇之興衰、偏在□□□者也、是以管領寿藹、住持智等、面□□□、連々行業、深奉祈幕府之栄彩、莫不□地之円満、而頃年以来、地頭御□□□□□□等押妨寺領、駈使寺民、加之、伐払□□牛馬、臨禁制之境、企漁猟之営、作□□類繁多、匪啻穢黷露地、便□□□□濫吹之至、争無炳誡、伏請　恩裁□□□□許、以兹霊地為祈願所、朝々□□□□□天下泰平之御願、歳々年々□□□□繁昌之御運者、申請之□□□□□□向後於斯寺々縁辺、有狼藉事□□□□禁遏、莫令更然、若猶有違越者、□□□□名字、随其罪状、先可□□□□□□□□□仰下知如件、

正安元年十月五日（一二九九）

陸奥守平□□□（北条宣時）

相模守平□□□□（北条貞時）

山城国桂宮寺、被入関東御□□□（祈願寺）十三ケ寺注文候畢、存此旨□□□抽懇祈、依御下知併注文□□□為向後亀鏡、
可被納寺庫候、大問見出し「

十二月三日　「

（中略）

桂宮院上人御房

史料（3）は『金沢文庫古文書』所収文書で、二つの部分からなり、前半部は、正安元（一二九九）年一〇月五日付「関東下知状案」である。それによれば、鎌倉覚園寺開山で泉涌寺系律僧である心慧の申請によって、室生寺以下の諸寺が関東祈禱所に認定されたことがわかる。

後半部は、一二月三日付某（心慧か）書状である。内容から正安元年のものである。それは、山城国桂宮寺（当時は西大寺直末寺であった）が関東祈禱寺一三箇寺のひとつに入ったことを桂宮寺長老に伝えている。ところで、注意すべきことに、『鎌倉遺文』巻二七では、**史料**（3）が正安元年一〇月五日条と同年一二月三日条の二つに分けて収載されている。金沢文庫において原史料を確認したところ、後半部分、すなわち、「山城国桂宮寺」以下の部分も、同一紙に書かれている。

次に**史料**（4）を見よう。

史料（4）　『金沢文庫古文書　第七輯』五二四四号文書、『鎌倉遺文』巻二七、二〇二七八号文書。

（端裏書）「関東御祈禱寺々注文案正安元年十月日」

関東御祈願諸寺

橘樹（寺脱カ）推古天皇御願、聖徳太子聖跡

室生寺 堅恵入定地、弘法修練砌

定林寺 上宮太子七箇伽藍内、子細見于四節文

大窪寺 同太子建立四十六箇内

桂宮寺 同四十六ケ内、御作如意輪安置之

久米寺 推古天皇御願、善無畏三蔵聖跡

弘福寺 天武天皇御願□□（建立）、弘法大師

大滝寺 弘法大師草創、聞持成就霊場

滝寺 加留大臣建立伽藍、医王善逝霊験勝地也

観音寺 生身観音出現霊場

長持寺 一代山麓、役行者聖跡

泉涌寺 我禅上人草創、律法中興道場

東林寺 同末寺、尼衆多住之

已上十三箇寺

正安元年十月　日

「奉行出羽前司行藤　在裏判」（裏書）

史料（4）も『金沢文庫古文書』所収文書で、正安元年一〇月付の関東祈禱寺のリストであり一三箇寺が挙がっている。なお、史料（3）と史料（4）は原史料を金沢文庫で見ると、筆跡・紙質などが一致し、本来、一具の文書である。

史料（3）だけでは、室生寺、桂宮寺を除けばどの寺院が関東祈禱寺に指定されたのか不明である。しかし、史料（3）と史料（4）を比較すれば明らかなように、史料（4）の一三箇寺こそが史料（3）の心慧の申請によって関東祈禱寺に設定された寺院であることは明らかであろう。

ところで、忍性の申請によって認められた三四箇寺と比較すれば少ない一三箇寺とはいえ、鎌倉時代において極めて寺格が高く鎌倉幕府の保護を受けた関東祈禱寺化を申請し成功させた心慧とは如何なる人物であろうか。この心慧について湯之上氏ははっきりしないとされながらも、櫛田良洪『真言密教成立過程の研究』[15]に従って鎌倉覚園寺の開山とする。

そこで、心慧について見てみよう。

史料（5）　「律苑僧宝伝」一五六頁。

相州覚園寺開山道照海律師伝

律師諱智海、字心慧、別号道照、従宗灯律師究毘尼、兼稟密乗、得小野広沢等諸宗之奥旨、又嘗伝通受法於忍性菩薩、永仁四年、大檀越平貞時公創鷲峰山覚園寺、延師為開山之初祖、包笠紛紜爐鞴宏敞、師之道声雷行飈起、嘗手画聖無動像、修八千枚法五十余座、其像今猶在焉、

史料（5）は近江安養寺（滋賀県栗東市）の中興開山戒山慧堅（一六四九～一七〇四）によって一六八九年に成立した僧伝集である「律苑僧宝伝」の「相州覚園寺開山道照海律師伝」である。

それによれば、心慧は道照とも号し、諱を智海といった。泉涌寺第六世となった宗灯律師、願行房憲静に戒律を学んだ。すなわち、泉涌寺系の律僧であった。また、小野・広沢流の伝法灌頂を受けた密教僧でもあった。さらに、忍性からも通受授戒を受けている。永仁四（一二九六）年には北条貞時の招きで鎌倉覚園寺の開山に迎えられ、嘉元四（一三〇六）年四月二七日に死去している[16]。

このように心慧が泉涌寺系の律僧であったことに注目したい。当時、日本の戒律界において、京都の泉涌寺（俊芿）を中心とした北京律と呼ばれるグループと、奈良西大寺叡尊を中心とした南京律と呼ばれるグループが、布薩、自恣といった儀礼を共有する場合もあるなど協力しながら、展開を遂げていた。また、それらは密教も兼修した僧団であった。要するに心慧は北京律（泉涌寺律）系の律僧であった点は重要である。とりわけ、授戒における通受法を、先述した忍性から受けた忍性の弟子でもあった点は注目される。

こうしたことから判断すれば、おそらく、心慧は忍性のアドヴァイスと協力があって、一三箇寺の関東祈禱寺化を成功させたのであろう。それでは心慧によって関東祈禱寺化した一三箇寺は、いかなる寺院であったのだろうか。当然、心慧と関係の深い律寺であったはずと推測される。

もっとも、史料（3）によれば、それら一三箇寺は、傍線部のように、「瑞応之仏閣」（奇瑞で有名な寺院）、「大権建立之仁□（祠）」（聖人、権力者の建立した寺院）、「□□□□浄域」（聖域）、「律法興隆之道場」（戒律復興の寺院）の四つに分類されている。それゆえ、一三箇寺すべてがただちに律寺であったかははっきりしないが、その四分類の内の「律法興隆之道場」が律寺であったことは確実であろう。

事実、大和橘樹寺、山城桂宮寺といった西大寺系の律寺も入っている[17]。また、泉涌寺、東林寺、観音寺など泉涌寺系の律寺も含まれている[18]。ところが、湯之上氏は、泉涌寺、東林寺、観音寺を真言宗の寺院に分類されている。それは、間違いと言わざるをえない。おそらく、それら以外の寺院の中にも北京律系の寺院が入っていると考えられるが、とりわけ室生寺が注目される。

というのも、**史料**（3）の事書の部分によれば、「可令室生等諸寺注文有之」のように室生寺だけが例示され、「住持智等、面□□□、連々行業、深奉祈幕府之栄彩、」と住持の空智房忍空も例示されているからだ。おそらく、心慧と密接な関係にあった人物であろう。

湯之上氏は室生寺を**史料**（4）に「弘法修練砌」と注記されていることもあって、真言宗寺院とされる。はたしてそうであろうか。

史料（6）をみよう。

史料（6）　「招提千歳伝記」五四頁。

室生寺中興忍空律師伝

律師忍空、字空智、不知何処人、少而出家、敏悟之名越於常倫、依泉涌月翁公学律、又与真照従円悟周公聴三大部、継入戒壇、礼円照律師師事、洞入律教幽微、又謁西大正公重受具戒、後住戒壇、又為生馬竹林中世之第五世、嘗中興室生山、（中略）某八月二十日寂、

史料（6）は、「招提千歳伝記」（一七〇一年成立）の「室生寺中興忍空律師伝」である。それによれば以下のこ

とがわかる。忍空は、字を空智といい、若くして出家し、その才能は非凡であった。泉涌寺の月翁智鏡に律を学び、戒壇院の円照に師事した。また、西大寺叡尊にも重受戒した。後に戒壇院にもどり、円照が中興した生駒の竹林寺の第五世となり、室生寺を中興した。このように、律僧である空智房忍空によって室生寺は中興されたという注目すべきことがわかる。また、泉涌寺の月翁智鏡に律を学んだ点は、泉涌寺系の心慧との繋がりもあったと考えられる。もっとも、「招提千歳伝記」は、一八世紀の編纂物であって第一次資料とは言いがたいうらみがあるが、次のような同時代資料があって確認できる。

史料（7）　「東大寺円照上人行状」九頁。

諱忍空、房号空智、駿河国人也、初雖投禅院、而由縁入律、即勝鬘院円珠・思順両徳東遊之時、相随上洛、遂入泉涌律場、珠・順両徳者本泉涌寺住僧也、忍公入智鏡上人之門、在浄因律師之下、学戒聴律、後移住戒壇、入照公門、受戒学律、事在精通、浄因大徳戒壇開講、秀達之一、厥之明年、与真照公、倶移住戒光寺、聴因大徳講羯磨疏、即正元元年也、律相開遮、明朗如縣日月、通別受随、秉御似向鏡玉、名誉流華夷、行徳聞都鄙、習学秘教、大致弘通、小野・広沢、无云不伝受、彼此諸流、譜練積□（功カ）、興隆室生山、住持生馬寺、勝鬘院珠・順両徳之後、忍公即厥法嫡也、度人受戒、作栴檀林、入壇伝法、成金玉市、伝戒之事、由照師之功、講律之誉、在因師之徳、伝密之事、豈非珠・順之功乎、忍公中比、住持戒光寺、両三年間、講三大部、門輩非一、是因公之余芳也、自余行業不能具陳、（後略）

史料（7）は、正安四（一三〇二）年に東大寺戒壇院長老凝然が記した「東大寺円照上人行状」の一部で、凝然の先輩の一人であった空智房忍空の略伝が記されている。

それによって、忍空の詳しい伝記を知ることができるが、大筋で「招提千歳伝記」と一致している。先に、泉涌寺の月翁智鏡に律を学び、後に戒壇院の円照に師事し、室生寺を中興し、生駒竹林寺の住持を務めたという。

ところで、叡尊から重受戒を受けたというが、叡尊の授戒者名簿である「授菩薩戒弟子交名」（一二八〇年成立）によれば、第四八番目に「京人　忍空　空智房」[19]と記載されている。それゆえ、平安京（京都市）出身であったことがわかるが、**史料**（7）の「東大寺円照上人行状」では駿河国の出身とする。出身地には二説あるとしておこう。

こうした経歴からも、空智房忍空が律僧であったことは確実であり、忍空が中興した室生寺が律寺化していた可能性は極めて高い。実際、彼以後も、空智房忍空の弟子真海が建武元（一三三四）年八月六日に室生寺に住持として入っている[20]。

次に注目されるのは、弘福寺である。弘福寺には**史料**（4）に「天武天皇御願□□、弘法大師」と注記がある。『奈良県の地名』[21]によれば、通称を川原寺といい、天武天皇の創建説があり、嵯峨天皇が弘法大師に授けた真言宗寺院で、古代には大いに栄えた。しかし、中世には衰え、東寺の末寺となっていった[22]。とりわけ、建久二（一一九一）年五月直前の大火によって、伽藍は壊滅的な打撃を受けたと考えられている[23]。それゆえ、真言宗寺院だったと考えられているが、おそらく、長い間、再興がなされなかったのであろう。

次の**史料**（8）を見よう。

史料（8）　「東大寺円照上人行状」一三頁。

如蓮房教弁、大和国人、本布施山寺住僧、音曲有功、苦行清潔、初住西大寺、次住戒壇、受戒学法、後住川原

寺、建興二諦、造食堂、立僧房、請僧講密教、勧人営紹隆、年齢満八十、門人中高臈、嘉元元年（後略）

史料（8）は、先述した「東大寺円照上人行状」の一部で、円照の弟子の一人であった如蓮房教弁の略伝が記されている。それによれば、如蓮房教弁は、大和国の出身で、もとは布施山寺住僧で、音曲に優れ、苦行清潔な僧であった。その後は、初め西大寺、後に戒壇院で戒律を学んだ。戒壇院で円照の弟子になったのであろう。さらに、川原寺（弘福寺）に移り、食堂を作り、僧房を建て、僧衆を集めて密教を講じ、中興させたことがわかる。しかも、嘉元元（一三〇三）年には、八〇歳という高齢であっても、生存中であった。つまり、嘉元元年以前において弘福寺（川原寺）もまた、円照弟子の律僧によって、中興されたことがわかる。

もっとも、如蓮房教弁は弘福寺の勧進の担当者に過ぎないのでは、という批判もありうるが、そういう場合であったにせよ、如蓮房教弁の住房を核とする律院が成立していたはずである。

この如蓮房教弁は、先述の「光明真言過去帳」に、次の**史料**（9）のように記載されている。

史料（9）　本書第一部第四章「西大寺光明真言過去帳の紹介と分析」九九頁。

（前略）

了願房　真福寺　　長真房　西琳寺
明道房　観音院　　乗観房　海竜王寺

（中略）

如蓮房　河原寺　　常勤房　般若寺

了道房　同寺住　　　　　　○随覚房　当寺住
仙空房　大覚寺　　　　　　十乗房　多田院
日乗房　当寺住　　　　　　○円心房　極楽寺長老
（後略）

「如蓮房　河原寺」と表記されるように、如蓮房は川原寺（弘福寺）の長老として、正和元（一三一二）年に亡くなった西琳寺長真房[24]と、正和四（一三一五）年に亡くなった極楽寺長老円心房[25]との間に記されている。一三一二年から一三一五年頃に亡くなったのであろう。一三〇三年において八〇歳とすれば、九二歳ほどで亡くなったことになる。すなわち、関東祈禱寺化した時期には如蓮房が活躍していたのである。

以上、**史料**（4）に弘法大師ゆかりの寺院という注記があっても、鎌倉時代末において泉涌寺系と関係の深い円照門下の律僧によって、律寺として中興されていた寺院が含まれていることが明らかとなった。

さらに注目されるのは久米寺である。久米寺は、**史料**（4）では「推古天皇御願、善無畏三蔵聖跡」とされる。久米寺は、推古天皇の勅願で、聖徳太子の弟の来目王子が創建とも、久米仙人による建立ともいう。九世紀には確実に存在したが、平安以降は衰頽し、鎌倉期に復興事業がなされ、現在は真言宗御室派である[26]。こうしたことから、湯之上氏は真言宗とされる。

しかし、この久米寺に関しても、次のような興味ぶかい史料がある。

史料（10）　『島津伊作家文書』（『鎌倉遺文』巻三三、二五二五七号文書）

（端裏書）「くうせんのうけとり」
島津下野彦三郎左衛門尉殿名国司功銭事
　　合捌拾貫文者
右、用途者、本光房上洛之間、唯寂房為代官、且所請取之状
如件、
　　正和三年十月十一日
　　　　　　　　　　　　久米寺雑掌代僧唯寂（花押）

史料（11）　『島津伊作家文書』（『鎌倉遺文』巻三三、二五三八一号文書）

　請取　任官用途事
　　合玖拾捌貫文者
右、件用途者、島津下野三郎左衛門尉殿名国司用途也、且於
鎌倉所請取之状如件、
　　正和三年十二月廿三日
　　　　　　　　　　　　久米寺雑掌代唯寂（花押）

史料（10）は、正和三（一三一四）年一〇月一一日付で、久米寺雑掌代の唯寂房が、嶋津下野彦三郎左衛門尉久長の下野守の名国司功銭八〇貫文を、上洛中の雑掌本光房の代わりに受け取ったことを示している。**史料（11）**は、

正和三年一二月二三日付で、久米寺雑掌代の唯寂房が、嶋津下野彦三郎左衛門尉久長の下野守の名国司功銭九八貫文を、鎌倉で受け取ったことを示している。この後も、唯寂は、正和四（一三一五）年九月一〇日に二貫文、正和五年一〇月三日に五〇貫文、文保元（一三一七）年一一月二八日に七〇貫文の功銭を受け取っている。

ここで注目したいのは、そうした功銭は、おそらく下野守への任命料であるが、大和久米寺の修造用途であったと考えられる点である。とすれば、その時期に久米寺の修造が行われ、その責任者が本光房で、代理が唯寂であったことになる。しかも、唯寂は、功銭を上洛中の本光房に代わって鎌倉で受け取っていることを考えれば、鎌倉に住んでいたはずである。それでは、この久米寺の修造を担った鎌倉在住の本光房や唯寂はいかなる人物かが問題となる。

史料（12）　本書第一部第四章「西大寺光明真言過去帳の紹介と分析」一〇二〜一〇三頁。

○当寺第六長老沙門澄心

（中略）

本智房　当寺住　　　　　**本光房　極楽寺長老**

（中略）

当寺第七長老沙門信昭

史料（12）は、叡尊教団の物故者名簿といえる「光明真言過去帳」の一部である[27]。それによれば、貞和三（一三四七）年九月五日付で死去した[28]西大寺第六代長老澄心と、文和元（一三五二）年三月二日付で亡くなった[29]西大寺第七代長老信昭との間に、極楽寺長老本光房が記載されている。それゆえ、その間に、本光房は亡くなったのであろう。

この本光房は、長老期間から、第六代長老心日と考えられるが、観応元（一三五〇）年三月までは活動しており、それ以後、文和元年三月以前に亡くなったのであろう。[30]

ところで、律僧の大きな役割の一つに諸寺修造などの勧進活動があったことはよく知られているが、[31]後に、鎌倉極楽寺長老となる本光房が、**史料（10）、（11）**の本光房であった可能性は高いと考えられる。とすれば、本光房の代理唯寂房も極楽寺関係の律僧であろう。要するに、鎌倉時代末期において、久米寺も律僧が勧進を担当していたのである。さらに、久米寺と律僧との関係は勧進の担当者というレベルで止まってはいなかった。

史料（13）　「太子二才御影最初形像縁起事」（法隆寺編『太子伝玉林抄』巻二、吉川弘文館、二〇一一年）二一三頁。

菩提寺二才御影、是日域最初御影也、其故者、彼寺住僧敬願房云物アリ、此処欲成律院、開山律僧尋訪之時、招提寺ノ応量長老御弟子ニ、戒学上人トテ、生馬御廟寺ノ長老ニテ、御坐スヲ、奉請之処、無子細御領状アテ、御興行アリ、爰ニ敬願房思フ様、此砌ハ、太子御誕生ノ処ナレバ、専二才御影可奉安置之霊場也、然而二才御影ノ軌範御渡ナキ間、以何為本、可奉造刻、昼夜朝暮ニ祈念思惟シケルニ、戒学上人御弟子ニ、戒日上人トテノ、久米寺ノ長老ニテ御坐ケルカ、或夜霊夢ヲ感ス、京都持明院王子、三才ニナリマシマス、此王子二才御影ニ少モカハリ給ハズ、其形皃ヲ可奉移之由、新霊告之間、不思議之夢想カナト、奇テ急イソキ敬願房ニ、上件趣語候時、敬願房祈念通冥ニ事ヲ歓ヘリ（後略）

史料（13）は、『玉林抄』「太子二才御影最初形像縁起事」の一部である。内容は、菩提寺の太子二歳像の縁起を語っている。[32] ここで注目したいのは、唐招提寺長老応量（覚盛）の孫弟子である戒日上人が久米寺長老であった、とあることだ。

師の戒学上人については、一三世紀末に活躍している。[33] それゆえ、戒日もその頃の人物であるが、久米寺長老であった。すなわち、久米寺は長老を律僧が勤める寺院であったのだ。久米寺の中興を極楽寺僧が担い、久米寺を律寺化していたのであろう。

他の五箇寺に関しては、当該時期の史料がないために、その時期の状況がはっきりしないが史料（4）を見ると、聖徳太子ゆかりの寺院が多いことに気づく。当時において、律系が聖徳太子信仰寺院の中興を目指していたことは知られている。[34] それゆえ、聖徳太子ゆかりの寺院は律寺であった可能性は高い。

とすれば、他の五箇寺も律寺であった可能性は高いと推測される。湯之上氏はそれらも真言とされるが、律寺の可能性が高いと考え、表では疑問符を付けて律寺とした。

これらのほか、この確立期において、西大寺末寺の伊勢大日寺も関東祈禱寺に認定されている。

史料（14）「金沢貞顕書状」（『金沢文庫古文書』三九三号文書）

貞冬昨日十二日、評定に令初参候了、無風雨之難候、喜思給候也、近日湯本へ可下向之由存候也、加賀国軽海郷事、被成称名寺領候之間、尭観御房上洛候、任申状、公人を差下候て、無残所可被打渡、勢洲浄実御房も国へ可有下向之由承候、委旨尭観御房定被申候か、勢州大日寺御願寺間事、為矢野伊賀入道奉行、令申候之処、去五日合評定、無相違被成下御教書候尭観御房被持下候、浄実御房定喜悦候乎、（後略）

史料（14）は「金沢貞顕書状」である。それは『甫文口伝鈔』紙背文書のひとつとして伝来している。永井晋『金沢北条氏の研究』によれば、『甫文口伝鈔』紙背文書の前半四冊は正中二（一三二五）年から元徳二（一三三〇）年にかけて、金沢貞顕が息子で六波羅探題であった貞将に宛てた書状が大部分という[35]。本文書については永井論文では、言及されていないが、本文書は第三冊目の紙背文書であり、その作成年代は一三二五～一三三〇年ということになる。

とりわけ、**史料（14）**では、加賀国軽海郷（現石川県小松市）が称名寺領となり、その引き取り事務のために尭観房が加賀国へ下向すると聞いていることを伝えている。

『日本歴史地名大系　石川県の地名』によれば「嘉暦四年（一三二九）二月二一日鎌倉幕府が武蔵国金沢《かねさわ》称名《しょうみょう》寺（現横浜市金沢区）に常陸国北郡の寺領と相博で、闕所地となっていた軽海郷地頭職を寄進した（中略）称名寺は永徳三年（一三八三）までの約五〇年間当郷を支配した[36]」ことが明らかにされている。

とすれば、嘉暦四（一三二九）年二月二一日の相博（交換）決定を受けての書状であり、おそらく本文書の作成年代は嘉暦四年であろう。とすれば、本文書の傍線部により、嘉暦四年に伊勢の大日寺が評定によって関東祈禱寺に認定されたことがわかる。伊勢大日寺については、福島金治氏ほかの研究がある[37]が、中世において西大寺末寺であった。

史料（15）　松尾『勧進と破戒の中世史』（吉川弘文館、一九九五年）一四五頁。

伊勢国

弘正寺　岩田 円明寺　東三

大日寺《高角》　長妙寺《田村》
宝寿寺《上寺》　興光寺
宝生院《森寺》　戒泉寺《イエキ》
円興寺　常光寺《小倭》第十五長老御時応安七九八
福善寺《吐師》　法延寺
金光寺　大福田寺
慈恩寺　東観音寺
新福寺

史料（15）は、明徳二（一三九一）年に書き改められたという「西大寺末寺帳」の伊勢国分である。伊勢高角大日寺は、第三番目に記載されており、伊勢国で第三位の寺格の西大寺直末寺であった。そうした寺院が関東祈禱寺であったことは大いに注目される。

また、**史料**（14）で、大日寺が（将軍家）御願寺に認定されて喜悦するとされている浄実房とは次の史料から大日寺の僧であったと推測される。

史料（16）　本書第一部第四章「西大寺光明真言過去帳の紹介と分析」一〇五頁。

○当寺第十三長老沙門信尊
（中略）

本教房　大御輪寺　　　　浄実房　大日寺

（中略）

〇本一房《（アトカ）》　極楽寺長老　　智照房　弘正寺

本史料は、叡尊教団の物故者名簿といえる光明真言過去帳[38]の一部である。大日寺の浄実房が貞治五（一三六六）年九月二〇日に七〇歳で死去した西大寺第一三代長老信尊[39]と、応安元（一三六八）年三月一五日に死去した鎌倉極楽寺長老本一房[40]との間に記載されている。その配列順は死亡日順と考えられるので、浄日房は貞治五年九月二〇日から応安元年三月一五日の間に死去したのであろう。

注目されるのは、浄実房とは伊勢大日寺の僧、とりわけ長老と考えられるが、先の史料で大日寺の関東祈禱寺化を喜ぶと考えられた浄実房と同一人物と考えられる。**史料**（9）の浄実房は四〇年後くらいには伊勢大日寺の長老に出世していたと考えられる。

この第三期において、伊勢大日寺以外にも、次の**史料**（17）のように、西大寺末寺の肥前東妙寺、妙法尼寺が関東祈禱寺に指定されている。

史料（17）　「金沢貞顕書状」（『金沢文庫古文書』一四三三号文書）

山門与寺門事、六波羅重注進到来之間、今日有評定、可御使上洛之由、落居候了、兼又、鎮西両寺御願寺事、同今日有沙汰、被免候了、尤以目出候、彼僧定悦喜候歟、又、瀬戸橋事、何比可出来候哉、可

史料（17）は、「宝寿抄紙背文書」（一二の一）の金沢貞顕の書状である。本文書は欠年であるが、山門と寺門の園城寺戒壇をめぐる争いが問題となっていることから、文保三（一三一九）年のものとされる[41]。また、鎮西両寺御願寺というのは、肥前東妙寺、同妙法尼寺の関東祈禱寺化のこととされる。それゆえ、肥前東妙寺、同妙法尼寺が文保三年に関東祈禱寺となったことや、評定によって認められたことがわかる[42]、という。

史料（18）『鎌倉遺文』巻三一、二四〇七七号文書。

関東御祈禱所、肥前国東妙寺造営材木勝載船壱艘事

右、任今年五月廿日鎮西御過書、肥前国津々関泊、無煩可令勘過之状如件

延慶三年九月廿九日　　沙弥（花押）

史料（18）は延慶三（一三一〇）年九月二九日付の沙弥某施行状である。それによれば、延慶三年九月二九日には、東妙寺が関東祈禱寺であったことがわかり[43]、史料（17）を文保三年の文書とすることには問題がある。おそらく、延慶三年以前とすべきであろう。

以上によって、西大寺末寺の肥前東妙寺、妙法尼寺も第三期において、関東祈禱寺化していたことがわかる。これらの他、律寺であった播磨性海寺も、正安二（一三〇〇）年に忍性によって関東祈禱寺化している[44]。

第三節　関東祈禱寺と禅寺

これまで「西大寺末寺」ほかの律寺について見てきた。鎌倉幕府の関東祈禱寺化政策における律寺の占める比重、役割の大きさについて認識が深まったのではなかろうか。

次に、ここでは関東祈禱寺政策における禅寺の位置についても見ておこう。というのも、**表**を見ると確かに、第三期には律寺とともに禅寺のみが関東祈禱寺化しており、その数は一一箇寺であり、極めて多い。しかも、禅といっても臨済宗が大部分で、曹洞宗は少ない点が注目される。

史料（19）や**史料**（20）を見よう。

史料（19）　「相模円覚寺文書」（『鎌倉遺文』巻二〇、一四九〇八号文書）

円覚寺事、為
将軍家御祈禱所、任相模国司申請、所被寄進尾張国富田庄幷
富吉加納・上総国畔蒜南庄内亀山郷也者、依仰下知如件、
弘安六年七月十六日
駿河守平朝臣業時（花押）

史料（20）　「相模円覚寺文書」（『鎌倉遺文』巻二〇、一四九一〇号文書）

以円覚禅寺、申成
将軍家御祈禱所候、仍御教書進之、食輪已転、法輪常転、必
及竜葩之期、感悦之至、不知所謝、委細期面拝、恐惶謹言、
七月十八日　　時宗
円覚禅寺方丈侍者

史料（19）は、弘安六（一二八三）年七月一六日付「関東下知状」で、円覚寺文書の一つである。それによれば、相模円覚寺が将軍家祈禱寺すなわち関東祈禱寺として、相模国司（北条時宗）の申請により、尾張国富田庄并富吉加納・上総国畔蒜南庄内亀山郷を円覚寺に寄進することを伝えている。

史料（20）は、弘安六年七月一八日付「北条時宗書状」である。それによれば、北条時宗は、申請して円覚寺を将軍家祈禱寺にしたことを円覚寺に伝えている。

円覚寺は、北条時宗が蒙古襲来によって亡くなった人々の鎮魂のために、無学祖元を開山として建立したことで知られるが、[45] 円覚寺は北条氏の祈願寺であるのみならず、関東祈禱所でもあった。そうした円覚寺の関東祈禱所化は、開基である北条時宗の申請によってなされたのである。

この第三期において、湯之上氏は、円覚寺のほかに山城三聖禅寺、肥前高城禅寺の合わせて三つの禅寺が関東祈禱所であったとされるが、山城大徳寺もそうであった。

史料（21）　「山城大徳寺文書」（『鎌倉遺文』巻三九、三〇六二四号文書）

（端裏）（宿知）「十二」
大徳禅寺被申成関東祈禱所之旨、被聞食之由、
天気所候也、仍執達如件、
　六月三日　　　勘解由次官冬長
　宗峰上人御房

史料（21）は、嘉暦四（一三二九）年六月三日付後醍醐天皇の綸旨である。それによれば、大徳寺が関東祈禱所になることを後醍醐天皇が住持の宗峰に対して認めている。すなわち、大徳寺も関東祈禱所であった。また、木下氏によって、肥後如来禅寺、大慈寺、肥前国大光禅寺も関東祈禱所であったことを明らかにされている。しかし、それらがどういう寺院であったのか具体的に論じられてはいないので、ここで考察しよう。

史料（22）　北嶋雪山『国郡一統志』（青潮社、一九七一年）三〇六～三〇八頁。

徳治二年八月士安上書云、当国者九州之奥区無依之辺境也、因玆先師義尹長老文永中尋国中之霊場、闢最初之禅院、叢林之軌範始興行、別伝之宗旨偏流通、思此遠邦之利益、可謂超世之志願者欤、三十余輩之僧侶、雲水継跡、五十年来之寒燠、香灯維新、若有随分之内徳、盍預威権之外護、況是領主北条修理亮（定宗）殿、後室御挙状既分明也、不及御不審欤、就中当国大慈寺者、先師長老当寺建立以後之草創也、忝預御教書、被定御願寺了、一人建立之寺何可有用捨哉、加之肥前高城寺、大光寺等近年之間、各蒙恩裁畢、此皆九州之傍例也、余於州者、不遑注進、当寺独漏允容尤以不便也、所望別無委曲、只是為誡甲乙人之狼藉也、愁鬱不渉多端、只是全未来際

之勤行也、然則早被下御願寺之御教書、弥固一寺之亀鑑、奉祈万年之鶴寿、同二年辛未十月十六日、有鎌倉公命、陸奥守平朝臣、相模守平朝臣状、為御祈禱所、且停止甲乙人乱入、（後略）

史料（22）は、北嶋雪山が寛文七～九（一六六七～六九）年に書いた肥後国で最古の地誌といわれる『国郡一統志』[46]の如来寺の項である。すなわち、編纂物であるが、信頼性の高い地誌とされる。それによれば、如来寺の住持である士安が、徳治二（一三〇七）年八月に、肥後大慈寺、肥前高城寺、大光寺の例などをあげつつ、北条定宗後室の挙状をもって申請し、一〇月に関東祈禱所と認められた経緯が知られる。傍線部から、徳治二年一〇月一六日付で関東祈禱所として武士らの乱入を停止する関東御教書（カ）を受けたことがわかる。

如来寺は、道元の弟子寒巌義尹が建立した曹洞宗寺院であったことが注目されるが、肥後国宇土郡（現熊本県宇土市）に所在した。暦応三（一三四〇）年四月五日には室町幕府の祈願をする利生塔寺院となるほど栄えた寺院であった。曹洞宗寺院で確実に関東祈禱寺であったのは寒巌義尹が建立した大慈寺と、この如来寺に過ぎないが、他の禅寺が臨済宗であっただけに注目される。

肥後大慈寺は、現在の熊本市野田町に所在する曹洞宗寺院で如来寺の開山と同じ寒巌義尹が開いた寺院である[47]。寒巌義尹は緑川の大橋架橋活動で知られる。**史料（22）**から大慈寺が如来寺の関東祈禱寺化の先例としてあげられており、大慈寺も関東祈禱寺であった。

史料（23）　「大慈寺文書」（『鎌倉遺文』巻二一、一五九一九号文書）

大渡大慈寺伽藍敷地之間事、就于橋辺可有興行之由、依被所望候、雖最少分候、寺地一所令寄進之候、将又、

為彼仏性灯油修理用、荒野少々可有開発候、此条且為故相模守殿御菩提、且被申関東御祈禱候事、尤可然相存候、恐々謹言、

弘安九年
六月十四日　　源泰明在判

史料（23）は、弘安九（一二八六）年六月一四日付の源（河尻）泰明の寄進状である。それによれば、「且為故相模守殿御菩提、且被申関東御祈禱候事」と、北条時宗の菩提と関東の祈禱を祈念することが期待されており、大慈寺も関東祈禱所であったことがわかる。

また、先の**史料**（22）から、肥前高城寺、大光寺も関東祈禱所であったことがわかる。肥前高城寺が関東祈禱所であったことは周知のことであるが、大光寺については注目されていないので、次に見よう。

肥前大光寺は、『佐賀県の地名』[48]によれば、神崎荘（現神埼市）に所在した寺院で、現在は、朝日山安国寺という禅宗寺院である。嶮崖巧安（仏智禅師）を開山として一三世紀末に建立されたが、暦応二（一三三九）年に室町幕府の安国寺に指定された。すなわち、かつては臨済宗寺院として栄えていたのである。

とりわけ、注目されるのは、先述した東妙律寺と同じく神崎荘に所在した点である。神崎荘は、日宋貿易の拠点の一つであり、鎌倉時代には元寇恩賞地となるなど、蒙古襲来に関係深い土地であった。そうした地の東妙寺、妙法寺とともに大光寺が関東祈禱所であった点にも、第三期の関東祈禱寺と蒙古襲来（祈禱）との密接な関係がうかがえる。

以上、禅宗寺院に注目して関東祈禱所を見てきたが、東北地方の関東祈禱所も見ておこう。従来、東北地方の関東祈禱所については、湯之上、木下両氏によって無視されてきた。それは、史料的に確実ではないという理由から

であるようである。しかし、一方において、木下氏は、肥後如来寺を関東祈禱寺とされるが、それは江戸時代の地誌の記事に分析に基づくものであり、史料的に確実とはいいがたい。

ところで、入間田宣夫氏によって、陸奥松島瑞巌寺、陸奥護国寺、出羽立石寺が関東祈禱寺であった、と指摘されている。いずれも、北条氏によって天台宗から臨済宗寺院化したと考えられている。

ことに、陸奥松島瑞巌寺に関しては、観応元（一三五〇）年一一月日付の「陸奥国松島円福寺雑掌景顗申状」には、「右当寺者、建長年中、為最明寺入道外護之檀那、成将軍家御祈願寺以降、皇帝万年之道場、当国第一之禅院也」とある。(49) それゆえ、第二期の建長期ではあるが、北条時頼によって、天台宗円福寺が臨済宗の瑞巌寺となり関東祈禱寺化していた可能性は高い。陸奥護国寺、出羽立石寺については、確証はないが、可能性はないわけではない。詳しくは入間田論文(50)などを参照されたい。

このように、東北地方（奥羽地域）においても、関東祈禱所化政策が行われていたのである。まさに、当時の鎌倉幕府支配の及ぶ領域の重要拠点に関東祈禱寺は設定されていたのである。

おわりに

以上、第三期を中心に関東祈禱所について見てきた。湯之上氏は三聖寺などの三つの禅宗寺院の関東祈禱寺化の事例を紹介し、第三期、すなわち確立期における禅宗、律宗の重要性を指摘している。

たしかに、**表**のように、現在のところ、この確立期における禅宗の祈禱所は、相模円覚寺、山城大徳寺、山城三聖寺、肥前高城寺、肥後大慈寺、如来寺、肥前国大光禅寺など一一箇寺が見いだせている。(51) しかも、五山禅寺の存在や尼寺の存在を想起すれば、まだまだ多くの関東祈禱寺が見いだせそうである。

他方、律寺は、五〇箇寺以上もの寺院が関東祈禱寺していたのは確実であり、関東祈禱寺において律寺の占める役割の大きさは疑いない。

とりわけ、一五〇〇寺もあった西大寺末寺に関しては、西大寺の直轄寺院として西大寺から住持が派遣される直末寺二一六箇寺のうち三九箇寺以上が関東祈禱寺であった点は大いに注目される。それらの寺院がいかに勢力があったのかがうかがわれる。

ところで、湯之上氏は、関東祈禱寺は全体として真言と律を優遇する政策であったとされる。しかし、**表**を見れば明らかなように、真言寺院は八箇寺で、しかも第一期たる成立期に集中しており、鎌倉時代全体を通じて見れば、もっとも優遇されたのは蒙古襲来を画期とする確立期における律寺（五三箇寺）で、その次が禅寺であったと言えるであろう。つまり、基本的には鎌倉新仏教寺院（遁世僧寺院）を重視する政策であった。以上、律寺とりわけ叡尊教団の直末寺の寺格の高さが浮き彫りにできたと考える。

最後に、なぜ、とりわけ律寺が将軍による保護のもっとも重要な対象となったのであろうか。鎌倉幕府側としては、叡尊、忍性らの活躍によって、律僧の元寇を防ぐ祈禱力が期待されていたことや、社会救済活動が評価されたことなどが主な理由であろう。厳しく戒律を護持し、興法利生を掲げた律僧たちは、大いに祈禱能力を期待されたのであろう。

他方、律寺側としては、律寺（僧）の最大の特徴といえる戒律護持との関係が決定的に重要であると考える。律僧たちは、戒律によって武器を保持することなどが禁止されており、武士らの侵入・狼藉を防ぐのに将軍の保護が必要であったからであろう。

木下氏は、関東祈禱所化の最大のメリットを御家人ら武士による濫暴狼藉の禁止にあったとされる。戒律護持に厳格であろうとし、数多くの尼寺を有する叡尊教団の律寺にとって、将軍家の濫暴狼藉禁制のもつ意味はとりわけ大きいものであった。戒律を宣揚した律寺が全国的に展開するうえで、重要であったからだといえる。

なお、今回、主として律（禅）寺との関係に注目したために、関東祈禱所であった神社については触れなかった。現在のところ、五社が関東祈禱所と考えられているが[52]、指定時期がわかるのは、ほぼ成立期の第一期に指定されている。やはり、もっとも多くの関東祈禱所が指定された確立期において、重要な意味を持ったのは、律寺であったという本稿の結論は動かないと考える。

註

（1）湯之上隆「関東祈禱寺の展開と歴史的背景」（『静岡大学人文学部　人文論集二八―二』一九七七年）、「関東祈禱寺の成立と分布」（『九州史学』六四、一九七八年）、いずれも後に湯之上著『日本中世の政治権力と仏教』（思文閣出版、二〇〇一年）に所収。綾仁重次「鎌倉幕府と寺社――関東御祈禱所をめぐって」（『国史談話会雑誌』二〇、一九七九年）。木下龍馬「再考・関東祈禱所：在地寺社と禁制」（『鎌倉遺文研究』三三、二〇一四年）、入間田宣夫「中世の松島寺」（『宮城の研究』三、清文堂出版、一九八三年）、岡陽一郎「海から見た松島・北条氏――あるいは関東祈禱所」（『歴史手帖』二五―一、一九九七年）。

（2）湯之上「関東祈禱寺の成立と分布」〈前註（1）〉一頁。

（3）湯之上「関東祈禱寺の成立と分布」〈前註（1）〉一頁。

（4）木下「再考・関東祈禱所」〈前註（1）〉五一頁。

（5）「近江胡宮神社文書」（『鎌倉遺文』巻一六、一二〇二一号文書）。

（6）「但馬進美寺文書」（『鎌倉遺文』巻二二、一七三三五号文書）では、正応三（一二九〇）年四月二八日付で但馬守護が但馬国内の関東祈禱所の別当・神主らに対して、破壊箇所の修造と仏神事の勤行を命じている。

（7）平雅行「鎌倉幕府の祈禱に関する一史料」（『大阪大学大学院文学研究科紀要』四七、二〇〇七年）など参照。

（8）松尾剛次『新版鎌倉新仏教の成立』（吉川弘文館、一九九八年）、松尾『勧進と破戒の中世史』（吉川弘文館、一九九五年）など参照。

（9）叡尊教団の全国における末寺の展開については、松尾『中世律宗と死の文化』（吉川弘文館、二〇一〇年）、松尾「叡尊教団の紀伊国における展開」（『山形大学人文学部　研究年報』第一〇号、二〇一三年。のち『中世叡尊教団の全国的展開』法藏館、二〇一七年に採録）など参照。

（10）「河州志紀郡土師村道明尼律寺記下」（『大日本仏教全書一一九　寺誌叢書第三』）二五四頁。

（11）湯之上「関東祈禱寺の展開と歴史的背景」〈前註（1）〉三六頁。

（12）弘安八（一二八五）年には、三月二一日に正法寺の尼衆が法花寺で本法受戒を行ったあとで唐招提寺で受戒しているが、その受戒には叡尊らが戒師として参加している（『大日本仏教全書一〇五』名著普及会、一九七九年所収「招提千歳伝記」八五頁）。

（13）松尾『忍性』（ミネルヴァ書房、二〇〇四年）。

（14）二〇一五年一一月一九日に原史料調査を行ったところ、祈禱寺注文の墨影が五二四三号文書に残っている。また、五二四三号文書〈史料（3）〉と五二四四号文書〈史料（4）〉の筆跡・紙質などが一致し、五二四三号文書と五二四四号文書は本来、一具のものであったと考えられる。さらに、五二四三号文書の原史料には中観長老御房宛ての関東下知状の墨影が写っており、桂宮院長老中観宛ての関東下知状も存在したと推測される。中観房あてのものが称名寺に伝来したのであろう。

（15）櫛田良洪『真言密教成立過程の研究』（山喜房仏書林、一九六四年）六〇八頁。

(16) 心慧の伝記については、『泉涌寺史』(法藏館、一九八四年)八五・八六頁、大森順雄『覚園寺と鎌倉律宗の研究』(有隣堂、一九九一年)一三頁など参照。また、泉涌寺系律についての近年の研究として高橋秀栄「泉涌寺出身の律僧たち」(『戒律文化』五、二〇〇七年)、西谷功「蘭渓道隆と泉涌寺僧の交流」(村井章介編『東アジアのなかの建長寺』勉誠出版、二〇一四年)などを参照。

(17) 松尾「西大寺末寺帳考」『勧進と破戒の中世史』〈前註(8)〉。

(18) 泉涌寺系の本末関係については「泉涌寺派寺院本末改帳写」(『泉涌寺史　資料編』法藏館、一九八四年)二三三頁。

(19) 「授菩薩戒弟子交名」(松尾『日本中世の禅と律』吉川弘文館、二〇〇三年)七二頁。

(20) 「招提千歳伝記」〈前註(12)〉五六頁。

(21) 『奈良県の地名』(平凡社、一九八一年)二七八頁の「弘福寺」の項参照。古代の弘福寺については研究が多く(武内孝善「弘福寺別当攷」皆川完一編『古代中世史料学研究　下巻』吉川弘文館、一九九八年、ほか)、七世紀の中頃から後半にかけての代表的な寺院と考えられている(狩野久編『古代を考える　古代寺院』吉川弘文館、一九九九年、一〇〇頁)。

(22) 『大日本古文書　醍醐寺文書一四』一二七頁の観応元年一一月二七日付東寺長者御教書など参照。

(23) 『川原寺発掘調査報告書』(奈良国立文化財研究所、一九六〇年)、『川原寺寺域北限の調査』(奈良文化財研究所、二〇〇四年)など参照。

(24) 松尾「河内西琳寺五輪塔と大和唐招提寺西方院五輪塔をめぐって」(『戒律文化』八、二〇一一年、のち松尾『中世叡尊教教団の全国的展開』〈前註(9)〉に採録)参照。

(25) 『極楽律寺史　中世・近世編』(極楽律寺、二〇〇三年)八〇頁。

(26) 湯之上「関東祈禱寺の成立と分布」〈前註(1)〉一四頁。

(27) 西大寺光明真言過去帳については、本書第一部第四章「西大寺光明真言過去帳の紹介と分析」参照。

(28) 「西大寺代々長老名」(『西大寺関係史料(一)諸縁起・衆首交名・末寺帳』、奈良国立文化財研究所、一九六八年)七三頁。
(29) 「西大寺代々長老名」〈前註(28)〉七三頁。
(30) 「綜芸種智院式並序」には末尾に「観応元年三月廿一日於関東極楽寺自第六住持心日大徳奉相伝之畢、極楽寺住僧金剛仏子珠篋(花押)」とある(『極楽律寺史 中世・近世編』〈前註(25)〉一四六頁)。
(31) 松尾『勧進と破戒の中世史』〈前註(8)〉など参照。
(32) この件については追塩千尋『中世南都仏教の展開』(吉川弘文館、二〇一一年)二一三頁など参照。
(33) 追塩『中世南都仏教の展開』〈前註(32)〉二一四頁参照。
(34) 小野一之「聖徳太子の再生――律宗の太子信仰」(吉田一彦編『変貌する聖徳太子』平凡社、二〇一一年)など。
(35) 永井晋『金沢北条氏の研究』(八木書店、二〇〇六年)三九三頁。
(36) 『日本歴史地名大系 石川県の地名』(平凡社、一九九一年)二二〇頁。
(37) 福島金治「金沢称名寺と伊勢・鎮西」(『美術史論叢 造形と文化』雄山閣出版、二〇〇〇年)、「金沢北条氏・称名寺の寺領経営と在地社会」(『中世史研究』二六、二〇〇一年)など。
(38) 本書第一部第四章「西大寺光明真言過去帳の紹介と分析」九四頁参照。
(39) 「西大寺代々長老名」〈前註(28)〉七三頁。
(40) 「明賢舎利器銘」〈前註(25)〉一五一頁。
(41) 前田元重・福島金治「金沢文庫古文書所収『宝寿抄』紙背文書について」(『金沢文庫研究』二七〇、一九八三年)一〇頁。
(42) 前田元重・福島金治「金沢文庫古文書所収『宝寿抄』紙背文書について」〈前註(41)〉。
(43) それより以前の延慶三年五月二〇日付の「鎮西過書」でも「関東御祈禱所肥前国東妙寺」とある(『鎌倉遺文』巻

三一、二三九九五号文書）。
(44) 木下「再考・関東祈禱所：在地寺社と禁制」〈前註（1）〉五一頁。
(45) 松尾『中世都市鎌倉の風景』（吉川弘文館、一九九三年）など参照。
(46) 『国郡一統志』（青潮社、一九七一年）の解説を参照。
(47) 大慈寺については、上田純一『九州禅宗寺院の研究』（文献出版、二〇〇〇年）を参考されたい。また、『新宇土市史　通史編第二』（宇土市、二〇〇七年）も参照されたい。
(48) 『佐賀県の地名』（平凡社、一九八〇年）一三三頁。
(49) 本史料については、堀野宗俊「留守政景の感状並びに観応年中の寺領注文等七通について」（『瑞巌寺博物館年報』第六号、一九八〇年）一八頁に紹介されているが、写真により補訂している。入間田宣夫「中世の松島寺」（『宮城の研究』三、清文堂出版、一九八三年）五一頁も参照。
(50) 入間田「鎌倉建長寺と藤崎護国寺と安藤氏」（『津軽安藤氏と北方世界』河出書房新社、一九九五年）、入間田「中世の松島寺」〈前註（49）〉。
(51) 湯之上隆「関東祈禱寺の展開と歴史的背景」〈前註（1）〉三八頁。
(52) 木下「再考・関東祈禱所」〈前註（1）〉四八頁の「関東祈禱所一覧」参照。

第四章　西大寺光明真言過去帳の紹介と分析

はじめに

西大寺には、「西大寺光明真言過去帳」（以下、「過去帳」と略す）と呼ばれる資料がある(1)。それは、西大寺の光明真言会に際して一臈・二臈の役者が真読、すなわち、声を挙げないで全体を読むべき過去帳である(2)。

光明真言会は叡尊が文永元（一二六四）年九月四日に西大寺建立の本願称徳女帝の忌日を期して開始した法会である。七昼夜にわたって亡者の追善、生者の現世利益のために光明真言を読誦する法会であり、諸国の末寺から僧衆が集まり、西大寺内に寄宿して法会を勤修する叡尊教団の年中行事の中で最大のものであった(3)。

本「過去帳」は、すでに奈良文化財研究所から『西大寺関係史料（一）』（一九六八年）に翻刻され、叡尊教団構成などを論ずる際に利用されてきた(4)。

しかし、それは、史料の翻刻紹介が中心のために解説もなく、使用に際して非常に不便と言わざるをえないし、翻刻ミスなども散見される。そこで、ここでは、史料を解説しつつ、翻刻しなおしたい(5)。なお、私は、平成一五年四月二九・三〇日に西大寺当局のご許可を得て史料調査を行った。

第一節　「西大寺光明真言過去帳」とは何か

本「過去帳」の所蔵番号は、西大寺経蔵131—1／2である。写真（**図1**）のように二巻で構成されている。「西大寺光明真言衆首過去帳二巻　外箱」と書かれた外箱（三八・五×一七・二センチ）に入り、さらに、「西大寺光明真言衆首過去帳二巻」と書かれた内箱（三四×一二・五センチ）に入っている。

第一巻の、西大寺の所蔵番号は、「西大寺経蔵131—1」である。第一巻の表紙には、「西大寺光明真言結縁過去帳巻第二比丘衆衆首」と書かれている。本紙は紙を異にする。本紙には**図3**のような界線がある。その大きさは、縦一一・六センチ、幅二・八センチである。

本紙は縦二九・九センチ、横六四・三センチの紙など一八枚を継いでいる。以上が、形態に関する説明であるが、次に内容に入る。

たとえば、本紙の頭書の部分は、次のようになっている。

西大寺光明真言結縁過去帳巻第一比丘衆衆首分

静慶　霊山院　　証学房　海竜王寺住

○唐招提寺開山菩薩　　宿蓮房　白毫寺

「西大寺光明真言結縁過去帳巻第一比丘衆衆首分」というのは、西大寺光明真言会で読み上げられる過去帳であることを示している。

比丘というのは、律僧集団の男の僧のうちの一人前の僧を指す。律僧たちは、戒律に従って、比丘・比丘尼（以上、一人前）、式叉摩那・沙弥・沙弥尼、（以上、半人前）、という構成をとっていた。それゆえ、比丘分の過去帳であることがわかる。その階層については、蓑輪顕量氏の研究[6]などを参照されたい。

筆頭にあがっている大和長岳寺霊山院の静慶は、叡尊の密教の師で、叡尊は、嘉禄元（一二二五）年以来足かけ四年にわたって静慶について伝法勧請の伝授を受けた[7]。それゆえ、静慶から記されたのである。そのことは、叡尊が密教僧として出発したことを端的に示している[8]。

図１　西大寺光明真言過去帳

図２　第一巻表紙

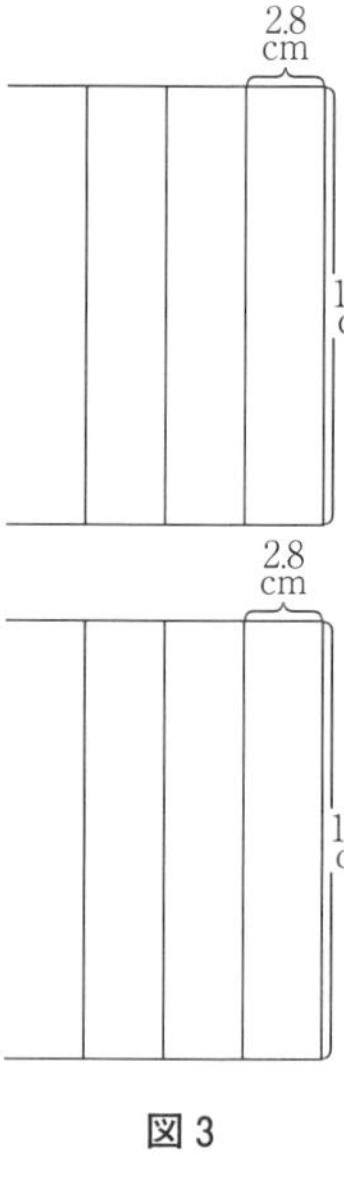

図３

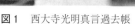

次に注目されるのは、本過去帳は、死亡年月日順に記されているが、西大寺長老名ごとに大書・改行して記載されている点である。もっとも、極楽寺忍性は西大寺長老ではないが、西大寺長老的扱いがなされている[9]。しかし、注意すべきは、あくまでもその記載順は死亡年月日順であった点である。

さらに、朱丸（○）や黒丸（●）が記されている点は従来の翻刻ではまったく無視されているが、重要である。朱丸は、西大寺長老、唐招提寺長老、西大寺僧、極楽寺長老など特に重要視された人物に記されている。黒丸は、その次に長老名が来ることを示す。もっとも、丸印は後半では付されていない。以下、翻刻を行う。

第二節　西大寺光明真言結縁過去帳の翻刻

※○は朱丸、●は黒丸を示す。

西大寺光明真言結縁過去帳巻第一 比丘衆首分

静慶　霊山院　　証学房　海竜王寺住
○唐招提寺開山菩薩　　宿蓮房　白毫寺
理見房　不退寺　　信願房　知足院
慈心房　白石寺　　迎願房　海竜王寺
聖俊房　真福寺　　尊性房　不空院
尊禅房　西琳寺　　迴心房　木幡寺
○明観房　泉涌寺長老　　尊戒房　大谷寺

心月房　浄住寺　　三融房　出羽長谷寺
円悟房　戒光寺長老　　観良房　般若寺
禅信房　当寺住　　教願房　竹林寺長老
○実想房　戒壇院長老　　真眼房　当寺住
凝念房　無量寿福寺長老　　淵禅房　浄住寺
浄蓮房　当寺住　　○興道房　大安寺
空観房　当寺住　　顕真房　当寺住
本性房　速成就院　　戒学房　菩提寺
円長房　三学院　　方等房　最福寺

円浄房　当寺住
中道房　法薗寺
慈教房　当寺住
恩蓮房　白毫寺
理覚房●泉涌寺
○当寺開山長老興正菩薩
理性房　光台寺
覚法房　佐野寺
照道房　小田原
○日浄房　西琳寺
○双意房　勝慢院長老
法光房　西谷寺
観玄房　額安寺
日蓮房　敬田寺
○遇阿弥陀仏　往生院長老
覚如房　釈迦堂
○極楽寺開山長老忍性菩薩
唯静房　不退寺

戒恵房　霊山院
乗戒房　多田院
蓮昇房　当寺住
法泉房　大安寺
○円律房　招提寺長老
道入房　伯耆国分寺
○覚証房　喜光寺
空印房　市原寺
蓮順房　清冷寺
賢明房　極楽寺
観心房　薬師院
証達房　三宝院
浄音房　大御輪寺
浄道房●当寺住
○蓮密房　竹林寺長老

聖乗房　当寺住
○勝順房　招提寺長老
教律房　放生院
了音房　当寺住
順西房　浄光寺
恵願房　無常院
○勤聖房　招提寺長老
道照房　覚薗寺
○本照房　当寺住
深教房　浄土寺
○尊道房　般若寺
道有房　神願寺
願乗房　白石寺
制心房　白毫寺
明光房　丹波長楽寺
成智房　犬山寺
如道房　善法寺
蓮真房　善法寺

恩学房　当寺住
覚一房　善養寺
観性房　常楽寺
行律房　当寺住
直道房　最福寺
良縁房　当寺住
○覚一房　泉涌寺長老
長禅房　海竜王寺
阿定房　西方寺
○中観房　桂宮院長老
了信房　往生院長老
教円房　禅興寺
浄乗房　西泉寺
明信房　利生護国寺
義円房　釈迦寺
明印房　弘正院
○阿忍房　速成就院
○了寂房　招提寺長老

林証房　大乗寺
蓮正房　長承寺
了念房　当寺住
良法房　神宮寺
了願房　真福寺
明道房　観音院
照静房　薬師院
如蓮房　河原寺
了道房　同寺住
仙空房　大覚寺
日乗房　当寺住
覚爾房　桂宮院長老
如月房　大興善寺
○当寺第二長老慈真和尚
本覚房　浄住寺
○蓮性房　天道長老
○（朱点ノアトカ）
融円房　東勝寺

律道房　当寺住
○常円房　当寺住
如寂房　喜光寺
乗信房　禅寂寺
長真房　西琳寺
乗観房　海竜王寺
寂法房　速成就院
常勤房　般若寺
○随覚房　当寺住
十乗房　多田院
○円心房　極楽寺長老
宗円房　最福寺
如心房●不退寺
○惣願房　白毫寺
了月房　弘正院
浄賢房　当寺住

道禅房　大乗院
覚仙房　当寺住
勝春房　当寺住
直心房　尺迦堂
願証房　大乗寺
覚円房　清冷院
本明房　光明寺
常修房　勧学院
覚聡房　当寺住
専寂房　常光寺
覚印房　大福田寺
蓮寂房　神願寺
教心房　世尊院
○示観房　招提寺長老
明智房　万陀羅寺
尭賢房　菩提院
専念房　当寺住
恵日房　鷲峰寺

専覚房　当寺住
道一房　大岡寺
定識房　常葉寺
○空智房　室生寺長老
恩願房　光明寺
明忍房　福田寺
静光房　三学院
尭仙房　当寺住
祖印房　弘正寺
禅智房　大楽院
阿照房　極楽寺
慶縁房　招提寺
善光房　清源寺
理心房　当寺住
律禅房　北京白毫寺
尊覚房　成願寺
尊忍房　宝泉寺
光律房　大日寺

了一房　同寺
理円房　実相院
○当寺第三長老沙門宣瑜
賢覚房　当寺住
教禅房　当寺住
○円戒房　戒壇院長老
照観房　大福田寺
道月房　法薗寺
○祖道房　泉涌寺長老
深聖房　浄土寺
賢律房　当寺住
信仙房　宝満寺
願教房　安養寺
禅密房　西琳寺
修真房　最福寺
浄勇房　常光寺
道眼房　弘正院
空月房　蓮光寺

宗賢房　霊山寺
浄法房●現光寺
如縁房　教興寺
理円房　法薗寺
浄印房　善勝寺
法達房　喜光寺
尊蓮房　慈光寺
覚慧房　浄住寺
○善願房　極楽寺長老
舜忍房　成願寺
蔵性房　東光寺
観宣房　当寺住
円法房　浄光寺
実行房　尺迦寺
○了心房　戒壇院長老
覚忍房　羂索院
宝成房　光台寺

教明房　浄瑠璃寺
良明房　浄住寺住
仙観房　伯耆国分寺
明願房　当寺住
恩寂房　律成寺
善円房　当寺住
尊了房　真福寺
想仙房　宝薗寺
○当寺第四長老沙門静然
本道房　西琳寺
春蓮房　神興寺
覚地房　観音院
尊寂房　般若寺
円証房　月輪寺
本一房　浄住寺
良戒房　大岡寺
行乗房　三宝院
戒縁房　往生院

俊聖房　荘厳浄土寺
知道房　万陀羅寺
修念房　弘正寺
修円房　観音院
円戒房　海竜王寺
賢月房　当寺住
明覚房　浄土寺
○善意房　戒光寺長老
宝恵房　遍照心院
静円房　宝金剛院
浄空房　大御輪寺
敬法房　円光寺
観禅房　般若寺
真願房　福田寺
○道仁房　天道長老
尊光房　当寺住
恩道房　白毫寺

敬信房　西方寺
興覚房　現光寺
○了達房　橘寺長老
道順房　大聖寺
実道房　常陸般若寺
乗円房　同寺
慈宗房　高福寺
蓮生房　西琳寺
空円房　蓮花寺
成善房　浄住寺
乗忍房　菩提寺
玄道房　現光寺
妙円房　安楽寺
顕日房　磯野極楽寺
○空道房　勝幡院長老
円証房　報恩寺
聖脱房　妙覚寺
賢信房　飯岡寺

玄妙房　薬師院
○本性房　極楽寺長老
教忍房　当寺住
覚勇房　放生院
如一房　同寺
円証房　遍照寺
正覚房　長安寺
理一房　金剛宝戒寺
浄智房　常住金剛寺
○了一房　室生寺長老
良寂房　弘正院
明静房　長坂寺
浄日房　当寺住
道照房　常満寺
良然房　法光明院
智泉房　当寺住
明空房　禅興寺
○印教房　極楽寺長老

教性房　永興寺
妙観房　安楽寺
（朱ノアト）○尭戒房　当寺住
（朱ノアト）○安円房　当寺住
覚乗房　大乗院
○尭仙房　泉涌寺長老
理証房　鎮西最福寺
覚順房　小塔院
観如房　阿波観音寺
慈念房　般若寺
蓮教房　当寺住
了酬寺　金剛蓮花寺
浄舜房　興光寺
順智房　大興善寺
理教房　無常院
仙海房　長光寺
○当寺第五長老沙門賢善　廿日
聞恵房　羂索院

宣戒房　福田寺
敬戒房　吉祥寺
道意房　海竜王寺
浄明房　当寺住
慈眼房　大乗寺
明忍房　称名寺
行覚房　多田院
覚行房　同法寺
十円房　東北院
唯円房　東明寺
証賢房　報恩寺
円達房　薬師寺
良俊房　当寺住
教道房　長承寺
了寂房　神福寺
○禅戒房　招提寺長老
〈白紙ヲ貼ッテソノ上ニ〉
円源房　丹後国分寺

○寂禅房　招提寺長老
性照房　当寺住
明見房　不空王寺
理印房　菩提寺
永運房　同寺
（朱点アト）○寂心房　極楽寺
円定房　雲富寺
良念房　東妙寺
定観房　禅寂寺
真道房　不退寺
寂乗房　正法寺
智筐房　当寺住
了性房　永興寺
覚禅房　大興善寺
蓮忍房　善法寺
道戒房　鷲峰寺
顕性房　浄住寺
光寂房　月輪寺

念観房　神宮寺
円鏡房　金剛王寺
義円房　浄土寺
融妙房　良福寺
正覚房　七仏薬師院
尊日房　観音院
性円房　同寺
空教房　浄土寺
教林房　般若寺
求願房　円宗寺
勝円房　興法院
唯律房　長妙寺
尭真房　長薗寺
慈律房　浄法寺
誓律房　当寺住
空証房　月輪寺
順浄房　丹波長福寺
覚道房　宝薗寺

義観房　東光寺
乗仙房　源盛寺
浄印房　知恩寺
教泉房　報恩寺
専如房　屋嶋寺
真覚房　般若寺
本実房　大乗院
春宗房　引接院
覚印房　般若寺住
本如房　称名寺
照観房　往生院
勧悟房　円光寺
一如房　常楽寺
真証房●霊山寺
○当寺第六長老沙門澄心
道忍房　保延寺
寂勝房　戒泉寺
舜律房　当寺住

信聖房　保延寺
長林房　来迎寺
○浄珠房　当寺住
智禅房　光明寺
円空房　鷲峰寺
十如房　善養寺
慈禅房　当寺住
円信房　白石寺
明智房　慈恩寺
良仙房　丹波惣持寺
智円房　羂索院
静見房　来迎院
真性房　白毫寺
如性房　永興寺
寛宗房　西琳寺
本乗房　雲富寺

照観房　金剛宝戒寺
本智房　当寺住
円印房　鷲峰寺
覚智房　長光寺
行円房　泰平寺
如道房　報恩寺
○弘智房　天道長老
深覚房　福林寺
智俊房　安養院
観意房　福田院
妙乗房　大興善寺
常空房　常福寺
尊行房　迎接寺
良心房　長福寺
明戒房　長門国分寺
円道房　西光寺
覚心房　清源寺
○寂心房　招提寺長老

浄生房　弘正寺
○本光房　極楽寺長老
忍証房　長妙寺
本円房　興法院
鏡智房　西光寺
禅修房　長福寺
行智房　宝蓮院
良道房　小塔院
○随教房　天道長老
円道房　盛興寺
什聖房　当寺住
勝賢房　観音寺
賢智房　常楽寺
浄享《ケフ》房　長坂寺
明智房　久米田寺
慈性房　浄名寺
了実房　七仏薬師院

○当寺第七長老沙門信昭
律意房　釈迦寺
観輪房　如意輪寺
法光房　妙楽寺
真願房　安養寺
聖証房　法光明院
宣舜房　当寺住
舜如房　当寺住
良信房　速成就院
本観房　弘正寺
日意房　浄光寺
賢勝房　律成寺
蔵勝房　室生寺長老
持勝房　宝泉寺
顕真房　潮音寺
乗道房　三村寺
○了信房　天道長老
静達房　大乗院

専戒房　桂宮院
善性房　当寺住
如蓮房　明星寺
深長房　宝金剛寺
信律房　当寺住
○円光房　当寺住
浄証房　大聖寺
宝乗房　新浄土寺
道密房　大興善寺
入真房　不退寺
深智房　西光寺
真良房　宝金剛院
道承房　阿弥陀寺
如性房　東勝寺
○禅了房　招提寺長老
双明房　禅興寺
勤心房　如法院

行修房　善養寺
聖観房　磯野極楽寺
静通房　来迎院
○当寺第八長老沙門元燿
○空忍房　当寺住
明忍房　泉福寺
道法房　春日寺
禅律房　霊山院
直明房　教興寺
如禅房　宝光寺
一円房　万陀羅寺
春宗房　竜門寺
慈日房　禅興寺
智寂房　称名寺
慈忍房　弘正寺
空観房　長福寺
鏡禅房　来迎寺
禅教房　三学院

専静房　大御輪寺
唯現房　平福寺
珠月房●宝泉寺
唯覚房　東妙寺
○覚禅房　招提寺長老
信証房　大乗寺
教聖房　福田寺
順宗房　当寺住
道勝房　当寺住
聖印房　真福寺
○定観房　橘寺長老
賢真房　最福寺
道日房　薬音寺
○教覚房　竹林寺長老
観性房　宝蓮花寺
正法房　薬師院
法義房　当寺住

良泉房　七仏薬師院
明覚房　釈迦寺
聖印房　浄住寺
○如空房　当寺住
尊律房　当寺住
定証房　西光寺
○当寺第九長老沙門覚真
○本寂房　勝曼院長老
行俊房　無量光寺
尊観房　当寺住
慈善房　浄宝寺
祖一房　安禎寺
慈証房　福泉寺
定乗房　円光寺
本成房　三学院
○当寺第十長老沙門清算
良教房　金剛宝戒寺
道円房　西琳寺

観一房　神宮寺
観明房　万陀羅寺
本悟房　額安寺
○円了房　招提寺長老
良性房　大乗寺
尭信房●常福寺
学明房　西琳寺
仙光房　丹波惣持寺
敬智房　興法院
慈聡房　当寺住
良日房　成福寺
智願房　円福寺
円林房　最福寺
智賢房●東勝寺
正信房　大興善寺
重円房●興善寺

○当寺第十一長老沙門覚乗
行証房　浄光寺
○乗信房　招提寺長老
文教房　常福寺
浄泉房　浄光寺
○当寺第十二長老沙門貞祐
○尊教房　橘寺長老
浄印房　釈迦寺
○十達房　戒壇院長老
○当寺第十三長老沙門信尊
律乗房　金剛宝戒寺
法勇房　広成寺
入禅房　当寺住
本教房　大御輪寺
妙心房　東妙寺
尊如房　真福寺
○本一房（アトカ）　極楽寺長老
正智房　妙覚寺

信覚房　報恩寺
浄宣房　常住寺
現覚房　放生院
法一房●薬師院

尚覚房　放生院
寂忍房　福林寺
本寂房●薬師院

賢俊房　大乗院
覚猷房　阿弥陀寺
道玄房　当寺住
浄実房　大日寺
信道房　般若寺
長信房　宝生院
智照房　弘正寺
妙印房　大岡寺

宗観房　大興善寺
如性房　宝勝寺
○当寺第十四長老沙門尭基　廿一日（白紙ヲ貼ッテソノ上ニ）
覚日房　金剛寺
智円房　喜光寺
聖戒房　如意輪寺
了道房　大善寺
慈空房　玉泉寺
顕芿房　大安寺
良意房　当寺住
是日房　神願寺
聖泉房　速成就院
識円房　極楽寺住
円了房　延命寺
円理房　高福寺
如一房　最福寺
忍信房　金剛蓮花寺
信性房　常住寺

聖明房　千光寺
良瑜房●金剛寺
俊一房　桂宮院
禅真房　宝満寺
性真房　神宮護国寺
双運房　大覚寺
宝密房　天福寺
教日房　成満寺
了俊房　現光寺
○蔵如房　当寺住
玄融房　当寺住
顕覚房　雲富寺
信聖房　浄瑠璃寺
空証房　当寺住
如賢房　浄名寺
良明房　西琳寺
勝日房　東光寺

照寂房　金剛宝戒寺
覚心房　宝光寺
是心房　永福寺
真律房　観音寺
本珠房　当寺住
真浄房　花蔵寺
素静房　神弘寺
忍覚房　大琳寺
尭円房　福泉寺
順照房　能福寺
教悟房　報恩寺
○浄忍房　招提寺長老
教悟房　大楽寺
上律房　周防国分寺
道浄房　金剛心寺
淵照房　円明寺
長延房　不退寺
十円房　長康寺

舜了房　利生護国寺
良通房　大福寺
顕実房　同寺
双円房　玉泉寺
栄真房　万福寺
玄寥房　称名寺
○義空房　極楽寺長老
光円房　大安寺
浄妙房　鷲峰寺
如本房　東妙寺
善智房　宝光寺
証義房　当寺住
春義房　観音寺
忍禅房　羂索院
識宗房　越前大善寺
覚俊房　宝満寺
円修房　多田院
素一房　白毫寺

円一房　薬師院
心恵房　当寺住
良善房　当寺住
○当寺第十五長老沙門興泉
覚樹房　宝薗寺
覚円房　神宮寺
了印房　浄宝寺
浄恵房　不退寺
寂仙房　永興寺
寂信房　大安寺
覚悟房　高林寺
了聖房　西琳寺
尭珠房　西琳寺
蓮覚房　額安寺
眼春房　高福寺
覚俊房　当寺住
尭仁房　雲富寺
実円房　東光寺

覚忍房　常福寺
覚智房　速成就院
智照房●当寺住
良空房　西琳寺
行智房　三学院
性通房　称名寺
定意房　正法寺
勤勝房　当寺住
了泉房　最福寺
観智房　長承寺
道生房　福田寺
円性房　大日寺
戒智房　因幡国分寺
○覚文房　当寺住
如心房　西光寺
聖禅房　妙覚寺
道生房　長福寺

禅心房　常福寺　慈静房　大興善寺　了性房　西福寺　尊覚房　金剛宝戒寺
覚聖房　長康寺　慈日房　宝蓮院　恩浄房　妙台寺　法円房　成福寺
○禅日房　当寺住　静禅房　月輪寺　妙禅房　大善寺　正円房　成願寺
専良房　般若寺　真性房　永興寺　○空日房　極楽寺長老　道了房　大御輪寺
尊忍房　般若寺　周賢房　戒泉寺　春如房　東勝寺　尊静房　法光明院
照空房　浄土寺　了忍房　鎮西最福寺　覚運房　大乗院　智殿房　安貞寺
乗空房　周防国分寺　智一房　成満寺　尭珠房　当寺住　○観宗房　当寺住
○真空房　当寺住　定通房　西光寺　了浄房　正国寺　了義房●長門国分寺
順宣房　敬田寺　円如房　泉福寺
円智房　興法院　空覚房　大御輪寺　（ココカラ第二巻ニナル）

（※第二巻は、西大寺の所蔵番号ハ、「西大寺経蔵131―2」デアル。）

○当寺第十六長老沙門禅誉　尊瑜房　喜光寺　信観房　現光寺
静恵房　速成就院　理智円房　勝万院長吏（老カ）　浄識房　泉福寺　教信房　不退寺
浄本房　安養寺　慈順房　戒泉寺　○真光房　招提寺長老　昇忍房　妙台寺
○素観房　橘寺長老　忍照房　大琳寺　宗詮房　長光寺　浄泉房　常楽寺
賢戒房　東妙寺　寥日房　西方寺　教雲房　金剛宝戒寺　義明房　岡輪寺

乗如房●霊山寺
当寺第十七長老沙門慈朝
信敬房　小松寺
道観房　当国極楽寺
尭詮房　宝蓮院
尭義房　宝蓮院
円如房　浄名寺
林照房　聖林寺
真珠房　周防国分寺
禅空房　当寺住
覚運房　福林寺
道覚房　七仏薬師院
○明本房　室生寺長老
良意房　金剛光明院
珠覚房　釈迦寺
浄光房　宝満寺
円証房　常福寺
道禅房　青蓮寺

宗珠房　持宝寺
信法房　最福寺
善空房　最福寺
源明房　常住寺
智乗房　良福寺
道空房　浄宝寺
素一房　速成就院
円忍房　浄光寺
順慶房　丹波長福寺
○聖順房　極楽寺長老
○慈観房　橘寺長老
見珠房　法光明院
一如房　来迎寺
士舜房　宝園寺
行泉房　大琳寺
義光房　当寺住

浄基房　大岡寺
光恵房　神宮寺
正妙房　額安寺
○当寺第十八長老沙門深泉
素寂房　荘厳浄土寺
尊如房　利生護国寺
妙蓮房　放生院
乗源房　正国寺
尊珠房　般若寺
智観房　多田院
覚意房　浄光寺
瑞光房　安国寺
良証房　金剛宝戒寺
○本地房　招提寺長老
本恵房　周防国分寺
賢忍房　泉福寺
宣乗房　律成寺
観如房　荘厳浄土寺

教恵房　大安寺
珍玉房　浄明寺
寂密房●浄住寺
戒行房　浄土寺
本如房　金剛寺
観了房　丹後国分寺
浄色房　当寺住
妙覚房　常光寺
聖運房　菩提寺
素妙房　伯耆国分寺
源照房　当寺住
○通識房　戒壇院長老
良順房　正法寺
円珠房　丹後国分寺
尊聖房　最福寺
即聖房　円明寺
空律房　当寺住

良意房　勝福寺
春勝房　大乗院
如戒房　白毫寺
信観房　最福寺
○栄義房　当寺住
了空房　法光明院
浄意房　弘正寺
理源房　正法寺
文修房　戒泉寺
正俊房　周防国分寺
賢信房　観音寺
尭律房　最福寺
円道房　現光寺
○尋光房　当寺住
尭空房　三宝院
禅覚房　月輪寺
光音房　正法寺
了性房　泉福寺

性喜房　当寺住
源光房　速成就院
良印房　大岡寺
道也房　三学院
隆泉房　大興善寺
尭恵房　極楽院
妙基房　当寺住
理禅房　不退寺
浄勝房　常楽寺
真珠房　大乗寺
覚性房　浄土寺
顕智房　浄住寺
光瑜房　慈音寺
○尭瑜房　当寺住
円珠房　成満寺
良一房　天福寺
浄信房　現光寺
良運房　当寺住

浄達房　宝生院
摂善房　福泉寺
忍如房●当寺住
○当寺第十九長老沙門良耀
空妙房　当寺住
淵妙房　当寺住
真禅房　長承寺
聖明房　福田寺
蔵泉房　神願寺
浄空房　金剛寺
○良識房　当寺住
泉戒房　竜寿院
寥修房　大覚寺
祐光房　永興寺
教空房　大聖寺
則聖房　金剛光明寺
十円房　大日寺
即什房　仙澗寺

俊一房　神宮寺
印空房　来迎寺

覚生房　当寺住
周賢房　蔵福寺
宮全（ママ）房　妙台寺
性恵房　長光寺
浄叶房　鷲峰寺
光智房　越中弘正寺
浄照房　長安寺
明教房　神宮如法院
永禅房　成満寺
円修房　大岡寺
行忍房　薬師院
空明房　三鉆寺
芿覚房　安国寺
円仁房　羂索院

栄春房　八木寺
了密房　大楽寺
本儆房●良福寺
○当寺第二十長老沙門高湛
乗如房　大乗院
良乗房　弘正寺
観了房　薬師院
性真房　安楽寺
源乗房　慈恩寺
舜証房　不退寺
○当寺第二十一長老沙門叡空
教印房　当寺住
聖義房　長門国分寺
了禅房　額安寺
本寿房　周防国分寺
祐宗房　良福寺
正真房　来迎寺
禅忍房　鎮西最福寺

忍修房　最福寺
宗樹房　現光寺
宗寿房　極楽寺
理円房　当寺住
舜覚房　広成寺
明悟房　金剛蓮花寺
円如房　無量寿福寺
○禅如房　招提寺長老
春覚房　二見寺
智浄房　浄土寺
尭通房　常福寺
智俊房　長康寺
性如房　額安寺
法悟房　薬師院
即賢房　玉泉寺

順賢房　雲富寺
覚潤房　極楽院
恵春房　周防国分寺
円浄房　妙覚寺
教也房　宝蓮花寺
遵光房　広成寺
○当寺第廿二長老沙門英如
賢順房　兵庫観音寺
明仙房　般若寺
良恵房　極楽院
妙義房　丹後国分寺
恵通房　同寺
了修房　西方寺
道光房　円福寺
擬恵房　岡輪寺
祐円房　備後浄土寺
浄賢房　真福寺
寛乗房　般若寺

本光房　知足院
賢智房　千光寺
義本房　当寺住
円善房　泉福寺
○恵俊房　極楽寺長老
双賢房●備後浄土寺
証円房　西琳寺
妙珠房　長安寺
光一房　桂宮院
了舜房　同寺
円一房　最福寺
浄日房　肥後観音寺
芝《シ》聡房　報恩寺
尊光房　当寺住
良義房　大安寺
○尊真房　招提寺長老
顕順房　円明寺

教泉房　宝蓮院
道文房　白毫寺
永賢房　報恩寺
珠覚房　宝光寺
正意房　玉泉寺
等空房　迎摂寺
印光房　浄宝寺
明智房　当寺住
本勇房　当寺住
○当寺第廿三長老沙門英源
識泉房　白毫寺
慈一房　同寺
賢真房　観音寺
円秀房　福泉寺
良密房　当寺住
光珠房　観音寺
信賢房　般若寺
忍光房　正法寺

心月房　越中弘正寺
昇忍房　西琳寺
円浄房　七仏薬師院
源通房　伯耆国分寺
良光房　大乗寺
修覚房　善養寺
如宣房　当寺住
長賢房　大覚寺
祐如房●能福寺
浄円房　薬師院
正実房　長福寺
深教房　当寺住
源光房　東光寺
光信房　大御輪寺
彦春房　大興善寺
唯賢房　西方寺
什光房　釈迦寺

覚如房　大安寺
善信房●大御輪寺
○当寺第廿四長老沙門元空
興信房　律成寺
覚恵房　長安寺
尊通房　当寺住
宗運房　法光明院
永賢房　大日寺
律円房　浄光寺
尊一房　宝勝寺
通賢房　大覚寺
円空房　同寺
了賢房　泉福寺
忍仙房　肥前観音寺
本如房　聖林寺
双覚房　薬師院
実珠房　東妙寺
慈一房　天福寺

賢証房　観音寺
春鏡房　仙澗寺
尊証房　常光寺
聖寿房　大乗寺
暁光房　大御輪寺
明空房　泰平寺
善心房　宝泉寺
如日房　東妙寺
円良房　妙台寺
宗舜房　不退寺
淵乗房　円明寺
光本房　宝福寺
賢琳房　玉泉寺
楽智房　大琳寺
円修房　長州国分寺
尊日房　宝勝寺

尊明房　七仏薬師院
双円房　大岡寺
本密房　宝蓮花寺
○恵忍房　招提寺長老
○乗義房　同寺長老
桂順房　当寺住
妙悟房　当寺住
○顕一房　招提寺長老
○当寺第廿五長老沙門栄秀
順覚房　長妙寺
恵俊房　大乗院
栄源房　但州常住寺
○賢明房　当寺住
尭春房　新浄土寺
賢叡房　盛宝寺
円勝房　吉祥寺
観日房　幡州常住寺
英智房　般若寺

源光房　仙澗寺
光宣房　聖林寺
乗如房　石津寺
○尭泉房　極楽寺長老
善春房　神願寺
良瑜房　正国寺
恵俊房　長福寺

心浄房　石州正法寺
春教房　同寺
春明房　大乗院
深修房　放生院
照日房　常楽寺
戒也房　平報恩寺
帰一房　永興寺
信如房　金剛蓮花寺
円勇房　常福寺

理円房　長州長光寺
円泉房　福泉寺
○当寺第廿六長老沙門高海
真乗房　当寺住
祖祐房　肥州観音寺
仙空房　平報恩寺
賢聖房　極楽院
○賢意房　当寺住
賢日房　当寺住
光忍房　慈恩寺住
文如房　常楽寺
慈乗房　玉泉寺
忍敬房　最勝寺
祐泉房　成福寺
文光房　周防国分寺
律円房　同寺
浄義房　正法寺
○玄性房　当寺住

尭光房　当寺住
乗仙房●妙台寺
浄意房　円福寺
明悟房　当寺住
尊如房　薬師院
修顕房　浄住寺
乗恵房　広成寺
珠光房　当寺住
勇心房　当寺住
尭運房　三宝院
○道俊房　当寺住
玄春房　当寺住
道善房　常福寺
覚瑜房　善養寺
了如房　法光明院
松什房　常住寺
等円房　大御輪寺

光一房　丹後金剛心寺
良戒房　同寺
尊恵房　三鈷寺
恩賢房　当寺住
良順房　尾州釈迦寺
泉如房　同寺
良文房　正法寺
尭也房　石津寺
栄光房　大善寺
栄俊房　丹州国分寺
智本房　長承寺
英寿房　当寺住
○普一房　戒壇院長老
○当寺第二十七長老沙門良誓
光修房　真福寺
道英房　宝蓮寺
恩妙房　神宮如法院
良心房　妙台寺

浄元房　丹後国分寺
智明房　浄住寺
妙智房　長安寺
鏡印房　当寺住
尭空房　新浄土寺
良観房　弘正寺
覚樹房　伯州国分寺
乗源房　大聖寺
浄喜房　泉源寺
深禅房　神願寺
観智房　当寺住
円照房　長承寺
理春房　泉福寺
光順房　成満寺
光賢房　阿弥陀寺
栄春房　東妙寺

明琳房　般若寺
円舜房　吉祥寺
舜宗房　勝福寺
忍照房　羂索院
順乗房　観音寺
覚吽房　大興善寺
聖禅房　菩提寺
尊珠房　三鈷寺
文地房　浄光寺
○恵明房　招提寺長老
春琳房　当寺住
祐春房　浄名寺
明智房　高福寺
栄識房　大安寺住
義円房　浄名寺
○性如房　招提寺長老
十麟房　大覚寺
○当寺第廿八長老沙門元澄

永珠房　極楽寺
寂勝房　常楽寺
興運房　長福寺
慈教房　薬師院
○妙乗房　当寺住
識乗房　大安寺
識運房　寛弘寺
本悟房　小塔院
聖珎房　常住寺
祐覚房　般若寺
宗明房　国分寺
慶運房　金剛宝戒寺
周賢房　弘正寺
登明房　当寺住
色吽房　大興善寺住
○円空房　室生寺長老
舜寥《レウ》房●常福寺

鏡妙房　神願寺
光乗房　大琳寺
正印房　永興寺
恵通房　千光寺
本舜房　羂索院
宗恵房　宝光寺
祐賢房　常楽寺
栄琳房　大安寺
守賢房　江州長安寺
浄恵房　大日寺
素允房　当寺住
椿亮房　報恩寺
鏡本房　神願寺
印照房　長安寺
円乗房　常福寺
慈光房　金剛光明寺
禅春房　大覚寺
英明房　妙覚寺

禅春房　円明寺
慈光房　金剛光明寺
等空房　当寺住
浄通房　同寺
真通房　長徳寺
明覚房　大乗院
舜宗房　当寺住
興賢房　宝蓮院
什賢房　慈恩寺
○尊月房　当寺住
明延房　泉福寺
了明房　常福寺
英明房　大御輪寺
順性房　観音寺
円如房　杣善寺
禅識房　当寺住
栄光房　般若寺
是本房　秋篠寺

印順房　菩提寺
○賢祐房　招提寺長老
浄印房　当寺住
栄如房　当寺住
祐賢房　大乗院住
順照房　教興寺
宗喜房　菩提寺
士叶房　大興善寺
○栄運房　室生寺長老
浄識房　寛弘寺
○当寺第廿九長老沙門高算
慈光房　勝福寺
春聖房　極楽寺
明寂房　当寺住
良修房　真福寺
俊智房　大乗院住
光賢房　持光寺
○栄琳房　当寺住

昌凞《キ》房　因幡国分寺
祐春房　泉福寺
俊明房　当寺住
良均房　当寺住
尊琳房　大安寺
○祥寿房　戒壇院長老
真源房　律成寺
円春房　泉福寺
真教房　正法寺
印賢房●当寺住
良円房　泉福寺
理承房　般若寺
文光房　周防国分寺
○春如房　長光寺
○春洞房　当寺住
智賢房　曼陀羅寺
宗春房　長徳寺

祐審房　平報恩寺
明光房　般若寺
弘春房　当寺住
慶印房　浄住寺
暉俊房　神宮如法院
栄光房　荘厳浄土寺
了俊房　長承寺
双《サウ》修房　当寺住
○当寺第三十長老沙門仙恵
聡泉房　石州正法寺
本了房　小塔院
順如房　般若寺
真照房　金剛蓮花寺
永円房　浄住寺
本舜房　柿原光明寺
明儀房　当寺住
聖順房　招提寺
光円房　知足院
栄運房　大乗院住
慶明房　当寺住
春善房　大御輪寺
浄俊房　長徳寺
英通房　新浄土寺
恵琳房　法光明院
乗泉房　当寺住
識春房●寛弘寺
琳光房　西琳寺
尭珠房　幡州常住寺
高順房　江州長安寺
文地房　肥後浄光寺
真周房　石州正法寺
広宣房　当寺住
道乗房　妙台寺
恵明房　勢州常光寺
文恵房　般若寺

○聖円房　招提寺長老
○当寺第三十一長老沙門秀如
深珠房　千光寺
本源房　当寺住
舜空房　大日寺
光勇房　常福寺
良蔵房　如法院
祐春房　長徳寺
文恵房　般若寺
泉真房　当寺住
栄泉房　当寺住
春如房　常福寺
乗本房　大覚寺
本恵房　遍照心院
良本房　当寺住
賢識房　大御輪寺住
本明房　長安寺
○当寺第三十二長老沙門良慶
良舜房●現光寺
明音房　同寺
良珎房　宝蓮花寺
明運房　大輪寺
舜照房　勝福寺
良篡房　大安寺
珪玉房　磯野極楽寺
光音房　当寺住
宗円房　当寺住
弘賢房　大御輪寺住
浄如房　福林寺
教泉房　放生院
道聡房　宝泉寺
奎円房　当寺住
○照律房　招提寺長老
妙円房●長安寺

琳観房　福田寺
明英房　当寺住
○当寺第三十三長老沙門尊海
円等房　当寺住
栄椿房　当寺住
栄音房　当寺住
明意房　当寺住
○当寺第三十四長老沙門高仲
浄春房　国分寺住
○当寺第三十五長老沙門高森
永詢《ジュン》房　当寺住
通玉房　当寺住
明乗房　金剛蓮花寺
○当寺第三十六長老沙門玄海
明秀房　当寺住
明瑜房　当寺住
浄春房　宝蓮花寺
永存房　当寺住

尊教房　報恩寺
尊賛《サン》房●当寺住
宗春房　弘正寺
光賢房　当寺住
明尭房　当寺住
長円房●当寺住

教尹房●天道長老
理盛房　千光寺住
円瑜房　当寺住
尭真房●当寺住

洞運房　当寺住
洞意房　金剛寺住
琳玉房　大御輪寺
紹憲房　当寺住

円玉房　招提寺長老
○尊慶房　招提寺長老
慶珎房　成満寺
円盛房　当寺住
明原房　当寺住
○当寺第三十七長老沙門高実
性運房　当寺住
遵呈房　宝泉寺
高玉房　大御輪寺
○当寺第三十八長老沙門光淳
良印房　当寺住 長安寺
栄寿房　当寺住
本曉房　当寺住 教興寺
良明房　当寺住
宗誾房　当寺住
永盛房　当寺住
栄存房　当寺住
○当寺第三十九長老沙門高珠

源春房　金光寺
皎印房　桂宮院
円慶房　当寺住
玄円房　当寺住
賢慶房●荘厳浄土寺
慈鏡房　日州宝満寺
宗春房　当寺住
栄尭房●当寺住
玄識房　日州宝満寺
良悦房　遠州円福寺
宗光房　宝蓮花寺
善陽房　光明寺住 豊後
春蔵房　当寺住
良禅房　当寺住
賢真房●当寺住

円明房　当寺住
慈円房　福善寺
栄円房　室生寺
良運房●当寺住
○当寺第四十長老沙門尊珠
栄順房　備州浄土寺
道尊房●荘厳浄土寺
○当寺第四十一長老沙門高興
春明房　当寺住
本仙房　日州宝満寺
円珠房　当寺住
鼎存房　当寺住
良順房　当寺住
円寿房　伊州長福寺
明本房　当寺住
宗禅房　当寺住
玄良房　日州宝満寺住
良識房　勢州円明寺
祐源房　長州律成寺住
琳学房　橘寺住
玄誉房　当寺住
興順房●大隅正国寺
○当寺第四十二長老沙門高範
本明房　当寺住
明禅房　当寺住
圭円房　当寺住
栄義房　当寺住
栄円房　当寺住
光算房●当寺住
○当寺第四十三長老沙門凝戒
信盛房●日州宝満寺

当寺第四十四長老沙門高秀
乗允房　山城平等心王院
円慶房　当寺住
本通房　当寺住
春識房　当寺住
円識房　当寺住
了可房　江州阿弥陀寺住
明識房　般若寺住
円識房　大隅正国寺
当寺第四十五長老沙門高久
鼎俊房　当寺住
当寺第四十六長老沙門高仙
尊算房　当寺住
本寿房　当寺住
円賢房　勢州石薬師寺住
俊栄房　備後浄土寺住
玄識房　当寺住
英春房　眉間寺住
道戒房　極楽院住
春識房　当寺住
浄教房　当寺住
鼎円房　当寺住
乗誉房　当寺住
尊昌房　当寺住
当寺第四十七長老沙門尊智
本慶房　海竜王寺住
鼎賢房　当寺住
智鐘房　平等心王院住
玄竜房　同寺
良識房　当寺住
恵運房　金沢称名寺住

浄識房　小塔院住

良閑房　宇都宮東勝寺住

賢性房　高野山真別処住

宗普房　遍性心院住

浄円房　宝蓮花寺住

良尊房　長門国分寺住

当寺第四十八長老沙門高喜

乗雲房　八幡大乗院住

（裏ニ実円俗氏横山八幡人也、三二歳卒、有学才誉云々）

玉善房　多田院住

行空房　平等心王院住

良順房　曼陀羅寺住

利前房　泉涌寺住

呉岳房　当寺住

当寺第四十九長老沙門賢瑜

乗尊房　福智院住

春慶房　西琳寺住

乗俊房　八幡大乗院住

（裏ニ実誉大徳トアリ）

全理房　平等心王院住

了性房　北室住

円順房　喜光寺住

恵猛房　八幡真如院住

専恵房　多田院住

栄春房　小塔院住

慶尊房　周防国分寺住 英照

長俊房　長州国分寺住

円運房　海竜王寺住

尊海房　丹波来迎院住

良長房　不退寺住

本寂房　逆修木津 大智寺住

以空房

当寺第五十長老沙門高円

円識房　白毫寺住

尭学房　西琳寺住

尊鏡房　当寺西室 荘厳浄土寺住

尊覚房　教興寺

高海房　大御輪寺住

当寺第五十一長老沙門尊信

運尊房　不空院住

円秀房　当寺 護国院住

本盛房　北京速成就院 当寺東室ニ住

玄覚房　摂州多田院住

尊観房　当寺花蔵院

玄仙房　摂州多田院住 尊光長老

真覚房　豊後国 金剛宝戒寺住

玄空房　多田院 喜多坊住

孤雲房　誉田寺住

高順房　大御輪寺住

円栄房　喜光寺住

智円房　般若寺住

慈忍房　平等心王院住

慈門房　野中寺

鼎実房　海竜王寺住

良慶房　大御輪寺住

明識房　妙寂院住

良賢房　当寺 一之室住

春盛房　極楽院

覚彦房　霊雲寺中興 開基也長老

智半房　般若寺住

玄海房　多田院南坊住

明尊房　海竜王寺住

乗春房　八幡神宮寺

当寺五十二長老沙門高算
円盛房　当寺三之室
良空房　日向宝（ママ）満寺住　長老円三
当寺第五十三長老沙門尊覚
密尭大徳　当寺一之室
恵乗房　当寺増長院住
尊俊房　多田院北之坊
春鏡房　極楽院住
春鏡房　北京速成就院
笠俊房　海竜王寺住
当寺第五十四長老沙門尊栄　逆修
円善房　当寺護国院住
尊諄房　不空院住
林円房　白毫寺来迎院住
当寺第五十五長老沙門寛慶
義円房　当寺地蔵院住
円真房　白毫寺来迎院　三輪大御輪寺
明尭房　般若寺妙寂院住

良印房　日向宝（ママ）満寺長老仙盛
知賢房　豊後国神宮寺長老
旭階房　多田院中之坊尊忍　逆修
円隆房　当寺地蔵院住
栄照房　伊州不動寺
順識房　当寺清浄院住
良閑房　大御輪寺住
賢善房　海岸寺住　当寺増長院住
円尊房　白毫寺普門院住
良尊房　大御輪寺住
善道房　宝山寺住
春桂房　当寺金剛院　南都福智院
明音房　当寺二之室住

春隆房　不空院住
潮海房　額安寺住
円澄房　西琳寺住
当寺第五十六長老沙門高瑜
春覚房　竹林寺住
竜覚房　住吉浄土寺住
玄光房　宝山寺長老
源静房　額安寺住
当寺第五十七長老沙門尊静
円仙房　海竜王寺住
智亮房　般若寺妙光院住
義演房　当寺躰性院住
春貞房　当寺金剛院住
教音房　不退寺住
明覚房　海竜王寺住
真諄房　当寺住

智雲房　多田院住
大幢房　竜池院住
実聞房　小塔院住
本隆房　速成就院住
映順房　当寺一之室住
尊逞房　不空院住
映旭房　当寺一之室住
明算房　当寺花蔵院住
真尭房　当寺清浄院住
智文房　荘厳浄土寺住
円戒房　白毫寺住
円諄房　当寺住
真敬房　額安寺住

（＊ココデ切断ガアッテ巻二ハ終ッテイルガ、以下ノ部分ハ参考ノタメニ『西大寺関係史料（一）』ヨリ転記スル）

慈雲房　多田院中東之房
良賢房　隅州正国寺
当寺第五十八長老沙門尊堂
法瑞房　額安寺前住心王院
光淳房　大御輪寺
真海房　多田院中東之房
真映房　極楽院住
当寺第五十九長老沙門尊員
智泰房　妙光院住多田院住
真珊房　清浄院住
春暁房　竜池院住多田院住
義竜房　琳性院住大慈院住
春岳房　三光院不退寺住
当寺第六十長老沙門慶般
真豪房　海竜王寺住
光罔房　西江庵住
当寺第六十一長老沙門英堂
当寺第六十二長老沙門尊慧

良任房　隅州正国寺弟子多田院中梅之房
文春房　当寺住竜池院
教淳房　当寺増長院
空観房　宝山（ママ）寺長老
明慶房　海竜王寺住
信入房　宝山（ママ）寺長老
義法房　躰性院住大慈院住
円順房　一之室住
俊道房　西額寺住
真恵房　極楽院住

宣歓房　肥前石苔（塔カ）院長老
円浄房　当寺一之室住
宝祥房　西江庵住
明尊房　額安寺長老
春弁房　三光院不退寺住
博元房　誉田北ノ坊住
祐天房　木津大智寺住
当寺第六十三長老沙門高判
恵順　不空院住此僧ハ長老弘澄敵対シ裁判所及大教院ハ訴訟僧籍脱ス
寛明　福智院住
明治十七年十二月廿日　覚阿　河内楠葉久修園院綱維事故有リ
真竜沙弥　覚阿弟子
隆範房　覚山寺住
当寺第六十四長老沙門弘澄
覚円房　磐城長福寺住
俊海房　伊賀無量寿福寺住
慈円房　磐城真光寺住
持宣房　伊勢福善寺住

宣文房　逆修　肥前石苔院
住如房　多田院中中之房
恵岳房　無量寿福寺住
太淳房　西江庵住
等玄房　大御輪寺住
法慶実乗房　宝山（ママ）寺住
恵山房　伊州不動寺住
明治十三年七月　尊誓　極楽院住
乗空房　宝山寺住
恵隆沙弥　覚阿弟子
英慶房　額安寺住
戒学房　海竜王寺住
良真房　肥前竜田寺住
戒俊房　河内松林寺住
法雲房　大和長福寺住
微照房　摂津西江寺住

蓮城房　伊賀不動寺住
常泰房　福善寺徒弟
竜契房　当寺清浄院兼法寿庵教興寺住
覚明房　唐招提寺長老
悟竜房　当寺護国院住逆修
弘清房　伊賀徳円寺住
当寺第六十五長老沙門真応
真教房　河内久修園院住
恵学房　伊与（ママ）国分寺前住
密天房　相模極楽寺住
元随房　山城白毫寺住
当寺第六十六長老沙門悟竜

快伝房　摂津浄土寺住
元栄房　磐城太慶寺徒弟
宝船房　山城浄瑠璃寺住
乗行房　近江阿弥陀寺住
慶全房　伊賀金泉寺住
俊応房　大和阿弥陀寺住
敬雅房　伊与（ママ）法華寺前住
秀顕房　山城岩船寺住
慧証房　大和宝山寺住
忍隆房　山城大智寺住

法寿房　大和長福寺住
密全房　相模極楽寺住
法師 快禅房　大和泰楽寺住　昭和十八年十二月十六日寂
教恵尼　住吉東福寺住　昭和十九年十月九日寂
小和尚 俊雄房　伊賀無量寿福寺住　昭和二十年十月二十日戦死
快俊房　大和泰楽寺徒弟　昭和　戦死
大和尚 乗仁房　河内松林寺住　昭和二十一年三月二十八日寂
法師 真禅房　住吉浄土寺住　昭和二十二年二月十八日寂
大和尚 津梁房　大和勝福寺住　昭和二十三年四月十八日寂

法鎧房　大和北室院住
堅照房　伊予国分寺住
準法師 智諦尼　大坂本雲寺住　昭和十九年二月寂
法師 智順尼　大和長命寺住　昭和二十一年二月十三日寂
法師 正範房　岩城福田寺徒弟　戦死
大和尚 宝竜房　塔頭法寿院住　昭和二十一年三月十一日寂
法師 顕光房　紀伊妙楽寺住
準法師 竜法房　奈良小塔院住　昭和二十三年三月三十一日寂
大和尚 宥基房　岩城福田寺住　昭和二十四年七月二十七日寂

おわりに

以上、「光明真言過去帳」の解説と翻刻を行ったが、最後にそれからわかることを少し述べておこう。

本過去帳は、死亡年月日順に記されているが、第四四番目から第五四番目までを見ると、注目すべきことがわかる。第四四番目に記されている唐招提寺長老円律房証玄は、正応五（一二九二）年八月一四日に死去している。[10]第五四番目に記されている鎌倉極楽寺賢明房慈済は、永仁六（一二九八）年七月二四日に死去している。[11]本過去帳が、死亡時期順に配列されていることを考え合わせると、円律房証玄から賢明房慈済までに記された人物は、正応五年八月一四日から永仁六年七月二四日までの間に死去したはずである。

ところが、第四九番目に記されている河内西琳寺長老惣持は、正和元（一三一二）年に死去したと考えられてきた。[12]それは、『西琳寺流記』に真言堂中壇の十一面観音像が正中元（一三二四）年に、第二代長老（惣持と考えられている）の十三回忌供養のために造立されたとあることから正和元年死亡とされてきたのである。もし、それが正しいとすれば、本「光明真言過去帳」と矛盾が生じる。しかし、惣持が、西琳寺の初代長老であったとすれば、惣持の死亡年は正和元年ではなくなる。

そもそも、ここで扱った過去帳は毎年更新したうえで、叡尊教団の最重要な光明真言会に際して読みあげられたことを考えると、過去帳の配列は無視できない。とすれば、逆に本過去帳の記載順から、日浄房惣持は正応五年八月一四日から永仁六年七月二四日までの間に死去したことになる。[13]

惣持は、叡尊の俗甥で日浄房といい、西大寺第二代長老となった信空とともに、叡尊教団内で枢要な立場を占め、叡尊教団の活動を理解するうえで重要な人物であった。[14]叡尊教団の重要性が認識されるにつれ、最近では教団構成員の活動も注目されてきているが、本過去帳から叡尊教団構成員の没年などについての多くの情報が得られる。[15]

註

（1） 西大寺経蔵文書。所蔵番号は、第一巻が一三一の一、第二巻が一三一の二である。本史料の閲覧に際して佐伯俊源氏のご協力を得た。

（2）『西大寺光明真言会の調査報告書』（元興寺文化財研究所、一九八二年）。

（3）松尾剛次『救済の思想――叡尊教団と鎌倉新仏教』（角川書店、一九九六年）五四頁。

（4）たとえば、桃崎祐輔「忍性の東国布教と叡尊諸大弟子の活動」（シンポジューム「叡尊・忍性と律宗系集団」実行委員会編『叡尊・忍性と律宗系集団』二〇〇〇年）など。

（5）『西大寺関係史料（一）』は五〇年以上前に作成された史料集で、翻刻ミスも散見される。叡尊教団研究の重要性が認識されてきた今日において、そうした史料群の再翻刻は重要である。中世の西大寺末寺帳については、松尾『勧進と破戒の中世史』（吉川弘文館、一九九五年）において翻刻し直した。

（6）蓑輪顕量『中世初期南都戒律復興の研究』（法藏館、一九九九年）一九頁、拙著『救済の思想』〈前註（3）〉四七～四九頁。

（7）細川涼一校注『感身学正記1』（平凡社、一九九九年）三九頁。叡尊の伝記については松尾「叡尊の生涯」（松尾編『叡尊・忍性』吉川弘文館、二〇〇四年）など参照。

（8）追塩千尋『中世の南都仏教』（吉川弘文館、一九九五年）や松尾「叡尊の生涯」〈前註（7）〉参照。叡尊が密教僧でもあったことは明らかであるが、遁世僧で、律僧であった点こそより特徴といえる。

（9）忍性は、叡尊死後は叡尊教団を代表する立場にいた。この点は拙著『忍性』（ミネルヴァ書房、二〇〇四年）参照。

（10）「招提千歳伝記　巻上之二」（『大日本仏教全書一〇五　戒律伝来記外十一部』名著普及会、一九七九年）二二頁。

（11）『極楽律寺史　中世近世編』（極楽律寺、二〇〇三年）。

（12）和島芳男「河内西琳寺と忍性」（『大手前女子大学論集』六、一九七二年）一六八頁。

（13）私見では、物持は永仁二（一二九四）年に死去したと考えている（松尾『中世叡尊教団の全国的展開』法藏館、二〇一七年、九一頁）。

（14）物持の伝記については、細川校注『感身学正記1』〈前註（7）〉参照。松尾「河内西琳寺五輪塔と大和唐招提寺西方院五輪塔をめぐって──考古学と文献史学をつなぐ試み」（『戒律文化』八、二〇一〇年、後に松尾『中世叡尊教団の全国的展開』〈前註（13）〉に採録）も参照されたい。

（15）備後浄土寺の定証の没年も寺伝と本過去帳とは矛盾するが、本過去帳の方が正しい（本書第三部第二章三八五頁等参照）。

第二部

叡尊教団の畿内・北陸・関東地方への展開

第一章　摂津国における展開

はじめに

摂津国は、叡尊教団の根拠地の一つともいえ、叡尊自身がたびたび訪問している。「明徳末寺帳」によれば、史料（1）のように一三箇寺が記載されている。

史料（1）　松尾「西大寺末寺帳考」一四四～一四五頁。

摂津国
天王寺 薬師院　東三
住吉 荘厳浄土寺　三室
神崎 慈光寺
奥堂 安養寺
多田院　一室
鷹合 妙台寺　同
東アシヤ 東光寺
兵庫良瑜房遺跡 能福寺第十四長老御時応安二三九
椋橋寺 極楽院　東三

椋橋寺 吉祥寺

兵庫八王子也 観音寺応永十八六月日第廿一代御時

猪名寺 法薗寺第廿七代長老ニ寄進

マキ 安楽寺

それらは、西大寺直末寺、いわば直轄寺院であり、西大寺から長老（住持）が任命された[1]。また、その記載順は、寺格順と考えられるので[2]、天王寺薬師院が摂津国で第一位の寺格を有する西大寺直末寺であった。

史料（2） 松尾『中世叡尊教団の全国的展開』三五二頁。

摂津国

薬師院天王寺　　多田院

荘厳浄土寺住吉　　鷹合 妙台寺

慈光寺神崎　　東アシヤ 東光寺

安養寺奥堂　　兵庫 能福寺

吉祥寺椋橋《クラハシ》寺　　同八王子也 観音寺

法薗寺猪名寺　　椋橋寺 極楽院

マキ 安楽寺

史料（2）は、一四五三年から一四五七年にかけて作成された[3]「西大寺末寺帳」である。それによれば、極楽院の順番が変化しているが、「明徳末寺帳」と同じ一三箇寺が記載されている。それゆえ、一三箇寺は一五世紀半ばまでは西大寺末寺であったと考えられる。

史料（3）　「西大寺末寺帳　その三」一一八・一二〇頁。

摂津国
多田院　尊瑜（花押）
住吉 荘厳浄土寺　高印（花押）
（中略）
天王寺 薬師院　従永仁二年代々之住持従西大寺居置元和元年迄住持御座候其已後住持無之候
（後略）

史料（3）は、寛永一〇（一六三三）年の「西大寺末寺帳」の「摂津国」分である。それによれば、多田院と荘厳浄土寺が一七世紀前半においても西大寺末寺であったことがわかり、他の一一箇寺は西大寺末寺を離脱したのであろう。とりわけ、天王寺薬師院に関しては、永仁二（一二九四）年より、西大寺から住持が「居置」（＝任命され）たが元和元（一六一五）年を最後に住持が居なくなったという。

以上のような、摂津国における西大寺直末寺の変遷の大枠を理解した上で、「明徳末寺帳」の記載の順に従って個別寺院の分析に入ろう。

第一節　天王寺薬師院と多田院

天王寺薬師院

天王寺薬師院とりわけ天王寺については、『新修大阪市史』、『中世の大阪』[4]、細川涼一氏[5]などの研究がある。それらにより、以下のことが明らかにされている。

天王寺は、四天王寺の略称。現在の大阪市天王寺区四天王寺に所在する。聖徳太子建立の寺院とされる。叡尊は聖徳太子信仰を有し、建長七（一二五五）年以来、たびたび当寺を訪問し、弘安七（一二八四）年には別当に任命された。とりわけ、建治元（一二七五）年七月に訪れた薬師院は西大寺末寺となり、弟子の観心房禅海を長老に任じた[6]。

以上のようなことが明らかにされているが、薬師院はいつ西大寺末寺になったのかなどについては明確ではない。このことを考えるうえで、先述の**史料**（3）の薬師院に関する記事は注目される。すなわち、永仁二（一二九四）年以来、西大寺から住持が派遣されたというのである。ただ、この記事は、西大寺に伝わる伝承であり、検討する必要がある。

史料（4）　本書第一部第四章「西大寺光明真言過去帳の紹介と分析」九八頁。

法光房　西谷寺　　賢明房　極楽寺

観玄房　額安寺　　**観心房　薬師院**

日蓮房　敬田寺　　証達房　三宝院
○遇阿弥陀仏　往生院長老　　浄音房　大御輪寺
覚如房　釈迦堂　　浄道房●当寺住
○極楽寺開山長老忍性菩薩

史料（4）は、「光明真言過去帳」の一部である。それによれば、薬師院観心房が、永仁六（一二九八）年七月二四日に死去した[7]極楽寺賢明房慈済と、嘉元元（一三〇三）年七月一二日に亡くなった[8]極楽寺忍性との間に記載されている。薬師院観心房は、その間に死去したのであろう。観心房は「光明真言過去帳」に最初に見える薬師院僧で、永仁二年以来、西大寺から住持が派遣されたとすれば、この観心房こそ律寺としての薬師院の初代長老であろう。

観心房は、叡尊の直弟子の一人で、和泉国の出身であり、諱は禅海といった。叡尊から直接菩薩戒を授けられた弟子の名簿である「授菩薩戒弟子交名」に「和泉国人　禅海観心房」[9]とある。『行実年譜』正嘉元（一二五七）年条によれば、「春正月、授具足戒、於長禅幸尊玄基等一十余人」[10]とあり、「授菩薩戒弟子交名」には**史料**（5）のように記載されている。

史料（5）
大和国人　　和泉国人
幸尊　長禅房　　命円　了円房

摂津国人　玄基　興道房

尾張国人　智心　入真房

河内国人　尊慶　正円房

和泉国人　**禅海　観心房**

河内国人　忍淳　道淵房

大和国人　教心　乗台房

大和国人　行禅　本信房

河内国人　智忍　了願房

それゆえ、幸尊以下の一〇人（観心房も含む）は一二五七年に叡尊から受戒したと考える。観心房は、叡尊直弟子の中でも大いに活躍した一人で、文永一二（一二七五）年には、清水坂非人八七三人に対して斎戒を授けている(11)。また、叡尊が弟子を率いて、弘安四（一二八一）年閏七月に石清水八幡宮で行った蒙古退散の祈禱では、金剛夜叉法の導師を務めている(12)。

史料（6）　「西大勅謚興正菩薩行実年譜巻下」一九九頁。

受密灌者七十余人、嗣法上首、出住名藍者、極楽良観性《(忍性)》、般若慈道空《(信空)》、泉福戒印秀《(源秀)》、桂宮中観禅《(教瑜)》、海竜王禅尊《(幸尊)》、護国本照瑜《(性瑜)》、大慈浄賢賢《(隆賢)》、薬師観心海《(禅海)》、大乗道禅賢《(良賢)》、三邨蓮順玄、喜光覚証海《(性海)》、教興如縁一《(阿一)》、西琳日浄持《(物持)》、清涼《(常州)》薫順玄《(頼玄)》、願成《(総州)》円真瑩《(瑩真)》、浄福《(相州)》道信照《(慈照)》、霊山宗賢真《(成真)》等若干人。

史料（6）は、『行実年譜』の一部で、叡尊から伝法灌頂を受けた弟子で、有力寺院の長老となった者の中に、天王寺薬師院の観心房禅海があがっている。観心房禅海は密教僧でもあった。

このように叡尊の弟子として活動していた観心房禅海は、いつ薬師院の長老となったのであろうか。

史料（7）「太秦広隆寺文書」（『極楽律寺史　中世・近世編』一一九頁）

奉譲仏舎利一粒

此御舎利者、安嘉門女院牙舎利之分散、自天王寺薬師院之長老観心房手相伝十一粒之内也、右依御所望之御志深、奉渡之状如件、

弘安五年　七月十八日　沙門忍性（花押）

史料（7）は、忍性が弘安五（一二八二）年七月一八日付で舎利一粒を譲与したことを示している。注目したいのは、その舎利は、安嘉門女院牙舎利の分散分で、それを天王寺薬師院長老観心房に譲られ、さらにそれを忍性が相伝した一一粒の一つだという点である。すなわち、弘安五年七月以前には、観心房は薬師院の長老であったことがわかる。

とすれば、先述の寛永一〇（一六三三）年の末寺帳の永仁二（一二九四）年よりというのが問題となる。史料がないのではっきりしないが、その年次が正しいとすれば、ここでは、永仁二年に観心房は薬師院を西大寺に寄付し、西大寺直末寺としたというのであろう。後考を期したい。

史料（8）「律苑僧宝伝」一五〇頁。

興道浄賢観心道禅四律師伝

興道律師、諱玄基、浄賢律師諱隆賢、観心律師、諱禅海、道禅律師、諱良賢、皆出二興正菩薩之門一、逮レ受二具戒一、鋭レ志習レ学、博究二律教一、後道住二大安寺一、賢拠二大慈院一、心主二薬師院一、禅居二大乗院一、各樹二律幢一、黒白尊崇云、

史料（8）は、「律苑僧宝伝」の「興道浄賢観心道禅四律師伝」である。それによれば、観心房禅海は、大安寺興道房玄基、西大寺大慈院浄賢房隆賢、大乗院道禅房良賢といった叡尊直弟子と並んで、薬師院で戒律を宣揚したことを伝えている。

以上のように、観心房禅海によって、天王寺薬師院は律寺として発展を遂げていった。とりわけ、永仁六（一二九八）年四月には摂津国の寺院としては多田院とともに将軍家祈禱寺となっている。

史料（9）「大和西大寺文書」（『鎌倉遺文』巻二六、一九六七〇号文書）

関東御祈禱諸寺

西大寺、招提寺、菩提寺、薬師院、不退寺

大御輪寺、額安寺、海竜王寺、西琳寺、般若寺

喜光寺、大安寺、教興寺、竹林寺、速成就院

浄住寺、大乗院、弘正寺、最福寺、泉福寺

三学院、真福寺、惣持寺、神願寺、金剛寺
利生護国院、多田院、以上僧寺
法花寺、道明寺、三ケ院、豊浦寺、光台寺
舎那院、妙薬寺　　以上尼寺
都合三十四ケ寺
永仁六年四月　日

史料（9）は、「永仁六年四月日付関東祈禱寺注文案」である。それは、忍性の推薦によって西大寺以下三四律寺が関東祈禱寺すなわち鎌倉幕府将軍家祈禱寺となったことを示している。天王寺薬師院は将軍家の祈禱を担うような寺院の一つであった。**史料**（9）では天王寺薬師院は四番目に位置づけられており、叡尊教団内でも重要視されていたことがわかる。

先述の**史料**（3）から明らかなように、薬師院は元和元（一六一五）年までは西大寺末寺であった。そのために、「光明真言過去帳」にも、多数の薬師院僧が散見されるが、この程度の記述で止めておこう。

多田院

多田院は、「明徳末寺帳」では、第二番目に記載されており、摂津国西大寺直末寺で第二位の寺格であったと考えられる。永享八（一四三六）年付の「坊々寄宿末寺帳」では「一室分」に見えるので、奈良西大寺の光明真言会においては、「一室」に宿泊することになっていた。[13]

この多田院は、現在の兵庫県川西市多田院多田所町にあり、猪名川を臨む高台に位置する。多田院のある多田荘は、猪名川上流の山間部にひらけた七〇余の村々からなる広大な荘園であった。多田満中とも称した源満仲が摂津守としてこの地に居城を持ち、開発した地で、清和源氏発祥の地として知られる[14]。

多田院と叡尊教団とりわけ忍性との関係については、和島芳男氏の優れた研究[15]がある。それによれば、以下のようにまとめられる。多田院の重要な管理権（地頭職）は、承久の乱後、北条氏所領となり、嘉禎四（一二三八）年には北条氏の支配体制が確立した。その際、多田院の修造は、多田荘の役として行うことになった。多田院の修造は、すでに文永九（一二七二）・十（一二七三）年に恒念を勧進として行われていたが[16]、うまく行かず、忍性にバトンタッチされた。建治元（一二七五）年一〇月一五日に忍性は、北条氏の家督である得宗から多田院の別当職と本堂修造ならびに勧進職を任されている。忍性は、紛糾していた本田分については、鎌倉で結解（決算）をさせようとするなど、北条氏の権威も利用して修造費用を完納させようとした。特に注目されるのは、新田開発である。弘安二（一二七九）年三月には、多田荘の新田開発を許可され、その年貢を使って多田院の修造に成功している。二年後の弘安四（一二八一）年三月には、無事本堂供養が、叡尊を導師として遂げられている。多田院の修造に成功したのである。

こうして多田院は叡尊教団の末寺となり、先に触れた**史料**（9）に示されるように、鎌倉幕府将軍家祈禱寺の一つとなった。多田院は江戸時代においても西大寺末寺であったので、次に初期の長老について見よう。

史料（10）　本書第一部第四章「西大寺光明真言過去帳の紹介と分析」九七～九八頁。

浄蓮房　当寺住　　○興道房　大安寺

（中略）

中道房　法薗寺　　　乗戒房　多田院

（中略）

○当寺開山長老興正菩薩

史料（10）は、「光明真言過去帳」の一部である。それによれば、多田院乗戒房が、弘安五（一二八二）年一二月二五日に死去した[17]大安寺興道房玄基と、正応三（一二九〇）年八月二五日に亡くなった[18]西大寺開山叡尊との間に記されている。乗戒房は、その間に死去したのであろう。乗戒房が「光明真言過去帳」に最初に出てくる多田院僧であり、おそらく、忍性によって叡尊教団寺院化した多田院の初代長老であろう。

乗戒房は、「授菩薩戒交名」に「紀伊国人　静誓　乗戒房[19]」とある人物と考えられ、「啓白状」にも性瑜、玄基らとともに同心衆の一人として出てくる。[20]弘安四年三月二三日の多田院本堂供養にも参衆として参加している。[21]

乗戒房は次の史料にも見える。

史料（11）[22]　「忍性書状」（『鎌倉遺文』巻一八、一三五〇三号文書、一一五頁）。

土佐禅尼不法事、浄光明寺□□（長老）へ申て候へハ、彼状被遣候、幷長崎兵衛尉書下同遣候、早々可令付給候歟、此上尚以不法候ハヽ、早々可仰給候、毎事期後信候、恐々謹言、

六月廿四日　　沙門忍性（花押）

乗戒御房

史料(11)は、(弘安二〈一二七九〉年カ)六月二四日付の忍性書状である。忍性が、乗戒に対して土佐禅尼の不法停止を命じている。「多田院文書」であり、多田院長老としての乗戒に宛てられたと考えられる。

史料(12)　本書第一部第四章「西大寺光明真言過去帳の紹介と分析」九九頁。

了願房　真福寺　　長真房　西琳寺
(中略)
仙空房　大覚寺　　**十乗房　多田院**
日乗房　当寺住　　○円心房　極楽寺長老

史料(12)も「光明真言過去帳」の一部である。多田院十乗房が、正和元(一三一二)年に亡くなった[23]西琳寺長真房と、正和四(一三一五)年に死去した[24]極楽寺長老円心房との間に記されている。十乗房はその間に亡くなったのであろう。

十乗房が、長老であったことは、正和五年五月付「塔婆供養注文」に「右十乗房之時、五百余貫雖被注進[25]」とあることからもわかる。

史料(13)　本書第一部第四章「西大寺光明真言過去帳の紹介と分析」一〇一頁。

○尭仙房　泉涌寺長老　　明忍房　称名寺
理証房　鎮西最福寺　　**行覚房　多田院**

（中略）

仙海房　長光寺　　　　　　　　　○禅戒房　招提寺長老

○当寺第五長老沙門賢善

史料（13）も、「光明真言過去帳」の一部である。多田院行覚房が、建武五（一三三八）年一一月一六日に死去した称名寺明忍房剣阿[26]と、暦応三（一三四〇）年一〇月二日に死去した西大寺第五代長老賢善[27]との間に記されている。行覚房は、その間に亡くなったのであろう。すなわち、行覚房は多田院長老であろう。

ところで、近年の研究[28]によって明らかとなったように、多田院は明徳二（一三九一）年には西大寺直末寺であったが、極楽寺第三代長老順忍（一三一五〜二六年在任）、第四代俊海（一三二六〜三四年在任）の頃は極楽寺直末寺であったと考えられる。

史料（14）　「摂津多田神社文書」（『鎌倉遺文』巻三四、二五八五一号文書）

多田院条々

一　当院百姓観蓮入道構種々謀計、致過分之訴訟之間、適地下之管領当参之時、可申所在之由、雖相触、其身乍在于鎌倉中、都不能参申、奸曲之至、顕然之上者、父子三人追放寺領内、永不可令安堵、云寺僧、云百姓、於奸謀同心之輩者、可改易所帯事、

一　都維那・寺主両職、任文永十年十二月十七日御下知并今年五月廿二日御下知之旨、寺家之知行、不可有相違事、右、守条々旨、可被執行之状如件、

正和五年五月廿九日　　　沙門順忍（花押）

多田院行覚御房

史料（14）は正和五（一三一六）年五月二九日付「摂津多田院条々事書」と言われるもので、鎌倉極楽寺長老順忍が不法を犯した多田院百姓の追放、都維那・寺主両職の知行などに対して管理責任者であった多田院長老行覚房(29)に執行を命じたことがわかる。

多田院の問題に対して、順忍が対応している。多田院は「明徳末寺帳」では西大寺から長老が任命される西大寺直末寺であったが、順忍が極楽寺長老の時代は多田院は極楽寺末寺であったと考えられ、おそらく俊海の時代もそうであろう。

以上、多田院が明徳二年以前は、叡尊教団の寺院といっても、極楽寺末寺であったことなどを論じた。

荘厳浄土寺

荘厳浄土寺は、「明徳末寺帳」では、第三番目に記載されており、摂津国西大寺直末寺で第三位の寺格であったと考えられる。住吉大社の東、現在の大阪府大阪市住吉区帝塚山東五丁目に位置する真言律宗寺院である。山号朝日山、本尊は木造の不動明王である。『大阪府の地名』(30)によれば、「開創年代不詳。応徳元年（一〇八四）住吉社神主津守国基が勅命によって再興したと伝え、その時、土中より三尺余の金札が出土し、その銘に「七宝荘厳極楽浄土云々」とあったことから寺号を下賜されたという（摂陽群談）。また永長元年（一〇九六）諸堂が造営され落慶供養が営まれたという（同書）」。

以上から、荘厳浄土寺は住吉大社神主の津守氏が一一世紀末に再興を担うなど住吉大社と密接な関係にあったことがわかる。

住吉大社は軍神、海神、航海安全を祈願する神として信仰されてきた。次の**史料**(15)のように、寛元三(一二四五)年九月一六日に住吉社に参詣したのが、史料で確認される叡尊の住吉社参詣の初回である。

史料(15)「金剛仏子叡尊感身学正記」寛元三(一二四五)年条。

同三年乙巳四十五歳

九月(中略)十六日、共参住吉社頭、於神宮寺、転読大般若経一部、備当社法楽、祈請渡海安隠、奉請聖教、

所願成就、

史料(15)は、叡尊の自伝である「感身学正記」の寛元三年条である。それによれば、叡尊は寛元三年九月一六日に、住吉大社に参詣し、神宮寺で大般若経一部を転読して、中国から聖教をもたらすために派遣した定舜・覚如・有厳らの帰朝海路の安穏を祈願した[31]。

神宮寺の別当は住吉大社神主津守氏であり、この頃から叡尊と津守氏との結びつきができていったと考えられる。

先述した**史料**(5)の『行実年譜』正嘉元(一二五七)年条によれば、摂津国人玄基興道房が叡尊から具足戒を受戒している。この興道房玄基は、**史料**(8)で触れたように、大安寺を拠点として戒律を宣揚した叡尊の有力な直弟子である。注目されるのは、興道房玄基が津守氏の一族であった点である。

「津守系図」によれば、津守国業の子として、興道房玄基とその兄本照房性瑜(津守経国の実子)が叡尊弟子の律

僧となっている。興道房玄基が叡尊から比丘戒を受戒した正嘉元年春以前には津守氏との関係は強固なものとなっていたのであろう。

さらに、刮目されるのは、興道房玄基に遅れて、兄である本照房性瑜も弘長三（一二六三）年には叡尊弟子となって西大寺に入っている。本照房性瑜は、叡尊弟子、とりわけ密教僧として大いに活躍し、西大寺護国院長老となったほどの人物である。本照房性瑜については、内田啓一氏(32)の研究が詳しいのでそれを参照されたいが、津守氏は歌人一族としても有名で、性瑜も叡尊の弟子として唄師を務めている。おそらく興道房玄基とその兄本照房性瑜という二人の津守氏出身の叡尊直弟子主導によって荘厳浄土寺は律寺化していったのであろう。

「感身学正記」によれば、次の史料のように、建治元（一二七五）年八月二三日、叡尊が荘厳浄土寺で授戒を行っている。

史料（16）　「西大勅諡興正菩薩行実年譜巻下」建治元（一二七五）年条。

後宇陀院建治元年（中略）廿二日。詣参住吉明神。読誦般若心経一千巻。廿三日。於荘厳浄土寺。授菩薩戒于一百九十余人。（後略）

叡尊が、建治元年八月二二日に住吉社に参詣して大般若経・仁王経・金剛般若経等を読誦し、二三日には荘厳浄土寺で一九〇余人に授戒している。

文永一一（一二七四）年に蒙古襲来が現実のものとなったが、幸いにも撃退することができた。しかしながら、蒙古軍が再び来襲する恐れは大きく、叡尊らは蒙古軍の来襲を防ぐための祈禱をたびたび行った。建治元年の住吉大社での祈禱もその一環であった[33]。
以上のように、おそらくは本照房性瑜・興道房玄基兄弟の働きもあって、建治元年ころには荘厳浄土寺は律寺化していたのであろう。
ところで、「光明真言過去帳」にも、荘厳浄土寺僧は見える。

史料（17）　本書第一部第四章「西大寺光明真言過去帳の紹介と分析」一〇〇頁。

浄勇房　常光寺　　　　○了心房　戒壇院長老

（中略）

教明房　浄瑠璃寺　　　**俊聖房　荘厳浄土寺**

（中略）

○当寺第四長老沙門静然

史料（17）は、「光明真言過去帳」の一部である。それによれば、荘厳浄土寺僧の俊聖房が、元徳元（一三二九）年一〇月三日に死去した[34]戒壇院長老本無了心房と、元弘元（一三三一）年一二月一三日に亡くなった[35]西大寺第四代長老沙門静然との間に記載されている。俊聖房は、その間に亡くなったのであろう。すなわち、荘厳浄土寺は鎌倉時代の末に西大寺末寺化していたことがわかる。
また、永享八（一四三六）年付の「坊々寄宿末寺帳」の三室分に、荘厳浄土寺が見え[36]、光明真言会に際しては西大寺三室に寄宿することになっていた。

妙台寺

鷹合妙台寺は、「明徳末寺帳」では、第四番目に記載されており、摂津国西大寺直末寺で第四位の寺格であったと考えられる。現在は、廃寺である。『大阪市史』によれば、鷹合妙台寺は、現在の東住吉区長居公園の東に鷹合という地名があって、鷹合神社がある辺りに所在した[37]と推定する。また、住吉神社に所属する寺院であったようで、第四二代神主盛宣の弟宣覚は天治元(一一二四)年に神宮寺西院別当と津守寺、法興寺、鷹合寺(=妙台寺)の部当に補任されている[38]。妙台寺が住吉神社に所属する寺院であったとすれば、この寺も津守氏出身の興道房玄基と本照房性瑜といった叡尊直弟子によって西大寺末寺化したのであろう。

先述のように妙台寺も、**史料**(2)の一四五三年から一四五七年にかけて作成された「西大寺末寺帳」に見えるので、一五世紀半ばまでは、機能していたのであろう。永享八年付の「坊々寄宿末寺帳」の「三室分」にも見え[39]、西大寺での光明真言会に際しては、三室に宿泊することになっていた。なお、「坊々寄宿末寺帳」では「河内鷹合妙台寺」となっているが、同一寺院であろう。

史料(18)　「西大寺田園目録」四二三頁。

摂津国鷹合郷六条八里三坪内一段　字垣鼻
摂津国住吉郡田辺郷七条六里卅四坪内一段　字東沢
　已上二段
弘安六年癸未二月日勝仲知子光明真言修中料田寄入之

この妙台寺については、**史料（18）**のように、勝仲知子が弘安六（一二八三）年二月日に光明真言修中料として、「摂津国鷹合郷六条八里三坪内一段」を叡尊に寄付していることから、妙台寺が光明真言に関わっていたと推測されている。(40)

史料が少なく、勝仲知子と妙台寺との関係がはっきりしないが、先述のように妙台寺僧が西大寺光明真言会に参加していたことは確実で、近くに所領を有する人々に、光明真言を広めていたことは言えるであろう。

妙台寺僧は、「光明真言過去帳」にも見える。

史料（19）　本書第一部第四章「西大寺光明真言過去帳の紹介と分析」一〇六〜一〇七頁。

○当寺第十五長老沙門興泉

（中略）

恩浄房　妙台寺　　法円房　成福寺

（中略）

○当寺第十六長老沙門禅誉

史料（20）　本書第一部第四章「西大寺光明真言過去帳の紹介と分析」一一五頁。

○当寺第三十長老沙門仙恵

（中略）

明儀房　当寺住　　**道乗房　妙台寺**

（中略）

○聖円房　招提寺長老　　良舜房●現光寺

史料（19）と**史料**（20）は「光明真言過去帳」の一部である。**史料**（19）によれば、妙台寺恩浄房が康暦元（一三七九）年六月晦日に亡くなった[41]西大寺第一五代長老沙門興泉と、嘉慶二（一三八八）年五月五日に死去した[42]西大寺第一六代長老沙門禅誉との間に記載されている。妙台寺恩浄房はその間に亡くなったのであろう。恩浄房は「光明真言過去帳」に最初に出てくる妙台寺僧である。以後、昇忍房[43]、宮全《ママ》房[44]、円良房[45]、乗仙房[46]、良心房[47]と五名の妙台寺僧が出てくる。最後に、**史料**（20）のように、妙台寺道乗房が、文明一〇（一四七八）年八月六日に亡くなった[48]西大寺第三〇代長老沙門仙恵と、文明一八（一四八六）年五月一日に死去した[49]招提寺長老聖円房良恵との間に記載されている。道乗房は、その間に死去したのであろう。このように、一五世紀末まで妙台寺は確実に機能していたのである。

第二節　慈光寺・東光寺ほか

慈光寺

慈光寺は、先述の「明徳末寺帳」では、第五番目に記載されており、摂津国西大寺直末寺で第五位の寺格であったと考えられる。現在は、廃寺である。先述のように慈光寺も、**史料**（2）の一四五三年から一四五七年にかけて作成された「西大寺末寺帳」に見えるので、一五世紀半ばまでは、機能していたのであろう。また、永享八（一四三六）年付「坊々寄宿末寺帳」の「一室分」に見えるので、奈良西大寺の光明真言会においては、「一室」に宿泊することになっていた。

慈光寺は、神崎と注記されているように、現在の兵庫県尼崎市神崎町に所在したと推測されている。[50] 慈光寺は、史料がほとんどないが、「光明真言過去帳」にも見える。

史料（21） 本書第一部第四章「西大寺光明真言過去帳の紹介と分析」一〇〇頁。

○円戒房　戒壇院長老　　浄印房　善勝寺

（中略）

道月房　法薗寺　　**尊蓮房　慈光寺**

○祖道房　泉涌寺長老　　覚慧房　浄住寺

深聖房　浄土寺　　○善願房　極楽寺長老

史料（21）は「光明真言過去帳」の一部である。それによれば、慈光寺尊蓮房が、正中二（一三二五）年正月八日に亡くなった[51]戒壇院長老円戒房禅爾と、嘉暦元（一三二六）年八月一〇日に死去した[52]極楽寺長老善願房順忍との間に見える。慈光寺尊蓮房はその間に亡くなったのであろう。尊蓮房が慈光寺僧として「光明真言過去帳」に見える最初で最後の人物であり、慈光寺の開山かもしれない。すくなくとも、慈光寺は一四世紀初頭には成立していたことがわかる。

東光寺

東光寺は、先述の「明徳末寺帳」では、第六番目に記載されており、摂津国西大寺直末寺で第六位の寺格であったと考えられる。現在は、廃寺である。先述のように東光寺も、**史料（2）**の一四五三年から一四五七年にかけて作成された「西大寺末寺帳」に見えるので、一五世紀半ばまでは機能していたのであろう。また、永享八（一四三六）年付の「坊々寄宿末寺帳」の「東室二分」に見えるので[53]、奈良西大寺の光明真言会においては、「東室二」に宿泊することになっていた。

東光寺は、「明徳末寺帳」の注記に「東アシヤ」とあるように、現在の兵庫県芦屋市付近に所在したのであろう[54]。なお、芦屋市にほぼ東に接する西宮市の地に東光寺（門戸疫神とも言う）がある[55]。東アシヤという曖昧な注記からすれば、その寺こそ東光寺の後身かもしれない。

「感身学正記」弘安八（一二八五）年七月二五日条・二六日条によれば、奈良西大寺叡尊が葦屋五郎左衛門尉重仲の家に宿泊し、庄民一三九人に菩薩戒を授けたことが見える[56]。この芦屋重仲が、芦屋東光寺の開基だったのかもしれない。

史料（22）　本書第一部第四章「西大寺光明真言過去帳の紹介と分析」一〇〇頁。

深聖房　浄土寺　　○善願房　極楽寺長老
賢律房　当寺住　　舜忍房　成願寺
信仙房　宝満寺　　**蔵性房　東光寺**
（中略）

浄勇房　常光寺　　　　　〇了心房　戒壇院長老

史料（22）は、「光明真言過去帳」の一部である。東光寺蔵性房が、嘉暦元（一三二六）年八月一〇日に亡くなった[57]極楽寺第三代長老善願房順忍と、元徳元（一三二九）年一〇月三日に死去した[58]戒壇院長老了心房本無との間に記されている。蔵性房は、その間に亡くなったのであろう。すなわち、鎌倉時代末には東光寺は活動していた。「光明真言過去帳」には、この蔵性房以後、義観房[59]、勝日房[60]、実円房[61]と見え、東光寺僧として最後に記載されているのは**史料**（23）の源光房である。

史料（23）　本書第一部第四章「西大寺光明真言過去帳の紹介と分析」一一一頁。

〇当寺第廿三長老沙門英源

（中略）

円秀房　福泉寺　　　　　**源光房　東光寺**

（中略）

〇当寺第廿四長老沙門元空

史料（23）も「光明真言過去帳」の一部である。東光寺源光房が、応永二六（一四一九）年一〇月五日に亡くなった[62]西大寺第二三代長老英源と、応永三〇（一四二三）年七月二五日に死去した[63]西大寺第二四代長老元空との間に記載されている。源光房は、その間に亡くなったのであろう。すなわち、僧侶の面からも、東光寺は一五世紀前半において機能していたことが理解される。

安養寺

安養寺については、専論がないが見てみよう。安養寺は、先述の「明徳末寺帳」では、第七番目に「奥堂安養寺」として記載されており、摂津国西大寺直末寺で第七位の寺格であったと考えられる。現在は、廃寺である。先述のように安養寺も、**史料**(2)の一四五三年から一四五七年にかけて作成された「西大寺末寺帳」に見えるので、一五世紀半ばまでは、機能していたのであろう。また、永享八(一四三六)年付の「坊々寄宿末寺帳」の「一室分」に見えるので[64]、奈良西大寺の光明真言会においては、「一室」に宿泊することになっていた。

安養寺の所在地は、不明とされるが[65]、次の**史料**(24)のように、兵庫津(兵庫県神戸市)にあったと考えられる。

史料(24)　「金剛仏子叡尊感身学正記」弘安八(一二八五)年八月一一日条。

同(弘安)八年乙酉八十五歳(中略)、(八月)十一日著兵庫、十二日、説十重意、十三日、於安養寺、九百七十二人授菩薩戒、随分殺生禁断状、一千七百余人淫女等毎月持斎、随分不定日六斎等也、或一日二日、十四日、石塔供養、略曼荼羅供(後略)

叡尊が弘安八(一二八五)年八月一一日に兵庫に到着し、翌一三日には安養寺で九百七十二人に菩薩戒を授け、一千七百余人淫女(遊女)には斎戒護持を誓わせている。遊女の存在からも兵庫津の近くであったと推測される。それにしても、一千七百余人淫女(遊女)がいたことからも、兵庫津の賑わいぶりがわかる。この弘安八年の叡尊による安養寺での授戒活動の頃には、安養寺は律寺化していたのであろう。
ところで、「光明真言過去帳」にも、次の**史料**（25）から**史料**（27）のように、安養寺僧が三人記載されている。

史料（25）　本書第一部第四章「西大寺光明真言過去帳の紹介と分析」一〇〇頁。

深聖房　浄土寺　　　○善願房　極楽寺長老

（中略）

願教房　安養寺　　　観宣房　当寺住

（中略）

浄勇房　常光寺　　　○了心房　戒壇院長老

史料（25）によれば、願教房が、嘉暦元（一三二六）年八月一〇日に亡くなった[66]極楽寺第三代長老善願房順忍と、元徳元（一三二九）年一〇月三日に死去した[67]戒壇院長老本無了心房との間に記されている。願教房は、その間に亡くなったのであろう。すなわち、鎌倉時代末には安養寺は活動していた。
また、願教房は、「授菩薩戒弟子交名」に「河内国人　忍是　願教房[68]」と記されている人物だろう。願教房は河内国人で、諱が忍是といった。願教房は「光明真言過去帳」に最初に出てくる安養寺僧である。それゆえ、願教房忍是が安養寺の初代長老であった可能性を指摘しておこう。

史料（26）　本書第一部第四章「西大寺光明真言過去帳の紹介と分析」一〇三～一〇四頁。

○当寺第七長老沙門信昭

（中略）

真願房　安養寺　　　　深長房　宝金剛寺

（中略）

○当寺第八長老沙門元燿

史料（26）によれば、安養寺真願房が文和元（一三五二）年三月二日に亡くなった[69]西大寺第七代長老沙門信昭と、文和四（一三五五）年一〇月一七日に死去した[70]西大寺第八代長老沙門元燿との間に記載されている。安養寺真願房は、その間に亡くなったのであろう。

史料（27）　本書第一部第四章「西大寺光明真言過去帳の紹介と分析」一〇七～一〇八頁。

○当寺第十六長老沙門禅誉

静恵房　速成就院　　　　理智円房　勝万院長吏（老カ）

浄本房　安養寺　　　　慈順房　戒泉寺

（中略）

当寺第十七長老沙門慈朝

史料（27）によれば、安養寺浄本房が、嘉慶二（一三八八）年五月五日に亡くなった[71]西大寺第一六代長老沙門禅誉と、明徳二（一三九一）年四月九日に死去した[72]西大寺第一七代長老沙門慈朝との間に記されている。安養寺浄本房はその間に亡くなったのであろう。

安養寺は、一五世紀半ばまでは機能していたが、「光明真言過去帳」には浄本房を最後に安養寺僧は見えない。その理由は明確ではないが、長老の他寺への転出などによるのであろうか。

能福寺

能福寺は、先述の「明徳末寺帳」では、第八番目に記載されており、摂津国西大寺直末寺で第八位の寺格であったと考えられる。現在も、その後身寺院が神戸市兵庫区北逆瀬川町に所在する[73]。

先述のように能福寺も、**史料（2）**の一四五三年から一四五七年にかけて作成された「西大寺末寺帳」に見えるので、一五世紀半ばまでは、機能していたのであろう。また、永享八（一四三六）年付の「坊々寄宿末寺帳」の「一室分」に見えるので[74]、奈良西大寺の光明真言会においては、西大寺一室に宿泊することになっていた。

能福寺については、『兵庫県の地名Ⅰ』によれば、以下のように記載されている[75]。

寺伝では延暦二四年（八〇五）最澄の創建で、仁安二年（一一六七）平清盛は当寺で剃髪し、治承五年（一一八一）に清盛が死去すると円実法眼がその遺骨を背負って兵庫に埋めたという。また清盛の弟教盛の子で天台座主明雲を師として出家した忠快（小川法印）が、寿永二年（一一八三）の戦いで全焼した堂宇の再興に当たり、文治二年（一一八六）には一ノ谷合戦の戦死者を追悼して千僧供養を営んだ。弘安八年（一二八五）奈良西大寺叡尊が兵庫住人に菩薩戒・持斎戒を授け、また石塔供養を行ったことがあり（感身学正記）、その影響もあってか南北朝期には西大寺末となっているが（明徳二年九月二八日「西大寺末寺帳」極楽寺文書）、その後太山寺《たいさん》

（現西区）末になったらしく、永正六年（一五〇九）には太山寺の各末寺への呼びかけに応じて当寺からも僧一〇人が京都祇園社千部経会参加のため上洛している（同年一〇月一二日「太山寺衆徒等祇園千部経注文案」太山寺文書）。

ようするに、能福寺は、弘安八（一二八五）年に叡尊が安養寺において授戒を行ったのに影響されて明徳二年には西大寺末寺となったが、永正六（一五〇九）年には太山寺の末寺へと変化したと考えられている。はたしてそうであろうか。

先述の「明徳末寺帳」によれば、能福寺には、「兵庫良瑜房遺跡」、「第十四長老御時応安二三九」という注記がある。その意味は、兵庫良瑜房の遺跡であった寺を、第一四代長老の時である応安二（一三六九）年三月九日に西大寺直末寺としたということである。それゆえ、能福寺は、兵庫良瑜房の遺跡で、応安二年三月九日に西大寺直末寺となったことがわかる。

史料（28）　本書第一部第四章「西大寺光明真言過去帳の紹介と分析」一〇六頁。

真浄房　花蔵寺　　玄寥房　称名寺

（中略）

順照房　能福寺　　如本房　東妙寺

（中略）

○当寺第十五長老沙門興泉

史料（28）は、「光明真言過去帳」の一部である。それによれば、能福寺順照房が、応安六（一三七三）年一〇月一日に死去した金沢称名寺長老玄寥房什尊[76]と、康暦元（一三七九）年六月晦日に八六歳で亡くなった西大寺第一五代長老興泉[77]の間に記されている。順照房は、その間に亡くなったのであろう。とりわけ注目されるのは、順照房の死亡時期が、能福寺が西大寺直末寺となって間がない点である。おそらく、順照房が初代長老なのであろう。

極楽院

極楽院は、先述の**史料**（1）の「明徳末寺帳」では、第九番目に記載されており、摂津国西大寺直末寺で第九位の寺格であったと考えられる。

先述のように極楽院も、**史料**（2）の一四五三年から一四五七年にかけて作成された「西大寺末寺帳」に見えるので、一五世紀半ばまでは、機能していたのであろう。とりわけ、**史料**（1）と**史料**（2）では記載の順番を異にしており、一五世紀半ばには寺勢が劣えていたのであろう。また、永享八（一四三六）年付の「坊々寄宿末寺帳」の「東三室分」に見えるので[78]、奈良西大寺の光明真言会においては、西大寺東三室に宿泊することになっていた。

ところで、先述の「明徳末寺帳」に極楽院には、「椋橋寺」と注記がある。また、「坊々寄宿末寺帳」では、「神崎[79]」という注記がある。

従来、極楽院の地理的位置は「椋橋は椋橋庄で兵庫県尼崎市・伊丹市・大阪市豊中志周辺カ[80]」とするように曖昧である。しかし、先の注記を考えるならば、椋橋寺の支院であったと考えられ、神崎領域にあったと考えられる。

ところで、現在、椋橋寺なる寺はない。しかし、その名前から判断して椋橋寺は椋橋庄を代表する寺院であろう。とすると、行基草創の伝承を伝え、椋橋庄惣氏寺といわれた治田寺（兵庫県尼崎市）のことを椋橋寺といったと推測したい。この椋橋の地は猪名川、神崎川の河口を押さえ、京都、河内、大和と通じる道を扼すことのできる位置であり、交通の要衝であった点が注目される。史料がないため、これ以上論じられない。

吉祥寺

吉祥寺は、先述の**史料**（1）の「明徳末寺帳」では、第一〇番目に記載されており、摂津国西大寺直末寺で第一〇位の寺格であったと考えられる。吉祥寺は、**史料**（2）の一四五三年から一四五七年にかけて作成された「西大寺末寺帳」に見えるので、一五世紀半ばまでは、機能していたのであろう。とりわけ、**史料**（1）と**史料**（2）では記載の順番で九番目になっており、極楽院よりも寺格が高くなったのかもしれない。また、永享八（一四三六）年付の「坊々寄宿末寺帳」の「東三室分」に見えるので[81]、奈良西大寺の光明真言会においては、西大寺東三室に宿泊することになっていた。吉祥寺には、「明徳末寺帳」に注記があり極楽院と同じく「椋橋寺」とあり、椋橋寺の支院であろう。

この吉祥寺については、次の**史料**（29）がある。

史料（29）　『続国史大系第六　後鑑』（経済雑誌社、一九〇二年）五五七頁。

東大寺八幡宮領摂津国椋橋庄事、雑掌真勝申状（中略）、遣之、依為建武御寄付地、前々退濫妨輩、可沙汰之由、被仰下之処、利倉左衛門六郎以下、打入当庄内吉祥寺、押領免田畠云々、太不可然、不日退彼等、可被沙汰付于雑掌之状、如件

延文二年閏七月十九日　　御判

赤松信濃大夫判官

史料（29）によれば、足利尊氏は、延文二（一三五七）年閏七月一九日付で、東大寺八幡宮領椋橋庄雑掌真勝の訴えにより、利倉左衛門六郎らが庄内吉祥《きっしょう》寺に侵入し、免田畠を押領するのを退け、雑掌に沙汰付けするよう、守護赤松信濃大夫判官光範に命じている[82]とあるように、椋橋庄内に所在し、一四世紀半ばに機能していたことがわかる。

猪名川、神崎川の河口を押さえ、京都、河内、大和と通じる道を扼す椋橋の地に西大寺直末寺が二箇寺もあったのは注目される。それだけ、その地域は都市的な場であったのであろう。

吉祥寺僧は、「光明真言過去帳」に見える。

史料（30）　本書第一部第四章「西大寺光明真言過去帳の紹介と分析」一〇一頁。

賢信房　飯岡寺　　○印教房　極楽寺長老
教性房　永興寺　　宣戒房　福田寺
妙観房　安楽寺　　**敬戒房　吉祥寺**
（中略）
○尭仙房　泉涌寺長老　　明忍房　称名寺

史料（30）は、「光明真言過去帳」の一部である。それによれば、吉祥寺敬戒房が、暦応元（一三三八）年七月二七日に亡くなった極楽寺長老印教房円海と、建武五（一三三八）年一一月一六日に死去した称名寺長老明忍房剣阿との間に記載されている。敬戒房はその間すなわち、一三三八年に亡くなったのであろう。とすれば、吉祥寺は、その頃には機能していたことになり、鎌倉時代の末には草創されていた可能性がある。[83][84]

そこで、伝統ある寺院が、応安二（一三六九）年三月九日になって西大寺直末寺となった能福寺よりも寺格が低いのはなぜかということが問題となる。その理由ははっきりしないが、播磨国平報恩寺のケースが参考になると考える。平報恩寺は、証賢房覚秀を開山とし、鎌倉時代末に律寺となった寺院であるが、寺格的には播磨国で第一四位であった。それは、おそらく当初は極楽寺末寺であったが、後に西大寺直末寺となったことによるのであろう。それゆえ、吉祥寺も当初は極楽寺流であったと推測される。

史料（31）　本書第一部第四章「西大寺光明真言過去帳の紹介と分析」一一二頁。

○当寺第廿五長老沙門栄秀

（中略）

円勝房　吉祥寺　　　　帰一房　永興寺

（中略）

○当寺第廿六長老沙門高海

史料（31）は、「光明真言過去帳」の一部である。それによれば、吉祥寺円勝房が、永享二（一四三〇）年八月二日に亡くなった西大寺第二五代長老沙門栄秀と、永享八（一四三六）年四月二六日に死去した西大寺第二六代長[85][86]

老高海との間に記されている。円勝房はその間に亡くなったのであろう。

史料(32) 本書第一部第四章「西大寺光明真言過去帳の紹介と分析」一一三頁。

○当寺第二十七長老沙門良誓

(中略)

円舜房　吉祥寺　寂勝房　常楽寺

(中略)

○恵明房　招提寺長老　祐覚房　般若寺

史料(32)も、「光明真言過去帳」の一部である。それによれば、吉祥寺円舜房が、宝徳二(一四五〇)年正月二日に亡くなった[87]西大寺第二七代長老良誓と、享徳三(一四五四)年一二月一〇日に死去した[88]招提寺長老恵明房任宗との間に記されている。円舜房はその間に亡くなったのであろう。

これ以後、吉祥寺僧の存在は知られないが、一五世紀半ばまでは活動していたことが知られる。

観音寺

観音寺は、先述の**史料(1)**の「明徳末寺帳」では、第一一番目に記載されており、摂津国西大寺直末寺で第一一位の寺格であったと考えられる。観音寺は、**史料(2)**の一四五三年から一四五七年にかけて作成された「西大寺末寺帳」に見えるので、一五世紀半ばまでは、機能していたのであろう。

「明徳末寺帳」では、「兵庫八王子也」「応永十八六月日第廿一代御時」と注記されている。すなわち、兵庫八王子に所在し、応永一八（一四一一）年六月日、第二一代長老の時に西大寺直末寺となった。兵庫観音寺僧も、「光明真言過去帳」に見える。

史料（33） 本書第一部第四章「西大寺光明真言過去帳の紹介と分析」一一〇～一一一頁。

○当寺第廿二長老沙門英如

賢順房　兵庫観音寺　　証円房　西琳寺

（中略）

○当寺第廿三長老沙門英源

史料（33）は「光明真言過去帳」の一部である。それによれば、兵庫観音寺賢順房が、応永二二（一四一五）年二月二九日に亡くなった[89]西大寺第二二代長老沙門英如と、応永二六（一四一九）年一〇月五日に死去した[90]西大寺第二三代長老沙門英源との間に記載されている。賢順房は、その間に亡くなったのであろう。兵庫観音寺は応永一八年六月日に西大寺直末寺となっているが、賢順房の死亡時期がそれに近く、賢順房は兵庫観音寺の開山であったのだろう。

兵庫津には、安養寺と能福寺と観音寺という三箇寺があり、兵庫津の繁栄ぶりがうかがえる。

法薗寺

法薗寺は、現在の兵庫県尼崎市猪名寺に所在し、「和銅年間（七〇八〜七一五）行基開基と伝え、天正七年（一五七九）焼失により廃寺。宝暦八年（一七五八）定再興、明治六年無檀のため伊丹金剛院に廃合されたが同一五年再興」したという。[91] 法薗寺も行基ゆかりの寺であった点が注目される。叡尊教団は、強い行基信仰を有し、行基ゆかりの寺院を復興していった。

先述の**史料**（1）の「明徳末寺帳」では、第一二番目に記載されており、摂津国西大寺直末寺で第一二位の寺格であったと考えられる。また、永享八（一四三六）年付の「坊々寄宿末寺帳」の「西室分」に見えるので、[92] 西大寺光明真言会に際しては西室に宿泊することになっていた。法薗寺は、**史料**（2）の一四五三年から一四五七年にかけて作成された「西大寺末寺帳」に見えるので、一五世紀半ばまでは、機能していたのであろう。

ところで、「明徳末寺帳」では、「猪名寺」「第廿七代長老ニ寄進」と注記されている。すなわち、猪名寺にあり、第二七代長老良誓（一四三六〜五〇年住持）の時に西大寺直末寺となった。西大寺第二七代長老良誓は一四三六〜五〇年まで一五年も長老であったが、先述のように法薗寺は永享八年付の「坊々寄宿末寺帳」に見えるので、永享八年に直末寺となったのであろう。

安楽寺

安楽寺については、従来、まったく研究されていない。注記に「マキ」に所在したとあるが、不明である。

しかし、先述の**史料**（1）の「明徳末寺帳」では、第一三番目に記載されており、摂津国西大寺直末寺で第一三位の寺格であったと考えられる。また、永享八（一四三六）年付の「坊々寄宿末寺帳」の「西室分」に見えるので、[93]

西大寺光明真言会に際しては西室に宿泊することになっていた。先の**史料**(2)の一四五三年から一四五七年にかけて作成された「西大寺末寺帳」に見えるので、一五世紀半ばまでは、機能していたのであろう。

安楽寺は「光明真言過去帳」に見える。

史料(34) 本書第一部第四章「西大寺光明真言過去帳の紹介と分析」一〇一頁。

興覚房　現光寺　　○本性房　極楽寺長老

(中略)

妙円房　安楽寺　　浄日房　当寺住

(中略)

賢信房　飯岡寺　　○印教房　極楽寺長老

史料(34)は、「光明真言過去帳」の一部である。それによれば、安楽寺妙円房が、建武元(一三三四)年一一月二一日に亡くなった極楽寺長老本性房俊海と、暦応元(一三三八)年七月二七日に死去した極楽寺長老印教房円海との間に記載されている。妙円房は、その間に亡くなったのであろう。[94] [95]

とすれば、安楽寺は鎌倉末期には叡尊教団の律寺化していたと考えられる。それゆえ、永享八年に西大寺直末寺となった法薗寺より寺格が低いのは謎であるが、これも安楽寺が一時期極楽寺末寺で、後に西大寺直末寺となったことによるのかもしれない。

史料（35）　本書第一部第四章「西大寺光明真言過去帳の紹介と分析」一一〇頁。

○当寺第二十長老沙門高湛

（中略）

性真房　安楽寺　　　　明悟房　金剛蓮花寺

（中略）

○当寺第二十一長老沙門叡空

史料（35）も、「光明真言過去帳」の一部である。それによれば、安楽寺性真房が、応永一五（一四〇八）年九月二五日に亡くなった西大寺第二〇代長老沙門高湛と、応永一九（一四一二）年二月二三日に死去した西大寺第二一代長老沙門叡空との間に記載されている。性真房はその間に亡くなったのであろう。とすれば、一五世紀初頭にも安楽寺は機能していたことは確実である。[96][97]

おわりに

以上、摂津国における叡尊教団の展開をみた。まず、この摂津国においても、西大寺末寺の展開が津（港）、川といった交通上の要衝になされていることがわかる。

天王寺（薬師院）は西側は難波津に面し、多田院は猪名川の要地に位置する。荘厳浄土寺は住吉津に面していた。慈光寺は神崎に、東光寺は芦屋に、吉祥寺、極楽寺は猪名川の要衝の地に所在した。安養寺、能福寺、観音寺という三箇寺は兵庫津に所在した。史料がないため推測に止まるが、そうした川、港の管理を律寺が任されていた可能性を考えるべきであろう。

さらに、本文で触れた叡尊が弘安八（一二八五）年八月一一日に兵庫に到着し、一三日には安養寺で九百七十二人に菩薩戒を授け、一千七百余人の淫女（遊女）には斎戒護持を誓わせた事実は、法然による室津での女人救済の話を想起させる。法然の場合は、後世に付会された神話であって事実ではない[98]。他方、叡尊の一千七百余人もの淫女（遊女）に対する授戒活動は、女性に対する戒壇授戒と伝法灌頂と並ぶ叡尊教団の女人救済活動として大いに注目される。というのも、叡尊らの末寺は遊女たちが根拠とした津・宿など交通の要衝に展開しており、兵庫津におけるような遊女への救済活動が他の場所でも行われたと考えられるからだ。

本稿で主に使用した「明徳末寺帳」には、残念なことに僧寺しかあがっておらず、尼寺は記載されていない。しかし、叡尊教団では、僧寺とペアになって尼寺が形成されており、ほぼ同数近くの尼寺が存在していた可能性がある[99]。そうした叡尊教団の尼寺には、叡尊らの授戒活動を契機に叡尊教団に入信した女性の存在も想起される。

もっとも、叡尊らの女性救済活動については、院・天皇らの乱倫の結果生まれた私生児らが叡尊教団の尼寺に入ったことなど「女房の社会的地位が低下したこの時代にあって、多くもと宮中に宮仕えした女房で、結婚して世帯・家族を持つことが容易でない境遇におかれた女性が単身者として入寺した[100]」事を強調し、積極的に評価しない見解[101]もある。しかしながら、現在の男女平等主義的価値観から当時の女性救済の限界を過度に批判するべきではなく、同じ差別的な女性観を有する官僧たちが行わなかった尼への戒壇授戒を行い、伝法灌頂を行い、尼寺を作っていった点をこそより評価すべきであろう[102]。

また、別稿[103]で述べたように、紀伊妙楽寺開山尼生信は、隅田利生護国寺の開基願心（隅田氏）の娘であったように、地方の尼寺には叡尊に帰依した地方有力者の娘が入った事例も多かったはずである。このように尼寺が女性たちが宗教生活を送る場であった点は否定できないであろう。

註

（1）松尾「西大寺末寺帳考」（松尾『勧進と破戒の中世史』吉川弘文館、一九九五年）一三七頁。
（2）松尾「西大寺末寺帳考」〈前註（1）〉一四〇頁。
（3）松尾『中世叡尊教団の全国的展開』（法藏館、二〇一七年）三四〇頁。
（4）加地宏江・中原俊章『中世の大阪』（松籟社、一九八四年）。
（5）細川涼一校注『感身学正記1』（平凡社、一九九九年）二四一頁。
（6）『感身学正記1』〈前註（5）〉二四一頁。
（7）『極楽律寺史　彫刻・工芸・石造建造物編』（極楽律寺、二〇〇三年）一三〇頁。田中敏子「賢明房慈済律師について」（『鎌倉』六号、一九六一年）も参照。
（8）松尾『忍性』（ミネルヴァ書房、二〇〇四年）参照。
（9）松尾「西大寺叡尊像に納入された「授菩薩戒交名」と「近住男女交名」」（松尾『日本中世の禅と律』吉川弘文館、二〇〇三年）七一頁。
（10）『西大勅謚興正菩薩行実年譜』（『西大寺叡尊伝記集成』法藏館、一九七七年）正嘉元（一二五七）年条。
（11）「金剛仏子叡尊感身学正記」〈前註（10）〉所収建治元年条。
（12）「金剛仏子叡尊感身学正記」〈前註（10）〉弘安四年条。
（13）松尾「西大寺末寺帳考」〈前註（1）〉一五五頁。

（14）『兵庫県の地名Ⅰ』（平凡社、一九九九年）三八一頁。
（15）和島芳男『叡尊・忍性』（吉川弘文館、一九五九年）。
（16）恒念についてはまったくわからないが、導御上人の師であった恒念かもしれない。
（17）加地「津守氏古系図について」（『人文論究』三七巻一号、一九八七年）八二頁。
（18）和島『叡尊・忍性』〈前註（15）〉九七頁。
（19）松尾「西大寺叡尊像に納入された「授菩薩戒交名」と「近住男女交名」」〈前註（9）〉七四頁。
（20）「啓白」〈前註（10）〉三九八頁。
（21）『兵庫県史　史料編中世二』（兵庫県、一九八三年）二四八頁。
（22）「忍性書状」（『鎌倉遺文　古文書編』巻一八、東京堂出版、一九八五年）一三五〇三号文書、一一五頁。『鎌倉遺文古文書編』巻二八にも二一五七四号文書として同一文書をあげているが、何かの錯誤であろう。
（23）松尾『中世叡尊教団の全国的展開』〈前註（3）〉九二頁。
（24）田中「極楽寺二代長老に就て」（『鎌倉』五号、一九六〇年）。
（25）『兵庫県史　史料編中世二』〈前註（21）〉二六八頁。
（26）『金沢文庫古文書　一二輯　識語編三』（金沢文庫、一九五八年）二〇頁。
（27）「西大寺代々長老名」（『西大寺関係史料（一）諸縁起・衆首交名・末寺帳』奈良国立文化財研究所、一九六六年）七三頁。
（28）大塚紀弘「鎌倉極楽寺流律家の西国展開——播磨報恩寺を中心に」（『地方史研究』三五七、二〇一二年）、松尾「鎌倉極楽寺流の成立と展開——初代から九代までの極楽寺歴代住持に注目して」（『山形大学大学院社会文化システム研究科紀要』第十四号、二〇一七年。本書第二部第七章に採録）など。
（29）行覚房が長老であったことは、元応元年七月二五日付「工藤貞祐書下」に「当長老行覚御房」とあることによってわかる。行覚房は諱を快尊と言ったのであろう（「塔婆供養注記」『兵庫県史　史料編中世二』〈前註（21）〉二七一頁）。

（30）『大阪府の地名Ⅰ』（平凡社、一九八六年）七二四頁。
（31）『感身学正記1』〈前註（5）〉一七四頁。
（32）内田啓一「和泉市久保惣記念美術館蔵胎蔵旧図様について――西大寺性瑜の事績」（『仏教芸術』二八六、二〇〇六年）。
（33）『新修大阪市史』第二巻（大阪市、一九八八年）二四六・二四七頁。
（34）「招提千歳伝記」（『大日本仏教全書一〇五　戒律伝来記外十一部』名著普及会、一九七九年）五五頁。
（35）「西大寺代々長老名」〈前註（27）〉七三頁。
（36）松尾「西大寺末寺帳考」〈前註（1）〉一五六頁。
（37）『新修大阪市史』第二巻〈前註（33）〉二四八頁。
（38）『新修大阪市史』第二巻〈前註（33）〉二四八頁
（39）松尾「西大寺末寺帳考」〈前註（1）〉一五六頁。
（40）『新修大阪市史』第二巻〈前註（33）〉二四八頁。
（41）「西大寺代々長老名」〈前註（27）〉七三頁。
（42）「西大寺代々長老名」〈前註（27）〉七三頁。
（43）本書第一部第四章「西大寺光明真言過去帳の紹介と分析」一〇七頁。
（44）本書第一部第四章「西大寺光明真言過去帳の紹介と分析」一〇九頁。
（45）本書第一部第四章「西大寺光明真言過去帳の紹介と分析」一一一頁。
（46）本書第一部第四章「西大寺光明真言過去帳の紹介と分析」一一二頁。

(47) 本書第一部第四章「西大寺光明真言過去帳の紹介と分析」一一三頁。
(48)「西大寺代々長老名」〈前註(27)〉七三頁。
(49)「招提千歳伝記」〈前註(34)〉三三頁。
(50) 小野澤眞「『西大寺末寺帳』寺院比定試案」(『寺社と民衆』七、民衆宗教史研究会、二〇一一年)。
(51)「招提千歳伝記」〈前註(34)〉五五頁。
(52)「常楽記」(『群書類従』第二九輯)嘉暦元(一三二六)年八月一〇日条。
(53) 松尾「西大寺末寺帳考」〈前註(1)〉一五八頁。
(54)『兵庫県の地名I』〈前註(14)〉二三六頁。
(55)『兵庫県の地名I』〈前註(14)〉二八〇頁。
(56)「金剛仏子叡尊感身学正記」〈前註(10)〉弘安八(一二八五)年七月二五日条・二六日条。
(57)「常楽記」〈前註(52)〉嘉暦元(一三二六)年八月一〇日条。
(58)「招提千歳伝記」〈前註(34)〉五五頁。
(59) 本書第一部第四章「西大寺光明真言過去帳の紹介と分析」一〇二頁。
(60) 本書第一部第四章「西大寺光明真言過去帳の紹介と分析」一〇五頁。
(61) 本書第一部第四章「西大寺光明真言過去帳の紹介と分析」一〇六頁。
(62)「西大寺代々長老名」〈前註(27)〉七三頁。
(63)「西大寺代々長老名」〈前註(27)〉七三頁。
(64) 松尾「西大寺末寺帳考」〈前註(1)〉一五八頁。
(65) 小野澤眞「『西大寺末寺帳』寺院比定試案」〈前註(50)〉六三頁。
(66)「常楽記」〈前註(52)〉嘉暦元(一三二六)年八月一〇日条。

(67) 「招提千歳伝記」〈前註(34)〉五五頁。
(68) 松尾「西大寺叡尊像に納入された「授菩薩戒交名」と「近住男女交名」」〈前註(9)〉七七頁。
(69) 「西大寺代々長老名」〈前註(27)〉七三頁。
(70) 「西大寺代々長老名」〈前註(27)〉七三頁。
(71) 「西大寺代々長老名」〈前註(27)〉七三頁。
(72) 「西大寺代々長老名」〈前註(27)〉七三頁。
(73) 『兵庫県の地名Ⅰ』〈前註(14)〉一一一頁。
(74) 松尾「西大寺末寺帳考」〈前註(1)〉一五八頁。
(75) 『兵庫県の地名Ⅰ』〈前註(14)〉一一一頁。
(76) 『金沢文庫古文書第一二輯　識語編三』〈前註(26)〉三九頁。
(77) 「西大寺代々長老名」〈前註(27)〉七三頁。
(78) 松尾「西大寺末寺帳考」〈前註(1)〉一五八頁。
(79) 松尾「西大寺末寺帳考」〈前註(1)〉一五八頁。
(80) 小野澤眞「『西大寺末寺帳』寺院比定試案」〈前註((50))〉六三頁。
(81) 松尾「西大寺末寺帳考」〈前註(1)〉一五八頁。
(82) ジャパンナレッジ版『日本歴史地名大系　兵庫県の地名』による。それと『兵庫県の地名Ⅰ』〈前註(14)〉四七四頁とでは記述内容が異なっている。
(83) 「常楽記」〈前註(52)〉暦応元(一三三八)年七月二七日条。
(84) 『金沢文庫古文書一二輯　識語編三』〈前註(26)〉二一〇頁。
(85) 「西大寺代々長老名」〈前註(27)〉七三頁。

(86)「西大寺代々長老名」〈前註(27)〉七三頁。
(87)「西大寺代々長老名」〈前註(27)〉七三頁。
(88)「招提千歳伝記」〈前註(34)〉八七頁。
(89)「西大寺代々長老名」〈前註(27)〉七三頁。
(90)「西大寺代々長老名」〈前註(27)〉七三頁。
(91)『兵庫県の地名I』〈前註(14)〉四七八頁。
(92)松尾「西大寺末寺帳考」〈前註(1)〉一五五頁。
(93)松尾「西大寺末寺帳考」〈前註(1)〉一五四頁。
(94)「常楽記」〈前註(52)〉建武元(一三三四)年一一月二一日条。
(95)「常楽記」〈前註(52)〉暦応元(一三三八)年七月二七日条。
(96)「西大寺代々長老名」〈前註(27)〉七三頁。
(97)「西大寺代々長老名」〈前註(27)〉七三頁。
(98)今堀太逸「法然の絵巻と遊女　上・下」(『鷹陵史学』一一・一二、一九八六年、のち同『神祇信仰の展開と仏教』吉川弘文館、一九九〇年に所収)参照。
(99)中世の尼寺を網羅した研究として、牛山佳幸「中世の尼寺と尼」(大隅和雄・西口順子編『女性と仏教一　尼と尼寺』平凡社、一九八九年)。叡尊教団の尼と尼寺については細川涼一『中世の律宗寺院と民衆』(吉川弘文館、一九八七年)、『女の中世』(日本エディタースクール出版部、一九八九年)が参考になる。
(100)細川『女の中世』〈前註(99)〉一八九頁など。
(101)細川『中世の律宗寺院と民衆』〈前註(99)〉、『女の中世』〈前註(99)〉。
(102)松尾「鎌倉新仏教と女人救済――叡尊教団による尼への伝法灌頂」(『仏教史学研究』三七―二、一九九四年)、松尾『新版鎌倉新仏教の成立』（吉川弘文館、一九九八年）など参照。
（103）　松尾『中世叡尊教団の全国的展開』〈前註（3）〉一九九・二〇〇頁。

第二章　和泉国における展開

はじめに

叡尊は、畿内を中心に布教活動を行ったので、和泉国にも出かけている。とりわけ、強烈な行基信仰を有していたので、寛元三（一二四五）年九月一三日には行基誕生の地である家原寺で正式授戒を行った[1]。この授戒は、いわば叡尊教団の出発点といえる活動であった。ここに教団独自の授戒制が始まったのである。この授戒については、別著で詳述したので参照されたいが[2]、叡尊とその弟子たちにとって、行基の出身国である和泉国は極めて重要な地であった。

叡尊は、正嘉元（一二五七）年三月上旬には和泉国近木郷（現大阪府貝塚市）の地蔵堂で菩薩十重戒を講じ、三月七日には近木郷住人の高野円達房ら一一七三人に菩薩戒を授戒している[3]。受戒者数が一一七三人にも及んだ点からも和泉国に信者が増加し、末寺も展開していったと考えられる。円達房は、文永九（一二七二）年一〇月一〇日に叡尊の拠る西大寺宝塔院に近木郷内の田一町半を寄付しているほどである[4]。それゆえ、和泉国における叡尊教団の展開を見よう。

第一節　禅寂寺に注目して

和泉国における叡尊教団の展開を考えるうえで明徳二（一三九一）年に書き改められた「西大寺末寺帳」[5]（以下、「明徳末寺帳」と略す）は重要である。

史料（1）　松尾「西大寺末寺帳考」一四四頁。

和泉国

坂本 禅寂寺　　大鳥 長承寺　　シハナノ下條

信達 来迎寺　　浄 清弘寺

史料（1）は、「明徳末寺帳」の「和泉国」分である。それによれば、禅寂寺、長承寺、来迎寺、清（浄）弘寺の四箇寺があげられている。それらは、西大寺の直轄寺院というべき、西大寺直末寺で、西大寺から長老（住持）が派遣された。また、その記載順は、寺格順であり、禅寂寺が和泉国でもっとも寺格の高い西大寺直末寺であった。

史料（2）　松尾『中世叡尊教団の全国的展開』三五二頁。

和泉国

禅寂寺　大鳥《おおとり》長承寺
来迎寺　浄弘寺

史料（2）は、一四五三年から一四五七年までの間に作成されたと考えられる西大寺末寺帳である[6]。それによれば、一五世紀半ばにおいても、禅寂寺、長承寺、来迎寺、浄弘寺の四箇寺が直末寺であったことがわかる。ところが、寛永一〇（一六三三）年の「西大寺末寺帳[7]」には和泉国の寺院は記載されていない。一七世紀には、西大寺末寺から離脱していたのであろう。

以上のような、概要を踏まえて、禅寂寺から見よう。

禅寂寺

禅寂寺は、山号を弥勒山と号し、現大阪府和泉市阪本町に所在する寺院である。禅寂寺に関して、その地理的な位置・歴史などについては『大阪府の地名[8]』がよくまとめている。それによれば、「戒下《かいげ》集落の立地する標高四〇メートル前後の台地の南端近くにあり、現在の境内より南方に創建期の遺構が確認されている。弥勒山と号し、もと律宗、現在は高野山真言宗。本尊薬師如来。創建は当地の古代氏族坂本朝臣で、坂本寺と称したと考えられているが、寺伝では行基が開基で、天平元年（七二九）の創建とされ、中興を西大寺の叡尊とする。しかし遺構の発掘調査の結果、創建は寺伝より古いと推定されている[9]」。

以上のように、天平元（七二九）年行基開基の伝承を伝えるが、発掘の成果によれば、それより古い創建の古代以来の寺院と考えられている。

また、『大阪府の地名』は「叡尊の中興は確かめられないが、明徳二年（一三九一）九月二八日の西大寺末寺帳（極楽寺文書）には寺名がみえ、叡尊が和泉で活動していた頃西大寺末寺になったものかもしれない」と推測している。さらに、文安二（一四四五）年頃の和泉国寺社東寺修理奉加人交名に禅寂寺が見えることを指摘し、「その後天正年中（一五七三～九二）に織田信長の兵火にかかり諸堂を焼失したと伝える。近世の再興後真言宗に改宗[10]」とする。

禅寂寺は、建永二（一二〇七）年七月八日付僧深慶河内通法寺寺領注進状に「和泉国末寺禅寂寺[11]」と見える。すなわち、河内源氏の菩提寺通法寺の末寺であった。

しかし、後には西大寺末寺となっていたのである。そこで、次に禅寂寺の律寺化に注目してみよう。

この禅寂寺の律寺化に関しては、元興寺文化財研究所『中世民衆寺院の研究調査報告書Ⅰ[12]』が着目し、禅寂寺の資料調査の結果を報告している。しかし、律寺化の具体的な過程などについては史料がないために具体的に論じてはいないが、在地の土豪坂本氏が禅寂寺の後援者と考えている。けれども、律寺化の過程を考える史料がないわけではない。

史料（3）　本書第一部第四章「西大寺光明真言過去帳の紹介と分析」九八～九九頁。

深教房　浄土寺　　　○中観房　桂宮院長老

（中略）

良法房　神宮寺　　　**乗信房　禅寂寺**

了願房　真福寺　　　長真房　西琳寺

史料（3）は、「光明真言過去帳」の一部である。禅寂寺乗信房が、徳治二（一三〇七）年二月二日に亡くなった[13]桂宮院長老中観房と、正和元（一三一二）年に死去した[14]西琳寺長真房との間に記載されている。禅寂寺乗信房は、その間に亡くなったと考えられる。乗信房は禅寂寺僧として「光明真言過去帳」に最初に見える僧である。すなわち、禅寂寺は一四世紀の初頭には確実に存在し、おそらく乗信房は初代長老だったのだろう。ところで、この乗信房は、いかなる人物であろうか。

史料（4）　松尾「西大寺叡尊像に納入された「授菩薩戒交名」と「近住男女交名」」七五頁。

和泉国人
頼乗　乗信房

史料（4）は、叡尊の直弟子名簿といえる「授菩薩戒弟子交名」の一部で、乗信房は二五七番目に記されている。それによれば、乗信房は和泉国の出身で、諱を頼乗といったことがわかる。とすれば、禅寂寺は、叡尊の直弟子で和泉国の出身である乗信房頼乗によって律寺化されたと考えられる。乗信房は和泉国の出身であり、和泉国の禅寂寺の初代長老にふさわしいと考えられたのであろう。

史料（5）　「金剛仏子叡尊感身学正記」弘安五（一二八二）年条。

（前略）十月六日、紀州下向進発、著最福寺、七日、著隅田、八日、著相賀、九日、著粉河寺、十日、開講梵網経十重古迹発願、十五日、布薩、十七日、古迹畢、十八日、二千七百十五人授菩薩戒、十九日、中門供養、曼荼羅供、略定、廿日、著和泉国久米田寺、廿一日、堂供養、真言供養、非人施行百貫百石、廿二日、自久米田寺、向大鳥長承寺、(後略)

史料(5)は、「金剛仏子感身学正記」弘安五(一二八二)年条の一部である。叡尊は、弘安五年一〇月六日に紀州布教に向かった。その帰りの一〇月二〇日に和泉国久米田寺に到着している。二一日には久米田寺で堂供養・真言供養・非人施行を行い、二二日には久米田寺から大鳥長承寺に向かったことがわかる。弘安五年一〇月二一日に、叡尊は久米田寺で堂供養・真言供養・非人施行を行っている点は注目される。

というのも、叡尊が立ち寄ったところには後に西大寺末寺が創建(多くは旧寺の復興による律寺化)されている。たとえば、**史料(5)**の隅田には利生護国寺、相賀には妙楽寺といった西大寺直末寺が所在した[15]。

もっとも久米田寺は、**史料(1)(2)**の末寺帳には見えない。だが、久米田寺も西大寺末寺となっていた。というのも、別稿[16]で述べたように、**史料(1)**の「明徳末寺帳」は西大寺直末寺のみがあがっているに過ぎないからだ。西大寺末寺には、「私相伝」と呼ばれる末寺もあって、それは、寺の開基などの檀那等に住持を指名する権利がある西大寺末寺もあった。実際、久米田寺と西大寺との関係を知るうえで重要な史料がある。

史料(6)　赤松俊秀編『教王護国寺文書』巻五(平楽寺書店、一九七〇年)四一~四五頁。

和泉国

東寺修理奉加人数

大鳥郡

念仏寺　堺南庄　二十人　弐貫九佰文　此内壱貫文ハ無量寿院、信海学頭
安国寺　家原　五十五人　伍貫九佰文　此内五百文　学頭真祐法印

（中略）

長承寺　西大寺門徒　七人漆佰文
菩提院　シノタ律僧　二人　弐佰文
勧学院　泉涌寺門徒　三人参佰文
護国院　西大寺モス　一人　佰文
霊山寺　□□□（西大寺）　一人　佰文
本願院　西大寺　一人　佰文
時堂　一人　佰文
金胎寺　一人　佰文

日根郡

金熊寺　十三人　壱貫参佰文
勝軍寺　一人　佰文
サノ
檀波羅密寺　西大寺門徒　二人弐佰文
来迎寺西大□　三人　参佰文
西方寺西大寺　二人　弐佰文

禅興寺　　　　　　　　　伍佰文
南郡
（中略）
久米多寺　西大寺　十八　壱貫文
（中略）
泉郡
（中略）
禅寂寺　西大寺　十八　壱貫文
（後略）

史料（6）は、文安二（一四四五）年のものではないかと推測されている「東寺修理奉加人数帳」の和泉国の分の一部である。東寺の修造のための奉加であり、協力した和泉国四郡の寺があがっている。それによれば、注記により和泉国四郡内に禅寂寺、久米田寺、長承寺、来迎寺、檀波羅密寺、西方寺、護国院、霊山寺、本願院の九箇寺の西大寺末寺が所在したことがわかる。

「東寺修理奉加人数帳」に浄弘寺があがっていないのが気になるが、それは浄弘寺僧が奉加に協力しなかったからであろうか。それはともかく、**史料（6）**により、久米田寺が一五世紀半ばには西大寺末寺であったことがわかる。しかも、和泉国筆頭の直末寺たる禅寂寺と同じ一〇人もの僧が協力している。つまり、一〇人以上の僧が住んでいたのであろう。以上の考察から、久米田寺が直末寺ではないが、西大寺末寺であったことがわかる。

さて、ここで注目したいのは禅寂寺が、この久米田寺から五キロほど東北に位置する点である。歩いて一時間ほどの距離であり、久米田寺を末寺化した頃には、行基ゆかりの禅寂寺も律寺化したのかもしれない。その時期は、やはり弘安期であろう。

また、「光明真言過去帳」には、禅寂寺僧として他の僧も見える。

史料（7）　本書第一部第四章「西大寺光明真言過去帳の紹介と分析」一〇二頁。

○寂禅房　招提寺長老　　念観房　神宮寺

（中略）

定観房　禅寂寺　　教林房　般若寺

（中略）

本如房　称名寺　　良仙房　丹波惣持寺

史料（7）は、「光明真言過去帳」の一部である。それによれば、禅寂寺定観房が暦応四（一三四一）年六月一五日に亡くなった[17]招提寺長老寂禅房と、貞和二（一三四六）年一一月三〇死去した[18]称名寺長老本如房湛睿との間に記されている。定観房は、その間に亡くなったのであろう。

史料（8）　松尾「西大寺末寺帳考」一五五頁。

一室分

大和州 海竜王寺　　同布施 三宝院
同布施 羂索院　　同 円福寺
同佐美 神宮寺　　同宇智郡 大日寺
同 秋篠寺　　泉州坂下 **禅寂寺**

史料（8）は、永享八（一四三六）年付の「坊々寄宿末寺帳」の「一室分」である。それに、「泉州坂下禅寂寺」があがっている。それにより、禅寂寺は光明真言会に際して西大寺一室に宿泊することになっていたことがわかる。禅寂寺僧も、在地において小規模な光明真言会を行っていたのであろう。

第二節　長承寺・来迎寺・浄弘寺

長承寺

大鳥長承寺は、『大阪府の地名』によれば、長承寺に由来する地名が、現在の堺市鳳《おおとり》南《みなみ》町一―五丁・鳳《おおとり》西《にし》町一丁など北王子《きたおうじ》村の南に位置するというので、その辺りに所在したのであろう。

先述した**史料**（6）の文安二（一四四五）年のものではないかと推測されている「東寺修理奉加人数帳」にも、長承寺は西大寺末寺として、七人が七百文を負担し、禅寂寺に次いでいる。七人以上が住む寺院であったのであろう。江戸初期の和泉国絵図にも「長承寺」と見える(19)。

さて、この長承寺には、叡尊が訪問している。

史料（9）「金剛仏子叡尊感身学正記」弘安五（一二八二）年条。

同（弘安）五年壬午八十二歳、（中略）十月（中略）、廿二日、自久米田寺、向大鳥長承寺、道有非人宿、号取石、捧起請文、彼状意曰、可停止堂塔供養時狼籍、又住居家癩病人、路頭往還癩病人、雖見目聞耳、一切不可申触、子細一切可任彼意、取意、以前三ケ條、為申請西大寺長老、行時之入御、捧此誓状、向後、若令違乱於当国中、取石宿非人経回之分、所々者被相触、地頭守護御方々可被止乞庭也、仍恐々言上如件、

弘安五年十月廿二日　　七人連判アリ

自以前三ケ條、至年号月日、彼文書写、依此状、於彼宿堂勤修供養法、其後著長承寺、廿三日、於当寺、三百六十三人授菩薩戒、廿四日、於大鳥社壇、転読大般若経、廿五日、於同社壇大般若会、中法会、

史料（9）は、先にも触れた「金剛仏子感身学正記」弘安五（一二八二）年条の一部である。先述のように、叡尊は弘安五年一〇月六日に紀州布教に向かった。その帰りの一〇月二〇日に和泉国久米田寺に到着し、二一日には久米田寺で堂供養・真言供養・非人施行を行い、二二日には久米田寺から大鳥長承寺に向かった。その途中に取石宿という非人宿があり、非人宿の長吏が三箇条の起請文を捧げたのに応えて、取石宿で堂供養を行った。その後、長承寺に到着している。二三日には長承寺で三六三人に菩薩戒を授けている。このように、長承寺は、弘安五年頃には律寺化していた可能性がある。

とりわけ、取石宿を根拠地とする非人集団から、叡尊は起請文を受け取っており、非人統括権を有するにいたっていたと言えよう。こうした非人統括の権限は、長承寺が直接的には担っていたのであろう。

この長承寺僧も、「光明真言過去帳」に見える。

史料（10）　本書第一部第四章「西大寺光明真言過去帳の紹介と分析」九八〜九九頁。

深教房　浄土寺　　○中観房　桂宮院長老

（中略）

蓮正房　長承寺　　○常円房　当寺住

（中略）

了願房　真福寺　　長真房　西琳寺

史料（10）は、「光明真言過去帳」の一部である。長承寺蓮正房が、徳治二（一三〇七）年二月二日に亡くなった桂宮院長老中観房と、正和元（一三一二）年に死去した西琳寺長真房との間に記載されている。蓮正房は、その間に亡くなったと考えられる。蓮正房は長承寺僧として「光明真言過去帳」に最初に見える僧である。すなわち、長承寺は一四世紀の初頭には律寺化し、おそらく蓮正房は初代長老だったのだろう。[20][21]

ところで、この蓮正房は、いかなる人物であろうか。先に触れた「授菩薩戒弟子交名」を見ると、一人前の僧である比丘衆に「和泉国人良賢蓮聖房」[22]「和泉国人隆覚蓮聖房」[23]の二人の蓮聖房がいる。いずれも和泉国の出身者である。蓮正房は蓮聖房と音通であり、同一である。とすれば、いずれかが、この長承寺蓮正房であろうか。とすれば、長承寺は、叡尊の直弟子で和泉国の出身である良賢蓮聖房か隆覚蓮聖房によって律寺化されたと考えられる。蓮正房は和泉国の出身であり、和泉国の長承寺の初代長老にふさわしいと考えられたのであろう。

蓮正房の他にも「光明真言過去帳」には、以下のように長承寺僧が見える。

史料（11）　本書第一部第四章「西大寺光明真言過去帳の紹介と分析」一〇一頁。

○尭仙房　泉涌寺長老　　明忍房　称名寺

順智房　大興善寺　　**教道房　長承寺**

（中略）

○当寺第五長老沙門賢善

史料（11）によれば、長承寺教道房が、建武五（一三三八）年一一月一六日に死去した称名寺明忍房剣阿[24]と、暦応三（一三四〇）年一〇月二日に死去した西大寺第五代長老賢善[25]との間に記されている。教道房は、その間に亡くなったのであろう。

史料（12）　本書第一部第四章「西大寺光明真言過去帳の紹介と分析」一〇六～一〇七頁。

○当寺第十五長老沙門興泉

（中略）

覚悟房　高林寺　　**観智房　長承寺**

（中略）

○当寺第十六長老沙門禅誉

史料（12）によれば、長承寺観智房が、康暦元（一三七九）年六月晦日に八六歳で亡くなった[26]西大寺第一五代長老興泉と、嘉慶二（一三八八）年五月五日に死去した[27]西大寺第一六代長老沙門禅誉との間に記されている。観智房は、その間に亡くなったのであろう。

史料（13）　本書第一部第四章「西大寺光明真言過去帳の紹介と分析」一〇九～一一〇頁。

○当寺第十九長老沙門良耀

（中略）

真禅房　長承寺　　　　宮全《ママ》房　妙台寺

（中略）

○当寺第二十長老沙門高湛

史料（13）によれば、長承寺真禅房が、応永一一（一四〇四）年二月二五日に亡くなった[28]西大寺第一九代長老良耀と、応永一五（一四〇八）年九月二五日に死去した[29]西大寺第二〇代長老高湛との間に記載されている。長承寺真禅房はその間に亡くなったのであろう。

史料（14）　本書第一部第四章「西大寺光明真言過去帳の紹介と分析」一一二～一一三頁。

○当寺第廿六長老沙門高海

（中略）

智本房　長承寺　　観智房　当寺住
英寿房　当寺住　　**円照房　長承寺**
○普一房　戒壇院長老
○当寺第二十七長老沙門良誓

史料（14）によれば、長承寺智本房と円照房が、永享八（一四三六）年四月二六日に亡くなった西大寺第二六代長老高海[30]と、宝徳二（一四五〇）年正月二日に死去した西大寺第二七代長老良誓[31]との間に記載されている。長承寺智本房と円照房は、その間に死去したのであろう。

史料（15）　本書第一部第四章「西大寺光明真言過去帳の紹介と分析」一一四〜一一五頁。

○当寺第廿九長老沙門高算
（中略）
了俊房　長承寺　　乗泉房　当寺住
双修房　当寺住　　識春房●寛弘寺
○当寺第三十長老沙門仙恵

史料（15）によれば、長承寺了俊房が、文明三（一四七一）年一二月一二日に死去した[32]西大寺第二九代長老高算と、文明一〇（一四七八）年八月六日に亡くなった[33]西大寺第三〇代長老仙恵との間に記されている。了俊房は、その間に亡くなったのであろう。この了俊房が「光明真言過去帳」に見える長承寺僧の最後である。長承寺が一五世紀の後半においても機能していたことは確実である。

史料（16）　松尾「西大寺末寺帳考」一五七頁。

東室一分

河内丹南 真福寺　　播磨北条 常楽寺

和泉大鳥 **長承寺**　　河内六辻 西方寺

史料（16）は、永享八（一四三六）年付の「坊々寄宿末寺帳」の「東室一分」である。それによれば、長承寺僧は、西大寺の光明真言会に際して、東室一に宿泊することになっていたことがわかる。それゆえ長承寺においても、ミニ光明真言会は開催されていたのであろう。

来迎寺

来迎寺は、先述の「明徳末寺帳」の注記に「信達」とある。『大阪府の地名』[34]によれば、中世には信達荘があり、そこは現在の大阪府泉南市の一部にあたる地域と考えられている。その辺りに所在したのであろう。

来迎寺は、先述した文安二（一四四五）年のものではないかと推測されている「東寺修理奉加人数帳」には、三人が三百文を奉加している。一五世紀半ばにおいて三人以上が住んでいたのであろう。永享八年付の「坊々寄宿末寺帳」にも、「三室分」に記載されており[35]、西大寺光明真言会では三室に宿泊することになっていた。おそらく、来迎寺でも光明真言に関わる法要を行っていたと考えられる。
なお、来迎寺僧は、「光明真言過去帳」にも見えるが、大和来迎寺の可能性もあり、はっきりしない。そのため
これ以上、論じられない。

浄弘寺

浄弘寺は、先述の「明徳末寺帳」の注記に「シハナノ下條」とある。「シハナ」とは塩穴のことであろう。『大阪府の地名』は、「大阪府全志」によりつつ、塩穴郷は、「堺《さかい》南庄《みなみのしょう》・中筋《なかすじ》・舳松《へのまつ》・湊《みなと》町（現堺市）の区域かとする」[36]。この塩穴郷は、「北は長尾街道（大津道）を境として摂津国住吉郡、東は河内国丹比《たじひ》郡に接する」[37]交通の要衝である。さらに、「古代の官道大津道の後身の長尾街道が、西国地方の庄園と庄園領主の集住する奈良とを結ぶ交通路として機能していたこともあって、中世当郷内に成立した堺南庄は港湾ならびに経済活動の拠点としての役割を担い、商工業者の集住をみた[38]」という。

ところで、「大阪府全志」によれば、塩穴郷内の湊町に浄光寺という浄土宗寺院を挙げている。すなわち、「浄光寺は同字（西湊）にあり、迎接山正運院と号し、浄土宗知恩院末にして阿弥陀仏を本尊とす。創建の年月は詳ならず、境内は壱百貳拾壱坪を有し、本堂・庫裏・玄関・座敷・客室・納屋・門を存す[39]」という。名前からだが、この浄光寺が浄弘寺の後身寺院かもしれない。

浄弘寺は、「光明真言過去帳」にも見えず、これ以上論じられない。一五世紀半ば以後に西大寺直末寺を離れたのであろう。

久米田寺

久米田寺は、「明徳末寺帳」などに見えないように、西大寺直末寺ではない。だが、先述の文安二（一四四五）年のものではないかと推測されている「東寺修理奉加人数帳」によれば、「西大寺」と注記されるように、西大寺系の僧が住持であったと考えられる。しかも、一五世紀半ばにおいても、禅寂寺と並ぶ一〇人以上の僧が住む有力寺院であった。そこで、久米田寺についても見ておきたい。久米田寺については、納富常天氏の「泉州久米田寺について」[40]という専論があり、それを批判的に継承しつつ、少し補足して、まとめておこう。

久米田寺は、現大阪府岸和田市池尻町に所在する。山号を竜臥山、院号を隆池院といい、高野山真言宗に属する。行基によって草創された四九院の一つである。行基が旱天に悩む人々のために天平期に溜池（久米田池）を造成し、その管理のために天平一〇年に寺院を建てた隆池院に由来する[41]。

この久米田寺は、鎌倉幕府の得宗被官安東蓮聖による中興で知られる。安東蓮聖は、建治三（一二七七）年一〇月一五日に久米田寺と寺領（免田二六町四反一二〇歩）を東大寺実玄より買い取り、それを中興開山顕尊に譲った。顕尊は、堂舎を建てた上で、弘安六（一二八三）年に円戒房禅爾に譲った。こうして再興がなり、嘉元四（一三〇六）年四月一六日時点において一五箇国出身の二五人が住む寺院となった[42]。また、室町幕府によって利生塔設置の寺院となったほどの寺院である。

ところで、従来の研究において、先の中興開山行円房顕尊がいかなる人物かに関して異論がある。すなわち、『岸和田市史』巻二は、唐招提寺覚盛の弟子である橘寺慶運に師事した南都系の律僧とするのに対して[43]、納富氏は叡尊の弟子とする。そこで、この点を考察する。

納富説は、江戸期に編纂された「泉州久米田寺隆池院由緒覚」に「南都西大寺思円興聖菩薩上足ノ弟子顕尊上人」とある(44)ことが主な論拠である。他方、『岸和田市史』巻二は、「本朝高僧伝」や久米田寺所蔵の「顕尊上人像(45)」などから、唐招提寺覚盛の弟子である橘寺慶運に師事した南都系の律僧とする。

以上のように、両説があるが、私は、唐招提寺覚盛系の律僧と考える。というのも、納富説の主な論拠は、江戸期に編纂された「泉州久米田寺隆池院由緒覚」であるが、それが正しいとすれば、弘安三（一二八〇）年に記された叡尊の直弟子名簿「授菩薩戒弟子交名」に行円房顕尊が見えるはずだが、見えない。他方、「泉州久米田寺隆池院由緒覚」以外の資料は、唐招提寺覚盛系の律僧とするからである。とすれば、直ちに「泉州久米田寺隆池院由緒覚」が叡尊直弟子としたのはなぜかが問題となる。おそらくは、先述のように文安二（一四四五）年頃には久米田寺が西大寺末寺となっていたこともあって、顕尊が叡尊弟子と間違われたのではなかろうか。

次に問題となるのは、次の**史料**（17）である。

史料（17）　「伏見天皇綸旨案」（『泉州久米田寺文書』）二二頁。

和泉国久米□(多)寺沙汰等、違背本所事、九条前関白(忠教)消息副長乗申状如此、子細見状候歟、可被弁申之由、
天気所候也、仍執達如件
永仁六年
六月十九日　　左大弁経守
行円上人御房

先述のように、禅爾は、弘安六（一二八三）年に久米田寺長老となったはずだが、「久米田寺沙汰等」についての伏見天皇の綸旨が永仁六（一二九八）年に行円房顕尊宛に出されている。それは、おそらく、中興開山で前任長

老の行円房顕尊の方が、久米田寺と九条家の関係については詳しいので、行円房に綸旨が出されたのであろう。禅爾の後を継いだのは、明智房盛誉である。

史料（18）　「護良親王令旨」（『泉州久米田寺文書』）三三頁。

和泉国久米田寺住僧等、抽御祈禱之忠勤之上者、於当寺幷寺領者、可被停止官兵狼藉者、依大塔二品親王令旨、執達如件

元弘二年十二月廿六日　　　　左少将隆貞奉

明智上人御房

史料（18）は、「護良親王令旨」である。それによれば、久米田寺住僧が祈禱に努めたことに免じて、官兵の寺と寺領への狼藉停止を命じ、それを明智房に伝えている。それにより、明智房が、元弘二（一三三二）年一二月においで久米田寺の長老であったことがわかる。

ところで、この明智房の死亡年月日については、正平一二（一三五七）年正月二一日とする『本朝高僧伝』説と、正平六（一三五一）年正月二一日とする『智障断位短尺』などに依拠する二説がある。[46]このことを考えるうえで、次の「光明真言過去帳」は有効である。

史料（19）　本書第一部第四章「西大寺光明真言過去帳の紹介と分析」一〇二～一〇三頁。

○当寺第六長老沙門澄心

（中略）

明戒房　長門国分寺

（中略）

明智房　久米田寺

○当寺第七長老沙門信昭

それによれば、久米田寺の明智房が、貞和三（一三四七）年九月五日に亡くなった[47]西大寺第六代長老澄心と、文和元（一三五二）年三月二日に死去した[48]西大寺第七代長老信昭との間に記されている。明智房は、その間に亡くなったのであろう。とすれば、その死亡年は正平六（一三五一）年正月二一日とするのが正しいことになる。

以上、納富説に補足を加えつつ久米田寺について見た。久米田寺は、文安二（一四四五）年頃には西大寺末寺となっていたが、当初は戒壇院系の律僧の律寺であったことがわかる。とすれば、正和五（一三一六）年に始まる久米田寺による荒野の開発は、西大寺末寺としての久米田寺によるものではなかったことになる[49]。

おわりに

以上、和泉国における中世叡尊教団の展開について見た。和泉国には、禅寂寺、長承寺、来迎寺、浄弘寺の四つの西大寺直末寺が所在した。それらは、一五世紀半ばまでは西大寺直末寺であった。また、文安二（一四四五）年のものではないかと推測されている「東寺修理奉加人数帳」により、一五世紀においても禅寂寺が一〇人以上、長承寺が七人以上、来迎寺が三人以上の僧侶を有していたことがわかる。さらに、位置がほぼはっきりしている禅寂寺、長承寺、来迎寺（久米田寺、檀波羅密寺も）が旧熊野街道にほぼ近い所に位置している点は注目される。律寺が交通の要衝に立つという点は和泉国においてもいえる。

とりわけ、「東寺修理奉加人数帳」により、それらの四箇寺以外に、久米田寺、檀波羅密寺、西方寺、護国院、霊山寺、本願院の六箇寺の西大寺末寺が所在したことがわかる。久米田寺は禅寂寺と並ぶ寺僧がいたようだが、それら六箇寺は西大寺の直末寺ではなく、旦那が住持任命権を握る「私相伝」の西大寺末の律寺であった。

註

（1）「金剛仏子叡尊感身学正記」（『西大寺叡尊伝記集成』法藏館、一九七七年）寛元三（一二四五）年条。細川涼一校注『感身学正記1』（平凡社、一九九九年）一六八頁。

（2）松尾剛次『鎌倉新仏教の成立』（吉川弘文館、一九八八年）。

（3）「金剛仏子叡尊感身学正記」〈前註（1）〉正嘉元（一二五七）年条。細川涼一校注『感身学正記1』〈前註（1）〉二三六頁。

（4）「西大寺田園目録」（『西大寺叡尊伝記集成』〈前註（1）〉）四一七頁。

（5）松尾「西大寺末寺帳考」（松尾『勧進と破戒の中世史』吉川弘文館、一九九五年）を参照。

（6）松尾『中世叡尊教団の全国的展開』（法藏館、二〇一七年）三四〇頁。

（7）「西大寺末寺帳　その三」（奈良国立文化財研究所編『西大寺関係史料（一）諸縁起・衆首交名・末寺帳』一九六八年）。

（8）『大阪府の地名Ⅱ』（平凡社、一九八六年）一三九六頁。

（9）『大阪府の地名Ⅱ』〈前註（8）〉一三九六頁。

(10)『大阪府の地名Ⅱ』〈前註(8)〉一三九六頁。
(11)「河内通法寺領注文案」(『鎌倉遺文』巻三)三二二頁。
(12)元興寺文化財研究所『平成元年度中世民衆寺院の研究調査報告書Ⅰ』(元興寺文化財研究所、一九九〇年)。
(13)「律苑僧宝伝」(『大日本仏教全書一〇五』名著普及会、一九七九年)一四九頁。
(14)松尾『中世叡尊教団の全国的展開』〈前註(6)〉九二頁。
(15)松尾『中世叡尊教団の全国的展開』〈前註(6)〉第二部第三章「紀伊国における展開」参照。
(16)松尾「中世律僧の世界」(松尾『日本中世の禅と律』吉川弘文館、二〇〇三年)二二頁。
(17)「招提千歳伝記」(『大日本仏教全書一〇五 戒律伝来記外十一部』名著普及会、一九七九年)二八頁。
(18)『金沢文庫古文書一二輯 識語編三』(金沢文庫、一九五八年)三三頁。
(19)「和泉国絵図」(国会図書館デジタルアーカイブス、寄別一二―一五、〇〇―〇〇一)。
(20)「律苑僧宝伝」〈前註(13)〉一四九頁。
(21)松尾『中世叡尊教団の全国的展開』〈前註(6)〉九二頁。
(22)松尾「西大寺叡尊像に納入された「授菩薩戒交名」と「近住男女交名」」(松尾『日本中世の禅と律』吉川弘文館、二〇〇三年)七一頁。
(23)松尾「西大寺叡尊像に納入された「授菩薩戒交名」と「近住男女交名」」〈前註(22)〉七七頁。
(24)『金沢文庫古文書一二輯 識語編三』〈前註(18)〉二〇頁。
(25)「西大寺代々長老名」〈前註(7)〉七三頁。
(26)「西大寺代々長老名」〈前註(7)〉七三頁。
(27)「西大寺代々長老名」〈前註(7)〉七三頁。
(28)「西大寺代々長老名」〈前註(7)〉七三頁

(29)「西大寺代々長老名」〈前註（7）〉七三頁
(30)「西大寺代々長老名」〈前註（7）〉七三頁。
(31)「西大寺代々長老名」〈前註（7）〉七三頁。
(32)「西大寺代々長老名」〈前註（7）〉七四頁。
(33)「西大寺代々長老名」〈前註（7）〉七四頁。
(34)『大阪府の地名Ⅱ』〈前註（8）〉一五二一頁。
(35)松尾「西大寺末寺帳考」〈前註（5）〉一五七頁。
(36)『大阪府の地名Ⅱ』〈前註（8）〉一二三三頁。
(37)『大阪府の地名Ⅱ』〈前註（8）〉一二三三頁。
(38)『大阪府の地名Ⅱ』〈前註（8）〉一二三三頁。
(39)井上正雄『大阪府全志』巻五（清文堂出版、一九八五年）三〇七頁。
(40)納富常天「泉州久米田寺について」（『金沢文庫研究紀要』第七号、神奈川県立金沢文庫、一九七〇年）。この他、『泉州久米田寺文書』（岸和田市、一九七三年）。『岸和田市史第二巻　古代中世編』（岸和田市、一九九五年）。
(41)『大阪府の地名Ⅱ』〈前註（8）〉一四四三頁。
(42)『岸和田市史第二巻　古代中世編』〈前註（40）〉四二九頁、『岸和田市史第六巻　史料編Ⅰ』（岸和田市、一九七六年）四一〇頁。
(43)『岸和田市史第二巻　古代中世編』〈前註（40）〉四一八・四一九頁。
(44)『泉州久米田寺文書』〈前註（40）〉一二八頁。
(45)『岸和田市史第二巻　古代中世編』〈前註（40）〉四一八・四一九頁。
(46)納富「泉州久米田寺について」〈前註（40）〉一五六頁。

(47)「西大寺代々長老名」〈前註(7)〉七三頁。

(48)「西大寺代々長老名」〈前註(7)〉七三頁。

(49) 松尾「開発と中世非人——日根野村絵図をめぐって」(『山形大學史学論集』二、一九八二年)。後に松尾『中世の都市と非人』(法藏館、一九九八年)に所収。服部英雄「日根野村絵図と荒野の開発」(『九州史学』一三一、二〇〇二年)。

第三章　近江国における展開

はじめに

本章では、叡尊教団の全国的な展開研究の一環として、近江国の事例に注目する。

第一節　宝蓮院・慈恩寺

近江国における叡尊教団の展開を考えるうえで、明徳二（一三九一）年に書き改められた明徳の「西大寺末寺帳」（以下、「明徳末寺帳」と略す）は重要である。それには、以下のように、宝蓮院以下八箇寺があがっている。[1]

史料（1）

近江国
二階堂宝蓮院　西室　　佐々木慈恩寺　一室

石津寺　第廿二長老御代応永廿年八月十日

福泉寺　第廿七代和上御代文安五年四月日南三室　長安寺廿七代和上御代西室文安五年寄進

法薗寺　津国猪名寺廿七代ニ寄進今ハ薬師院被返了

常福寺　勢州八神野廿七代ニ寄進

阿弥陀寺　タカシマ郡新城庄ほり川

別稿[2]で述べたように「明徳末寺帳」には、西大寺から直接、住持が任命される直末寺が記されており、その記載の順序は、寺格順である。すなわち、二階堂宝蓮院が筆頭で、佐々木慈恩寺が第二位、草津石津寺が第三位といった順の寺格であったのだろう。阿弥陀寺が第八位にランクされていた。

史料（2）　松尾『中世叡尊教団の全国的展開』三五三頁。

近江国

二階堂 宝蓮院　佐々木 慈恩寺

石津寺　福泉寺

伊香郡 長安寺　法薗寺

常福寺　高嶋郡新城庄ほりかわ 阿弥陀寺

史料（2）は、一四五三年から一四五七年にかけて作成された「西大寺末寺帳」の「近江国」分である。それによれば、宝蓮院以下八箇寺が一五世紀後半においても西大寺末寺であったことがわかる。そこで、筆頭の宝蓮院からみよう。

宝蓮院

宝蓮院についてはほとんど研究がない[3]。どこにあったのかすら謎の寺院である。しかし、「二階堂」という注記から、滋賀県犬上郡甲良町下之郷にあったのではないかと推測されている。そこには、鎌倉幕府政所執事として鎌倉末・建武新政期に活躍した二階堂貞藤（道蘊）の屋敷があり、宝蓮院跡と考えられてきた。また、後述するように近江慈恩寺本堂の重要文化財阿弥陀如来像は、この二階堂宝蓮院から移ってきた。この宝蓮院についてはまったく文献資料がないわけではない。とりわけ西大寺関係資料には宝蓮院関係の資料が散見される。そこで、律寺としての宝蓮院に光を当てよう。

史料（3）　本書第一部第四章「西大寺光明真言過去帳の紹介と分析」一〇二〜一〇三頁。

○当寺第六長老沙門澄心

（中略）

○弘智房　天道長老　　　　行智房　宝蓮院

（中略）

○当寺第七長老沙門信昭

史料（3）は、叡尊教団関係者の物故者名簿と言える「光明真言過去帳」の一部である。それによれば、宝蓮院の行智房が、貞和三（一三四七）年九月五日に死去した西大寺第六代長老澄心と、文和元（一三五二）年三月二日に亡くなった西大寺第七代長老信昭との間に記載されている。行智房はその間に死去したのであろう。[4][5]

この行智房は、宝蓮院の初代と推測され、宝蓮院の律寺化に務めたのであろう。叡尊が授戒した弟子名簿である「授菩薩戒弟子交名」に「大和国人、行空　行智房」と見える人物かもしれない。可能性を指摘しておきたい。[6]

史料（4）　本書第一部第四章「西大寺光明真言過去帳の紹介と分析」一〇八頁。

当寺第十七長老沙門慈朝

信敬房	小松寺	宗珠房	持宝寺
道観房	当国極楽寺	信法房	最福寺
尭詮房	**宝蓮院**	善空房	最福寺
尭義房	**宝蓮院**	源明房	常住寺

（中略）

○当寺第十八長老沙門深泉

史料（4）も「光明真言過去帳」の一部である。それには、宝蓮院の尭詮房と尭義房とが、明徳二（一三九一）年四月九日に死去した西大寺第一七代長老慈朝と、応永二（一三九五）年九月二五日に亡くなった西大寺第一八代長老深泉との間に記載されている。[7][8]

尭詮房と尭義房は、その間に亡くなったのであろう。

史料（5）　本書第一部第四章「西大寺光明真言過去帳の紹介と分析」一一〇～一一一頁。

○当寺第廿二長老沙門英如

（中略）

浄賢房　真福寺　○尊真房　招提寺長老

寛乗房　般若寺　顕順房　円明寺

教泉房　宝蓮院　心月房　越中弘正寺

（中略）

○当寺第廿三長老沙門英源

史料（5）も「光明真言過去帳」の一部である。それには宝蓮院の教泉房が、応永二二（一四一五）年二月二九日に死去した(9)西大寺第二二代長老英如と、応永二六（一四一九）年一〇月五日に亡くなった(10)西大寺第二三代長老英源との間に標されている。教泉房は、その間に亡くなったのであろう。

史料（6）　本書第一部第四章「西大寺光明真言過去帳の紹介と分析」一一三～一一四頁。

○当寺第廿八長老沙門元澄

（中略）

栄琳房　大安寺　　　　興賢房　宝蓮院

（中略）

○当寺第廿九長老沙門高算

史料（6）も「光明真言過去帳」の一部である。それには宝蓮院の興賢房が、長禄元（一四五七）年一一月八日に亡くなった[11]西大寺第二八代長老元澄と、文明三（一四七一）年一二月一二日に死去した[12]西大寺第二九代長老高算との間に記載されている。興賢房は、その間に亡くなったのであろう。

先述した**史料（3）**によって、一五世紀後半においても宝蓮院は西大寺末寺であったが、そのことは僧侶の面からも論証され、宝蓮院は一五世紀後半においても機能していたのである。

史料（7）　松尾「西大寺末寺帳考」一五四頁。

西室分

伊勢国 常光寺　　　　江州二階堂 **宝蓮寺**

当国 常満寺　　　　同高樋 来迎院

（後略）

史料（7）は、奈良西大寺で毎年開催される光明真言会に参加した末寺僧がどの坊に宿泊するかを記した永享八（一四三六）年三月日付「坊々寄宿末寺帳」の「西室分」である。それによれば、宝蓮（寺）院が記されており、一四世紀前半において、光明真言会に参加し西室に寄宿していたことがわかる。

ところで、安土慈恩寺跡に建てられた浄厳院の本尊阿弥陀如来坐像の台座の真柱の銘に「此尊像雖為弐階堂本尊、従信長殿様被下候条、天正六戊寅歳浄厳院、願□[13]」とある。それゆえ、織田信長の近江攻めによって焼かれ、信長により天正六（一五七八）年には本尊を浄厳院に移されるほどで、その頃には機能を停止していたのであろう。

慈恩寺

次に「明徳末寺帳」の第二番目に記載され、近江西大寺直末寺の第二位にあった慈恩寺についてみよう。慈恩寺は、織田信長の居城である安土城で著名な安土に所在した。『滋賀県の地名』によれば、もとは、佐々木氏の菩提寺であったと考えられている。[14]「佐々木慈恩寺」とあることなどから、そうした点に異論はないが、慈恩寺の宗派については、天台宗とする説もある。しかし、先述の「明徳末寺帳」に記されており、『滋賀県の地名』の説のようにほぼ中世を通じて律寺であったと考えるべきである。

慈恩寺は、佐々木氏頼が、母親（大江時千の娘）の菩提を弔うために建立した寺で、戦国の動乱で焼け落ち、その跡地に、織田信長によって浄土宗浄厳院が建立され、今に続いている。日蓮宗と浄土宗との宗論、いわゆる安土宗論が信長の臨席のもと、ここで行われたことで有名である。現在も、慈恩寺という字名が広範に残り、その繁栄ぶりが偲ばれる。

佐々木氏頼は、仏教に帰依し、室町幕府で禅・律二宗の保護統制機関であった禅律方頭人となったことでも知られる。[15]すなわち、律宗とも太いパイプを持っており、慈恩寺が律寺であったことに矛盾しない。

慈恩寺も廃寺であり史料は少ないが、西大寺関係資料には慈恩寺僧が散見される。もっとも、慈恩寺は、西大寺末寺に伊勢国第一五位ランクの同名の寺院[16]があり注意が必要であるが、以下で触れる「光明真言過去帳」に見える慈恩寺は近江第二位の大寺慈恩寺の僧であろう。

史料（8） 本書第一部第四章「西大寺光明真言過去帳の紹介と分析」一〇二頁。

○寂禅房　招提寺長老　　念観房　神宮寺

（中略）

覚印房　般若寺住　　**明智房　慈恩寺**

本如房　称名寺　　良仙房　丹波惣持寺

（後略）

史料（8）は「光明真言過去帳」の一部である。それによれば、明智房が、暦応四（一三四一）年六月一五日に死去した唐招提寺長老寂禅房慶円[17]と、貞和二（一三四六）年一一月三〇日に死去した金沢称名寺第三代長老本如房湛睿[18]との間に記されている。明智房はその間に亡くなったのであろう。すなわち、一四世紀の前半には律寺として活動していたのであろう。

叡尊が授戒した直弟子名簿である「授菩薩戒弟子交名」には「播磨国人　明範　明智房」[19]がいる。この人物が、**史料（8）**の明智房かもしれない。可能性を指摘しておこう。

ところで、慈恩寺については先述のように、佐々木氏頼が母の菩提を弔うために建立したとされる。

史料（9）　『大日本史料』六編之三二、一二三頁。

（延文三年）今年、氏頼、歳三二、出家、法名崇永、道号雪江、寺曰大慈恩寺、是江州戒律之本願也、為先妣菩提剏寺塔、凡十三所、就中慈恩寺・金剛寺・威徳院、輪奐太美也、於本朝刊行大般若経六百軸、始於氏頼矣

史料（9）は、佐々木氏頼によって建立された永源寺の寺記である「瑞石歴代雑記」[20]の延文三（一三五八）年分である。それによれば、氏頼は、近江国の戒律の本願であり、母の菩提を弔うために寺塔を一三所に建てたが、慈恩寺・金剛寺・威徳院の建物が立派であると伝えている。また、大般若経六百巻を刊行したという。ところで、氏頼の母はいつ亡くなったのだろうか。

史料（10）　『大日本史料』六編之三二、一二九頁。

（前略）

一、当年者慈母七年、国師（疎石）御忌随分可為善根之由存候、生涯大事と存候、此合戦令静謐候者、相構て御下向候て、如此事預御合力候者、併本願可成就候、（後略）

史料（10）は、佐々木氏頼の年未詳正月二七日付書状の一部である。それによれば、夢窓疎石の一周忌の年が慈母の七回忌の年に当たると考えられる。疎石は観応二（一三五一）年九月三〇日に亡くなっており[21]、本書状の年付けは、一三五二年となる。とすれば、慈母は一三四六年に亡くなったと推測される。

それゆえ、慈恩寺は一三四六年以降の建立となる。とすると、「光明真言過去帳」に慈恩寺僧として最初に出て

くる先述の明智房が、暦応四（一三四一）年六月一五日から、貞和二（一三四六）年一一月三〇日までの間に亡くなっていることが注目される。明智房は貞和二年一一月三〇日に死去した本如房の直前に記載されており、また、氏頼母が同年に亡くなったとすれば、慈恩寺は一三四六年の草創となり、明智房は慈恩寺開山として同年に亡くなったことになる。以上によって、慈恩寺は佐々木氏頼によって一三四六年に母の菩提を弔うために建立されたこと、開山は明智房であったことが明らかになった。

ところで、建立当初の慈恩律寺の様子はどのようなものであったのだろうか。

史料（11）　『大日本史料』六編之一二、一二三頁。

（前略）有幽霊草創之構、命題額於慈恩寺、模尊像於清凉寺、南都一派之律院、辺境無双之浄場也、（後略）

史料（11）は、東坊城秀長の日記「迎陽記」所収の氏頼猶子京極高詮の氏頼三回忌願文の一部である。それによれば、氏頼は寺名を慈恩寺とし、清凉寺式釈迦像を本尊となし、叡尊教団配下の律院とした。慈恩寺は近江国に並ぶものがない律院である。

注目されるのは、清凉寺式釈迦像が本尊であった点である。叡尊は、末寺にも本尊として納入させていったが、慈恩寺もそうであったことがわかる。以上によって、慈恩寺草創期について明確になったと考える。

「光明真言過去帳」には、明智房以外にも慈恩寺僧が散見される。

史料（12）　本書第一部第四章「西大寺光明真言過去帳の紹介と分析」一一〇頁。

○当寺第二十長老沙門高湛

（中略）

源乗房　**慈恩寺**　　円如房　無量寿福寺

舜証房　不退寺　　○禅如房　招提寺長老

○当寺第二十一長老沙門叡空

史料（12）は、「光明真言過去帳」の一部である。それによれば、慈恩寺源乗房が、応永一五（一四〇八）年九月二五日に死去した第二〇代長老高湛と、応永一九（一四一二）年二月二三日に亡くなった西大寺第二一代長老叡空との間に記載されている。源乗房は、その間に死去したのであろう。[22][23]

史料（13）　本書第一部第四章「西大寺光明真言過去帳の紹介と分析」一一二～一一三頁。

○当寺第廿六長老沙門高海

（中略）

光忍房　**慈恩寺住**　　勇心房　当寺住

（中略）

○当寺第二十七長老沙門良誓

史料（13）も、「光明真言過去帳」の一部である。それによれば、慈恩寺光忍房が、永享八（一四三六）年四月二六日に死去した[24]西大寺第二六代長老高海と、宝徳二（一四五〇）年一月二日に亡くなった[25]西大寺第二七代長老良誓との間に記載されている。光忍房はその間に死去したのであろう。

史料（14）　本書第一部第四章「西大寺光明真言過去帳の紹介と分析」一一三～一一四頁。

○当寺第廿八長老沙門元澄

（中略）

守賢房　江州長安寺　　　　什賢房　慈恩寺

（中略）

○当寺第廿九長老沙門高算

史料（14）も、「光明真言過去帳」の一部である。それによれば、慈恩寺什賢房が、長禄元（一四五七）年一一月八日に死去した[26]西大寺第二八代長老元澄と、文明三（一四七一）年一二月一二日に死去した[27]西大寺第二九代長老高算との間に記載されている。この什賢房の事例からわかるように、一五世紀後半においても慈恩寺は機能していたのである。

史料（15）　松尾「西大寺末寺帳考」一五五頁。

一室分

大和州 海竜王寺　　同布施 三宝院
同布施 能福寺　　同 菩提寺
（中略）
江州佐々木 **慈恩寺**　　尾州 釈迦寺
（中略）
江州矢橋 石津寺　　筑後酒見 浄土寺 廿八代之時寄附 享徳二癸酉
（後略）

史料（15）は、永享八年三月付「坊々寄宿末寺帳」の「一室」分である。それによれば、毎年、奈良西大寺で開催される光明真言会に際して、慈恩寺僧は一室に宿泊することになっていたことがわかる(28)。ところで、現在、慈恩寺跡地には浄厳院という浄土宗寺院が立っている。それゆえ、いつ慈恩寺が廃れて、浄厳院となったのかについてははっきりしなかったが、一五世紀後半までは慈恩寺は機能していた。それゆえ、応永一一（一四〇四）年に天台宗から浄土宗へ改めたとする寺伝(29)は誤りである。

第二節　石津寺・福泉寺・長安寺

石津寺
史料（1）の「明徳末寺帳」には、石津寺が第三番目に記されている。その記載順序は寺格を表しており(30)、石津寺は近江で第三位の西大寺直末寺であった。石津寺は、草津の石津寺であろう。先述した史料（15）には、石津寺に江州矢橋と注記があるが、石津寺は現在の滋賀県草津市矢橋町に所在する。現在、石津寺は真言宗智山派の寺院である(31)が、中世において西大寺直末寺であった。とりわけ、一四五三年から一四五七年にかけて作成された「西大寺末寺帳」（史料（2））の「近江国」分にも見え、一五世紀後半までは西大寺末寺であった。

ところで、「明徳末寺帳」の石津寺には「第廿二長老御代応永廿年八月十日」という注記がある。それは石津寺が第二二代長老英如の時代であった応永二〇（一四一三）年八月一〇日に西大寺直末寺となったことを示している。

もっとも、石津寺は、それ以前から叡尊教団の律寺であった点が注目される。この点は従来、まったく触れられていないので、少し詳しく論じてみる。

史料（16） 鈴木嘉吉監修・藤井恵介編『国宝・重要文化財建造物修理工事報告書 戦前期15』（文生書院、二〇〇五年）二〇・二一頁。

近江栗太郡矢橋郷石津寺事

右当寺者為当家代々墳墓所、一門之崇敬異他、而別当兵部阿闍梨、不法懈怠而貯妻子、無斬放逸而売失寺田畠、
依□□寺舎之修造者追年廃落、追善□□□随日懈怠、然□□堂舎頽傾而倒地、尊容湿侵雨露、不致朝夕之務者、
不□家門之安全、不修廟所之作善者、不知先亡之得脱、悲哉、爰直親毎憶斯事、易断愁腸、難禁悲涙、就中来
廿四日、相当先考道順尊霊十三廻、去二月四日、順公姉希能大姉之三十三年也、修善最此時者哉、然則□□寺
而成律院、追放不法之俗舎、改如法結界之地、令住我行堅持之浄侶、欲企専訪先亡之菩提、兼祈家門之繁栄、
仍石津寺堂立堀内、並田畠等注文在別紙、斯戒律興行僧祐算者夫者、字津子母希能道順之舅甥也、直親与成師
檀之契約、同志興行者、院近者祈直親現当二世之悉地、遠者訪先亡之得脱、乃至利益、欲絶三世、然□□祐算

者、南都西大寺御門弟、佐々木慈恩寺長老、興算大徳之御弟子也、奉迎彼御力、成此興（後略）

史料（16）は、明徳二（一三九一）年四月一日付「藤原直親置文」である。それによれば以下のことがわかる。石津寺は藤原家代々の墳墓所であったが、別当の兵部阿闍梨は不法を行い、怠けもので、妻子を蓄え、寺領を売却し、修造を行わないために、堂舎は衰微し、追善供養も行えないような状態であった。そこで、藤原直親は、別当を追放し、石津寺を律院とした。その際、舅甥で、西大寺門弟佐々木慈恩寺長老興算の弟子であった祐算を招いて、石津寺の興行を行った。

以上のように、明徳二年ころに、石津寺は叡尊教団系の律寺となっていたが、旦那の藤原氏が住持の任命権を持つ（それを「私相伝」といった）律寺であった点が注目される。

ところが、先述のように応永二〇年八月一〇日付で、石津寺は、西大寺直轄の直末寺となった。このように、石津寺は明徳になって律寺としての興行がなされたのである。

ところで、先述した「光明真言過去帳」にも石津寺僧は見える。住持が、「光明真言過去帳」に記載されるようになったのは、石津寺が直末寺化したことによるのであろう。

史料（17）　本書第一部第四章「西大寺光明真言過去帳の紹介と分析」一一一〜一一二頁。

○当寺第廿四長老沙門元空

（中略）

本密房　宝蓮花寺　　　乗如房　石津寺

（中略）

〇当寺第廿五長老沙門栄秀

史料（17）は、「光明真言過去帳」の一部である。それによれば、石津寺僧乗如房が、応永三〇（一四二三）年七月二五日に死去した西大寺第二四代長老元空と、永享二（一四三〇）年八月二日に亡くなった西大寺第二五代長老栄秀との間に記載されている。乗如房はその間に亡くなったのであろう。

史料（18）[32]　本書第一部第四章「西大寺光明真言過去帳の紹介と分析」一一二～一一三頁。

〇当寺第廿六長老沙門高海

（中略）

尭也房　石津寺　　乗源房　大聖寺

（中略）

〇当寺第二十七長老沙門良誓

史料（18）は「光明真言過去帳」の一部である。それによれば、石津寺僧尭也房が、永享八（一四三六）年四月二六日に死去した第二六代長老高海と、宝徳二（一四五〇）年一月二日に亡くなった西大寺第二七代長老良誓との間に記載されている。尭也房はその間に亡くなったのであろう。このように、石津寺は一五世紀半ばまでは律寺として機能していた。

ところで、石津寺の役割については、資料が少ないこともあって、まったく注目されていない。しかし、**史料(16)**によって、藤原氏の墓所であったことがわかる。矢橋が古代以来の港湾都市として大いに栄えていた[36]ことはよく知られているが、石津寺は矢橋津の人々の葬送に従事していたことは確実である。

最後に、『近江輿地志略』によれば、石津寺の最澄自刻という本尊薬師如来像が江戸時代に上野寛永寺に移されたという[37]。二〇〇二年の『寛永寺及び子院所蔵文化財総合調査報告書』では「武州東叡山新建瑠璃殿記」により、元禄一一(一六九八)年に石津寺から寛永寺に移ったことを明らかにしている[38]。とすれば、明徳二(一三九一)年に藤原直親によって、律寺化する以前においては、延暦寺で天台宗を学んだ僧が住持であったのだろう。

福泉寺

「明徳末寺帳」の第四番目に記載されているのが福泉寺である。福泉寺は近江西大寺直末寺で第四位の寺格であった。この福泉寺についてもほとんど研究がなされてこなかった。しかし、西大寺関係資料には福泉寺に関する史料が散見される。

先述した永享八(一四三六)年三月付の「坊々寄宿末寺帳」には以下のような注目すべき記述が見える。

史料(19)　松尾「西大寺末寺帳考」一五九頁。

南室三分

葉室 浄住寺　　当国 長安寺

当国 高福寺　　熊野新宮 岡輪寺

当国北横田庄第廿七代和上良誓長老御代
極楽寺

近江国愛智郡長野庄第廿七代和上御代寄附
福泉寺

史料(19)は、永享八(一四三六)年三月付の「坊々寄宿末寺帳」の南室三分である。それによれば、奈良西大寺で開催される光明真言会に際して福泉寺は南室三に宿泊することになっていた。すなわち、一五世紀前半においても福泉寺は西大寺末寺であった。

とりわけ、注目されるのは、福泉寺に付けられた注記である。それには「近江国愛智郡長野庄第廿七代和上御代寄附」とあり、福泉寺は近江国愛智郡長野庄に所在したことがわかる。また、西大寺第二七代長老の時に直末寺となったこともわかる。ことに「明徳末寺帳」では「文安五年四月日」とあり、文安五(一四四八)年四月に直末寺となった。

長安寺

次に第五番目、すなわち、近江第五位の西大寺直末寺である長安寺について見よう。長安寺については研究がなく、どこに所在したかも明確ではない。しかし、先述の「坊々寄宿末寺帳」には、以下のような注目すべき記述がある。

史料(20)　松尾「西大寺末寺帳考」一五五頁。

江州伊香郡　文安□五年寄進廿七代和上御時
長安寺

勢州
戒泉寺

史料（20）は、「坊々寄宿末寺帳」の「西室分」の一部である。近江長安寺が見える。長安寺僧は光明真言会に際して西室に宿泊することになっていた。

ことに長安寺に付けられた注記から長安寺は近江伊香郡、つまり琵琶湖の湖北地方に所在したことがわかる。また、直末寺になったのが文安五年、西大寺第二七代長老の時であったことがわかる。

この長安寺僧も、「光明真言過去帳」に見られる。

史料（21）　本書第一部第四章「西大寺光明真言過去帳の紹介と分析」一一三～一一四頁。

○当寺第廿八長老沙門元澄

（中略）

守賢房　江州長安寺　　　什賢房　慈恩寺

（中略）

○当寺第廿九長老沙門高算

史料（21）は、「光明真言過去帳」の一部である。それによれば、守賢房が長禄元（一四五七）年一一月八日に死去した[39]西大寺第二八代長老元澄と、文明三（一四七一）年一二月一二日に亡くなった[40]西大寺第二九代長老高算との間に記載されている。守賢房は、その間に死去したのであろう。

史料（22）　本書第一部第四章「西大寺光明真言過去帳の紹介と分析」一一五頁。

○当寺第三十長老沙門仙恵
（中略）
順如房　般若寺　　　　　　　　高順房　江州長安寺
（中略）
○聖円房　招提寺長老　　　　　良舜房●現光寺

史料(22)も、「光明真言過去帳」の一部である。それによれば、高順房が文明一〇（一四七八）年八月六日に死去した[41]西大寺第三〇代長老と、文明一八（一四八六）年四月一日に死去した[42]唐招提寺長老聖円房良恵との間に記されている。高順房は、その間に亡くなったのであろう。近江長安寺は一五世紀後半においても機能していた。

第三節　阿弥陀寺

以上のように、宝蓮院、慈恩寺、石津寺、福泉寺、長安寺については、多少明らかにできた。他の法薗寺、常福寺については伊勢や摂津との国境に所在していた[43]ようであるが、それ以上論じることができない。他方、阿弥陀寺については資料もあるので、次に阿弥陀寺に注目する。

阿弥陀寺は先述の「明徳末寺帳」によれば、第八番目に記載されており、近江西大寺末寺中第八位にランクされていた。阿弥陀寺は、「タカシマ郡新城庄ほり川」と注記があることから、現在の滋賀県高島市新旭町堀川にある阿弥陀寺である。すなわち、ＪＲ湖西線新旭駅東口より徒歩二分のところに位置する。私は、二〇〇九年三月一三日に、京都からＪＲ湖西線・近江今津行快速に乗って新旭で降りた。現在は、阿弥陀寺は無住であり、老人会の遠藤慈さんが管理している。大正二（一九一三）年には、阿弥陀寺が全焼したために、仏像類がなくなってしまったという。

阿弥陀寺に関しては、『滋賀県の地名』(44)が詳しい。それによれば、阿弥陀寺は、延命山と号し、真言律宗である。本尊は阿弥陀如来。聖徳太子の開基で、元亨二（一三二二）年に律禅上人の中興という。建武三（一三三六）年に足利尊氏が祈願地として寺領を寄付したという。永正四（一五〇七）年四月二五日付の旦那売券（熊野那智大社文書）にも寺名がみえる。織田氏・豊臣氏も寺領を寄付し、江戸時代には三七石が寺領であったという。以上の『滋賀県の地名』の記述は、貴重であるが、ここでは、それを批判的に踏まえつつ、論じてみよう。

江戸時代の地誌である『近江輿地志略　全』(45)には、以下のように記されている。

史料（23）

堀川村に在り。天台宗、厭戸（厩、松尾）皇子開基。開山僧律禅、南都西大寺末也、寺領三十六石

すなわち、聖徳太子の開基の寺院で、律禅を開山（おそらく中興開山）として西大寺末寺となったという伝承を伝えている。叡尊らは、弟子を地方に派遣して、特に聖徳太子、行基らが開いたという旧寺を再興することが多い。それゆえ、阿弥陀寺も、聖徳太子開基伝承を有する寺院であったが、中世に西大寺末寺の律寺となったのであろう。天台宗というのは、慶安年間（一六四八～五二）以降に天台宗になっていたことを示しているという。

開山律禅

さて、律禅とはいかなる人物であろうか。叡尊の盟友で、若くして亡くなった覚盛の弟子で、おそらく叡尊らと行動を共にしていた禅恵の弟子に律禅というのがいる[46]。この律禅であるかもしれない。すなわち、律禅は、西大寺叡尊の直弟子というより、覚盛の系譜を引く僧侶であったかもしれない。

さらに、叡尊教団の物故者名簿といえる「光明真言過去帳」によれば、

史料（24） 本書第一部第四章「西大寺光明真言過去帳の紹介と分析」九九〜一〇〇頁。

○示観房	招提寺長老	理心房	当寺住
明智房	万陀羅寺	**律禅房**	**北京白毫寺**
堯賢房	菩提院	尊覚房	成願寺
専念房	当寺住	尊忍房	宝泉寺
恵日房	鷲峰寺	光律房	大日寺
了一房	同寺	宗賢房	霊山寺

律禅は、京都白毫寺（東山太子堂）長老として、元亨元（一三二一）年九月五日に死去した[47]唐招提寺長老示観房と、元亨三（一三二三）年八月一一日に死去した[48]駿河霊山寺長老宗賢房との間に記されている。この律禅は、時代的に、合致している。とすれば、阿弥陀寺の律禅とは、京都白毫寺長老であった律禅房と同一人物であろう。律禅は、阿弥陀寺の復興を成功させ、後に白毫寺長老となったのであろう。すなわち、阿弥陀寺は鎌倉時代の末期には成立し

ていたことになる。
京都白毫寺（東山太子堂のこと）は、洛中と近江を結ぶ粟田口を押さえる寺院であり、太子信仰の寺院である近江阿弥陀寺の再興を担ったのであろう。(49)

史料（25） 本書第一部第四章「西大寺光明真言過去帳の紹介と分析」一一七頁。

当寺第四十四長老沙門高秀

（中略）

円識房　当寺住　　　　　**了可房　江州阿弥陀寺住**

明識房　般若寺住　　　　円識房　大隅正国寺

（中略）

当寺第四十五長老沙門高久

史料（25）も「光明真言過去帳」の一部である。それによれば、阿弥陀寺僧了可房が、慶長八（一六〇三）年一二月一三日に死去した(50)西大寺第四四代長老高秀と、慶長一九（一六一四）年一月八日に亡くなった(51)西大寺第四五代長老高久との間に記載されている。了可房はその間に死去したのであろう。
ところで、阿弥陀寺は寛永一〇（一六三三）年三月の末寺帳にも記載され(52)、江戸時代を通じて阿弥陀寺は西大寺末寺の律寺であった。

標石

ところで、阿弥陀寺の境内地を特徴づけるものに、標石がある。現在は、境内地内に江戸時代の宝篋印塔を囲むように四つの標石が残されている。

標石の現状

標石

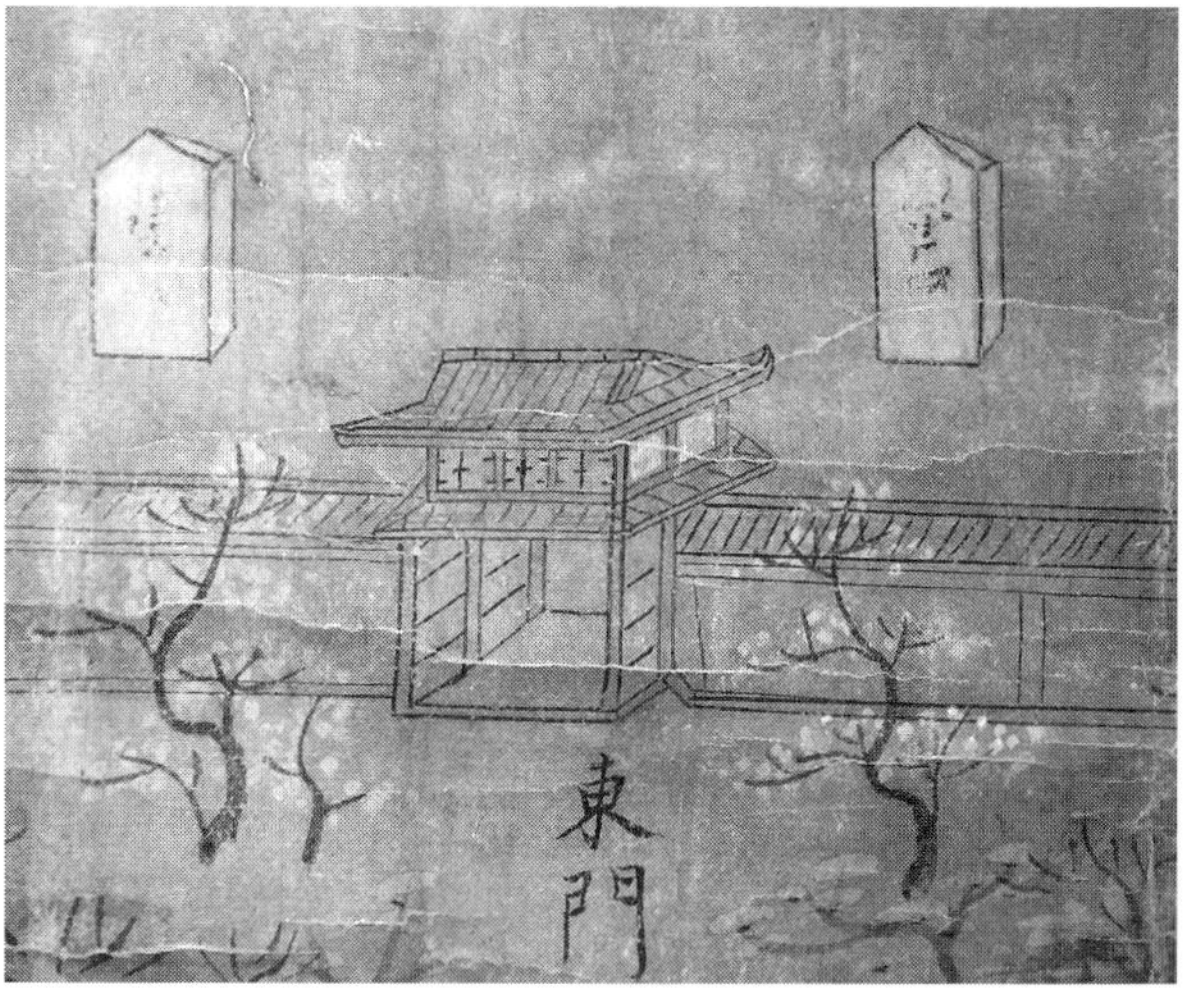

京都葉室浄住寺境内絵図に見える標石

それらは、かつての境内地であった、東西一町、南北一町半の四隅に安置されていたが、道路拡張工事に際して掘り出され、老人会の人々によって集められたという。その境内地の大きさがわかるであろう。そもそも、元禄の『近江国絵図』には、この一帯で描かれている寺院は阿弥陀寺しかなく、その点においても、かつての繁栄ぶりがうかがわれる。

さて、標石は、高さが一メートルを超える巨大なもので、表面には、「梵字　多聞天　高島郡阿弥陀寺」のように、四天王の梵字と名前と郡名と寺名が掘られている。標石は、領域の確定の目印とされ、律寺の境内絵図には、よく描かれているが、現存するものは少ない。ここでは四つとも残り、しかも、表面に四天王の名前が刻まれるなど興味深いものがある。

さらに、境内地の裏には墓地があり、花崗岩製の五輪塔がある。叡尊教団は花崗岩・安山岩製の五輪塔を制作したので、それらも遺品といえる。なお、墓地は、境内地の北側隅にあったが、東旭駅の建設にともない、移転されたという。

阿弥陀寺境内地裏の五輪塔

津を管理する寺としての阿弥陀寺

阿弥陀寺に関して、まったくと言っていいほど、無視されてきた側面に津を管理する寺としての側面がある。中世の律寺は、津・橋・関・道路を管理する寺院として知られている。

特に、ここで注目したいのは津との関係である。律寺は、博多津と博多大乗寺、鎌倉和賀江津と極楽寺、六浦と金沢称名寺、尾道津と浄土寺など、

木津桟橋跡碑

木津港跡常夜灯

津の管理を任されたかわりに、関銭徴収の権利などを得ていた。いわば、中世の主要な津を律寺は押さえていたのである(53)。とすれば、近江の場合も、特に琵琶湖の主要な津の管理を律寺が任されていた可能性は高い。

そういう視点で、阿弥陀寺を見てみると、木津（古津といった）・今津との関係が注目される。木津は、阿弥陀寺から四キロほど離れているが、阿弥陀寺は近くに末寺をおいて、灯籠などの管理をさせていたのかもしれない。

以上、（1）「明徳末寺帳」に見える近江国堀川阿弥陀寺が、現在の滋賀県新旭にある阿弥陀寺であったこと、（2）中世の阿弥陀寺が、琵琶湖の津の一つであった木津（古津）・今津を管理していたのではないか、などを述べた。（2）は、仮説に止まっているが、今後の研究の発展に期待したい。

おわりに

以上、近江国における叡尊教団の展開を見た。慈恩寺と佐々木氏頼との関係が明確になり、阿弥陀寺が琵琶湖の津の一つであった木津（古津）・今津を管理していたのではないか、といった見通しを出せた。

註

（1）松尾剛次「西大寺末寺帳考」（松尾『勧進と破戒の中世史』吉川弘文館、一九九九年）一四六頁。
（2）松尾「西大寺末寺帳考」〈前註（1）〉一三六頁。
（3）小野澤眞「『西大寺末寺帳』寺院比定試案」（『寺社と民衆』七、二〇一一年）が多少触れている程度である。
（4）「西大寺代々長老名」（奈良国立文化財研究所編『西大寺関係史料（一）諸縁起・衆首交名・末寺帳』一九六八年）七三頁。
（5）「西大寺代々長老名」〈前註（4）〉七三頁。
（6）松尾「西大寺叡尊像に納入された「授菩薩戒交名」と「近住男女交名」」（松尾『日本中世の禅と律』吉川弘文館、二〇〇三年）七三頁。
（7）「西大寺代々長老名」〈前註（4）〉七三頁。
（8）「西大寺代々長老名」〈前註（4）〉七三頁。
（9）「西大寺代々長老名」〈前註（4）〉七三頁。
（10）「西大寺代々長老名」〈前註（4）〉七三頁。
（11）「西大寺代々長老名」〈前註（4）〉七四頁。
（12）「西大寺代々長老名」〈前註（4）〉七四頁。
（13）『重要文化財浄厳院本堂（阿弥陀堂）修理工事報告書』（滋賀県教育委員会事務局文化財保護課、一九六七年）四四頁。本尊の阿弥陀仏については、井上正「浄厳院阿弥陀如来像について」（『国華』七九一、一九五八年）参照。

(14)『滋賀県の地名』(平凡社、一九九一年)五八一頁。
(15)松尾「西大寺末寺帳考」〈前註(1)〉八〇頁。
(16)松尾「西大寺末寺帳考」〈前註(1)〉一四六頁。伊勢国の第一五番目の末寺に慈恩寺がある。
(17)「招提千歳伝記」(『大日本仏教全書一〇五』名著普及会、一九七九年)二八頁。
(18)『金沢文庫古文書一二輯　識語編三』(金沢文庫、一九五八年)三一頁。
(19)松尾「西大寺叡尊像に納入された「授菩薩戒交名」と「近住男女交名」」(松尾『日本中世の禅と律』吉川弘文館、二〇〇三年)七七頁。
(20)「瑞石歴代雑記」については、『永源寺町史』(永源寺町、二〇〇六年)に紹介されている。
(21)『国史大辞典』一三の「夢窓疎石」の項参照。
(22)「西大寺代々長老名」〈前註(4)〉七三頁。
(23)「西大寺代々長老名」〈前註(4)〉七三頁。
(24)「西大寺代々長老名」〈前註(4)〉七三頁。
(25)「西大寺代々長老名」〈前註(4)〉七三頁。
(26)「西大寺代々長老名」〈前註(4)〉七四頁。
(27)「西大寺代々長老名」〈前註(4)〉七四頁。
(28)本文史料(1)の「明徳末寺帳」の慈恩寺の注記に「一室」と見えるのも、そのことを指している。
(29)『重要文化財浄厳院本堂(阿弥陀堂)修理工事報告書』〈前註(13)〉一頁。
(30)松尾「西大寺末寺帳考」〈前註(1)〉一三六頁。
(31)『滋賀県の地名』〈前註(14)〉三二一頁。
(32)「西大寺代々長老名」〈前註(4)〉七三頁。

(33)「西大寺代々長老名」〈前註（4）〉七三頁。
(34)「西大寺代々長老名」〈前註（4）〉七三頁。
(35)「西大寺代々長老名」〈前註（4）〉七三頁。
(36)「今昔物語集」巻一七には、「箭橋ノ津ニ海人多ク有テ、魚ヲ捕テ商フ」とあり、一二世紀には漁労・商業の場として栄えていた。『草津市史』第六巻（草津市役所、一九九一年）一七八頁なども参照。
(37)『近江輿地志略　全』（弘文堂書店、一九七六年）五〇五頁、『寛永寺』（大塚巧藝社、一九九三年）の図版参照。
(38)『寛永寺及び子院所蔵文化財総合調査報告三巻』（東京都教育委員会、二〇〇二年）一一頁。
(39)「西大寺代々長老名」〈前註（4）〉七四頁。
(40)「西大寺代々長老名」〈前註（4）〉七四頁。
(41)「西大寺代々長老名」〈前註（4）〉七四頁。
(42)「招提千歳伝記」〈前註（17）〉一三三頁。
(43)「坊々寄宿末寺帳」（〈前註（1）〉一五五頁）の注記では、法薗寺は摂津、常福寺は伊勢に所在したとする。
(44)『滋賀県の地名』〈前註（14）〉一〇八七頁。
(45)『近江輿地志略　全』〈前註（37）〉一一〇八頁。
(46)『西大寺叡尊伝記集成』（法藏館、一九七七年）一〇〇頁。
(47)「招提千歳伝記」〈前註（17）〉一二五頁。
(48)湯山学「駿河国木瀬河・沼津と霊山寺」（『地方史静岡』一五、一九八七年）一五頁。
(49)松尾『中世律宗と死の文化』（吉川弘文館、二〇一〇年）一六五頁。
(50)「西大寺代々長老名」〈前註（4）〉七四頁。
(51)「西大寺代々長老名」〈前註（4）〉七四頁。

(52) 「西大寺末寺帳　その三」〈前註(4)〉一一八頁。

(53) 松尾『中世叡尊教団の全国的展開』(法藏館、二〇一七年)三八頁。

第四章　丹後国における展開

はじめに

本章の主な狙いは叡尊教団の丹後国における展開を明らかにすることにある。それに関する研究として、元興寺文化財研究所編『中世民衆寺院の研究調査報告書Ⅱ』(1)、『宮津市史』(2)および私の研究(3)などがある。『中世民衆寺院の研究調査報告書Ⅱ』は、丹後国における叡尊教団の展開を概観したうえで、とりわけ、史料の多い国分寺と金剛心寺に注目している。『宮津市史』も宮津市内にある丹後国分寺と金剛心寺に関する貴重な研究成果である。本章では、そうした研究を踏まえて、丹後における叡尊教団の展開を論じる。

第一節　国分寺

叡尊教団の丹後国における展開を知るうえで、明徳二（一三九一）年に書き改められた「西大寺末寺帳」（以下、「明徳末寺帳」と略す）は大いに役に立つ。

史料（1）　松尾「西大寺末寺帳考」一四九頁。

丹後国

金光明寺　金剛《ヒヲキ》心寺「南室二一」

志楽《しらく》泉源寺　成願寺第十五長老御時応安六四

史料（1）は、「明徳末寺帳」の「丹後国」分である。それによれば、丹後国の西大寺直末寺として、金光明寺、金剛心寺、泉源寺、成願寺の四箇寺が記されている。それらの四箇寺が、ひとまず一四世紀末の丹後国の西大寺直末寺であった。また、「明徳末寺帳」の記載の順序は、寺格順を表している。(4)それゆえ、金光明寺（おそらく国分寺）が丹後国内の西大寺末寺でもっとも寺格の高い寺院であった。なお、成願寺には「第十五長老御時応安六四」と注記がある。その意味は、西大寺第一五代長老興泉の時の応安六（一三七三）年四月に直末寺となったことを表している。四箇寺の中でもっとも遅く直末寺となったのであろう。

史料（2）　松尾『中世叡尊教団の全国的展開』三五五頁。

丹後国

志楽金光明寺　金剛《ヒヲキ》心寺

泉源寺　成願寺

国分寺

史料（2）は、一四五三年から一四五七年までの間に作成されたと考えられる末寺帳[5]の「丹後国」分である。「明徳末寺帳」と異なって国分寺がある。また、金光明寺には「志楽」と注記され、国分寺とは別寺とも考えられる[6]。しかしながら、後述のように、「志楽」には、「金光明寺」の痕跡はまったくない。そもそも本末寺帳は下書であり[7]、本来、泉源寺に付されるべき「志楽」が誤って金光明寺に付されたと考える。すなわち、当時も、末寺は、金光明寺（国分寺）、金剛心寺、泉源寺、成願寺の四箇寺であったのだろう。

また、寛永一〇（一六三三）年の「西大寺末寺帳」には、丹後国の末寺はない[8]。それゆえ、寛永一〇年以前には、金光明寺（国分寺）、金剛心寺、泉源寺、成願寺の四箇寺も西大寺末寺を離脱していたのであろう。

以上、丹後国における西大寺直末寺について概要を摑んだうえで、個別に見てゆこう。

国分寺

国分寺は、現在の京都府宮津市国分に所在した。中世における国分寺・国分尼寺の中興は、蒙古襲来を契機に始まったと考えられてきた。とりわけ、全国のうち、一九箇国分の中興が、奈良西大寺と鎌倉極楽寺に委ねられ、実際に中興に成功したと考えられている[9]。

従来は、長門国分寺の事例から一三一〇年がもっとも早い国分寺律寺化の時期とされてきた[10]。しかし、一三世紀末には伯耆国分寺が律寺化していたのは確実である[11]。

ここで扱う丹後国分寺も、それら中世に中興された国分寺の一つと考えられている。丹後国分寺には、比較的文書史料が伝存し、永井規男氏[12]や先述の元興寺文化財研究所編『中世民衆寺院の研究調査報告書Ⅱ』、石川登志雄氏[13]ほかの優れた研究があって、律寺化の過程を知ることができる。

丹後国分寺の復興に関して、永井氏らにより、『丹後国分寺建武再興縁起』に依拠して、極楽寺円源房宣基を中心に始まったことが明らかにされている。

史料（3） 石川登志雄「丹後国分寺建武再興縁起について」（追塩千尋『国分寺の中世的展開』吉川弘文館、一九九六年）六四頁。

（前略）

棟木銘

奉安置金銅薬師如来像一□手、天王御作、四天王像一軀、吉祥天女像各一軀以上当寺以往本尊

丹州国分寺者　聖武皇帝御願、行基菩薩草創也、季序稍尚、伽藍荒蕪、爰宣基亮明、嗟聖跡之陵廃、発再興之大願、以嘉暦元季丁卯、三月十八日勧進始之、然　今上皇帝後宇多天皇第二王子叡襟之余、嘉暦弐年戊辰四月十四日被下興行之綸旨、同五月八日手斧始、同九月四日柱立、建武元季甲戌四月七日上棟、九日金堂供養、導師沙門宣基当寺長老、中興願主、呪願師沙門明円金剛心寺長老

法用僧衆六十七人、

供養大願主国司内大臣正二位藤原朝臣公賢

勅師正五位下行内匠頭藤原朝臣光遠

祝所兄部正六位上権介藤原朝臣助忠

造営奉行　興円、空尊、昌慶、惣奉行光信

大工左衛門尉土師貞光　音頭周防丞土師貞宗　長平乗忠

大工又五郎大夫大江家氏　音頭権次郎大江重家　長大江安家

建武元季甲戌四月七日
已上八棟上分如此
（後略）

史料（3）は、『丹後国分寺建武再興縁起』の一部である。それによれば、丹後国分寺の再建金堂は、宣基が再興の大願を起こし、嘉暦元（一三二六）年に勧進を始め、翌二年五月八日に斧始めがあり、同年九月四日柱立、建武元（一三三四）年四月七日上棟、同九日に堂供養を行っている。前後九箇年にわたる造営活動であった。

丹後国分寺中興を中心的に担ったのは円源房宣基で、宣基は嘉暦三（一三二八）年に国分寺に移り住み再興活動を本格化した。

この円源房宣基については、極楽寺の出身で、極楽寺第二代長老円真房栄真の弟子とされる[14]。ここでは、丹後国分寺が、叡尊教団といっても極楽寺流（極楽寺とその末寺）の僧によってなされたことに注目したい。伊予国分寺、周防国分寺なども、おのおの、智承、善願房順忍といった極楽寺流の僧によって中興されている[15]。

また、**史料（3）**からも、丹後国分寺の中興は、丹後国司、税所兄部といった丹後国衙の全面的な後援のもとで行われたことにも注意を喚起したい。この点は、別稿[16]で詳しく論じたのでそれを参照されたい。

ところで、円源房宣基は嘉暦三年一〇月一八日の時点で四二歳であった[17]ので、一二八七年の生まれであったと考えられる。それではいつ亡くなったのであろうか。この点は、先学がまったく明らかにされていないので見よう。

史料（4）　本書第一部第四章「西大寺光明真言過去帳の紹介と分析」一〇一〜一〇二頁。

○当寺第五長老沙門賢善
聞恵房　羂索院　　円源房　丹後国分寺
○寂禅房　招提寺長老　　念観房　神宮寺

史料（4）は、「光明真言過去帳」の一部である。それによれば、丹後国分寺円源房が、暦応三（一三四〇）年一〇月二日に亡くなった[18]西大寺第五代長老沙門賢善と、暦応四（一三四一）年六月一五日に死去した[19]招提寺長老寂禅房慶円との間に記されている。とすれば、円源房宣基はその間に亡くなったと考えられる。

「光明真言過去帳」には、この円源房宣基の他にも丹後国分寺僧が見える。観了房[20]、円珠房[21]、妙義房・了舜房・恵通房[22]、浄元房[23]、良戒房[24]の七人である。

とりわけ、最後の良戒房は、永享八（一四三六）年四月二六日に亡くなった[25]西大寺第二六代高海と、宝徳二（一四五〇）年一月二日に死去した[26]西大寺第二七代長老沙門良誓との間に記されている。良戒房は、その間に死去したのであろう。一五世紀半ばまでは、国分寺僧の活動が知られる。

ところで、丹後国分寺は、永享八年付の「坊々寄宿末寺帳」にも出てくる。

史料（5）

護国院分

（中略）

丹後国国分寺　　因幡国国分寺

備州二堂
報恩寺
肥後国築地
浄光寺

山城国京中
常福寺
播州
長坂寺
是ハ私相伝歟惣末寺帳ニ不入候

史料（5）は、「坊々寄宿末寺帳」の「護国院」分であるが、丹後国分寺があがっている。西大寺で開催される光明真言会に際して、丹後国分寺は西大寺護国院に宿泊することになっていた。このことから、丹後国分寺僧も地元で光明真言を広めていたのであろう。

ところで、雪舟の「天の橋立図」には、一宮籠神社、慈光寺などとともに、国分寺もほぼ中央に描かれている。それによれば、本堂と五重塔が描かれている。「天の橋立図」は、一六世紀初頭の制作とされるので[27]、それから一六世紀初頭の国分寺の様子が、府中の賑わいとともに理解される。

第二節　金剛心寺・泉源寺・成願寺ほか

金剛心寺

金剛心寺（院）は、現在の京都府宮津市日置に所在する[28]。丹後金剛心寺は、「明徳末寺帳」では、第二番目に記されており、丹後における西大寺末寺の第二位の寺格の寺院であった。

金剛心寺については、『宮津市史　通史編上巻』[29]が、その歴史をよくまとめている。それによれば、金剛心寺は、寺伝によれば、忍性を中興開山とし、忍性の墓という五輪塔や忍性が刻んだという地蔵石像が境内に残るが、忍性が来たという史実はないとする。そうした伝承が生まれたのは、金剛心寺が極楽寺末寺となると同時に関東祈禱所となり、国分寺に極楽寺系の律僧が多く止住したことが背景にあるという。また、円源房宣基ら極楽寺系の律僧は、国分寺中興以前は金剛心寺を拠点としていたとする。[30]金剛心寺から国分寺まで約五・八キロであり、そのことは大いに支持できる。

私見も忍性が金剛心寺を中興したとは考えないが、では、誰によって、どのようにして金剛心寺は中興されたのが次に問題となる。

金剛心寺僧で「光明真言過去帳」に最初に見えるのは道浄房である。

史料（6） 本書第一部第四章「西大寺光明真言過去帳の紹介と分析」一〇六頁。

真浄房　花厳寺　　　玄寥房　称名寺

（中略）

道浄房　金剛心寺　　　識宗房　越前大善寺

（中略）

○当寺第十五長老沙門興泉

史料（6）は、「光明真言過去帳」の一部である。それによれば、金剛心寺の道浄房が、応安六（一三七三）年一〇月一日に亡くなった[31]金沢称名寺玄寥房と、康暦元（一三七九）年六月一日に死去した[32]西大寺第一五代長老沙門興泉との間に記載されている。道浄房は、その間に亡くなったのであろう。

しかし、金剛心寺には**史料（7）**のような元亨四（一三二四）年八月一三日付の禁制が残っているので、道浄房が中興開山であったとは考えがたい。

そこで別の史料を探すと、先述の史料（3）に引用した『丹後国分寺建武再興縁起』によれば、建武元（一三三四）年において、明円が金剛心寺長老であったことがわかる。引用しなかった部分には「順律房金剛心寺長老」とあることにより、房名は順律房であったことがわかる。[33]

この順律房明円については、これ以外に史料がないために明確にできないが、丹後国分寺の中興を担った円源房宣基と同じく極楽寺流の僧であったのだろう。というのも、次の史料のように、金剛心寺は極楽寺末寺であったからだ。

史料（7）　『宮津市史　史料編第一巻』五〇三頁。

禁制　丹後国金剛心院

可早令停止武士幷甲乙人等狩猟以下狼藉事

右当寺者、国家御祈禱之霊場・関東極楽寺之末寺也、浄瑩木叉三主聚之戒珠、高挑金剛一乗之法灯、而武士以下甲乙人等動致乱入狼藉、忽及闘諍喧嘩、将又於寺内事殺生好悪行、因茲仏法弘通之障碍、僧衆止住之違乱也云々、不可不誡者、自今以後、固可従禁遏、若有誡猶違犯之輩者、可注申交名之状、如件

元亨四季八月十三日

左近将監　平朝臣（花押）

陸奥守　平朝臣（花押）

（裏面）

「奉行宗像三郎兵衛入道真性
清書同四郎重基」

史料（7）は、元亨四年八月一三日付の六波羅探題禁制である。木製で、境内の入り口の立て板に書かれていたのであろうか。それによれば、元亨四年八月一三日には金剛心寺が鎌倉極楽寺の末寺の律寺で、「国家御祈禱之霊場」として武士・甲乙人の乱入・狼藉を禁止されている。すなわち、この史料から、一四世紀初頭には金剛心寺が鎌倉極楽寺の末寺であったことがわかるが、それは、中興開山の可能性がある順律房明円が鎌倉極楽寺流の僧であったからだろう。極楽寺の円源房宣基が、丹後国分寺再興に成功する期間は金剛心寺を拠点としたとされるが、順律房明円とは極楽寺で修学した仲間であったかもしれない。

ところで、金剛心寺は、どのような過程を経て、律寺化したのであろうか。このことを考えるうえで、金剛心寺に伝わる愛染明王にまつわる伝承が参考になる。その像は高さ四二・四センチの三目六臂赤身の忿怒像の愛染明王で、鎌倉時代制作の優品である。その伝来については二説がある。一つは、忍性が永仁二（一一九四）年に金剛心寺を再興し、応長元（一三一一）年に本尊としてこの愛染明王像が安置されたとする。いま一つの説は、「後宇多天皇の宮廷に仕えていた日ケ谷城の城主松田頼盛の女が、天皇の出家に際して帰郷し、延慶二年（一三〇九）金剛心院の順慶上人に従って出家し、願蓮と称して、法皇の無事息災を祈っていたことが伝えられ、法皇から紫宸殿に祀ってあったこの像をたまわった」とする説である(34)。

先述のように、順律房明円が初代長老であって、忍性が金剛心寺の中興を行ったことは間違いであろう。もう一つの説は、地元の領主松田頼盛の娘に、後宇多上皇が愛染明王を贈ったとする。その事の当否は別として、極めて具体的で、松田頼盛の娘が寄付した可能性はある。とりわけ、金剛心院の順慶上人というのも、順律上人とすべきところが間違って伝えられたとも考えられる。

松田氏に関しては、「松田氏は丹後の所領を主たる基盤としながら、六波羅奉行人として在京生活を送る幕府御家人であった」[35]と考えられている。この愛染明王寄付の事例から推測すると金剛心寺は松田氏をいわば中興開基とし、順律房明円を中興開山として鎌倉時代末に律寺化したのであろう。

史料（8）　松尾「西大寺末寺帳考」一五九頁。

南室二分

（中略）

丹後国ヒヲキ**金剛心寺**

加賀国明星寺

（後略）

史料（8）は、は、永享八（一四三六）年付の「坊々寄宿末寺帳」の「南室二」分であるが、それには金剛心寺があがっている。西大寺で開催される光明真言会に際して、金剛心寺は西大寺南室二に宿泊することになっていた。このことから、金剛心寺僧も地元で光明真言を広めていたのであろう。

ところで、先述の「光明真言過去帳」には道浄房以外にも、金剛心寺僧が見える。

史料（9）　本書第一部第四章「西大寺光明真言過去帳の紹介と紹介」一一二〜一一三頁。

○当寺第廿六長老沙門高海

（中略）

光一房　丹後金剛心寺　　　　浄元房　丹後国分寺

（中略）

○当寺第二十七長老沙門良誓

史料（9）は「光明真言過去帳」の一部である。それによれば、金剛心寺僧の光一房が永享八（一四三六）年四月二六日に亡くなった[36]西大寺第二六代高海と、宝徳二（一四五〇）年一月二日に死去した[37]西大寺第二七代長老沙門良誓との間に記されている。光一房は、その間に死去したのであろう。この光一房が金剛心寺僧として「光明真言過去帳」に見える最後の僧である。すなわち、一五世紀半ばまでは、金剛心寺僧の活動が史料的に確認できる。

泉源寺

泉源寺は、先述の「明徳末寺帳」〈**史料（1）**〉では、第三番目に記載されており、丹後国西大寺直末寺で第三位の寺格であった。また、「明徳末寺帳」の注記により、丹後国志楽荘内に所在したと考えられる。

また、従来は、泉源寺の名は永正一〇（一五一三）年四月五日付の恵和田地作職宛行状（梅垣西浦文書）に見えるのが初見とされるが[38]、先述の「明徳末寺帳」や一四五三年から一四五七年までの間に作成されたと考えられる[39]末寺帳にもすでに見える。

また、永享八年付の「坊々寄宿末寺帳」にも以下のように見える。

史料（10）　松尾「西大寺末寺帳考」一五七頁。

三室分

（中略）

伊勢国《いせのくに》 保延寺

丹後志楽庄内《たんごしらくのしょうない》 泉源寺

史料（10）は、「坊々寄宿末寺帳」の「三室分」である。泉源寺が、それにあがっている。それにより、奈良西大寺で開かれる光明真言会に際しては、三室に宿泊することになっていたことがわかる。泉源寺が、一五世紀前半においても西大寺末寺であったことがこの史料からもわかる。また、泉源寺僧も地元で光明真言を広めていたのであろう。

泉源寺は現在、廃寺である。元興寺文化財研究所編『中世民衆寺院の研究調査報告書Ⅱ』によれば、現在の京都府舞鶴市に「泉源寺」という字名があり、また、小字名に「寺屋敷」「坊中」「坊註奥」が残る。それにより、「泉源寺は旧領地を背景にして南面しており、中央に旧参道と見られる道が通っている。前面には志楽川が東西に流れ、志楽荘の中心を一望できる位置にある」[40]。以上のように、地理的な位置から泉源寺は志楽荘の開発を担った寺院であったと推測される。

ところで、泉源寺の所在する志楽荘、とりわけ春日部村の地頭職が足利尊氏によって暦応四（一三四一）年に筑後国竹野庄の代わりとして西大寺に寄付されている[41]。

また、先述の建武元（一三三四）年の『丹後国分寺建武再興縁起』には泉源寺僧の名が見えない。それゆえ、この志楽荘春日部村地頭職の寄付を契機に泉源寺は建てられたのかもしれない。

泉源寺僧は「光明真言過去帳」に見える。

史料（11） 本書第一部第四章「西大寺光明真言過去帳の紹介と分析」一一二〜一一三頁。

○当寺第廿六長老沙門高海

（中略）

光一房　丹後金剛心寺　　浄元房　丹後国分寺

（中略）

栄光房　大善寺　　**浄喜房　泉源寺**

（中略）

○当寺第二十七長老沙門良誓

史料（11）は、「光明真言過去帳」の一部である。それによれば、泉源寺浄喜房が、永享八（一四三六）年四月二六日に八〇歳で亡くなった西大寺第二六代長老沙門高海と宝徳二（一四五〇）年一月二日に九一歳で死去した西大寺第二七代長老沙門良誓との間に記載されている。泉源寺浄喜房は、その間に亡くなったのであろう。[42][43]

泉源寺僧では、この浄喜房が「光明真言過去帳」に見える唯一の人物であるが、僧の面からも一五世紀半ばまでは、泉源寺が機能していたことがわかる。

また、伝来の過程などは謎だが、もと泉源寺の本尊であった釈迦如来像（像高九七センチ）が、大聖寺（舞鶴市）に伝来している。[44]

成願寺

成願寺は現在の京丹後市丹後町徳光にある成願寺と考えられている[45]。従来、ほとんど注目されてこなかった。しかし、先述の建武元年の『丹後国分寺建武再興縁起』に成願寺僧の名が見えるように、建武元年には律寺として成立していた寺院である。それゆえ、見てみよう。

史料（12）

役人交名、持香炉当寺長老、灑水順律房金剛心寺長老、出御迦陀観舜房、白毫寺住、廻向智円房当寺住、堂前迦陀　摂生房西大寺住、供養迦陀円覚房西大寺住、堂内迦陀　良道房常住寺住、廻向浄論房、**成願寺**、讃頭岩妙房、西大寺住、直日仙光房大安寺住、御輿役人、前陣ハ性円房、舜覚房新宮寺住、鏡心房**成願寺**住、本識房後陣ハ空心房**成願寺**、空房、鏡智房白毫寺住、十玄房伊祢寺住

供養日役人交名

導師当寺長老宣基上人、呪願師順律房金剛心寺長老

　衲衆十人

良覚房惣持寺住、観舜房白毫寺住、覚智房西大寺住、真観房恒吉寺長老、浄律房般若寺住、本地房般若寺寺、仙了房浜寺長老、静円房長法寺長老、真乗房新宮寺住、禅空房般若寺住、已上衲衆

堂前惣礼迦陀　摂生房西大寺住、供養迦陀円観房当寺住、

唄師良覚房惣持寺住、散花師観舜房、梵音師浄宣房**成願寺**住、讃頭良道房常住金剛寺住、

唄師明覚房西大寺住、引頭仙光房大安寺住、勇律房倉橋池辺寺長老、智本房当寺住、

分八人、覚印房**成願寺**住、思源房白毫寺住、□妙房金剛心寺住、十賢房伊祢寺住、良印房伊祢寺住、重如房当寺住、質智房池辺寺住、僧妙房般若寺住

史料(12)は、建武元年の『丹後国分寺建武再興縁起』の一部である。それによれば、建武元年の丹後国分寺の供養には浄論房、鏡心房、空心房、浄宣房、覚印房といった五人もの成願寺僧が参加している。それゆえ、成願寺は、建武元年以前には成立していた律寺であったと考えられる。

成願寺は、「明徳末寺帳」では第四番目に記載されており、丹後国の西大寺直末寺において第四位の寺格であった。

ところで、「明徳末寺帳」によれば、成願寺には「第十五長老御時応安六四」という注記がある。それは、成願寺が第一五代長老の時の応安六(一三七三)年四月に西大寺直末寺となったことを意味する。すなわち、成願寺は四箇寺の中で、西大寺の直轄末寺である直末寺となったのは一番遅かったのである。

史料(13)

一室分

大和州 海竜王寺　　同布施 三宝院

(中略)

丹後 **成願寺**　　禅興寺

史料（13）は、先述の永享八（一四三六）年付「坊々寄宿末寺帳」の「一室分」である。それによれば、成願寺は、西大寺光明真言会に際しては一室に寄宿することになっていたことがわかる。

その他の末寺

ところで、建武元年の『丹後国分寺建武再興縁起』は、叡尊教団の丹後国における展開を考えるうえでも重要な史料である。というのも、「明徳末寺帳」など「西大寺末寺帳」に見えない寺院が記載されているからである。すなわち、伊弥寺、池辺寺、恒吉寺、長法寺、浜寺といった寺院が供養に参加している、成相寺といった近隣の寺院が参加していないにもかかわらず、西大寺、般若寺といった叡尊教団の寺院が参加している。おそらく、それらの寺院は、叡尊教団の寺院であったと考えられる。

それらは、西大寺直末寺ではない寺院であり、残存史料は少ない。先学の研究によれば、伊弥寺は与謝郡伊根に、池辺寺は舞鶴市倉橋、恒吉寺は中郡大宮町常吉に所在したとされる。また、長法寺、浜寺は所在不明とされる。

以上のように建武元年の『丹後国分寺建武再興縁起』によって、国分寺などの西大寺直末寺以外の西大寺末寺の存在が明らかとなった。

おわりに

以上、国分寺、金剛心寺、泉源寺、成願寺といった丹後国内の西大寺直末寺に注目して丹後国内における叡尊教団の展開を見た。また、伊弥寺、池辺寺、恒吉寺、長法寺、浜寺といった直末寺ではないが、叡尊教団配下の寺院の存在も明らかになった。丹後国内では、宮津湾岸から叡尊教団は展開し、丹後半島、舞鶴へと展開していた。丹後国内における叡尊教団の展開は、金剛心寺から始まったと考えられる。金剛心寺は六波羅探題の奉行人である松田氏が叡尊教団に帰依し、順律房明円を開山に迎えたと推測した。このように、叡尊教団の展開を理解するうえで、六波羅奉行人となるような地方武士の存在は重要であろう。丹後国分寺のように、国衙官人の協力を得られたとしても、金剛心寺のような拠点寺院の存在は重要であったはずである。

また、泉源寺は、西大寺が暦応四（一三四一）年に志楽荘地頭職を得てから、その荘園管理の拠点寺院として発展したと考えられることを述べた。いわば、地方荘園管理拠点としての末寺の展開と言えよう。

註

（1）元興寺文化財研究所編『平成二年度中世民衆寺院の研究調査報告書Ⅱ』（元興寺文化財研究所、一九九一年）五〇～五八頁。
（2）『宮津市史　通史編上巻』（宮津市役所、二〇〇二年）。
（3）松尾剛次「説経節「さんせう大夫」と勧進興行」（松尾『勧進と破戒の中世史』吉川弘文館、一九九五年）四三～五八頁。
（4）松尾「西大寺末寺帳考」（松尾『勧進と破戒の中世史』〈前註（3）〉）一四〇頁。
（5）松尾『中世叡尊教団の全国的展開』（法藏館、二〇一七年）三四〇頁。
（6）元興寺文化財研究所編『平成二年度度中世民衆寺院の研究調査報告書Ⅱ』〈前註（1）〉五〇頁。
（7）松尾『中世叡尊教団の全国的展開』〈前註（5）〉三五〇頁。
（8）「西大寺代々長老名」（奈良国立文化財研究所編『西大寺関係史料（一）諸縁起・衆首交名・末寺帳』一九六八年）

二二〇頁など。
(9) 松尾「勧進の体制化と中世律僧」〈前註(4)〉二七・二八頁。
(10) 追塩千尋『国分寺の中世的展開』(吉川弘文館、一九九六年)一八七頁。
(11) 別稿で論じる予定である。
(12) 永井規男「丹後国分寺建武再建金堂の成立背景」(『橿原考古学研究所論集』吉川弘文館、一九七五年)、釈龍雄「丹後」(角田文衛編『新修国分寺の研究第四巻 山陰道と山陽道』吉川弘文館、一九九一年)。
(13) 石川登志雄「丹後国分寺建武再興縁起について」(『丹後郷土資料館報』第五号、一九八四年)。
(14) 石川「丹後国分寺建武再興縁起について」〈前註(13)〉六八頁。
(15) 松尾「鎌倉極楽寺流の成立と展開――初代から九代までの極楽寺歴代往持に注目して」(『山形大学大学院社会文化システム研究科紀要』第一四号、二〇一七年)。本書第二部第七章に採録。
(16) 松尾「勧進の体制化と中世律僧」〈前註(4)〉二八頁など。
(17) 石川「丹後国分寺建武再興縁起について」〈前註(13)〉六九頁。
(18) 「西大寺代々長老名」〈前註(8)〉七三頁。
(19) 「招提千歳伝記」(『大日本仏教全書一〇五』名著普及会、一九七九年)二七頁。
(20) 本書第一部第四章「西大寺光明真言か過去帳の紹介と分析」一〇八頁。
(21) 本書第一部第四章「西大寺光明真言か過去帳の紹介と分析」一〇八頁。
(22) 本書第一部第四章「西大寺光明真言か過去帳の紹介と分析」一一〇頁。
(23) 本書第一部第四章「西大寺光明真言か過去帳の紹介と分析」一一三頁。
(24) 本書第一部第四章「西大寺光明真言か過去帳の紹介と分析」一一三頁。
(25) 「西大寺代々長老名」〈前註(8)〉七三頁。

(26)「西大寺代々長老名」〈前註(8)〉七三頁。
(27)『秋季特別展　丹後府中と中世都市「府中」――雪舟の描いた景観』(京都府立丹後郷土資料館、二〇一三年)参照。上田純一「雪舟筆『天橋立図』に描かれた神仏の世界」(『丹後地域史へのいざない』思文閣出版、二〇〇七年)、小川信『中世都市「府中」の展開』(思文閣出版、二〇〇一年)など参照。
(28)『京都府の地名』(平凡社、一九八一年)七六五頁。
(29)『宮津市史　通史編上巻』〈前註(2)〉五三七・五三八頁。この他、『平成29年度特別展図録　宮津という地に居城を拵え――地中に眠る宮津城』(京都府立丹後郷土資料館、二〇一七年)も参考になる。
(30)『宮津市史　通史編上巻』〈前註(2)〉五三八頁。
(31)『金沢文庫古文書』一二一―三、三九頁。
(32)「西大寺代々長老名」〈前註(8)〉七三頁。
(33)石川「丹後国分寺建武再興縁起について」〈前註(13)〉六九頁。
(34)『宮津市史　通史編上巻』〈前註(2)〉四八一頁。
(35)『宮津市史　通史編上巻』〈前註(2)〉四三六頁。
(36)「西大寺代々長老名」〈前註(8)〉七三頁。
(37)「西大寺代々長老名」〈前註(8)〉七三頁。
(38)『京都府の地名』〈前註(28)〉。
(39)松尾『中世叡尊教団の全国的展開』〈前註(5)〉三五五頁。
(40)元興寺文化財研究所編『平成二年度中世民衆寺院の研究調査報告書Ⅱ』〈前註(1)〉五一頁。『泉源寺遺跡発掘調査概要』(京都府埋蔵文化財調査研究センター、一九八八年)も参考にされたい。
(41)『宮津市史　史料編第一巻』(宮津市役所、一九九六年)六一五頁。

(42)「西大寺代々長老名」〈前註(8)〉七三頁。
(43)「西大寺代々長老名」〈前註(8)〉七三頁。
(44)元興寺文化財研究所編『平成二年度中世民衆寺院の研究調査報告書Ⅱ』〈前註(1)〉五一頁。『舞鶴の文化財』(舞鶴市、一九八六年)八九・九〇頁。
(45)『京都府の地名』〈前註(28)〉八二〇頁。もっとも、成願寺僧が五人も来ているように、同じ宮津にあった成願寺かもしれない。『京都府の地名』七五四頁によれば、宮津市小田宿野・字鏡ケ浦の東部宿野地域に麻呂子親王七仏薬師の伝承をもつ成願寺がある。

第五章　越前・越後・加賀国における展開

はじめに

本章の主たるねらいは、中世叡尊教団の越前国（福井県）・越後国（新潟県）・加賀国（石川県）における展開を考えることにある。叡尊の直弟子名簿と言える「授菩薩戒弟子交名」には、「寛誓　禅静房」[1]「明見　純智房」[2]が越前国人として見え、越前国にも叡尊教団が展開していたと考えられる。また、叡尊教団は越後国にも展開していた。そのことは、「授菩薩戒弟子交名」に、「越後国人、性仙寂智房」[3]とあることからも考えられる。加賀国にも月輪寺他の末寺が展開していた。そこで、越前・越後・加賀国における叡尊教団の展開を論じる。

第一節　越前三箇律寺

越前における叡尊教団の展開に関しては、『福井県史　通史編2』[4]や元興寺文化財研究所[5]の研究がある。とりわけ、元興寺文化財研究所の研究は、現地調査と資料収集を踏まえた中世叡尊教団の越前国における展開に関する到達点とも言えるものである。しかし、間違いがないわけではない。そこで論じてみよう。

ところで、叡尊教団と越前国との関係を考えるうえで、明徳二（一三九一）年に書き改められた「西大寺末寺帳」（以下「明徳末寺帳」(6)）は大いに有効である。

史料（1）　松尾「西大寺末寺帳考」一四七頁。

越前国

金津 神宮護国寺　　兵庫 大善寺

兵庫郷新宮村 長福寺

史料（1）は、「明徳末寺帳」の「越前国」の分である。それによれば、金津神宮護国寺と兵庫大善寺と兵庫長福寺の三箇寺が越前国の西大寺末寺であったことがわかる。とりわけ、それらは西大寺から直接住職（長老という）が任命された(7)西大寺直轄の寺院であった点に注目すべきである。

また、「明徳末寺帳」の記載の順序は、寺格に対応している(8)と考えられ、神宮護国寺がもっとも寺格が高かったと考えられる。以下、それら三箇寺に注目してみよう。

史料（2）　松尾「西大寺末寺帳考」一六〇頁。

大慈院分（乗を消して慈とあり）

（中略）

越前国 神宮護国寺　　越前 大善寺

史料（2）は永享八（一四三六）年三月日付「西大寺坊々寄宿末寺帳」の「大慈院」分である。「西大寺坊々寄宿末寺帳」は毎年奈良西大寺で開催される光明真言会に際し、どの坊に宿泊するかが記されている(9)。それによれば、神宮護国寺と大善寺は大慈院に寄宿することになっていたことがわかる。それゆえ、それらの寺院が一五世紀までは機能していたと考えられるが、越前長福寺は見えない。光明真言会へ来なくなっていたのであろう。なお、西大寺大慈院は、後述する浄賢房隆賢が依拠した支院である(10)。

史料（3）　松尾『中世叡尊教団の全国的展開』三五四頁。

越前国

金津 神宮護国寺　　兵庫 大善寺

長福寺 兵庫郷新宮村

史料（3）は、一四五三年から一四五七年にかけて作成された(11)「西大寺末寺帳」の越前国分である。それによれば、先述の「明徳末寺帳」に見える三箇寺があがっている。その頃までは、機能していた。

なお、寛永一〇（一六三三）年の末寺帳には、それら三箇寺は見えない(12)ので、それ以前に末寺から離脱したのであろう。

以上のようなことから、それら三箇寺に注目するが、まずは越前国の西大寺末寺でもっとも寺格の高かった神宮護国寺からみよう。

神宮護国寺

神宮護国寺は、現在、廃寺で所在地すらはっきりしなかった。しかし、元興寺文化財研究所の研究によって、福井県坂井市金津町の大溝春日神社（金津神社）の所に所在したことが明らかにされている。神社内に天文一九（一五五〇）年銘の石塔があり、その銘文によって、その石塔が神宮護国寺の普明によって建立されたことがわかり、その地に神宮護国寺が所在したと考えられている。

元興寺文化財研究所の研究[13]をおおよそまとめると、以下のようになる。

春日社興福寺領坪江庄の惣鎮守社が大溝春日神社で、その神宮寺（別当寺）が神宮護国寺である。大溝春日神社は、縁起によると桓武天皇延暦年中に大和国三笠山から当所の大溝神社に勧請された。それ故大溝神社とも春日神社とも称される。その後寛弘年間にも春日明神が勧請され、さらに保元元（一一五六）年に興福寺の衆徒が下向して奉幣神輿を寄付するとともに、庄内の十郷に春日社を分祀した。とりわけ、内閣文庫所蔵「河口庄綿両目等之事」により、永仁六（一二九八）年二月六日に奈良春日社から御正躰を河口庄惣鎮守大溝春日神社に運ばれた。その際、西大寺の浄賢上人の息子が付き添って行ったという。浄賢は西大寺第二世信空の弟子であるが、この地に土着していた。神宮護国寺は金津寺ともいった。応永二二年一二月には全山が焼失したが、再建された。『大乗院寺社雑事記』によれば文明九年七月においても西大寺末寺であった。天文一九（一五五〇）年には普明長老によって四仏層塔が建立されているが、その後まもなく兵乱で焼失した。天正年間に越前の領主斎藤氏の一族は、兵乱を逃れ、不動院という山伏の小坊を護国寺址に移し、大溝春日神社の別当を務めた。その後正徳四（一七一四）年性宝院と改めた。

ようするに、神宮護国寺は永仁六（一二九八）年に西大寺僧浄賢によって建立され、当初は金津寺とも言ったという。浄賢は土着したとされる。こうした指摘は示唆に富んでいる。しかし、間違いもあるので、見直してみよう。まず、神宮護国律寺の開山浄賢についてが問題となる。従来、浄賢を西大寺第二代長老慈道房信空の弟子とするが、それは間違いである。以下、浄賢について見よう。

浄賢は、叡尊教団内においては有名な人物で、紀伊国利生護国寺の律寺化にも大いに努力した人物で、とりわけ弘安八・九（一二八五・八六）年頃には利生護国寺の復興に努めていたと考えられる(14)。

弘安三（一二八〇）年に記載された叡尊から菩薩戒を授けられた直弟子の名簿である「授菩薩戒弟子交名」には、「紀伊国人　隆賢　浄賢房(15)」と見える。つまり、房名は浄賢で諱は隆賢であった。浄賢房隆賢は、弘安三年の「西大寺西僧坊造営同心合力奉加帳(16)」には西大寺僧として一〇貫文を寄付したと記載されており、その当時は西大寺にいたのであろう。

「律苑僧宝伝」には、**史料**（4）のように記されている。

史料（4）　「律苑僧宝伝」一五〇頁。

興道浄賢観心道禅四律師伝

興道律師、諱玄基、浄賢律師諱隆賢、観心律師、諱禅海、道禅律師、諱良賢、皆出二興正菩薩之門一、逮レ受二具戒一、鋭レ志習レ学、博究二律教一、後道住二大安寺一、賢拠二大慈院一、心主二薬師院一、禅居二大乗院一、各樹二律幢一、黒白尊崇云、

すなわち、それには浄賢房隆賢は西大寺叡尊の弟子で、西大寺大慈院を拠点として活動したとあるが、他の史料[17]もそうである。弘安八・九年頃には利生護国寺の復興に努めていた。紀伊利生護国寺の復興成功後は、西大寺にもどり大慈院を拠点に活動した。叡尊の「西大寺興正菩薩御入滅之記」には浄賢房隆賢は、叡尊を看病し、最期を看取った有力な弟子の一人として出てくる[18]。また、叡尊没後、臨時的に叡尊教団の総責任者を務めた[19]。叡尊教団をまとめる役をも担っていたのである。神宮護国寺が、西大寺光明真言会において、大慈院に宿泊するのも、神宮護国寺の中興者であった浄賢房隆賢が大慈院の院主であったことによるのであろう。

史料（5）　本書第一部第四章「西大寺光明真言過去帳の紹介と分析」九九頁。

○当寺第二長老慈真和尚

（中略）

融円房　東勝寺　　**浄賢房**　当寺住

（中略）

○示観房　招提寺長老　　理心房　当寺住

叡尊教団関係者の物故者名簿といえる「光明真言過去帳」によれば、**史料**（5）のように、浄賢房は正和五（一三一六）年正月二六日に死去した西大寺第二代長老慈真と元亨元（一三二一）年九月五日に死去した招提寺長老示観房[20]との間に記されている。それゆえ、浄賢房隆賢は、その間に死去したのであろう[21]。

以上のように、浄賢房隆賢は、叡尊の直弟子で、紀伊利生護国寺の中興も行い、西大寺大慈院を拠点に活動していた。それゆえ、浄賢房隆賢は「坪江下郷」に土地を持っていたとしても、西大寺大慈院を中心に活動していた。永仁六（一二九八）年二月六日に奈良春日社から御正躰を運んだのが浄賢房の息子であったのも、浄賢房隆賢が西大寺大慈院を根拠地としていたからであろう。[22]

次に、問題となるのは、神宮護国寺中興の時期に関してである。従来は、永仁六年と考えられている。確かに、大溝春日神社は、永仁六年に奈良春日社から御正躰を移して装いを新たにスタートした。[23]

しかし、浄賢房は、**史料**（6）のように、それ以前の永仁四（一二九六）年には金津阿弥陀寺の検断以下の権利を認められている。

史料（6）　『北国荘園史料』二二八頁。

一、坪江郷金津阿ミタ寺
　三間四面堂一宇　本尊阿ミタ三尊
　寺地四至（中略）
　同寺湯山四至（中略）
　御子他山四至（中略）
一、当所事、永仁四年六月日、検断以下事、更不可有郷分□由書下之、于時西大寺浄賢上人

この阿弥陀寺と神宮護国寺との関係が不明であるが、当時の律寺は念仏系の寺院を律寺化する場合も多く、この阿弥陀寺は神宮護国寺の末寺であったと考えられる。その当否はさておき、おそらく、永仁四（一二九六）年以前

には中興活動は始まっていたのであろう。
以上のように、神宮護国寺は西大寺大慈院の浄賢房隆賢によって、律寺化がなされたのである。それは永仁四年頃には開始されていた。
また、史料(7)のように、正和四(一三一五)年六月二二日には、「越前国坪江下郷金津八日市人」が、金津神宮護国寺幷□鎮守新春日造営料に寄付されている。

史料(7) 『鎌倉遺文』巻三三、二五五五三号文書。

越前国坪江下郷金津八日市人事、所被寄附金津神宮護国寺幷□鎮守新春日造営料候也、□□□有御存知之由、可申旨候也、恐惶□□、
正和四年六月廿二日　□□
進上　御方丈

すなわち、神宮護国寺と大溝春日神社は正和四年においても、完成しておらず、その造営料として、金津八日市人が寄付されている。おそらく、八日市から人夫を造営に動員できたのであろう。それは、大溝春日神社が坪江庄の惣鎮守として創建されたからであろう。以上のように、神宮護国寺は、坪江庄惣鎮守大溝春日神社を管理する寺院であった。こうした金津八日市と神宮護国寺・春日社との関係が造営以後には終わった可能性もあるが、律寺と市場(市人)の関係を考えるうえで大いに参考になる事例である。

史料（8）　本書第一部第四章「西大寺光明真言過去帳の紹介と分析」一〇五〜一〇六頁。

当寺第十四長老沙門尭基　廿一日（白紙ヲ貼ッテソノ上ニ）

覚日房　金剛寺　　俊一房　桂宮院

智円房　喜光寺　　禅真房　宝満寺

聖戒房　如意輪寺　　**性真房　神宮護国寺**

（中略）

○当寺第十五長老沙門興泉

ところで、「光明真言過去帳」によれば、**史料（8）**のように、応安三（一三七〇）年八月一五日付で亡くなった桂宮院長老俊一房[24]と、康暦元（一三七九）年六月晦日に亡くなった西大寺第一五代長老沙門興泉[25]との間に、神宮護国寺性真房が記されている。性真房はその間に亡くなったのであろう。以後、「光明真言過去帳」には神宮護国寺僧の名は見えないが、先述のように、元興寺文化財研究所の研究によって、文明九（一四七七）年七月においても西大寺末寺であった[26]ことが明らかにされている。

この神宮護国寺が所在する地は、加賀と越前の境界に位置し、金津という港にも近い立地である。律寺がそうした港の管理を任せられたことはよくあり、神宮護国寺もそうした役割を担っていたのかもしれない。

次に、現在も存在する兵庫大善寺を論じる。

兵庫大善寺

大善寺は、これまでさほど注目されてこなかった[27]。しかし、現在も、故地（福井県坂井市坂井町下兵庫）に存在する[28]。大善寺は、現在は真言宗寺院であるが、江戸時代以前は律寺であった。明治時代の「過去帳」には、律寺時代の長老次第もある。近年には、江戸時代の観音像の胎内に中世の観音像の頭部が見つかっている。「縁起」[29]によれば、恵心僧都を開山として寛弘八（一〇一一）年に創建された。以後、弘長年中に西大寺叡尊によって律寺として中興されたことが記されている。また、照円寺、極楽寺、四ケ寺（塚寺）、弥勒堂寺、五願寺という末寺があった。

叡尊が直接下向して中興したとは考えがたいが、神宮護国寺が西大寺浄賢によって中興されたように、大善寺も叡尊直弟子によって中興されたのであろう。また、大善寺は、興福寺領河口庄の政所を務めており、廉直さで知られる律僧たちが、庄園管理を任された一例である。

ところで、中世を通じて西大寺末寺であった大善寺僧は、「光明真言過去帳」にも出てくる。

史料（9） 本書第一部第四章「西大寺光明真言過去帳の紹介と分析」一〇五～一〇六頁。

○当寺第十四長老沙門尭基　（中略）
覚日房　金剛寺　　　俊一房　桂宮院
（中略）
上律房　周防国分寺　忍禅房　羂索院
道浄房　金剛心寺　　**識宗房　越前大善寺**

（中略）

○当寺第十五長老沙門興泉

「光明真言過去帳」によれば、**史料（9）**のように、応安三（一三七〇）年八月一五日付で亡くなった桂宮院長老俊一房と、康暦元（一三七九）年六月晦日に亡くなった西大寺第一五代長老沙門興泉[31]との間に、越前大善寺僧の識宗房[30]が記されている。識宗房はその間に亡くなったのであろう。この他にも大善寺僧の名が記されているが、大和大善寺かもしれず、はっきりしないので略す。

兵庫長福寺については、史料が少ないが、先述の**史料（3）**一四五三年から一四五七年にかけて作成された「西大寺末寺帳」に見え、一五世紀半ばまでは機能していた。また、「兵庫郷新宮村」という注記から兵庫郷新宮村（若宮村のことか）に所在したのであろう。それ以外は史料がなく、後考を期したい。

第二節　越後国における展開

叡尊教団の越後国における展開に関しては、『上越市史　通史編[32]』が触れており、大いに参考になる。ここでは、『上越市史』をなぞりつつも、新たな史料を加えて論じてみよう。

先述の「明徳末寺帳」には越後国の西大寺直末寺が記載されている。

史料（10）　松尾「西大寺末寺帳考」一四七頁。

越後国

安禎寺　貞治二年ニ直末寺ニ被定云々

曼陀羅寺　明徳二年辛未八月廿五日　東四

史料（10）は、「明徳末寺帳」の越後国分である。それによれば、安禎寺と曼陀羅寺が越後国の西大寺直末寺であった。すなわち、西大寺から直接住職が派遣される直轄寺院であった。また、注記により、安禎寺は貞治二（一三六三）年に、曼陀羅寺は明徳二（一三九一）年八月二五日に、直末寺となったことがわかる。

史料（11）　松尾「西大寺末寺帳考」一五九頁。

東室四

和州 額安寺　　同香久山 三学院

同宇多芳野 神宮如法院　　河州 広成寺

紀州 遍照光院　　越後国 **曼陀羅寺**

豊後日田 永興寺

史料（11）は、永享八（一四三六）年三月日付「西大寺坊々寄宿末寺帳」の「東室四」分である。それによれば、西大寺光明真言会に際して越後曼荼羅寺僧は「東室四」に宿泊することになっていた。すなわち、一五世紀前半においても、曼荼羅寺は西大寺末寺であった。

史料(12) 松尾『中世叡尊教団の全国的展開』三五四頁。

越後国

安禎寺　　　曼荼羅寺

史料(12)は、先述した一四五三年から一四五七年にかけて作成された「西大寺末寺帳」の「越後国」の部分である。それによれば、安禎寺、曼陀羅寺ともに一五世紀の後半においても西大寺末寺であった。以下、安禎寺、曼陀羅寺に注目しよう。

安禎寺

安禎寺については、史料が少なく、所在地もまったくわからない。しかし、「明徳末寺帳」で筆頭に書かれているように[33]、越後国でもっとも寺格の高い西大寺直末寺であった。

また、以下のように、安禎寺僧が知られる。

史料(13)

○当寺第十五長老沙門興泉

（中略）

覚運房　大乗院　　**智殿房**　**安貞寺**

尭珠房　当寺住　　○観宗房　当寺住

了浄房　正国寺　　了義房●長門国分寺

○当寺第十六長老沙門禅誉

史料（13）は、先述した「光明真言過去帳」である。それによれば、智殿房という安禎寺僧が、康暦元（一三七九）年六月晦日に死去した[34]西大寺第一五代長老沙門興泉と、嘉慶二（一三八八）年五月五日に亡くなった[35]西大寺第一六代長老沙門禅誉との間に記載されている。智殿房は、その間に亡くなったのであろう。なお、安貞寺と書かれているが、音通で安禎寺のことであろう。

注目されるのは、安禎寺が直末寺となったのが、貞治二（一三六三）年であることを考えれば、智殿房はその近い時期に死亡している。それゆえ、智殿房が西大寺直末寺としての安禎寺の初代であったかもしれない。

曼陀羅寺

曼陀羅寺に関しては、『上越市史』によれば、上越市西本町四丁目にあたる地にあったとする[36]。

また、先述した「光明真言過去帳」にも曼陀羅寺僧が散見されるが、「明徳末寺帳」には同名の寺が播磨国にもある[37]。播磨曼陀羅寺は「明徳末寺帳」で第四番目に記載されており播磨国で寺格四位の寺院である。他方、越後曼陀羅寺は越後では寺格第二位とはいえ、先述のように、明徳二（一三九一）年八月二五日に、直末寺となった寺であり、明徳二年八月二五日以前に「光明真言過去帳」には出てこないと考えられる。それゆえ、明徳二年八月二五日以前に「光明真言過去帳」に見える曼陀羅寺僧は播磨曼陀羅寺僧であろう。ただし、播磨曼陀羅寺は、一五世紀半ばから文亀二（一五〇二）年の間に「延命寺」と改名している[38]が、いつ改名したのか時期に幅がありすぎ特定できない。

ところで、曼陀羅寺に関しては、注目すべき史料がある。すなわち、**史料**(14)である。

史料(14)　『上越市史　資料編3古代中世』(上越市、二〇〇二年)口絵写真。

曼荼羅寺衆僧請文
西大寺十一面御領年貢、如前々五十貫文年内中皆済可申候、若越年無沙汰候者、加利平沙汰可申候、尚々難渋之儀候者、御領之事可為御計候、仍為後日請文如件
享徳元年壬申拾月廿二日　　粱一(花押)
永印(花押)
慶尊(花押)

史料(14)によれば、享徳元(一四五二)年に曼陀羅寺衆僧が、西大寺十一面御領の年貢に関して従来通りに五〇貫文を年内に納めることを請け負っている。西大寺十一面御領として越後国では佐味庄(上越市)があり[39]、その年貢納入を末寺の曼陀羅寺が請け負っていることがわかる。地方西大寺末寺が、地方にある西大寺領の管理をしていたことを示していて興味深い。

第三節　加賀国における展開

叡尊教団は加賀国においても展開していた。ここでは、その展開を考察しよう。

叡尊教団の加賀国における展開を考えるうえで、明徳二（一三九一）年に書き改められたという「明徳末寺帳」は重要である。それゆえ、まず、「明徳末寺帳」を分析する。

史料（15）　松尾「西大寺末寺帳考」一四七頁。

加賀国

月輪寺《月影》　西光寺《吉光》

神宮寺《松任》　明星寺《二口》

宝光寺　称名寺《トクミツ》応永五年八月廿五日第十九長老御時

「国分寺」

史料（15）は、「明徳末寺帳」の「加賀国」分である。それによれば、月輪寺、西光寺、神宮寺、明星寺、宝光寺、称名寺、国分寺の七箇寺が西大寺末寺であったことがわかる。

「明徳末寺帳」には明徳二年に書き改められたものに、その後の追加分も加えられている。[40]それゆえ、注記から応永五（一三九八）年八月に直末寺となった称名寺を除く、月輪寺、西光寺、神宮寺、明星寺、宝光寺、国分寺が明徳二年時点における直末寺であったと考えられる。

また、「明徳末寺帳」には、奈良西大寺の直末寺、つまり、直轄寺院が記載されている。[41]その記載順序は、寺格を表しており、[42]筆頭に記載された月輪寺がもっとも寺格が高い直末寺であったと考えられる。そこで、まず、月輪寺から考察する。

月輪寺

月輪寺は、『石川県の地名』[43]によれば、現在の石川県金沢市月影町に所在したと考えている。「当地近辺に「寺山」の地名が残り、大伽藍跡の伝承がある（河北郡誌）」という。

ところで、いつ頃から月輪寺は律寺化していたのであろうか。「宝生《ほうじょう》院（現愛知県名古屋市）の経蔵図書目録によれば「諸経法」の奥書に「元亨二年壬戌五月十八日於加州井家庄月輪寺午刻書写了、同交了、鏡覚歳廿九」とある。月輪寺が同一寺院で当初から当地に所在したならば[44]」、元亨二（一三二二）年には存在したと考えられる。

史料（16）　松尾『中世叡尊教団の全国的展開』三五四頁。

加賀国

月輪寺 月影	西光寺 吉光
神宮寺	明星寺 二口
宝光寺	称名寺 トクミツ
国分寺	

史料（16）は、一四五三年から一四五七年にかけて作成された[45]「西大寺末寺帳」の一部である。すなわち、一五世紀半ばにおいても、月輪寺は西大寺末寺であった。しかし、寛永一〇（一六三三）年三月七日付の末寺帳には見

えない。[46]

史料（17） 松尾「西大寺末寺帳考」一五四頁。

二聖院分

般若寺　　南都元興寺 極楽坊

備後国尾道 浄土寺　　播磨国尾上 成福寺

播磨国長坂 報恩寺　　豊前国坂本 常福寺

加賀国 月輪寺　　当国宇野 観音寺

（後略）

史料（17）は、永享八（一四三六）年三月日付の「西大寺坊々寄宿末寺帳」の「二聖院分」である。「西大寺坊々寄宿末寺帳」は毎年奈良西大寺で開催される光明真言会に際し、どの坊に宿泊するかが記されている。[47] 史料（17）によれば、加賀月輪寺は西大寺光明真言会に際して二聖院に泊まる末寺であったことがわかる。

以上の分析により、月輪寺は、加賀国筆頭の西大寺末寺で、元亨二年以前には成立し、一五世紀半ばまでは西大寺末寺であった。

それゆえ、叡尊教団関係の物故者名簿である「光明真言過去帳」にも、月輪寺僧が見える。

史料（18） 本書第一部第四章「西大寺光明真言過去帳の紹介と分析」一〇〇～一〇一頁。

○当寺第四長老沙門静然
（中略）
円証房　月輪寺　　観禅房　般若寺
（中略）
興覚房　現光寺　　○本性房　極楽寺長老

史料（18）は「光明真言過去帳」の一部である。それによれば、月輪寺の円証房という僧が、元弘元（一三三一）年一二月一三日に死去した[48]西大寺第四代長老沙門静然と、建武元（一三三四）年一一月二一日に亡くなった[49]極楽寺長老本性房俊海との間に記載されている。円証房は、その間に亡くなったと考えられる。

円証房は月輪寺僧として最初に「光明真言過去帳」に見え、開山の可能性があるが、史料が少なく、これ以上論じられない[50]。

史料（19）　本書第一部第四章「西大寺光明真言過去帳の紹介と分析」一〇二頁。

○寂禅房　招提寺長老　　念観房　神宮寺
（中略）
道戒房　鷲峰寺　　**空証房　月輪寺**
（中略）
光寂房　月輪寺　　覚道房　宝薗寺

（中略）

本如房　称名寺　　　　　良仙房　丹波惣持寺

史料（19）は「光明真言過去帳」の一部である。それによれば、月輪寺僧空証房と光寂房が、暦応四（一三四一）年六月一五日に死去した[51]招提寺長老寂禅房と、貞和二（一三四六）年一一月三〇日に亡くなった[52]称名寺長老本如房湛睿との間に記されている。空証房と光寂房は、その間に亡くなったのであろう。

史料（20）　本書第一部第四章「西大寺光明真言過去帳の紹介と分析」一〇六～一〇七頁。

○当寺第十五長老沙門興泉

（中略）

○禅日房　当寺住　　　　**静禅房　月輪寺**

（中略）

○当寺第十六長老沙門禅誉

史料（20）は「光明真言過去帳」の一部である。それによれば、月輪寺僧静禅房が、康暦元（一三七九）年六月晦日に死去した[53]西大寺第一五代長老沙門興泉と、嘉慶二（一三八八）年五月五日に死亡した[54]西大寺第一六代長老沙門禅誉との間に記されている。月輪寺僧静禅房は、その間に亡くなったのであろう。

史料（21）　本書第一部第四章「西大寺光明真言過去帳の紹介と分析」一〇八～一〇九頁。

○当寺第十八長老沙門深泉

（中略）

禅覚房　月輪寺　　良一房　天福寺

（中略）

○当寺第十九長老沙門良耀

史料（21）は、「光明真言過去帳」の一部である。月輪寺禅覚房が、応永二（一三九五）年九月二五日に亡くなった[55]西大寺第一八代長老沙門深泉と、応永一一（一四〇四）年二月二五日に死去した[56]西大寺第一九代長老沙門良耀との間に記載されている。月輪寺禅覚房は、その間に亡くなったのであろう。

以上のように、一五世紀においても月輪寺僧の存在が知られる。すなわち、先の末寺帳の分析の結果は、住僧の面からも裏付けられる。次に、「明徳末寺帳」の二番目に記載された西光寺について見よう。

西光寺

西光寺は、先述の「明徳末寺帳」に第二番目に記されているので、加賀国で第二位の寺格の西大寺直末寺であった。また、「明徳末寺帳」などの注記に「吉光」とあるように、現在の能美市寺井町に所在したと考えられている。[57]そこは、北陸街道が通る交通の要衝であった。

西光寺は、**史料（16）**の一五世紀半ばに作成された末寺帳にも見られ、一五世紀半ばまでは西大寺末寺であった。

史料（22）　松尾「西大寺末寺帳考」一五八頁。

東室二
天王寺 薬師院　　勢州 円明寺
摂州 吉祥寺　　同神崎 極楽院
紀州 光明院　　賀州 **西光寺**
（後略）

史料（22）は、先述した永享八（一四三六）年三月日付の「西大寺坊々寄宿末寺帳」の「東室分」である。それによれば、加賀西光寺は、西大寺光明真言会に際して「東室二」に泊まる末寺であったことがわかる。

ところが、永正一四（一五一七）年一二月一八日の賀陽院大光明寺領目録案（田中教忠氏旧蔵文書）によると、同寺は京都大光明《だいこうみょう》寺（現京都市上京区）末寺となり、松任《まっとう》保（現松任市）に所領を持っていた。(58)

また、先述の「光明真言過去帳」に西光寺僧が見える。

史料（23）　本書第一部第四章「西大寺光明真言過去帳の紹介と分析」一〇二〜一〇三頁。

○当寺第六長老沙門澄心
（中略）
行円房　泰平寺　　**鏡智房　西光寺**
（中略）

円道房　西光寺　　　　　　　　　　　　　　慈性房　浄名寺

（中略）

○当寺第七長老沙門信昭

史料（23）は、「光明真言過去帳」の一部である。西光寺鏡智房と円道房が、貞和三（一三四七）年九月五日に死去した(59)西大寺第六代長老沙門澄心と、文和元（一三五二）三月二日に亡くなった(60)西大寺第七代長老沙門信昭との間に記されている。鏡智房と円道房は、その間に死去したのであろう。

史料（24）　本書第一部第四章「西大寺光明真言過去帳の紹介と分析」一〇三〜一〇四頁。

○当寺第七長老沙門信昭

（中略）

賢勝房　律成寺　　　　　　　　　　　　　深智房　西光寺

（中略）

○当寺第八長老沙門元燿

史料（24）は、「光明真言過去帳」の一部である。西光寺深智房が、文和元（一三五二）年三月二日に死去した(61)西大寺第七代長老沙門信昭と、文和四（一三五五）年一〇月一七日に亡くなった(62)西大寺第八代長老沙門元燿との間に記されている。深智房は、その間に亡くなったのであろう。

史料（25）　本書第一部第四章「西大寺光明真言過去帳の紹介と分析」一〇四頁。

○当寺第八長老沙門元燿

（中略）

定証房　西光寺　　尭信房●常福寺

○当寺第九長老沙門覚真

史料（25）は、「光明真言過去帳」の一部である。西光寺定証房が、文和四年一〇月一七日に死去した[63]西大寺第八代長老沙門元燿と、延文五（一三六〇）年一〇月二五日に亡くなった[64]西大寺第九代長老沙門覚真との間に記されている。定証房はその間に亡くなったのであろう。

史料（26）　本書第一部第四章「西大寺光明真言過去帳の紹介と分析」一〇六～一〇七頁。

○当寺第十五長老沙門興泉

（中略）

覚俊房　当寺住　　**如心房　西光寺**

（中略）

真空房　当寺住　　**定通房　西光寺**

（中略）

○当寺第十六長老沙門禅誉

史料（**26**）は、「光明真言過去帳」の一部である。西光寺如心房と定通房とが、康暦元（一三七九）年六月晦日に亡くなった[65]西大寺第一五代長老沙門興泉と、嘉慶二（一三八八）年五月五日に死去した[66]西大寺第一六代長老沙門禅誉との間に記されている。心房と定通房とは、その間に亡くなったのであろう。

以上のように、西光寺僧の存在は一四世紀後半においても知られる。

神宮寺

神宮寺は、先述の「明徳末寺帳」では第三番目に記載されており、加賀国西大寺直末寺で第三位の寺格を有したのであろう。本神宮寺は先述の**史料**（**15**）の注記により、松任に所在した。現在の松任市中心部に比定されている[67]。とりわけ、松任金剱宮の神宮寺であったという松任本誓寺をこの神宮寺に比定する説もある[68]。

明星寺

明星寺は、先述の「明徳末寺帳」の第四番目に記載されており、加賀国で第四位の寺格の西大寺直末寺であったと考えられる。

明星寺は、廃寺であるが、『石川県の地名』によれば、現在の石川県能美市根上町西二口町に所在したと考えられている[69]。『石川県の地名』によれば、「明徳二年（一三九一）九月二八日の西大寺末寺帳（極楽寺文書）に「二口明星寺」とあり、奈良西大寺の末寺真言律宗　明星《みようじよう》寺があった。これより先の貞治年間（一三六二〜六八）頃と推定される勝楽寺寺田引付（大徳寺文書）のなかに「貞包名内　一反明星寺」とみえ、同寺は任田《とうだ》郷内　勝楽《しようらく》寺（現小松市）の寺田の一部を請作している。また郡家庄の領家勧修《かじゆう》寺（現京都市山科区）蔵の聖教「舎利講式」の大永三（一五二三）年六月一日の修理奥書によれば、この講式は同寺塔頭慈尊院宣済の筆跡で、宣済は応仁の乱で勧修寺が炎上したため郡家庄へ下り、明星寺において書写したものという」[70]とあって、明星寺が　貞治年間頃には存在し、大永三年六月まで所在が確認される。

史料（27）　松尾「西大寺末寺帳考」一五九頁。

南室二分
当国 白毫寺　　同十市 阿弥陀寺
山城国嵯峨 大覚寺　　伊賀 大聖寺
加賀国 **明星寺**　　丹後国 ヒヲキ金剛心寺
（後略）

史料（27）は、先述の永享八（一四三六）年三月日付の「西大寺坊々寄宿末寺帳」の「南室二分」である。それにより、明星寺は光明真言会に際して、「南室二」に宿泊することになっていたことがわかる。

史料（28）　本書第一部第四章「西大寺光明真言過去帳の紹介と分析」一〇三～一〇四頁。

○当寺第七長老沙門信昭
律意房　釈迦寺　　専戒房　桂宮院
観輪房　如意輪寺　　善性房　当寺住

法光房　妙楽寺　　　　如蓮房　明星寺

（中略）

○当寺第八長老沙門元燿

史料（28）は、「光明真言過去帳」の一部である。それによれば、明星寺如蓮房が文和元（一三五二）年三月二日に亡くなった[71]西大寺第七代長老沙門信昭と、文和四（一三五五）年一〇月一七日に死去した[72]西大寺第八代長老沙門元燿との間に記載されている。如蓮房は、その間に死去したのであろう。すなわち、一四世紀半ばにおける明星寺僧の存在が知られる。

宝光寺

宝光寺は、先述の「明徳末寺帳」では第五番目に記されており、加賀国で第五位の寺格の西大寺直末寺であったと考えられる。この宝光寺が、どこに所在したのかなどについてはまったくわかっておらず、謎とされ、まったく論じられていない。

しかしながら、現在の金沢市に法光寺町という地名があり、『石川県の地名』によれば、「名はかつて当地にあった真宗大谷派光専《こうせん》寺の前身、法光寺にちなむという（加賀志徴）[73]」。法光寺と字を異にするが、「天文日記」天文五（一五三六）年一〇月二二日条では「宝光寺」と記しており、音通で同じと考えられる。また、その地は北陸街道が通る交通の要衝で、宝光寺がそこにあった可能性は大いにある。その宝光寺は天台宗であったといい、文安二（一四四五）年に西照房が蓮如に帰依して真宗となったという[74]。

ところで、先に触れた「明徳末寺帳」や一五世紀半ばの「西大寺末寺帳」によって、宝光寺が一五世紀半ばまで機能していたことがわかっている。

史料（29）　松尾「西大寺末寺帳考」一五三頁。

四室分

相模国 極楽寺　　但馬国 常住金剛寺
大和国 大御輪寺　　伊賀国 大岡寺
伯耆国 国分寺　　讃岐国 鷲峰寺
越中国 弘正寺　　備中国 金光寺
周防国 浄法寺　　讃岐国 国分寺
加賀国 **宝光寺**　　讃岐国 屋島寺
出羽国 菩提寺　　伊予国 国分寺
大隅国宮内 正国寺　　伊勢 福善寺
越中 円満寺　　長州 蔵福寺
江州 阿弥陀寺　　タカ嶋郡新城庄ほり川

史料（29）は、先述の永享八（一四三六）年三月日付の「西大寺坊々寄宿末寺帳」の「四室一分」である。それにより、宝光寺は西大寺光明真言会に際して、「四室」に宿泊することになっていたことがわかる。

また、宝光寺僧についても、「光明真言過去帳」に散見される。ただ、紀伊国にも宝光寺があり、その可能性もあるので、断定はできないのが残念である。ただ、紀伊国第九位ランクの宝光寺よりも、加賀国第五位の宝光寺の方が可能性は高いと考えられるので、ここで触れておこう。

史料(30)　本書第一部第四章「西大寺光明真言過去帳の紹介と分析」一〇四頁。

○当寺第八長老沙門元燿

（中略）

如禅房　宝光寺　　　道勝房　当寺住

（中略）

○当寺第九長老沙門覚真

史料(30)は「光明真言過去帳」の一部である。宝光寺如禅房が文和四(一三五五)年一〇月一七日に死去した[75]西大寺第八代長老沙門元燿と、延文五(一三六〇)年一〇月二五日に亡くなった[76]西大寺第九代長老沙門覚真との間に記されている。如禅房はその間に亡くなったのであろう。

史料(31)　本書第一部第四章「西大寺光明真言過去帳の紹介と分析」一〇五～一〇六頁。

覚日房　金剛寺　　　俊一房　桂宮院

（中略）

覚心房　宝光寺　　　　　　　良通房　大福寺

（中略）

教悟房　報恩寺　　　　　　　　**善智房　宝光寺**

（中略）

○当寺第十五長老沙門興泉

史料（31）は「光明真言過去帳」の一部である。宝光寺覚心房と善智房が応安三（一三七〇）年八月一五日に死去した桂宮院俊一房と、康暦元（一三七九）年六月晦日に亡くなった西大寺第一五代長老沙門興泉との間に記されている。覚心房と善智房はその間に亡くなったのであろう。[77][78]

史料（32）　本書第一部第四章「西大寺光明真言過去帳の紹介と分析」一一〇〜一一一頁。

○当寺第廿二長老沙門英如

（中略）

珠覚房　宝光寺　　　　　　　源通房　伯耆国分寺

（中略）

○当寺第廿三長老沙門英源

史料（32）は「光明真言過去帳」の一部である。宝光寺珠覚房が、応永二二（一四一五）年二月二九日に亡くなった西大寺第二二代長老沙門英如と、応永二六（一四一九）年一〇月五日に死去した[79]西大寺第二三代長老沙門英源との間に記されている。珠覚房は、その間に亡くなったのであろう。

史料（33） 本書第一部第四章「西大寺光明真言過去帳の紹介と分析」一一三～一一四頁。

○当寺第廿八長老沙門元澄

（中略）

宗恵房　宝光寺　　　明覚房　大乗院

（中略）

○当寺第廿九長老沙門高算

史料（33）は「光明真言過去帳」の一部である。宝光寺宗恵房が、長禄元（一四五七）年一一月八日に亡くなった[81]西大寺第二八代長老沙門元澄と、文明三（一四七一）年一二月一二日死去した[82]西大寺第二九代長老沙門高算との間に記されている。宗恵房は、その間に亡くなったのであろう。

国分寺

加賀国分寺は、現在の石川県小松市古府町に所在したと考えられている。[83]国分寺というと古代寺院と思われがちであるが、国分寺は、先述の「明徳末寺帳」にも一五世紀半ばの「西大寺末寺帳」にも見え、一五世紀半ばまでは西大寺直末寺として機能していたと考えられる。

この国分寺の西大寺末寺化は、鎌倉時代の蒙古襲来に際して、諸国国分寺（一宮）での祈禱が重視され、その復興が西大寺と極楽寺に任されたことに由来する。西大寺は一九箇国の国分寺の中興を任された[84]。それゆえ、加賀国分寺も鎌倉時代の末期には叡尊教団によって復興され、律寺化していたと考えられる。

注目すべきは、一五世紀以降において西大寺末寺として機能した国分寺は、伊予・周防・長門の三国分寺とされてきたが[85]、尾張、加賀、越中、周防、長門、丹後、但馬、因幡、讃岐、伊予、伯耆・陸奥国分寺の一二箇寺が機能しており[86]、加賀国分寺もその一つであったことだ。

その点にも、中世を通じての叡尊教団系の国分寺の役割と、叡尊教団の祈禱に対する期待の大きさが読み取れる。

称名寺

最後に、称名寺について触れよう。称名寺は、先述の**史料**（15）の「明徳末寺帳」では第六番目に記されており、加賀国で第六位の寺格の西大寺直末寺であったと考えられる。また、先述の**史料**（16）の一五世紀半ばの「西大寺末寺帳」により、一五世紀半ばにおいても、西大寺末寺であった。「明徳末寺帳」の注記から応永五（一三九八）年八月に直末寺と考えられる。

ところで、『石川県の地名』[87]によれば、現在の松任市徳光町に「得光保」があり、「トクミツ称名寺」が所在したと考えられている。室町幕府奉公衆と思われる得光氏は当地の出身とみられ[88]、称名寺の支援者は得光氏であったのかもしれない。残念ながら、これ以上史料がなく、後考を期したい。

おわりに

以上、越前国・越後国・加賀国における叡尊教団の展開について見た。

越前国では神宮護国寺、大善寺、長福寺といった西大寺直末寺が存在し、興福寺の坪江庄支配に協力する関係にあった。それは、律僧として公平性・廉直性[89]が期待されたからであろう。

ところで、神宮護国寺の建設が進みつつあった永仁六（一二九八）年四月二八日には、「越前国敦賀津内野坂庄幷御読経所着岸運船等石別一升米雑物津料各半分」が西大寺宝塔院に拠る西大寺第二代長老信空に「天下泰平異国静謐」の祈禱のために寄付されている[90]。それが契機となって、敦賀方面にも進出していったと推測されるが、これ以上は史料がないために論じられない。

越後国には西大寺直末寺として安禎寺と曼陀羅寺の二箇寺が存在した。安禎寺については所在地が不明だが、曼陀羅寺は現在の上越市に所在し、西大寺十一面御領の年貢管理を行っていたことなどが明らかとなった。

加賀国には、月輪寺、西光寺、神宮寺、明星寺、宝光寺、称名寺、国分寺という七箇寺の西大寺直末寺が所在した。それらの多くは北陸街道沿いに存在していた。とりわけ、宝光寺の所在地が明らかにできた。おそらく加賀国の西大寺末寺は一向一揆により大きな打撃を受け、真宗に転宗したのが多かったと推測される。一向一揆による加賀国支配は、世俗界のみならず宗教界においても極めて大きい影響を与えたといえよう。

註

（1） 松尾剛次「西大寺叡尊像に納入された「授菩薩戒交名」と「近住男女交名」」（松尾『日本中世の禅と律』吉川弘文

館、二〇〇三年）七七頁。
（2）松尾「西大寺叡尊像に納入された「授菩薩戒交名」と「近住男女交名」」〈前註（1）〉九七頁。
（3）松尾「西大寺叡尊像に納入された「授菩薩戒交名」と「近住男女交名」」〈前註（1）〉七五頁。
（4）『福井県史　通史編2中世』（福井県、一九九四年）、『金津町坪江の郷土史』（金津町、一九八五年）、『金津町の文化財』（金津町教育委員会、一九九六年）。
（5）元興寺文化財研究所『平成元年度中世民衆寺院の研究調査報告書Ⅰ』（元興寺文化財研究所、一九九〇年）。
（6）松尾「西大寺末寺帳考」（松尾『勧進と破戒の中世史』吉川弘文館、一九九五年）一三三頁。
（7）松尾「西大寺末寺帳考」〈前註（6）〉一三六頁。
（8）松尾「西大寺末寺帳考」〈前註（6）〉一四〇頁。
（9）松尾「西大寺末寺帳考」〈前註（6）〉一六一頁。
（10）「律苑僧宝伝」（『大日本仏教全書一〇五』名著普及会、一九七九年）一五〇頁。
（11）松尾「筑後国における展開」（松尾『中世叡尊教団の全国的展開』法藏館、二〇一七年）三五八頁。
（12）「西大寺末寺帳　その三」（『西大寺関係史料（一）諸縁起・衆首交名・末寺帳』、奈良国立文化財研究所、一九六八年）一一〇頁など参照。
（13）元興寺文化財研究所『平成元年度中世民衆寺院の研究調査報告書Ⅰ』〈前註（5）〉一四一頁。
（14）松尾『中世叡尊教団の全国的展開』〈前註（11）〉一九三頁など参照。
（15）松尾「西大寺叡尊像に納入された「授菩薩戒交名」と「近住男女交名」」〈前註（1）〉七〇頁。
（16）「西大寺西僧房造営同心合力奉加帳一巻」（『西大寺叡尊伝記集成』法藏館、一九七七年）三八三頁。
（17）「西大勅謚興正菩薩行実年譜」〈前註（16）〉一九九頁。
（18）「西大寺興正菩薩入滅之記」〈前註（16）〉二九一頁。

(19)「西大寺興正菩薩入滅之記」〈前註(16)〉二九八頁。
(20)「西大寺代々長老名」〈前註(12)〉七三頁。
(21)「招提千歳伝記」(『大日本仏教全書一〇五』〈前註(10)〉)二五頁。
(22)『北国庄園史料』(旭光社、一九六五年)二三九頁。
(23)『北国庄園史料』〈前註(22)〉二二八頁。
(24)「常楽記」(『群書類従』二九、続群書類従完成会、一九七七年)二二七頁。
(25)「西大寺代々長老名」〈前註(12)〉七三頁。
(26)『大乗院寺社雑事記六』文明九年七月一二日条(臨川書店、二〇〇一年)二九八頁。
(27)元興寺文化財研究所『平成元年度中世民衆寺院の研究調査報告書Ⅰ』〈前註(5)〉が史料収集を行っている。また、『新修坂井町誌　通史編』(坂井市、二〇〇七年)も詳しい。
(28)二〇一七年五月三日、駒沢大学准教授藤井淳氏とともに大善寺を訪問した。その際、突然の訪問にもかかわらず御住職の山田智洋氏に種々のお話を聞くことができた。記して謝意を表する。
(29)元興寺文化財研究所『平成元年度中世民衆寺院の研究調査報告書Ⅰ』〈前註(5)〉一三六頁。
(30)「常楽記」〈前註(24)〉二二七頁。
(31)「西大寺代々長老名」〈前註(12)〉七三頁。
(32)『上越市史　通史編2中世』(上越市、二〇〇四年)一六〇頁。
(33)松尾「西大寺末寺帳考」〈前註(6)〉一四〇頁。
(34)「西大寺代々長老名」〈前註(12)〉七三頁。
(35)「西大寺代々長老名」〈前註(12)〉七三頁。
(36)『上越市史　通史編2中世』〈前註(32)〉一六〇頁。『上越市史　通史編2中世』は論拠を明示していないが、論拠は元興寺文化財研究所『平成三年度中世民衆寺院の研究調査報告書Ⅲ』（元興寺文化財研究所、一九九二年）二三七頁に拠ったのであろう。
(37) 松尾「西大寺末寺帳考」〈前註（6）〉一四八頁。
(38) 松尾「西大寺末寺帳考」〈前註（6）〉一三四頁。
(39) 『新潟県の地名』（平凡社、一九八六年）八八頁。
(40) 松尾「西大寺末寺帳考」〈前註（6）〉一三六頁。
(41) 松尾「西大寺末寺帳考」〈前註（6）〉一三六頁。
(42) 松尾「西大寺末寺帳考」〈前註（6）〉一四〇頁。
(43) 『石川県の地名』（平凡社、一九九一年）。
(44) 『石川県の地名』〈前註（43）〉。
(45) 松尾『中世叡尊教団の全国的展開』〈前註（11）〉三五八頁。
(46) 「西大寺末寺帳　その三」〈前註（12）〉一一〇頁など参照。
(47) 松尾「西大寺末寺帳考」〈前註（6）〉一六一頁。
(48) 「西大寺代々長老名」〈前註（12）〉七三頁。
(49) 「常楽記」〈前註（24）〉建武元（一三三四）年一一月二一日条。
(50) ただ、時期的に可能性のある人物として文永三（一二六六）年の「山城国愛宕郡速成就院結界唱相」の際に布薩役者を勤めた信海円証房がいる（『金沢文庫資料全書』五、三八頁所収）。円証房は速成就院僧から月輪寺長老へ出世したのかもしれない。律僧は当時としては長命なので可能性を考えておきたい。
(51) 「招提千歳伝記　巻上之二」〈前註（10）〉一八頁。
(52) 『金沢文庫古文書一一輯　識語編三』（金沢文庫、一九五八年）三三頁。

(53)「西大寺代々長老名」〈前註(12)〉七三頁。
(54)「西大寺代々長老名」〈前註(12)〉七三頁。
(55)「西大寺代々長老名」〈前註(12)〉七三頁。
(56)「西大寺代々長老名」〈前註(12)〉七三頁。
(57)『石川県の地名』〈前註(43)〉一五八頁。
(58)『石川県の地名』〈前註(43)〉一五八頁。
(59)「西大寺代々長老名」〈前註(12)〉七三頁。
(60)「西大寺代々長老名」〈前註(12)〉七三頁。
(61)「西大寺代々長老名」〈前註(12)〉七三頁。
(62)「西大寺代々長老名」〈前註(12)〉七三頁。
(63)「西大寺代々長老名」〈前註(12)〉七三頁。
(64)「西大寺代々長老名」〈前註(12)〉七三頁。
(65)「西大寺代々長老名」〈前註(12)〉七三頁。
(66)「西大寺代々長老名」〈前註(12)〉七三頁。
(67)『日本地名大辞典　石川県』(角川書店、一九八一年)八三四頁。
(68)『石川県の地名』〈前註(43)〉二九九頁。
(69)『石川県の地名』〈前註(43)〉一四八頁。
(70)『石川県の地名』〈前註(43)〉一四八頁。
(71)「西大寺代々長老名」〈前註(12)〉七三頁。
(72)「西大寺代々長老名」〈前註(12)〉七三頁。

(73)『石川県の地名』〈前註(43)〉五二五頁。
(74)『加賀志徴　下編』(石川県図書館協会、一九六九年復刻版)四八二頁。
(75)「西大寺代々長老名」〈前註(12)〉七三頁。
(76)「西大寺代々長老名」〈前註(12)〉七三頁。
(77)「常楽記」〈前註(24)〉応安三(一三七〇)年八月一五日条。
(78)「西大寺代々長老名」〈前註(12)〉七三頁。
(79)「西大寺代々長老名」〈前註(12)〉七三頁。
(80)「西大寺代々長老名」〈前註(12)〉七三頁。
(81)「西大寺代々長老名」〈前註(12)〉七四頁。
(82)「西大寺代々長老名」〈前註(12)〉七四頁。
(83)『石川県の地名』〈前註(43)〉二一七頁。
(84)松尾「勧進の体制化と中世律僧」〈前註(6)〉二八頁。
(85)追塩千尋『国分寺の中世的展開』(吉川弘文館、一九九六年)一三八頁。
(86)松尾「勧進の体制化と中世律僧」〈前註(6)〉二八頁。叡尊教団による諸国国分僧・尼寺の中興に関しては、本書第三部第四章の因幡・伊予国分寺などでも扱ったが、叡尊教団が鎮護国家の祈禱の面でも極めて重要な役割を果たすようになっていたことが知られる。
(87)『石川県の地名』〈前註(43)〉三一〇頁。
(88)『石川県の地名』〈前註(43)〉三一〇頁。
(89)松尾「勧進の体制化と中世律僧」〈前註(6)〉二五頁。
(90)「西大寺田園目録」〈前註(16)〉四三九頁。

第六章　常陸・下総・信濃国における展開

はじめに

常陸・下総・信濃国における西大寺末寺の展開についてはさほどわかっていない。というのも、同じ叡尊教団の極楽寺流（極楽寺とその末寺）が三村寺（つくば市）、後に鎌倉極楽寺を中心に展開し[1]、常陸・下総・信濃国の叡尊教団の寺院のほとんどは極楽寺末寺化していたと考えられ、西大寺の直轄寺院である直末寺は常陸平福寺と下総大慈恩寺と信濃国盛興寺・山善寺しかないからだ[2]。そこで、以下、それらに注目する。

第一節　常陸平福寺

現在、茨城県石岡市国府に春林山（もとは興国山）平福寺は所在する。現在は、曹洞宗寺院である。平福寺の歴史は古く、寺伝では平国香（良望）公により開創されて以来千年の歴史を誇るという。とりわけ、常陸大掾氏の菩提寺として知られ、如意輪観音菩薩を本尊とする。平福寺は、天正一八（一五九〇）年の佐竹氏による常陸大掾氏攻めにあって灰燼に帰したという[3]。

さて、平福寺について『茨城県の地名』[4]によれば、「創建は不明であるが、寺伝によればもとは天台宗に属し、天慶年間（九三八～九七四）には役寺として存在したという。明徳二年（一三九一）の西大寺末寺帳（極楽寺文書）に『常陸平福寺』とあり、鎌倉末期から南北朝期にかけて奈良西大寺流の律の法系に連なる寺であったことがわかる」とある。すなわち、『茨城県の地名』は中世に「奈良西大寺流の律の法系に連なる寺」であったとする。

そこで、中世の西大寺直末寺を知るうえで重要な明徳二（一三九一）年に書き改められたという末寺帳[5]（以後、「明徳末寺帳」と略す）を見ると、

史料（1）　松尾「西大寺末寺帳考」一五二頁。

常陸国

平福寺

とある。

ただ、「明徳末寺帳」に見える平福寺と石岡市の平福寺が、同一であるのかが直ちに問題になるが、私も先の『茨城県の地名』の説を支持したい。というのも、平福寺は旧国府に所在し、古代以来の寺院であるが、叡尊教団はそうした古代以来の旧大寺を復興し、律寺とすることが多いからだ[6]。

それゆえ、明徳二年において西大寺末寺であったとひとまず考える。とりわけ、「明徳末寺帳」は西大寺から直接住持が派遣される直末寺が書かれている[7]。いわば、地方における拠点寺院である。

実際、「宮部不動院文書」によれば、平福寺が宮部不動院の本寺であり、かつ、府中五大寺の一つであったという[8]。このように、「明徳末寺帳」の寺院は複数の末寺を有していたと考えられる。
次に、いつまで西大寺末寺であったのだろうか。

史料（2）　松尾『中世叡尊教団の全国的展開』三五七頁。

常陸国
平福寺

史料（2）は、一四五三年から一四五七年にかけて作成された[9]「西大寺末寺帳」の一部である。それによれば、常陸平福寺があがっている。それゆえ、一五世紀後半においても西大寺末寺であったと考えられる。しかし、寛永一〇（一六三三）年の末寺帳には見えない[10]ので、その頃には西大寺末寺ではなかったのであろう。
ところで、叡尊教団の物故者名簿である「光明真言過去帳」にも、

史料（3）　本書第一部第四章「西大寺光明真言過去帳の紹介と分析」一〇三～一〇四頁。

○当寺第七長老沙門信昭
（中略）
顕真房　潮音寺　　如性房　東勝寺
乗道房　三村寺　　○禅了房　招提寺長老

○了信房　天道長老　　双明房　禅興寺
静達房　大乗院　　勤心房　如法院
行修房　善養寺　　専静房　大御輪寺
聖観房　磯野極楽寺　　**唯現房　平福寺**
静通房　来迎院　　珠月房●宝泉寺
○当寺第八長老沙門元燿

と、平福寺僧が出てくる。

すなわち、唯現房という僧の名が、文和元（一三五二）年三月二日に八六歳で死去した[11]西大寺第七代長老信昭と、文和四（一三五五）年一〇月一七日に七六歳で死去した[12]第八代長老元燿との間に見える。それゆえ、唯現房という僧が平福寺で長老を務め、文和元年三月二日から文和四年一〇月一七日までの間に死去していたのであろう。

この唯現房ではないかという人物が、弘安三（一二八〇）年に書かれた、叡尊から菩薩戒を授けられた人物名簿である「授菩薩戒弟子交名」の中にいる。「上野国人如源唯現房」[13]である。唯現房が七〇・八〇代まで生きていたら、この如源唯現房が、先の唯現房であろう。以上、平福寺が一五世紀後半までは西大寺末寺であったことがわかる。

また、平福寺は府中に所在し、府中五大寺の一つである宮部不動院をも末寺化していた。西大寺はまさに常陸の中心部の府中を把握し、他方の極楽寺系は、三村寺を中心に、香取の海沿いに、常陸の他地域を掌握していたのであろう[14]。

第二節　下総雲富山大慈恩寺

下総国にも叡尊教団は展開していた。

史料（4）　松尾「西大寺末寺帳考」一五二頁。

下総国

雲富《うんぷ》大慈恩寺

史料（4）は、「明徳末寺帳」の「下総国」の分である。それには、雲富にある大慈恩寺（現千葉県成田市吉岡）が西大寺直末寺としてあがっている。すなわち、下総国の大慈恩寺は明徳二（一三九一）年には西大寺直末寺であった。

史料（5）　松尾『中世叡尊教団の全国的展開』三五七頁。

下総国

大慈音院

史料（5）は、先述した一四五三年から一四五七年にかけて作成された「西大寺末寺帳」の一部である。それによれば、大慈恩院があがっている。それゆえ、一五世紀後半においても西大寺末寺であったと考えられる。以上のように、中世において下総国大慈恩寺が西大寺直末寺であった。

史料（6）　松尾「西大寺末寺帳考」一五六頁。

二室分
山城国洛東 速成就院　当国 不退寺
同 惣持寺　同栖原 仙澗寺
同箕田 敬田寺　伊勢国 大日寺
当国磯野 極楽寺　鎮西筑前国宰府 最福寺
下総国雲富 **大慈恩寺**　九州筑後国 大琳寺
河内国誉田 宝蓮華寺　山城国相楽郡山田庄廿七代和尚之時 寿福寺

史料（6）は、永享八（一四三六）年三月付の「西大寺坊々寄宿末寺帳」であり、ここにも、二室分として記載されている。それによれば、毎年、奈良西大寺で開催される光明真言会に際して、一五世紀前半において大慈恩寺僧は二室に宿泊することになっていた[15]ことがわかる。

この大慈恩寺に関しては、荻野三七彦氏[16]、外山信司氏[17]、『大栄町史』[18]の優れた研究がなされ、宝治合戦の勝利者であった大須賀胤氏による創建で、叡尊直弟子の円定房真源が初代開山であったこと、室町時代には利生塔が設置される寺院であったことなどが明らかにされている。また、大慈恩寺は、山号雲富山から雲富寺とも、慈恩寺ともいい、大慈恩寺という呼称は、応永元（一三九四）年からとする。[19]しかし、「明徳末寺帳」には大慈恩寺と記載されており、明徳二（一三九一）年には大慈恩寺と呼称していた。

さて、叡尊教団の寺院としての大慈恩寺はいつ頃に創建されたのであろうか。荻野氏によれば、一二九〇年から一二九八年の間、正応三年から永仁六年の間に創建されたと推測されている。[20]

しかしながら、その説は、開山である真源が一二九〇年の叡尊死去後に招請されたという前提に立っているが、忍性が建長五年（一二五三）には三村寺に入った[21]ように、叡尊は弟子たちを生前に派遣している。それゆえ、一二九〇年以後という前提は疑問である。

その上、開基である大須賀胤氏は「宝応寺過去帳」によれば建治二（一二七六）年一一月一四日に死去した[22]という。それが正しければ、それ以前に律寺としての慈恩寺が創建されたことになる。それゆえ、律寺としての慈恩寺の創建時期について検討しよう。

このことを考えるうえで応永三三（一四二六）年四月一〇日付「大須賀朝信紛失状」は大いに有用である。というのも、大慈恩寺創建の本願大須賀胤氏の置文が引用されているからである。

史料（7）[23]

雲富山大慈恩寺当知行領事

右、本願胤氏、法名信連御寄進、幷代々寄付等、文書依紛失、子細為後証、致判形者也、目録者、在別紙、然而、如本願置文者、京都・鎌倉大番役、幷役夫工米以下、公方・私之諸公事等、一切被停止畢、縦雖劫石尽、斯願不可遺失、若背此旨、致違乱於子々孫々者、為不孝仁、彼所領為未所分地、当寺信仰無為之一族等、可分知行之

由、依被定置、既於一百五十余年今、全無相違者也、是以限未来際、為守本願置文旨、加判形者也、仍為後証状、如件

応永三十三年丙午卯月十日　　左衛門尉朝信（花押）

史料（7）の傍点部によれば、本願の大須賀胤氏の大慈恩寺領に関する置文が書かれてから、応永三三（一四二六）年までに一五〇余年が経過したことがわかる。とすれば、一二七六年以前に大慈恩寺が真源を招いて創建されたことになる。一五〇余年と曖昧なので、断定できないが、大須賀胤氏が死去する建治二年に近い時期に建立されたことになろう。このように、大慈恩寺は建治二年以前に大須賀胤氏という在地領主によって創建された。

次に、大慈恩寺開山である円定房真源についても見ておこう。

先述の荻野氏の研究[24]によって、以下のことがわかっている。円定房真源は叡尊直弟子で、信濃国出身である。永仁三（一二九五）年三月以前に岩城薬王寺宝珠院で「宝珠抄」を筆記し、大慈恩寺で永仁六（一二九八）年一〇月には「鉄塔諷誦（仮題）」を草するなどの経典書写を行い、延慶三（一三一〇）年三月二九日には大慈恩寺の梵鐘に開山として銘を入れるなどの活動を詳細に明らかにしている。ここでは少し補足しておこう。

史料（8）　「律苑僧宝伝」一五一頁。

如縁宗賢円定三律師伝

如縁律師、諱阿一、宗賢律師、諱成真、円定律師、諱真源、皆興正菩薩之門徒、学渉二三蔵一、而以二毘尼一在レ心、縁主二教興寺一、賢住二霊山寺一、定居二慈恩寺一、各振二宗風一、赫然有レ声二于時一、有二直明海律師一、開二山于宝泉寺一、乃

一之法嗣也、

史料（8）は、「律苑僧宝伝」の一部で、叡尊直弟子の円定房真源が慈恩寺を根拠にして戒律の宣揚に努めたとする。

史料（9）　本書第一部第四章「西大寺光明真言過去帳の紹介と分析」一〇二頁。

〇寂禅房　招提寺長老　　念観房　神宮寺

（中略）

円定房　雲富寺　　性円房　同寺

（中略）

本如房　称名寺　　良仙房　丹波惣持寺

ところで、真源はいつ亡くなったのであろうか。**史料**（9）は、先述した、叡尊教団の物故者名簿といえる「光明真言過去帳」の一部である。それによれば、暦応四（一三四一）年六月一五日に亡くなった唐招提寺長老寂禅房[25]と、貞和二（一三四六）年一一月二〇日に死去した称名寺本如房[26]との間に、雲富寺円定房と性円房の二人が記載されている。すなわち、その間に大慈恩寺円定房真源と性円房は亡くなったのであろう。

ところで、荻野氏は、この円定房真源の後を継いで第二代長老となったのは、本乗房我覚[27]であったとする。しかし、大慈恩寺の性円房が円定房の次に「光明真言過去帳」に記されていることから、第二代は性円房であった可能性もある。

史料（10）　本書第一部第四章「西大寺光明真言過去帳の紹介と分析」一〇二〜一〇三頁。

○当寺第六長老沙門澄心

（中略）

舜律房　当寺住　　本乗房　雲富寺

（中略）

○当寺第七長老沙門信昭

史料（10）も、「光明真言過去帳」の一部である。それによれば、大慈恩寺の本乗房が貞和三（一三四七）年九月五日に亡くなった[28]西大寺第六代長老沙門澄心と、文和元（一三五二）年三月二日に死去した[29]西大寺第七代長老沙門信昭との間に記載されている。それにより、本乗房我覚は、その間に亡くなったのであろう。

第三節　信濃国における展開

次に、常陸、下総両国とともに基本的に鎌倉極楽寺が末寺を管轄していた可能性が高い信濃国における叡尊教団の展開も見よう。なお、信濃国における叡尊教団の展開については、牛山佳幸氏[30]の優れた研究があり、西大寺直末寺として仁科盛興寺と山善寺の二箇寺の存在を指摘し、善光寺などでの律僧の活動にも大きな光を当てた。本稿は、それを補足するにすぎないが見ておく。

牛山氏も指摘するように、叡尊から菩薩戒を授けられた弟子の名簿である「授菩薩戒弟子交名」には「実厳禅寂房」[31]、「爾空常空房」[32]、「真源円定房」[33]、「良空持縁房」[34]、「性了行願房」[35]、「円海願智房」[36]と六名の信濃国出身者がいるように、信濃国にも叡尊教団は展開していた。とりわけ、真源円定房については、下総大慈恩寺の開山として前節で扱った。

さて、叡尊教団の信濃国における展開を考えるうえでも、「明徳末寺帳」と一五世紀半ばの「西大寺末寺帳」は重要である。

史料（11）　松尾「西大寺末寺帳考」一四六・一四七頁。

信濃国
二科盛興寺　　山善寺第十五長老御時 永和元九三

史料（11）は、「明徳末寺帳」の信濃国分である。それによれば、仁科盛興寺と、山善寺の二箇寺が西大寺直末寺であった。また、注記から山善寺は、永和元（一三七五）年九月三日付で西大寺直末寺となった。

史料（12）　松尾『中世叡尊教団の全国的展開』三五四頁。

信濃国
盛興寺二科　　山善寺

史料（12）は、先述の一四五三年から一四五七年にかけて作成された「西大寺末寺帳」の一部である。それにも、仁科盛興寺と山善寺の二箇寺があがっており、一五世紀半ばにおいても盛興寺と山善寺の二箇寺は西大寺末寺として機能していた。

それゆえ、二箇寺に注目すべきだが、いずれも廃寺となったようで、両寺とも、その所在地がはっきりしない。ただ、仁科盛興寺は、仁科氏の菩提寺であったと推測され、仁科神明社の神宮寺であったと推測されている[37]。他方、現在の長野県「大町市の中央部で中山《なかやま》山地の西麓の段丘上に位置し、西にかつて仁科氏の居館があった現館之《たての》内《うち》集落を望む」常光寺地区には、「かつてこの村の中ほどの山腹にあった常光寺という寺院」があったという[38]。この常光寺が盛興寺であったとする説[39]もある。いずれにせよ盛興寺は仁科氏の菩提寺であったのだろう。

ところで、盛興寺については、「光明真言過去帳」に次のように盛興寺僧が見える。

史料（13）　本書第一部第四章「西大寺光明真言過去帳の紹介と分析」一〇二〜一〇三頁。

○当寺第六長老沙門澄心

（中略）

観意房　福田院　　　　**円道房　盛興寺**

（中略）

○当寺第七長老沙門信昭

史料（13）は、「光明真言過去帳」の一部である。それによれば、盛興寺円道房が、貞和三（一三四七）年九月五日に亡くなった[40]西大寺第六長老沙門澄心と、文和元（一三五二）年三月二日に死去した[41]西大寺第七代長老沙門信昭との間に記載されている。それゆえ、盛興寺円道房は、その間に亡くなったのであろう。円道房が盛興寺僧としてただ一人記載されており、盛興寺の開山であったのかもしれない。

おわりに

以上、常陸と下総と信濃における西大寺直末寺について検討した。「明徳末寺帳」では、常陸と下総はおのおの一箇寺、信濃国は二箇寺しか西大寺末寺は記載されていない。それは、三河国以東では、叡尊教団寺院の多くが鎌倉極楽寺の配下にあったからである。それでも、常陸平福寺は常陸府中に所在し、府中五大寺の一つである宮部不動院をも末寺化していた。また、下総大慈恩寺は興院を末寺とし、室町時代には利生塔寺院であるなど大いに栄えていた。信濃国の盛興寺と山善寺については史料が少なく明確ではないが、一五世紀半ばまでは西大寺末寺であった。

これらのほか、下野小山真福寺も関東にあって一五世紀半ばまで西大寺末寺であったが[42]、史料が少なく地理的位置などもはっきりしない。後考を期したい。

註

（1）松尾剛次『勧進と破戒の中世史』（吉川弘文館、一九九五年）参照。
（2）松尾「西大寺末寺帳考」〈前註（1）〉一四六・一四七・一五二頁。

（3）『石岡市史　上巻』（石岡市、一九七九年）、『石岡の寺とみほとけ』（石岡ライオンズクラブ、一九八七年）など。
（4）『茨城県の地名』（平凡社、一九八二年）四六六頁。
（5）本末寺帳については、松尾「西大寺末寺帳考」〈前註（1）〉において、異本対校を行い、解説したうえで翻刻しているので参照されたい。
（6）西大寺自体が古代大寺で、叡尊は中興していった。
（7）松尾『勧進と破戒の中世史』〈前註（1）〉一三六頁。
（8）『茨城県の地名』〈前註（4）〉四六六頁。
（9）松尾『中世叡尊教団の全国的展開』（法藏館、二〇一七年）三四〇頁。
（10）「西大寺末寺帳　その三」（奈良国立文化財研究所編『西大寺関係史料（一）諸縁起・衆首交名・末寺帳』一九六八年）。
（11）「西大寺代々長老名」〈前註（10）〉七三頁。
（12）「西大寺代々長老名」〈前註（10）〉七三頁。
（13）松尾「西大寺叡尊像に納入された「授菩薩戒交名」と「近住男女交名」」（松尾『日本中世の禅と律』吉川弘文館、二〇〇三年）七二頁。
（14）松尾『忍性』（ミネルヴァ書房、二〇〇四年）。
（15）本末寺帳の性格については松尾「西大寺末寺帳考」〈前註（1）〉一六一頁参照。
（16）荻野三七彦「鎌倉時代に於ける文化の地方伝播」（『日本中世古文書の研究』荻野三七彦博士還暦記念論文集刊行会、一九六四年）。
（17）外山信司「大慈恩寺開基大須賀胤氏と宝治合戦」（『千葉史学』三五、一九九九年）。
（18）『大栄町史　通史編上巻　原始古代中世』（大栄町、二〇〇一年）。

(19) 荻野三七彦「鎌倉時代に於ける文化の地方伝播」〈前註(16)〉二六六頁。
(20) 荻野三七彦「鎌倉時代に於ける文化の地方伝播」〈前註(16)〉二七〇頁。
(21) 松尾『忍性』〈前註(14)〉参照。
(22) 『大栄町史　通史編上巻　原始古代中世』〈前註(18)〉六五八頁。
(23) 『千葉県史料中世編　諸家文書補遺』(千葉県文書館、一九九一年)所収「大慈恩寺文書」八号。
(24) 荻野三七彦「鎌倉時代に於ける文化の地方伝播」〈前註(16)〉。
(25) 「招提千歳伝記」(『大日本仏教全書一〇五』名著普及会、一九七九年)二一八頁。
(26) 『金沢文庫古文書一二輯　識語編三』(金沢文庫、一九五八年)三三二頁。
(27) 荻野三七彦「鎌倉時代に於ける文化の地方伝播」〈前註(16)〉二七二頁。
(28) 「西大寺代々長老名」〈前註(10)〉七三頁。
(29) 「西大寺代々長老名」〈前註(10)〉七三頁。
(30) 牛山佳幸「中世律宗の地域的展開――信濃国の場合」(『信濃』四八―九、一九九六年)。
(31) 松尾「西大寺叡尊像に納入された「授菩薩戒交名」と「近住男女交名」」〈前註(13)〉七一頁。
(32) 松尾「西大寺叡尊像に納入された「授菩薩戒交名」と「近住男女交名」」〈前註(13)〉七二頁。
(33) 松尾「西大寺叡尊像に納入された「授菩薩戒交名」と「近住男女交名」」〈前註(13)〉七二頁。
(34) 松尾「西大寺叡尊像に納入された「授菩薩戒交名」と「近住男女交名」」〈前註(13)〉七四頁。
(35) 松尾「西大寺叡尊像に納入された「授菩薩戒交名」と「近住男女交名」」〈前註(13)〉七五頁。
(36) 松尾「西大寺叡尊像に納入された「授菩薩戒交名」と「近住男女交名」」〈前註(13)〉七五頁。
(37) 牛山佳幸「中世律宗の地域的展開――信濃国の場合」〈前註(30)〉。
(38) 『長野県の地名』(平凡社、一九七九年)七四六頁。

（39）　元興寺文化財研究所『平成三年度中世民衆寺院の研究調査報告書Ⅲ』（元興寺文化財研究所、一九九二年）二三六頁。
（40）「西大寺代々長老名」〈前註（10）〉七三頁。
（41）「西大寺代々長老名」〈前註（10）〉七三頁。
（42）　松尾『中世叡尊教団の全国的展開』〈前註（9）〉三五八頁。

第七章　鎌倉極楽寺流の成立と展開
――初代から九代までの極楽寺歴代住持に注目して

はじめに

一三世紀後期から一四世紀における鎌倉極楽寺と忍性（一二一七～一三〇三）の果たした役割の大きさはつとに知られている[1]。とりわけ、忍性の非人救済活動に象徴される社会救済事業は、その規模の大きさ、活動期間の長さにおいて、極めて重要である。鎌倉極楽寺は、忍性の活動の一大拠点であった。忍性らの活動は単に宗教的に重要であったのみならず、政治的、経済的にも重要な意味を持っていたことは大いに注目すべきである。

ところで、従来、忍性のそうした活動が彼の没後も継承された点は等閑に付されがちで、さほど注目されてこなかった。西大寺第二代長老（住持のこと）信空、河内西琳寺物持といった僧にはようやく光が当てられつつあるが[2]、忍性没後の鎌倉極楽寺を中心とする東国における僧らの活動は史料的な制約もあってまだまだ十分ではない。しかし、栄真、順忍、俊海といった第二、第三の忍性の出現によって、忍性以後も鎌倉極楽寺を中心とした社会救済活動が継続された点を忘れてはならない。

本章では極楽寺の長老たちに注目して、忍性以後の極楽寺僧の活動を明らかにする。ことに、西国においても極楽寺末寺が形成・展開していた明徳二（一三九一）年以前の長老たちに注目する。というのも、明徳二年に書き改められた「西大寺末寺帳」（明徳末寺帳）では、極楽寺は三河国以東の末寺支配を認められたが[3]、それ以前においては、西国にも数多くの末寺を展開していたからだ。つまり、叡尊教団内において極楽寺流（極楽寺とその末寺群）も大いに栄えていたといえる。そこで、その時代の極楽寺長老の活動に注目することによって、叡尊教団内における極楽寺の果たした役割を明らかにしたいと考える。

この極楽寺住持歴代については、『生誕八〇〇年記念特別展　忍性菩薩　関東興律七五〇年』[4]が忍性没後の極楽寺住持第七代までを簡略に指摘している。しかしながら、図録という性格もあって論拠が示されておらず、また、第六代長老を覚行房照玄とするなど間違いもある。

ここでは、『極楽律寺史　中世・近世編』[5]を典拠としながら、原史料などと対校して使用する。なお、長老というのは、禅寺（院）・律寺（院）など遁世僧寺院の住持の呼称である[6]。以下、本稿では長老で統一する。また、従来、律寺のことを律院と表記する研究が多いが、寺と院とは、明確に区別されている。極楽寺などの塔頭（支院）、たとえば真言院とか石塔院などの場合は律院と表記すべきであるが、極楽寺のような複数の塔頭を有する寺などは律寺と表記する。

第一節　第三代長老善願房順忍

律寺としての極楽寺の初代長老が良観房忍性であることは周知のごとくである。ひとまず文永四（一二六七）年から嘉元元（一三〇三）年までが忍性長老時代であった。忍性の活動について詳しくは拙著『忍性』[7]などを参照されたい。

第二代長老は、円真房栄真だが、田中敏子氏の研究[8]が詳しいので、それを参照されたい。田中氏によれば、栄真は安貞元（一二二七）年に河内国生まれ、嘉元元年に忍性を継いで極楽寺長老となった。正和四（一三一五）年に亡くなったと考えられている。

第三代長老は善願房順忍である。この善願房順忍に関する専論はないが、忍性以後の極楽寺とその末寺を束ね、叡尊教団内に極楽寺流ともいえる大勢力を築き[9]、極楽寺流の西国への展開をも主導した人物と評価できる。以下史料をあげつつ論じよう。

善願房順忍は正和四年一〇月に長老を嗣いだが、彼の事績を知る手がかりとして、「極楽寺長老順忍舎利器銘」が参考になる。

史料（1）[10]

極楽寺第三代長老善願上人舎利瓶器
先師大徳法諱順忍、俗姓藤原、建久幕府士卒加藤判官景廉四代孫也、父加藤五郎、其母又藤原氏、文永二十一廿七誕生、弘安三十六歳随良観上人忍性剃髪、同七年二四随性公和尚受年満戒、正応二八十三値興正菩薩別受、同元年於東大寺登壇、究二明奥義、積参禅工夫、徳治元六十五始住多宝寺、正和四十十九奉将府幷太守戒師、掌当寺住持、毎月勤仕授戒、加以伝密宗諸流、授印璽於衆人、元亨二奉東大寺大勧進、塔婆已下之修造、不恥前古、今年八月十日辰尅、手結密印端坐入寂、俗年六十二、夏臈四十二、闍維之後、摭遺骨、以納五輪塔、緬期三会砌而已、

史料（2）[11]

関東極楽律寺第三住持善願
上人諱順忍於備州鑰郷誕生、双親藤原氏也、十六歳出家学道、十八歳受沙弥戒、廿歳受具足戒、卅五歳南都元
興寺小塔院住持、四十二歳関東多宝寺管領、五十一歳同極楽寺執務、六十二歳、嘉暦元年丙寅八月十日巳尅入滅、
結秘印端坐、
　一期化導
比丘戒重受一百人、比丘尼一百十七人、比丘戒新受二百四十三人、比丘尼戒六十四人、式叉尼戒六十一人、沙
弥戒二百九十四人、沙弥尼戒七十四人、十重禁戒道俗四百四十七人、
（蓋裏銘）
伝法灌頂門□僧
六十人、許可僧三十五人、
伝法尼僧三十七人、
許□尼僧二人

『極楽律寺　中世・近世編』一〇六頁。『鎌倉遺文』巻三八、二九五五〇号文書。

史料（3）

極楽寺第三代長老善願上人舎利瓶記
先師大徳法諱順忍、俗姓藤原、建久幕府士卒加藤判官景廉孫也、父加藤五郎、其母又藤氏、文永二十一廿七誕
生、弘安三十六歳、随忍性大徳出家受具、値興正菩薩別受、公家専崇敬、将府太守仰戒師、万人帰顕密之行化、

一朝貴済生之悲願、時嘉暦元年八月十日辰尅端座入寂、俗年六十二、夏臈四十二、

史料（1）から**史料**（3）は、いずれも嘉暦元（一三二六）年八月一〇日に亡くなった極楽寺第三代長老善願房順忍の骨蔵器の銘文「極楽寺長老順忍舎利器銘」である。**史料**（1）と**史料**（2）はおのおの、鎌倉極楽寺と大和額安寺の順忍の墓塔から出た骨蔵器の銘文であり、**史料**（3）は伊豆金剛廃寺跡の石塔下から出た順忍骨蔵器の銘文である。[12]すなわち、順忍の遺骨は、鎌倉極楽寺と大和額安寺と伊豆金剛廃寺の三つの墓塔に分骨されたのである。

極楽寺は順忍が第三代長老を務めた寺であり、それゆえ極楽寺に分骨されたと考えられる。額安寺は、順忍が尊敬する忍性の墓所がある寺であり、順忍は死後も忍性のそばに眠りたかったのであろう。

史料（3）の骨蔵器はさほど注目されてこなかった。天明五（一七八五）年伊豆牧之郷字寺中（現伊豆の国市、金剛寺という大寺院の跡）の古い石塔の下から出土した。高さ約一二センチ、直径約五・三センチの円筒形銅製で筒面に上人の履歴が刻銘されている。現在は修禅寺宝物殿に保管されている。[13]金剛寺跡のある伊豆牧之郷は、順忍の祖たる加藤景廉一族の故郷であり、六基の西大寺様式の五輪塔すらある。ただ、それらは後に積み直されたもので、オリジナルのものではないのが惜しまれる。おそらく金剛寺歴代の墓であろう。順忍は、自分の祖先の故郷にあった金剛寺を律寺化し、そこに分骨させたのであろう。

別著で述べたように、忍性は、遺言して鎌倉極楽寺、生駒竹林寺、大和額安寺の三箇寺に墓塔を建てて分骨させた。それらからは、忍性の略伝が記された優美な骨蔵器が見つかっている。それらの三箇寺はいずれも忍性ゆかりの寺院であった。[14]忍性が三塔に分骨させた背景には弥勒信仰があった。**史料**（1）にも「摭遺骨以納五輪塔、緬期三会砌而已」とあって、順忍も、五六億七千万年後の弥勒三会を期待している旨が書かれている。順忍が三つに分

骨させたのは、忍性にならったからであろう。

「極楽寺長老順忍舎利器銘」は、簡略ながら、順忍の伝記をまとめている。それによれば、順忍は、文永二（一二六五）年一一月二七日に誕生した。「備州鑰郷」（吉備国鑰郷）に加藤景廉の四代孫加藤五郎と藤原氏を両親として生まれた。弘安三（一二八〇）年一六歳で忍性を師として出家し、二〇歳で忍性から受戒した。すなわち、一人前の僧侶となった。さらに、正応二（一二八九）年八月一三日には叡尊から具足戒を受けている。その後、密教と禅を学んだ。三五歳で南都元興寺小塔院長老となり、徳治元（一三〇六）年六月一五日には鎌倉多宝寺の長老となった。正和四年一〇月一九日には将軍や得宗に授戒し、極楽寺の長老（長老）となった[15]。

順忍が極楽寺長老として入る以前に長老だったのは多宝寺であった。忍性もそうであったが、おそらく、極楽寺流では健康であれば、多宝寺長老を経て極楽寺長老となるルートになっていたのであろう。それほど、多宝寺は極楽寺流内で寺格が高い寺院であった。多宝寺は、扇谷山といい、鎌倉の多宝寺谷を中心とする一帯に所在した。現在は廃寺である。寺域は、南は泉の井あたり、東は「現在妹尾小児科の前から泉ケ谷の奥に通じる市道」[16]、北は泉ケ谷最奥部の谷までと考えられている。西ははっきりしない。

極楽寺第３代長老善願房順忍骨蔵器（修禅寺蔵）

多宝寺にも、安山岩製の総高三二八・一センチもの大きな五輪塔が存在する。かつて、その五輪塔は、忍性塔と伝えられてきた。ところが、関東大震災後の復旧工事中に、反花座より青銅製舎利器五個が発見された。そして、その内の一個に銘文が施されていて、その五輪塔が嘉元四（一三〇六）年二月一六日に死去した多宝寺長老覚賢のものであることが明らかとなった。[17]順忍は嘉元四年に多宝寺長老となるが、覚賢は順忍の前任者であった。

「極楽寺長老順忍舎利器銘」によれば、順忍は、元亨二（一三二二）年には東大寺大勧進となり、東大寺の塔婆以下の修造を先代たちに劣らず立派に行った。嘉暦元（一三二六）年八月一〇日に六二歳で死去した。一生において化導した僧としては、比丘戒を重受した者は一百人、比丘尼戒を受けた者は一百十七人、比丘戒を新受した者は二百四十三人、比丘尼戒は六十四人、式叉尼戒は六十一人、沙弥戒は二百九十四人、沙弥尼戒は七十四人、十重禁戒は道俗四百四十七人であった。また、伝法灌頂を受けた僧は六十人、許可灌頂を受けた僧は三十五人、伝法灌頂を受けた尼僧は三十七人、許可灌頂をうけた尼僧は二人であった。以上のような履歴が簡潔ながら記されている。それによって順忍の活動の大枠が知られる。いわば、戒律と密教（禅も）を二本柱として救済活動に邁進した律僧であった、と評価できる。

さて、順忍の活動において、注目すべき活動として、東大寺大勧進としての活動がある。順忍は元亨二年一一月一三日に東大寺大勧進となった。

勧進とは、もともとは、仏教用語で人を勧めて仏道に入らせ、善根・功徳を積ませることを意味したが、平安時代の終りごろからは、寺社の堂塔や仏像の造立・修理のために、人々に勧めて米・銭の寄付を募ることを意味するようになった言葉である。[18]

中世における官寺には、大勧進と呼ばれる役職が置かれ、修造などを担った。東大寺大勧進も、けっして名誉職ではなく、東大寺の復興を実質的に担う役職で、資金・資材・職人の調達までも担当した。それゆえ、大勧進に任命された僧には優れた勧進能力が求められた。[19]

忍性は、永仁元（一二九三）年八月に東大寺大勧進に任命されたが、[20]大いに東大寺復興に努力し成功した。この忍性の成功が先例となり、極楽寺長老となった順忍も東大寺大勧進に任命されたのであろう。順忍に関しても、その骨蔵器に「元亨二奉東大寺大勧進、塔婆已下之修造、不恥前古」と記されている。順忍の東大寺大勧進としての活動も特筆すべきことだったと考えられる。そこで、順忍の東大寺大勧進としての活動を見よう。

順忍は、元亨二年一一月一三日に東大寺大勧進となると、東大寺造営料国である周防国に目代として実順を派遣し、国衙領の収入を確実に東大寺へ送らせ、東大寺の塔婆以下の修造に当てた。この東大寺大勧進としての成功は、順忍の勧進能力の高さによったのであろう。その一つは、極楽寺長老として鎌倉幕府の後援を得やすかったことがある。東大寺側の文書には、「関東多知識禅律僧」、すなわち、鎌倉に住む優れた勧進能力を持った禅僧・律僧が大勧進の時は修造がうまくいくと記されている(21)。それは、周防国の国衙領を横領するなど邪魔をするのは武士であり、鎌倉幕府の権力なくしては周防国支配が不可能であったからであろう。もちろん実務を担当した弟子の実順との協働事業がうまくいったことにもよる。

史料（4）

留守所下　周防国

国分・法花両寺興行并下地奉免事

右倩検　聖武皇帝之往　勅、為東大寺・法花寺惣国分寺、日本六十余州仁建立国分・法花両寺、国分寺名金光明四天王護国之寺、居二十僧、毎月八日読誦最勝王経、同令講讃、尼寺名為法花滅罪之寺、居一十尼、令講法華云々、爰関東極楽寺住持善願上人任国之時、目代覚順、如旧再興彼両寺、則居僧尼、令致　天下泰平国衙安全之祈禱、彼敷地院内者、自元寺家令進止、寺辺之公田下地里坪別紙在之、奉免事、始而非寄付、公田之儀、国分

寺・尼寺差廿五丁、諸郷保在之、為令無僧尼之煩、引移遠所差少々置寺辺者也、移跡者即可為公平、（中略）
次吉祥御願事、国名僧等令勤仕之、雖然彼行儀以外不儀也、勤行以後即於堂内執行酒肴之間、甲乙人等令乱入、
殆擬及狼藉、所詮適持律僧止住之上者、自今年正中二以如法儀、向後者僧衆可令勤行也、（中略）

正中二年歳次乙丑十二月廿六日　散位土師宿祢　在判

（中略）

権介

権介

目代　在判

史料（4）は正中二（一三二五）年一二月二六日付「周防国留守所下文案」[22]である。それによると、極楽寺長老善願房順忍が東大寺大勧進として周防国守だった時に、目代覚順によって周防国分寺・国分尼寺の再興がなされたことがわかる。また、正月の吉祥御願会に際して、従来は「国の名僧」が招かれていたが、その行儀はもっての外に悪かったという。すなわち、勤行が終わって堂内で酒宴があり、甲乙人が乱入し、狼藉を行ったという。そこで、今年正中二年からは律僧が如法に執行することになった。

このように、順忍が東大寺大勧進となったこともあって、周防国分寺・国分尼寺の復興が進んだことがわかる。また、注目すべきことには、それと同時に周防国分寺（おそらく尼寺も）の律寺化、とりわけ極楽寺末寺化が進んだことである。

こうした国分寺・同尼寺の復興は、蒙古襲来退散祈禱をさせるための国家的政策の一環であった。この点は、別

の機会に詳しく論じたので、ここでは略述に止めるが、その政策の担い手に選ばれたのが叡尊教団で、西大寺と極楽寺であった(23)。その際に、一九箇国(24)の国分寺の興行が任されている。実際、周防国分寺、伊予国分寺、丹後国分寺、長門国分寺などの興行を成功させていった。

さらに、注目されるのは、順忍の国分寺興行成功を契機として、極楽寺流の僧が西国へ展開し、西国の寺院までも極楽寺末寺化していったことである。周防国分寺、伊予国分寺、丹後国分寺は極楽寺末寺であったし、播磨報恩寺、丹後金剛心院も極楽寺末寺化していた(25)。

明徳二（一三九一）年に書き改められたという「西大寺末寺帳」（「明徳末寺帳」）によれば、三河国より以東は多くが極楽寺に属すとあるが(26)、極楽寺は西国にも末寺を展開していた。中世叡尊教団は、西大寺を中心とする西国を主な領域とする西大寺流と東国を主な領域とする極楽寺流の二勢力があったが、順忍らの活躍もあって、西国にも末寺を展開していった。こうした極楽寺流の展開は、次の史料からも読み取れる。

史料（5）　『山口県史　史料編中世2』三九九頁、八月一一日付「周防国目代覚順書状」。

極楽寺諸末寺被成　勅願寺候間、安堵　綸旨等被成下候、一紙候間、案文書進之候、又礼紙ニ、今度之亡魂等可訪候由、被仰下候、成　勅願寺候間、能々可有御訪候、又国転変候て未治定候間、何事も委細不申候、委細等此人々可被申入候、諸事期後信候、恐々謹言

八月十一日　　覚順（花押）

謹上　周防国分寺長老

史料（5）は年未詳の覚順書状である。従来、ほとんど注目されてこなかった史料である。おそらく、年付がわからなかったからであろう。ただ、極楽寺流と西国寺院の律寺化に注目した大塚紀弘氏がその年次を元弘三（一三三三）年と考えている[28]。そこで、まず、その年次を確定しよう。

差出人の覚順房覚恵は、いずれも第三代と第四代極楽寺長老であった善願房順忍と本性房俊海が東大寺大勧進の時に周防国目代を務めている[29]。先述のように、順忍は、元亨二（一三二二）年一一月一三日に東大寺大勧進となり、嘉暦元（一三二六）年八月一〇日に死去している。嘉暦元年一二月三日には第四代極楽寺長老本性房俊海が東大寺大勧進となり、元弘三年一〇月二九日には法勝寺円観房恵鎮が拝命している[30]。それゆえ、史料（5）は、元亨二年から元弘三年までの八月一一日に出されたのであろう。

しかし、一三二二年から一三三三年までと一二年もの幅がある。それゆえ、年付をより特定すべく内容を検討すると、重要な手がかりがある。傍点部の「今度の亡魂等を訪ぶらうべき」という文言である。すなわち、その文言から覚順と周防国分寺の関係者であって、朝廷（後醍醐天皇）側もその死を悼むほど重要な人物が死去してほどなく出された書状だということがわかる。とりわけ、日付が八月一一日で、「今度の亡魂」とある。それらを考え合わせると、前日の嘉暦元年八月一〇日に死去した善願房順忍の鎮魂のためとも考えられるが、善願房が鎌倉で死亡したとする情報が翌日に京都に届いたとは考えがたい。それゆえ、やはり元弘の動乱での死者の鎮魂のためとするのがもっとも自然である。

とすれば、史料（5）は元弘三年八月一一日付覚順書状と考えられる。つまり、元弘の動乱での死者の鎮魂の祈禱のために、極楽寺諸末寺が勅願寺化され、それを安堵する綸旨などが出された。だが、一紙しかないので覚順がその写を作って極楽寺末寺であった周防国分寺長老に送ったことがわかる。

こうした周防国分寺といった西国の寺院を含む、極楽寺末寺群は、元弘三年八月一一日以前に後醍醐天皇によって一括して勅願寺化していたという注目すべき事実がわかる。その背景には、その時の長老本性房俊海の努力があったとはいえ、前長老善願房順忍の多大な功績もあったのであろう。従来、善願房順忍はほとんど注目されてこなかったが、大いに注目されるべき人物である。そこで、次に順忍の西国との関係について見ておこう。

極楽寺と西国との関係といえば、忍性による摂津多田院の修造成功があげられる。忍性は多田院修造を成功させ、北条氏の家督である得宗との結びつきを強めたことは周知の事実である。忍性は建治元（一二七五）年一〇月一五日に、得宗から摂津多田院の別当職と本堂修造および勧進を任された。弘安四（一二八一）年には本堂供養を行ったように多田院の修造に成功する[31]。

重要なのは忍性以後も極楽寺は摂津多田院および得宗領の多田荘の管理を行っていた。順忍の代もそうであった。それゆえ、極楽寺長老として、多田院に対して管理に関わる文書が出されている。

史料（6）　「摂津多田神社文書」（『鎌倉遺文』巻三四、二五八五一号文書）

多田院条々

一　当院百姓観蓮入道構種々謀計、致過分之訴訟之間、適地下之管領当参之時、可申所在之由、雖相触、其身乍在于鎌倉中、都不能参申、奸曲之至、顕然之上者、父子三人追放寺領内、永不可令安堵、云寺僧、云百姓、於奸謀同心之輩者、可改易所帯事、

一　都維那・寺主両職、任文永十年十二月十七日御下知幷今年五月廿二日御下知之旨、寺家之知行、不可有相違事、

右、守条々旨、可被執行之状如件、

正和五年五月廿九日　　沙門順忍（花押）

多田院行覚御房

たとえば**史料（6）**は正和五（一三一六）年五月二九日付「摂津多田院条々事書」と言われるもので、順忍が多田院百姓、都維那・寺主両職などに対して管理責任者であったことがわかる。多田院は「明徳末寺帳」では西大寺から長老が任命される西大寺直末寺であるが[32]、順忍・俊海らの代までは極楽寺末寺であったのだろう。ところで、極楽寺忍性といえば、癩病患者の救済など貧者・病者の救済活動で知られる。とりわけ、その財源として土佐国大忍荘が与えられたが、順忍の代においても大忍荘を管理していた。

史料（7）　「土佐村上文書」（『鎌倉遺文』巻三四、二六五四六号文書）

（順忍）
（花押）

□□清遠名開発事

大忍庄東川分年貢銭相積之間、当名之内、有可開発之所者、速令開発、可為御年貢要路者也、仍下知状如件、

文保二年二月十日　　政所

史料（8）　「土佐安芸文書」（『鎌倉遺文』巻三五、二六九七四号文書）

（花押）（順忍）

下　土左国大忍庄

補任　若王子別当職事

僧増源

右、以人補彼職、任親父禅源譲状、有限神事仏事等、無懈怠致其沙汰、可令補任安堵、神人等宜承知、不可違失、故以下、

文保三年三月十六日

史料（7）は文保二（一三一八）年二月一〇日付「土佐大忍荘政所下知状」である。大忍荘東川分の年貢未納のために年貢銭が相積っているので、清遠名内を開発して年貢銭に当てるように命じている。その袖の花押は、順忍のもので、大忍荘の管理責任者であったことがわかる。**史料**（8）は、文保三（一三一九）年三月一六日付「土佐若王子社別当職補任状」で、大忍荘の若王子別当職の継承を順忍が安堵しているが、それも大忍荘管理と関係しているのであろう。以上の**史料**（7）や**史料**（8）のように、文保期においても極楽寺は大忍荘を管理していた。それゆえ、逆に言えば順忍の時代においても、貧者・病者などの救済活動を継続していたと考えられる。

史料（9）「北条貞時十三年忌供養記」（『鎌倉市史』第二、鎌倉市、一九五六年）一〇七頁。

（前略）

御布施

（中略）

銭百貫文　非人施行料　送極楽寺

銭三十貫文　放生料　同

（以下略）

史料（9）は、元亨三（一三二三）年一〇月に円覚寺で行われた北条貞時一三回忌の「供養記」の一部である。傍点部より、極楽寺が非人施行（非人への施物の給付）を担当したことがわかる。円覚寺で一三回忌の供養をやったのだから、円覚寺が非人施行をやってもよいはずなのに、幕府はわざわざ極楽寺に非人施行をさせていたのである。すなわち、忍性没後の順忍の時代においても、極楽寺は都市鎌倉内の非人と呼ばれる人々を対象とする幕府の「慈善事業」を一手に代行していた点にも注目しておこう。

次に、叡尊教団内の分派といえる極楽寺流が生まれていった背景を授戒と光明真言会に注目して整理しておこう。

史料（10）　『性公大徳譜』正応四年条、七五頁。

七十五歳同ク四年、始メテ戒壇ヲ結ビ、別受ヲ行フ、両度四日六十人

史料（10）は、忍性の伝記たる『性公大徳譜』の「正応四年条」である。それによれば、正応四（一二九一）年、七五歳の時に、極楽寺で初めて戒壇を結び、別授戒を行った。朝・夕二度、四日間で六〇人に授戒したという。別受というのは、『四分律』という戒律書に説く戒の護持を戒律に精通した一〇人の戒師の前で誓う儀礼である。

その場を戒場といい、壇になっているので戒壇とも言う。この別受の代表的なものは、二百五十戒（完全に揃っているという意味で具足戒とも言う）の受戒である。それを行うには一〇人の戒師が必要であるが、一〇人もの戒師が揃いにくい僻地では、五人の戒師の前で戒律護持を誓った。

忍性が正応四年になって極楽寺に戒壇を結び、授戒儀礼を行ったのは注目される。それが、もし事実であるならば、それまで、忍性は極楽寺で具足戒の授戒を行わなかったということになるからだ。忍性が、極楽寺へ入った文永四（一二六七）年から、二五年目になって、授戒を行えたことになる。そうしたことが可能になった背景には、正応三（一二九〇）年八月二五日に師叡尊が死去し、忍性が叡尊教団の頂点に立ったことがあるのは間違いなかろう。

叡尊が樹立した戒壇として、「新に戒壇を築くこと五所、謂く西大寺、家原寺、浄住寺、海竜王寺、法華寺也」（「西大寺叡尊行実年譜」）があった。いずれも、畿内ばかりであり、関東の律僧で受戒希望者にとっては、関東から受戒のために畿内に行かねばならず、不便であっただろう。それゆえ、極楽寺に戒壇を樹立したと考えられる。

さらに注目されるのは次の史料である。

史料（11）　『極楽律寺史　中世・近世編』三六頁。

先師御入滅、力なき次第に候といえども、仏法衰微事、都鄙皆大いに歎き申し候、しかりと雖も、我等遺弟、彼素意に任せて、各おの手を分けて弥いよ別法を守護すべく候なり、しかれば、貴辺、殊なる御意楽なく貴寺に止住候て、山より西の諸国僧尼授戒伝法の御勤、闕退せしめ給ふべからず候なり、各互に一味和合を勧め、今更相励べく候、此に同意候ば、山川隔の煩なく候、委細浄賢御房可被詰申候、恐々謹言

十一月十九日　　　　沙門忍性（花押）

謹上　日浄御坊

本史料は、河内延命寺所蔵の忍性書状である。宛名の日浄房は、諱を惣持といい、叡尊の俗甥で、叡尊弟子中の有力者の一人であった。河内（大阪府）西琳寺を中心に活動を続けた[33]。西琳寺は、現大阪府羽曳野市にあり、東西に走る飛鳥道（竹内街道）と南北に走る東高野街道の交差地点の北東部に位置する（『大阪府の地名Ⅱ』[34]）。西琳寺は古代以来の寺院であるが、叡尊教団によって復興され、建長六（一二五四）年三月以来、西大寺末寺となった。その初代長老が惣持である。

先の書状には、年号が欠けているが、「先師御入滅、力なき次第に候」という文言から叡尊が入滅した正応三（一二九〇）年の書状だと考えられる。忍性は、叡尊死去後、教団の総師として活躍した。本書状によれば、忍性は、惣持に対して、西琳寺に止まり、二上山より西の諸国の授戒・伝法灌頂の権限を行使することを認めたようである。奈良西大寺は、おそらく叡尊の遺志と忍性らの支持によって、信空が跡を継いだが、高弟であった信空と叡尊甥の惣持の間で、微妙な対立があったのかもしれない。

忍性が、正応四年に極楽寺で授戒を行っているのを考え合わせると、極楽寺も授戒・伝法灌頂の権限を有したと考えられる。そして、極楽寺は三河国より東の西大寺末寺を管轄していた。とすれば、叡尊死後、授戒と伝法灌頂に関して、二上山より西国のそれを管理する惣持の西琳寺と、二上山より東で、三河国より西のそれを管理する西大寺、三河国より東のそれを管理する極楽寺の大まかな三つに管轄が分れていた可能性がある。

ところで、極楽寺絵図に戒壇堂が描かれている。授戒自体は、戒壇堂といった建物を必要としないが、正応四年に始まった極楽寺での授戒が恒常化するにつれて、戒壇堂という建物まで作られたのであろう。『金沢文庫古文書』などには、「暦応四年十二月三日、卯時計、夢想云く、極楽寺おいて受戒し畢[35]」と見え、暦応四（一三四一）年においても、極楽寺での授戒が継続していたと考えられる。

ところで、興味深いことに、叡尊は、西大寺での授戒と比較して極楽寺での授戒は劣っていると考えていた。『聴聞集』「中有不定の事[36]」によれば、叡尊は、鹿島神が円心房栄真に乗り移って託宣した際の、忍性との問答を引用して、西大寺での授戒が極楽寺のそれより優れていると述べている。

良観房が鹿島神に質問して次のように言った。ここ（極楽寺か）において受戒する者は皆（戒体を）得ているのでしょうか。鹿島大明神は次のように答えた。西大寺において受戒する人は皆（戒体を）得ている。ここ極楽寺において受戒する人の場合は、（戒体を）得る人もいるし、得ない人もいると。良観房は質問して次のように言った。それでは、西大寺で受戒した者で、この極楽寺におります何名かよりも良くない者がいるのは、どうしたことでしょうか。鹿嶋大明神が答えておっしゃるには、人の善悪は、（正しく戒法を授かり、）戒体を得たかどうかには関らない。非常に立派な人であっても得ていない人もいる。また悪いと思われるような人でも得ている人もいるのであると。ですから、皆様各々安心なさって下さい。この西大寺にて受戒する人は疑いなく無表戒を身に発得するのです。実にもっともだと思われる事は、信心の浅い深い、智慧の有無という違いはあっても、身体と寿命とを犠牲にしない人はそれぞれ、身体と寿命とを顧みなくなった時に戒体を身に発得するのです。また、このように遭遇し難く成就し難い事であるとお考えになって、なんとか工夫して修行なさって下さいませ。

戒体というのは、受戒によって発する戒の種で、それが悪をなそうとするのを止めるという。『聴聞集』では、鹿島神の託宣という形であるが、西大寺で受戒した者は、すべて戒体を得られるが、極楽寺では得られない者も出るというのである。忍性が戒壇を造って授戒を行ったのが、叡尊の没後であったのは、そうした師叡尊に対する遠慮があったのだろう。

こうした忍性以来の極楽寺（戒壇）での授戒制こそ、極楽寺流を支える基盤となった。それゆえ、先述の「極楽寺長老順忍舎利器銘」にも順忍の業績として授戒活動についても言及され、比丘戒を重受した者は一百人、比丘尼戒を（重）受した者は一百十七人、比丘戒を新受した者は二百四十三人、比丘尼戒（を新受した者）は六十四人、式叉尼戒（を新受した者）は六十一人、沙弥戒（を新受した者）は二百九十四人、沙弥尼戒は七十四人、十重禁戒は道俗四百四十七人と記されている。

こうした授戒に関連する活動として結界がある。結界は、一般論的にいえば領域を仮構的に限って、内と外とを区別することである[37]。仏教僧とりわけ律僧たちは結界儀礼によって聖化された域内での清浄な生活をめざした。金沢称名寺には、元亨三（一三二三）年二月二四日付の裏書きを有する「称名寺結界絵図」が残されているが、その裏書きによって、その結界儀礼において順忍が羯摩師（いわば議長役）を務めていることがわかる[38]。

ところで、順忍は、律僧であるとともに、密教を極めた僧であった。先述の「極楽寺長老順忍舎利器銘」にも、密教の奥義を究めたことを証する伝法灌頂や許可灌頂を僧尼に行ったことが、「伝法灌頂門□僧、六十人、許可僧三十五人、伝法尼僧三十七人、許□尼僧二人」と記されている。実際に、文保二（一三一八）年正月九日付で称名寺剣阿に伝法灌頂を行っている[39]。

また、「極楽寺長老順忍舎利器銘」に「伝法尼僧三十七人、許□尼僧二人」とあるのが注目される。順忍は女性にも伝法灌頂を行っていたことに注意を喚起したい。

叡尊・忍性らは密教僧であったが、順忍もそうであった。それゆえ、叡尊教団においても多数の密教系の法会を行っていた。とりわけ、叡尊が文永元（一二六四）年九月四日に西大寺建立の本願称徳女帝の忌日を期して開始した法会である光明真言会は重要である。七昼夜にわたって亡者の追善、生者の現世利益のために光明真言を読誦する法会であり、諸国の末寺から僧衆が集まり、西大寺内に寄宿して法会を勤修する叡尊教団の年中行事の中で最大のものであった(40)。

注目されるのは、極楽寺流も光明真言会を開催していたことである。忍性は極楽寺に真言堂を建設し、そこで光明真言会を開いていたと考えられる。それは忍性の死後は一時期中断したようであるが、おそらくは忍性への廻向のために文保期には順忍によって再興されたと推測される(41)。

史料（12）　「氏名未詳書状」（『金沢文庫古文書』四五五六号文書）

　五ヶ日談義候也、開白御分、二日本性上人、三日本光房、四日覚也上人、印教上人、□(如)此候也、
□(恒)例光明真言、自四月八日初夜被始行候、同九日開白御説法、為御存知□録、大概進之候、相構、

史料（12）は『金沢文庫古文書』所収の「氏名未詳書状」であるが、それにより四月八日より恒例の光明真言会が開かれていたことがわかる。なお、五日間にわたって開催された談義を務めた五人は、初日が順忍、二日目が第四代長老となる本性房俊海、三日目は第六代長老となる本光房、最後が第五代長老となる印教房であり、覚也上人以外はいずれも極楽寺長老となる人物である。それゆえ、この恒例光明真言会は奈良西大寺のではなくて、極楽寺

の光明真言会であろう。

以上のように、善願房順忍は東大寺大勧進として東大寺の復興に努め、また、周防国分寺の中興に努めるなど非常に重要な活動を行った。忍性没後の極楽寺を発展させていったのである。次に第四代本性房俊海以降の長老について見よう。

第二節　第四代長老本正房俊海以後の長老達

嘉暦元（一三二六）年八月一〇日に亡くなった極楽寺第三代長老善願房順忍の跡を継いだのは第四代長老本正（性）房俊海である。史料には房名が本性房とも本正房とも出てくるが音通で同じ人物である。

鎌倉時代末から室町時代初期に書かれた一種の過去帳である「常楽記」[42]という記録によれば、俊海は建武元（一三三四）年一一月二一日に死去した[43]とあるので、建武元年一一月二一日に亡くなったと考えられる。

この本正房俊海についても専論はないが、順忍の跡を引き継ぎ極楽寺流の発展を支えた人物であった。俊海の史料上の初見は、先述した金沢称名寺に残る「称名寺結界絵図」の元亨三（一三二三）年二月二四日付の裏書きである。

史料（13）　松尾『中世都市鎌倉の風景』一五六頁。

　元亨三年癸亥二月廿四日

羯广師　　極楽寺長老―忍公大徳

答法　多宝寺長老俊海律師
唱相　湛睿

それによれば、結界儀礼において多宝寺長老俊海は答法師を務めている。俊海も、忍性、順忍と同じく多宝寺長老から極楽寺長老へと栄転したのである。

俊海が重要視されていた証として、順忍の跡を受けて東大寺大勧進に任命されたことがある[44]。

史料（**14**）「周防国吏務代々過現名帳」（『山口県史　史料編中世1』）五九六頁。

一、東大寺大講堂造営料国
国司造東大寺
同極楽寺長老（鎌倉）
本性上人俊海
嘉暦元十二月三日

史料（**14**）は、「周防国吏務代々過現名帳」で、それから嘉暦元（一三二六）年一二月三日付で俊海が極楽寺長老として東大寺大勧進兼周防国司に就任したことがわかる。順忍のところでも述べたが、当時の東大寺大勧進は名誉職ではなく、優れた勧進能力を有することが求められた。とりわけ、鎌倉幕府との密接な関係のある僧侶が大勧進に求められていた。そういう背景のもと、俊海が大勧進に任命されたのである。

また、嘉暦三（一三二八）年二月一三日には、俊海の申請を受けて忍性へ菩薩号宣下が許可されることになった(45)。このことは、忍性の仏教者としての偉大さが第一義であったにせよ、俊海の朝廷・幕府への交渉の成果でもあった。

さらに、俊海は順忍と同様に実順を周防国の目代に任命し、東大寺大勧進としての職務を遂行した。ことに、国守として周防国分寺の興行にも務めた。

史料（15）　『山口県史　史料編中世2』四〇五頁。

周防国分寺興行事、俊海上人申状副具書如此、可被申関東之由
天気所候也、上啓如件
　四月十九日　　左大弁資房（清閑寺）　奉
　　謹上　西園寺中納言殿（公宗）

史料（16）　『山口県史　史料編中世2』四〇五頁。

周防国分寺興行事、綸旨　副俊海上人申状、幷具書如此、仍執達如件、
　四月廿二日　　公宗
　相模守殿

史料（17）　『山口県史　史料編中世2』四〇五頁。

周防国分寺事、早任綸旨、可令致興行沙汰之状、依仰執達如件、

元徳二年十一月六日　　　　　　　　　右馬権頭　在判

　　　　　　　　　　　　　　　　　　相模守　在判

本正《（俊海）》上人御房

史料（15）は、元徳二（一三三〇）年四月一九日付後醍醐天皇綸旨で、極楽寺俊海の願いを受けて、周防国分寺興行を鎌倉幕府もサポートするように関東申次（西園寺公宗）に命じている。史料（16）は、それを受けて関東申次が執権に伝達している。史料（17）は、鎌倉幕府が、その綸旨を受けて周防国分寺を興行するように、俊海に命じている。

ところで、史料（15）と（16）には年次がなく、『山口県史』は、それらの文書の年次を嘉暦二（一三二七）年とする。しかし、史料（17）が史料（15）と（16）と関連しているとすれば、それらの文書の年次は元徳二（一三三〇）年であろう。

史料（15）から史料（17）は、善願房順忍の死去後の大勧進交代後、本正（性）房俊海による周防国分寺興行活動を保障する文書群である。俊海は、順忍と同様に幕府の支援を受けて周防国分寺の興行を行ったのである。「当寺開山菩薩以降代々名簿控」では、俊海のことを周防国分寺中興者とする。[46]

また、先述のように、後醍醐天皇は極楽寺とその末寺を一括して勅願寺としていた。そうした極楽寺流保護政策は、俊海の長老時代の成果である。

史料（18）　「相模極楽寺文書」（『鎌倉遺文』巻四一、三二四八二号文書）

極楽寺諸末寺、勅願寺幷寺領安堵　綸旨、被成下候之間、諸寺可触申之由候、仍案文二通進之候、任被仰下之旨、被致御祈禱、□（可）被修朝敵幷合戦之輩滅罪之善根候也、恐々謹□（言）、

元弘三年八月十九日　　沙門俊海（花押）

謹上　称名寺長老

史料（18）は元弘三（一三三三）年八月一九日付の「俊海書状」である。それによれば、鎌倉幕府滅亡後において、極楽寺諸末寺を一括して勅願寺とし、また寺領を安堵する綸旨が出されたことがわかる。俊海は極楽寺長老として、案文二通を作成し、その旨を末寺である称名寺に伝え、「朝敵幷合戦之輩滅罪之善根」のために祈禱するように指示している。

さらに、次の**史料**（19）のように、俊海の長老時代には伊予国分寺も興行を任されている。

史料（19）　『愛媛県史資料編　古代・中世』五一六頁。

伊予国々分寺、宜致執務専興隆者、

天気如此、仍執達如件

元弘三年十一月三日　　左少弁　御判

極楽寺長老御房

追伸　寺領以下任旧記可致管領由、同被仰下候也

鎌倉幕府が蒙古襲来を契機として、国分寺（尼寺）・一宮の復興に務め、その担い手が西大寺・極楽寺であったことは先に述べた。その結果一九箇国の国分（尼）寺が両寺によって興行された。**史料**（19）は元弘三年一一月三日付後醍醐天皇綸旨である。それによれば、伊予国分寺の興行が極楽寺長老俊海に命じられている。寺領以下の管領も任されている。極楽寺は、周防国分（尼）寺、丹後国分（尼）寺、伊予国分（尼）寺の興行をゆだねられていた。

伊予国分寺との関係がいつから始まったのかははっきりしないが、次の**史料**（20）からは、正慶元（一三三二）年閏一〇月頃には極楽寺と伊与国とは関係があったようである。

史料（20）　「伊予大三島東円坊所蔵銅鐃鉢銘」（『鎌倉遺文』巻四一、三一八七六号文書）

奉施入伊予国三島神社御宝前
正慶元年壬申十月関東極楽寺
沙門俊海

すなわち、**史料**（20）によれば、正慶元年閏一〇月に極楽寺長老俊海が伊予大三島の三島社に銅鐃鉢を寄付しており、その頃には伊予国と関係があったのであろうか。

さらに、播磨報恩寺も、俊海が長老であった嘉暦元（一三二六）年から建武元（一三三四）年一一月二一日までの間は極楽寺末寺であった(47)。

以上のように、第四代長老俊海も第三代長老順忍の跡を継いで極楽寺の発展に努めた。とりわけ極楽寺流を一括して後醍醐天皇の勅願寺とした点は注目される。また、西国への発展にも大きな役割を果たしていた。

第五代、第六代、第七代についても詳しく考察すべきであるが、史料的な制約と紙幅の都合もあって、在任期間に注目して述べておこう。

第五代長老は印教房円海である。建武元年一一月二一日に死去した俊海の跡を継いで、円海は極楽寺第五代長老となった。「常楽記」によれば暦応元（一三三八）年七月二七日に六九歳で亡くなっている(48)。

史料（21）　『愛媛県史資料編　古代・中世』五三四頁。

天下静謐御祈事、相催諸国末寺幷国分尼寺事、殊致丹誠可祈念海内安全者、依

院宣執達如件、

建武三
七月十八日　　雅仲（高階）

極楽寺長老上人御房

史料（22）　『愛媛県史資料編　古代・中世』五三四頁。

諸国散在末寺僧尼寺同寺領等事、任先例可被致其沙汰之状如件

建武三年七月十九日　　左馬頭　御判

極楽寺長老

史料（21）は建武三（一三三六）年七月一八日付光厳上皇院宣写である。**史料（22）**は建武三年七月一九日付足

利直義御判御教書写である。史料（21）からは、極楽寺長老円海に対して末寺と国分・尼寺を動員して天下静謐の祈禱を丹誠こめて行うように命じている。史料（22）からは、先例にまかせて「諸国散在末寺僧尼寺同寺領等」の支配を行うように極楽寺に安堵している。いずれも写で、伊予国分寺に伝わっている。

史料（21）、史料（22）からわかるように、円海の時代も諸国末寺支配を認められ、ことに、西国に所在する伊予国分寺の支配も継続して認められたことがわかる。

第六代長老は、本光房心日である。心日は暦応元（一三三八）年七月二七日に亡くなった円海の跡を継いだ。ところで、先述のように、第六代長老を覚行房照玄とする説もある。それは、「律苑僧宝伝」の「照玄律師伝」に依拠しているのであろう。

史料（23）　「律苑僧宝伝」一五九頁。

覚行玄律師伝

律師諱照玄、字覚行、本無律師之門人也、随十達国師習戒律、深得其旨、兼稟秘密瑜伽、旁研華厳、康永四年募衆、於東大寺建香積厨、厥後受請主鎌倉極楽寺、又領戒壇院之命、居二歳、宗風大振、竟於京兆大通寺、脱去、時延文三年六月初五日也、報年五十有八

それによれば、延文三（一三五八）年六月五日に亡くなった、覚行房照玄が康永四（一三四五）年に東大寺に香積厨を建てたあと、鎌倉極楽寺の主となったとある。また、東大寺戒壇院長老にもなったという。

それゆえ、一見すると、覚行房照玄が康永四年以後のある時期に極楽寺長老であったと考えられる。照玄は康永

四年三月には東大寺大勧進となった[49]という。

史料(24)「律苑僧宝伝」一六〇頁。

円浄為律師伝

律師諱正為、円浄其字也、落髪于十達国師、学富道高、継覚行律師後、住極楽戒壇両刹、常講華厳及三大部、由是名流四遠、為時賢所慕、応安元年八月二十二日帰真于極楽寺、

さらに、注目されるのは、史料(24)のように、「律苑僧宝伝」の「円浄為律師伝」には、覚行の弟子の円浄房正為が覚行房照玄の跡を継いで極楽寺と東大寺戒壇院に住し、応安元(一三六八)年八月二二日に極楽寺で亡くなったとある。すなわち、「律苑僧宝伝」を信じるとすれば、第六代長老は覚行房照玄、第七代長老は円浄房正為ということになる。はたしてそうであろうか。

史料(25)『極楽律寺史 中世・近世編』一四六頁。

観応元年三月廿一日於開東極楽寺自第六住持心日大徳奉相伝之畢、

極楽寺住僧金剛仏子珠筐

(花押)

史料(25)は、「綜芸種智院式並序」の奥書である。それによれば、極楽寺第六代長老心日が観応元(一三五〇)

年三月二一日に「綜芸種智院式並序」を極楽寺住僧珠篋に相伝している。すなわち、第六代住持は心日であったと考えられる。

また、心日は、「極楽寺宝物目録写」には康永三（一三四四）年四月初安居日（一六日）付で「沙門心日（花押）」と署判している。それには「第六住時代」と後世の注記もある。それゆえ、康永三（一三四四）年四月頃から観応元（一三五〇）年には心日が第六代住持として活動している。

とすれば、覚行房照玄（円浄房正為もだが）を極楽寺長老とする「律苑僧宝伝」は間違いと考えられる。おそらく、極楽寺の一塔頭の院主となったというのを「主鎌倉極楽寺」と誤断したのであろう。

史料（26） 本書第一部第四章「西大寺光明真言過去帳の紹介と分析」一〇二～一〇三頁。

○当寺第六長老沙門澄心

（中略）

本智房　当寺住　　　**本光房　極楽寺長老**

（中略）

○当寺第七長老沙門信昭

また、**史料（26）**の「光明真言過去帳」によれば、本光房が極楽寺長老として記載されている。それによれば、貞和三（一三四七）年九月五日付で死去した西大寺第六代長老澄心[50]と、文和元（一三五二）年三月二日付で亡くなった西大寺第七代長老信昭[51]との間に、極楽寺長老本光房が記載されている。それゆえ、その間に、極楽寺長老本光房は亡くなったのであろう。とすれば、本光房とは第六代長老心日のことを指している。
また、先述のように、観応元（一三五〇）年三月二一日に極楽寺第六代長老として「綜芸種智院式並序」を極楽寺住僧珠篋に相伝している。[52]それゆえ、心日は観応元年三月二一日から文和元（一三五二）年三月二日までの間に死去したのであろう。[53]

本光房心日の長老期における重要な出来事として、貞和五（一三四九）年二月一一日付で足利尊氏によって、忍性の先例に任せて鎌倉の内港和賀江嶋の管理権と前浜の殺生禁断権を安堵されたことがある。[54]

第七代長老は、本一房明賢である。

史料（27）　『極楽律寺史　中世・近世編』一五一頁。

極楽寺第七長老明賢大徳遺骨、貞治七年戊申三月十五日

史料（27）は、極楽寺の塔頭西方寺跡から出土した骨蔵器の銘文である。それゆえ、明賢は貞治七（一三六八）年三月一五日に死去したことがわかる。

ところで、明賢の房名は本一房である。

史料（28）　本書第一部第四章「西大寺光明真言過去帳の紹介と分析」一〇五頁。

○当寺第十三長老沙門信尊

（中略）

○本一房《アトカ》　**極楽寺長老**　　智照房　弘正寺

（中略）

○当寺第十四長老沙門尭基　　（後略）

史料（28）は、「光明真言過去帳」で、極楽寺長老本一房が、貞治五（一三六六）年九月二〇日に七〇歳で亡くなった西大寺第一三代長老信尊[55]と、応安三（一三七〇）年四月四日に七五歳で亡くなった西大寺第一四代長老尭基[56]との間に記されている。それゆえ、極楽寺長老本一房は、その間に亡くなったと考えられる。とすれば、本一房とは貞治七（一三六八）年三月一五日に死去した明賢ということになる。

明賢は、文和二年一月八日に「極楽寺宝物目録」に署判している[57]。その頃には確実に長老であった。第八代長老は義空房である。本一房明賢は貞治七年三月一五日に死去した。その跡を継いだのは義空房であった。

史料（29）　本書第一部第四章「西大寺光明真言過去帳の紹介と分析」一〇六頁。

真浄房　花蔵寺　　玄寥房　称名寺

素静房　神弘寺　　○義空房　**極楽寺長老**

（中略）

○当寺第十五長老沙門興泉

史料（29）は、「光明真言過去帳」の一部で、極楽寺長老義空房が、応安六（一三七三）年一〇月一日に死去した金沢称名寺長老玄寥房什尊[58]と、康暦元（一三七九）年六月晦日に八六歳で亡くなった西大寺第一五代長老興泉[59]の間に記されている。義空房は、その間に亡くなったのであろう。とりわけ、玄寥房什尊のすぐ近くに記載されており一三七三年か七四年の可能性が高い。

第九代は空日房である。

史料（30）　本書第一部第四章「西大寺光明真言過去帳の紹介と分析」一〇六〜一〇七頁。

○当寺第十五長老沙門興泉

（中略）

○**空日房　極楽寺長老**　　道了房　大御輪寺

（中略）

○当寺第十六長老沙門禅誉

史料（30）は、「光明真言過去帳」の一部で、極楽寺第九代長老空日房が、康暦元（一三七九）年六月晦日に八六歳で亡くなった西大寺第一五代長老興泉[60]と、嘉慶二（一三八八）五月五日に九〇歳で亡くなった西大寺第一六代長老禅誉[61]との間に記されている。空日房はその間に死去したのであろう。

おわりに

「はじめに」で触れたように、石井進氏は、極楽寺が鎌倉幕府の公共事業を一手に請け負っていた点を踏まえて、極楽寺の役割の大きさは言い過ぎることはないとまで表現した。

しかしながら、極楽寺研究の基本ともいえる長老次第すら明らかではなかった。それは、史料の少なさというよりも、史料の扱いが困難であったからだ。それゆえ、本稿では極楽寺第三代長老善願房順忍と第四代長老本正(性)房俊海の事績に注目しつつ、極楽寺の第九代までの長老次第を明らかにし、極楽寺流の形成と展開について見てきた。それによって、叡尊教団内に極楽寺流とも言える鎌倉極楽寺を中心とした末寺群の存在に光を当てることができたと考える。とりわけ、初代忍性のみならず東大寺大勧進に登用された順忍と俊海が重要な役割を果たしたことも明らかにできた。

ところで、叡尊教団の全国的な展開を考える際に、明徳二(一三九一)年に書き改められた「明徳末寺帳」がよく使用される。私もしばしば利用してきた(62)が、なぜ明徳二年に書き改められる必要があったのか謎であった。今回、極楽寺流の成立と展開を考えてみると、謎が解けたような気がしている。本稿で述べたように、南北朝初期までは極楽寺流は三河国以西の西国にも展開していたが、南北朝動乱の終結を機に、西大寺と極楽寺で調整がなされ、基本的に西国の末寺は西大寺が、東国は極楽寺が統括するという結論に至り、「明徳末寺帳」が作成された。以上の仮説が当たっているかはともかくとして、順忍、俊海といった極楽寺流の高僧の活躍に光を当てられたことをもってよしとしたい。

註

（1）石井進「都市鎌倉における「地獄」の風景」（御家人制研究会編『御家人制の研究』吉川弘文館、一九八一年）は忍性と極楽寺の役割の重要性に大きな光を当てた。
（2）追塩千尋『中世南都の僧侶と寺院』（吉川弘文館、二〇〇六年）。
（3）松尾剛次「西大寺末寺帳考」（松尾『勧進と破戒の中世史』吉川弘文館、一九九五年）一三七頁。西大寺末寺帳などを使いつつ現地調査を踏まえて中世叡尊教団の全国的展開を明らかにした松尾『中世叡尊教団の全国的展開』（法藏館、二〇一七年）も参照されたい。
（4）西岡芳文「忍性の後継者と関東律宗の展開」（『生誕八〇〇年記念特別展　忍性菩薩　関東興律七五〇年』神奈川県立金沢文庫、二〇一六年）。西岡論文は陸奥長福寺、駿河鬼岩寺などこれまでさほど光が当てられなかった極楽寺末寺に注目している。
（5）『極楽律寺史　中世・近世編』（極楽律寺、二〇〇三年）。
（6）遁世僧については松尾『新版鎌倉新仏教の成立』（吉川弘文館、一九九八年）など参照。
（7）松尾『忍性』（ミネルヴァ書房、二〇〇四年）。
（8）田中敏子「極楽寺二代長老に就て」（『鎌倉』五、一九六〇年）、桃崎祐輔「総州願成寺の探索」（『六浦文化研究』八、一九九八年）。
（9）この点は松尾「西大寺末寺帳考」〈前註（3）〉一三七頁で指摘した。大塚紀弘「鎌倉極楽寺流律家の西国展開――播磨報恩寺を中心に」（『地方史研究』三五七、二〇一二年）は極楽寺流の存在に大きなスポットを当てた点は注目に値する。しかし、大塚氏は、第四代極楽寺長老俊海が嘉暦元年に死去とするなど、間違いも犯している。そうした誤りを回避するためにも、極楽寺長老次第の確定は望まれるところである。また、都市鎌倉との関係で極楽寺の役割に注目した石井進「都市鎌倉における「地獄」の風景」〈前註（1）〉も示唆に富む研究であるが、和賀江嶋の管理権と前浜の殺生禁断権を安堵した足利尊氏書状写の宛名（極楽寺長老本光房心日）を極楽寺長老とのみ記している。

(10)『極楽律寺史　中世・近世編』〈前註（5）〉一〇五・一〇六頁、『鎌倉遺文』巻三八、二九五四九号文書。『生誕八〇〇年記念特別展図録　忍性――救済に捧げた生涯』（奈良国立博物館、二〇一六年）一八四頁に本舎利容器の写真が、二六一頁には解説がある。二六七頁には銘文の翻刻がある。以下、銘文翻刻はそれに従った。

(11)『極楽律寺史　中世・近世編』〈前註（5）〉。『生誕八〇〇年記念特別展図録　忍性――救済に捧げた生涯』〈前註（10）〉一七八頁に本舎利容器の写真が、二五九頁には解説がある。二六六頁には銘文の翻刻がある。

(12)本骨蔵器銘については『大仁町史　資料編一』（伊豆の国市観光・文化部文化振興課、二〇一二年）五二四頁、『大仁町史　通史編一』（伊豆の国市観光・文化部文化振興課、二〇一五年）四二六頁、『増訂豆州志稿　巻一〇下』（長倉書店、一九六七年）四二九頁などを参照。

金剛廃寺については、史料がほとんどないが、極楽寺とその末寺が天竜川・大井川・富士川・木瀬川などの管理を任されていたこと（湯山学「駿河国木瀬河・沼津と霊山寺」〈『地方史静岡』一五、一九八七年〉）から推測すれば、狩野川中流の右岸に位置した。おそらく、狩野川の川津を管理する役割を担っていたのかもしれない。また、『増訂豆州志稿巻一〇下』によれば、永和三（一三七七）年二月一〇日に造立供養されたという銘のある大日如来を刻んだ石塔もあったというので、その頃まで存続していた。現在の玉洞院にある永和三年銘の石塔こそ、その石塔であろう。順忍の「故郷」に立つ金剛寺であり、おそらくは大いに栄えていたはずである。

(13)二〇一七年四月五日に修禅寺にて本骨蔵器の調査を行った。その際、修禅寺住職吉野真常氏にお世話になった。

(14)松尾『忍性』〈前註（7）〉参照。

(15)この順忍の極楽寺長老任命状は将軍より出されており、極楽寺は将軍家祈禱寺であった（小野塚充巨「中世極楽寺をめぐって」竹内理三先生真寿記念論文集刊行会編『荘園制と中世社会』東京堂出版、一九八四年〉四七七頁）。その任命状は一〇月五日付であり（『金沢文庫古文書』二五五四号文書）、第二代長老栄真の死去日はそれ以前ということになる。江戸時代の過去帳では元亨二年七月一二日とする。その年次は明らかに間違いだが、月日が正しいとすれば、正和四年七月一二日に亡くなったということになる。長老任命は前住の四九日法要などの終了後とすれば、その日付も可能性はある。後考を期したい。

(16) 大三輪龍彦「廃多寶律寺について」(『鎌倉』一七、一九六八年)。

(17) 松尾『忍性』〈前註(7)〉九二頁参照。

(18) 『仏教辞典』(岩波書店、二〇〇二年)の「勧進」の項目参照。

(19) 松尾『勧進と破戒の中世史』〈前註(3)〉。

(20) 松尾『中世律宗と死の文化』(吉川弘文館、二〇一〇年)。

(21) 松尾「勧進の体制化と中世律僧」〈前註(3)〉一四・一五頁。

(22) 「周防国分寺文書 一」(『防府市史 史料I』防府市、二〇〇〇年)三六三頁。

(23) 松尾「勧進の体制化と中世律僧」〈前註(3)〉二七頁。

(24) 長門国分寺は一九箇寺の「外」とされるので(森茂暁「鎌倉末期・建武新政期の長門国分寺」〈『山口県史研究』二、一九九三年〉二五頁)、一二〇箇国の国分寺の興行を担っていた。

(25) 大塚「鎌倉極楽寺流律家の西国展開」〈前註(9)〉など参照。長門長光寺も極楽寺仙戒(海)上人によって律寺化しており(『山口県史 通史編中世』山口県、二〇一二年、七七三頁)、明徳以前は極楽寺末寺であった可能性が高い。

(26) 松尾「西大寺末寺帳考」〈前註(3)〉一三七頁。

(27) 『山口県史 史料編中世2』(山口県、二〇〇一年)三九九頁の八月一一日付「周防国目代覚順書状」。

(28) 大塚「鎌倉極楽寺流律家の西国展開――播磨報恩寺を中心に」〈前註(9)〉。

(29) 「周防国吏務代々過現名帳」(『山口県史 史料編中世1』山口県、一九九六年)五九六頁。

(30) 「周防国吏務代々過現名帳」〈前註(29)〉五九六頁。

(31) 松尾『忍性』〈前註(7)〉一九二～一九四頁。
(32) 松尾「西大寺末寺帳考」〈前註(3)〉一四四頁。
(33) 惣持と西琳寺については松尾『中世叡尊教団の全国的展開』八六～九三頁を参照。
(34) 『大阪府の地名Ⅱ』(平凡社、一九八六年)一〇七三頁。
(35) 『金沢文庫古文書』六一九六号文書。
(36) 松尾監修「『興正菩薩御教誡聴聞集』訳注研究」(『日本仏教綜合研究』二、二〇〇四年)一〇六頁。
(37) 田岡香逸「結界石考」(『歴史考古』一八、一九七〇年)、垂水稔『結界の構造』(名著出版、一九九〇年)など参照。
(38) 松尾『中世都市鎌倉の風景』(吉川弘文館、一九九三年)一五六頁。
(39) 「源喜堂古文書目録二」(『鎌倉遺文』巻三四、二六五一六号文書)。
(40) 松尾『救済の思想——叡尊教団と鎌倉新仏教』(角川書店、一九九六年)五四頁。
(41) 文保頃の「廻向・光明真言再興願文」(『極楽律寺史　中世・近世編』〈前註(5)〉)九八頁。
(42) 『日本史大事典』三(平凡社、一九九三年)の「常楽記」の項目参照。
(43) 「常楽記」(『群書類従』第二九続群書類従完成会、一九七七年)建武元(一三三四)年一一月二一日条。
(44) 「周防国吏務代々過現名帳」〈前註(29)〉五九六頁。
(45) 「相模極楽寺文書」(『鎌倉遺文』巻三九、三〇一三九号文書)。
(46) 『山口県史　通史編中世』〈前註(25)〉七六八頁。
(47) 「播磨報恩寺文書」(『鎌倉遺文』巻三四、二六〇九一号文書)。
(48) 「常楽記」〈前註(43)〉暦応元(一三三八)年七月二七日条。
(49) 永村真『中世東大寺の組織と経営』(塙書房、一九八九年)三四六頁所載の「東大寺大勧進職一覧」参照。しかし、『大日本古文書　東大寺文書之九』六二頁によれば、前年の康永三年一〇月二四日において大勧進として活動している。

(50)「西大寺代々長老名」(『西大寺関係史料(一)諸縁起・衆首交名・末寺帳』奈良国立文化財研究所、一九六八年)七三頁。

(51)「西大寺代々長老名」〈前註(50)〉七三頁。

(52)『極楽律寺史　中世・近世編』〈前註(5)〉一四六頁。

(53)本光房は文保二(一三一七)年二月七日付後伏見上皇院宣では、殺生禁断命令を証賢(報恩寺長老)に仰せ伝えるように命じられている(「播磨報恩寺文書」『鎌倉遺文』巻三四、二六〇九〇号文書)。このほかの活動については松尾「関東祈禱所再考――禅・律寺に注目して」(『日本仏教綜合研究』一四号、二〇一六年、本書第一部第三章所収)五四・五五頁を参照されたいが、正和三(一三一四)年一〇月には大和久米寺の勧進責任者として活動している。

(54)『極楽律寺史　中世・近世編』〈前註(5)〉一四六頁。

(55)「西大寺代々長老名」〈前註(50)〉七三頁。

(56)「西大寺代々長老名」〈前註(50)〉七三頁。

(57)『極楽律寺史　中世・近世編』〈前註(5)〉一四七頁。

(58)『金沢文庫古文書第一二輯　識語編三』、三九頁。

(59)「西大寺代々長老名」〈前註(50)〉七三頁。

(60)「西大寺代々長老名」〈前註(50)〉七三頁。

(61)「西大寺代々長老名」〈前註(50)〉七三頁。

(62)たとえば、松尾『中世叡尊教団の全国的展開』〈前註(3)〉など。

第三部

叡尊教団の中国・四国地方への展開

第一章　播磨国における展開

はじめに

ここでは、播磨国における中世叡尊教団の展開をみる。播磨国における叡尊教団の展開に関しては坂田大爾氏[1]の専論や『加西市史』[2]の研究、大塚紀弘氏の研究[3]などがあり、それらは大いに示唆に富んでいるが、間違いがないわけではない。ここでは、それらの研究に導かれながら、中世播磨における叡尊教団の展開をみよう。

第一節　文観ゆかりの寺院常楽寺

中世における叡尊教団の播磨における展開を考えるうえで、明徳二（一三九一）年に書き改められた「明徳末寺帳」は重要である。それには次のように播磨国の末寺が記載されている。

史料（1）　松尾「西大寺末寺帳考」一四八頁。

播磨国

常楽寺《北条》　東一
福泉寺
興善寺
報恩寺《二堂》　第十六長老御時　至徳元年八月日
餝万寺《二聖院》　第廿七代和上御代　文安四年八月日
常住寺　四十九院
長坂寺　護国院
成福寺《ヲノヘ》　二聖院中
曼陀羅寺《サタニ》　今ハ号延命寺
報恩寺《長坂》
竜華院《長坂》　第十九長老御時被承候　応永十年十月廿七日
延命寺　西室
福泉寺
報恩寺《平》

以上のように、一四箇寺があげられている。別稿で論じたように、それらはいずれも奈良西大寺から直接住持が任命される西大寺直末寺である[4]。また、その配列の順序は寺格を表している[5]。とすれば、先頭に書かれている北条常楽寺こそ播磨国における西大寺直末寺の筆頭寺院であったと考えられる。また、たとえば常楽寺に注記された「東一」とは、毎年、西大寺で開催される光明真言会に際し、常楽寺僧は西大寺東室一に宿泊することになっていたことを表している[6]。

ただし、「明徳末寺帳」には、その注記から明徳二（一三九一）年以後に書き加えられたと考えられる末寺もある。**史料（1）**を見れば明らかなように、播磨国分では至徳元（一三八四）年八月に直末寺となった二堂報恩寺、応永一〇（一四〇三）年一〇月二七日に直末寺となった長坂竜華院、文安四（一四四七）年八月に直末寺となった餝万寺である。すなわち、別稿で述べたように、「明徳末寺帳」は明徳二年段階の末寺帳に後の追記がなされている。[7]

ところで、新たに私が見つけた中世の西大寺末寺帳がある。それは、一四五三年から一四五七年までの間に作成されたと考えられる末寺帳である。[8] とりわけ重要なのは、それはすでに奈良文化財研究所によって翻刻・紹介されているが、[9] 残念なことに播磨国の分などが誤って翻刻されていない点である。そこで、以下、**史料**（2）として従来未翻刻の播磨国分を引用する。

史料（2）[10]

播磨国

北条　常楽寺　　ヲノヘ　成福寺
福泉寺　　サタニ　曼陀羅寺　今ハ号延命寺
二堂　興善寺　　報恩寺
報恩寺　　竜華院
餝万寺　餝東郡　　延命寺
常住寺　　長坂寺

史料（1）と**史料**（2）とを比較すると、福泉寺と報恩寺がそれぞれ一つずつへっているという相違がある。とすれば、それら二箇寺は、一五世紀の半ば以後には西大寺の直末寺ではなかった可能性がある。

ところが、もう一つの中世西大寺末寺帳である、永享八（一四三六）年付の「坊々寄宿末寺帳」には、**史料**

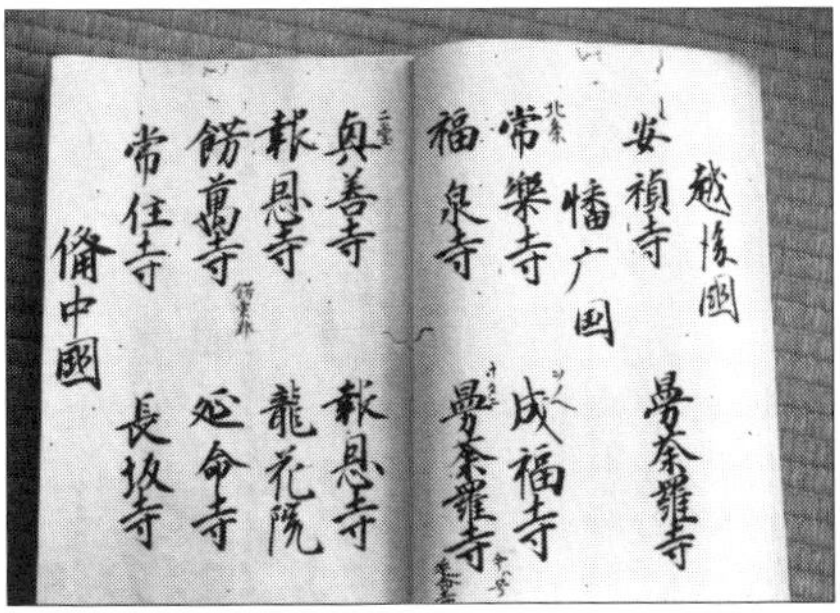

播磨国

（3）のように地蔵院分として、平報恩寺があがっている。[11]

史料（3）

地蔵院分

当国興田 福田寺　　当国寺田 勝福寺

播州平 報恩寺　　東大寺中 知足寺 院

この「坊々寄宿末寺帳」は、奈良西大寺で毎年開催される光明真言会に際して、諸末寺の僧が西大寺内のどの坊（室）に宿泊するかを書き上げたものだ。[12] 光明真言会は叡尊が文永元（一二六四）年九月四日に西大寺建立の本願称徳女帝の忌日を期して開始した法会である。七昼夜にわたって亡者の追善、生者の現世利益のために光明真言を読誦する法会であり、諸国の末寺から僧衆が集まり、西大寺内に寄宿して法会を勤修する叡尊教団の年中行事の中で最大のものであった。[13]

とすれば、永享八年には平報恩寺が末寺であったはずと考えられる。また、寛永一〇（一六三三）年三月の「西大寺末寺帳」にも平報恩寺は見える。[14]

それゆえ、消えた報恩寺は、長坂報恩寺か二堂報恩寺のいずれかであろう。そこで、**史料**（2）のように、一五世紀半ばの末寺帳に記載されていないことから、ひとまず、福泉寺と報恩寺（二堂報恩寺か長坂報恩寺のいずれか）は一五世紀半ば以後に西大寺直末寺（直轄寺）を離脱したと考えておこう。

以上、三つの中世西大寺末寺帳の播磨国分を見ると、**史料**（2）の一二箇寺が一五世紀半ばにおける播磨国の西大寺直末寺であったと考えられる。

ところで、そうした西大寺末寺帳の分析から常楽寺が播磨国の筆頭末寺であったことがわかる。そこで、まず常楽寺から見よう。

常楽寺

常楽寺は、現在の兵庫県加古川市加古川町大野に所在する常楽寺の前身寺院と考えられている。この常楽寺に関しては、その所在地、文観の出身寺院であること、常楽寺の宝塔・五輪塔の存在などがすでに指摘されている(15)。だが、文献資料が少ないこともあって、それ以上は明らかにされていない。それゆえ、見直してみよう。

まず、常楽寺については、江戸時代の地誌『播磨鑑』に次のような記述がある。

史料（4）　『播磨鑑（全）』（歴史図書社、一九七五年）一九九・二〇〇頁。

宝生山常楽寺、真言宗、号多聞院、北條郷、在大野宮山、（中略）、奈良西大寺ノ末寺成シカ慶安四年同郡野添村高禅寺末寺ト成、（中略）、日向社別当職也、本尊薬師如来、（中略）、寺記云、抑当山の本尊は、人王三十七代、孝徳天皇御宇大化元年に法道仙人此地へ来りて自護持に本尊を安置し玉ふ尊像也、（中略）人王八十八代後深草院御宇正嘉二戊午年八月に暴風吹尽し、同二日洪水横流して堂宇悉く破流し、年月を送り岩苔をなす、漸く一宇残りて有、然に小野文勧（観）大僧正此所を復興し仏閣故の如くに造営し、衆徒十八ケ寺、座坊五十六宇厳々として寺領三百石を拝持しける、（中略）文勧（観）慈母堂、三基、今安養坊ノ下、在新井流上、昔小野文勧（観）大僧正当常楽寺中興開基の由にて慈母を此処ニ葬ル、則中尊ハ母ノ塔也、両脇ハ法眷ノ塔也と云、中尊ノ塔碑文ニ曰、正和四年乙卯八月日ト有、又此塔ノ下ニ横三尺ニ長サ六尺ノ石函を埋ム、其中ニ壺一箇有、壺の中に黄金の器有、其頌文ニ曰、宝生山常楽寺院主文勧(観)大僧正菩薩比丘弘信為母遺骨納之

それによれば、常楽寺は室生山といい、宗派は真言宗で、多聞院という。北条郷大野宮山に所在する。奈良西大寺の末寺であったが、慶安四（一六五一）年に高禅寺の末寺となった。日向社（日岡社）の別当職であった。本尊は薬師如来である。すなわち、慶安四年に西大寺末寺を離れたとする。

常楽寺は、先述のように永享八（一四三八）年付の「坊々寄宿末寺帳」(16)にも一五世紀半ばの「西大寺末寺帳」(17)にも記載されている。しかも、注目すべきは寛永一〇（一六三三）年の西大寺末寺帳(18)のみならず享保三（一七一八）年の注記を持つ末寺帳にも西大寺末寺として見える。(19)いずれにせよ、江戸時代においても常楽寺は西大寺末寺であった。(20)それゆえ高禅寺の末寺となったのは享保三年より後のことであろう。

また、寺記によれば、本尊は孝徳天皇の大化元（六四五）年に法道仙人がこの地にきて、自ら護持のために安置したものである。正嘉二（一二五八）年八月の暴風雨と洪水のために堂宇が破壊された。その後、星霜を経て苔が生えるほどであったが、小野文観によって復興され以前のように造営した。その結果、一八箇寺の末寺と僧坊五六宇の寺院を擁した、播磨国を代表する西大寺直末寺となったという。

まず、注目されるのは、洪水で破壊されたように、常楽寺は加古川沿いに位置していた点である。現在は、日岡山の中腹に位置するように、少し高いところにあるが、本来は加古川を扼する位置に所在したのであろう。とりわけ、鎌倉・室町期の律寺が橋・河川・道路管理を行っていたこと(21)を考えると、史料はないが常楽寺もそうした機能があったと考えるべきであろう。

さらに、常楽寺が一八箇寺の末寺を有したという点も注目される。常楽寺は播磨国の西大寺末寺の筆頭寺院であったが、一八箇寺の末寺と五六宇の僧房を有する巨大寺院であった。

ところで、文観は、鎌倉時代末期に後醍醐天皇と結んで、南北朝期に一時代を画した政僧として知られる[22]。とりわけ、近年の研究によって、西大寺系の律僧であり真言僧で、画僧であったことが明確となった[23]。ここでは、文観が常楽寺の所在する大野の出身であったことが注目される。

文観の伝記として近年重要視されている「瑜伽伝灯抄[24]」には次のようにある。

史料（5）

左大臣雅信公十三代後胤大野源大夫重真孫也、播州人也、弘安元年戊寅正月十一日乙未鬼宿金曜辰初分誕生

すなわち、大野源大夫重真の孫として、播磨国に弘安元（一二七八）年正月一一日に生まれたことがわかる。常楽寺は大野にあるが、文観の祖父が大野重真ということから、常楽寺は文観ゆかりの寺院、より言うならば、文観の出身氏族である大野氏の氏寺であったのかもしれない。ようするに、常楽寺は文観と密接な関係のある寺院であり、それゆえ、文観は復興に努めたのであろう[25]。

先述の『播磨鑑』の記事〈**史料（4）**〉で次に注目されるのは文観慈母塔に関する記述である。常楽寺には、現在も三基の石塔がある。**史料（4）**によれば、文観は母の遺骨を中興した常楽寺に納めたが、その三基の石塔の真ん中にある宝塔が墓塔だという。宝塔は高さが二・三六メートルあり、正和四（一三一五）年の制作である。

というのも、その塔の銘文には「正和四年乙卯八月日」とある。また、下線部によれば、塔の下には、横三尺、

長さ六尺の石函が埋められていた。その中は壺が一箇あり、壺の中に黄金の器があって、銘文には、「宝生山常楽寺院主文観大僧正菩薩比丘弘信為母遺骨納之」とあったという。

この『播磨鑑』の記述は利用いや信用されていない。だが、石函の大きさや壺の様子の記載がきわめて具体的であり、かつ、文観の出身地でゆかりの寺院に母の墓塔があって不思議ではないので、かつて宝塔の下から石函が出てきた時の話を伝えているのであろう。こうした点からも、文観の慈母の塔として宝塔は立てられたのであろう。もっとも、宝塔の銘文は「正和四年乙卯八月日願主沙弥教信」とあって、文観ではないが、教信は文観の一族の一人と考えれば良いであろう。このように、宝塔は文観母の墓所であるということになろう。

常楽寺石塔

以上のように、他の律寺と同様に常楽寺にも五輪塔、宝塔といった死の文化に関わる石造遺物が制作されたことは大いに注目される。

なお、二つの五輪塔の計測値もあげておこう。

いずれも石英粗面岩（竜門岩）

右塔　塔高一・八三メートル

地輪　幅六二・センチ、奥行き六二センチ、高さ四五・七センチ

水輪　高さ五二センチ、横幅六四センチ

火輪　高さ三六・二センチ、横幅五七センチ、奥行き五七センチ、軒幅一一・五センチ、軒端一五・五センチ
風輪　高さ一八センチ、横幅三五・五センチ
空輪　高さ三一・一センチ、横幅三二センチ

左塔　塔高一・七二メートル
地輪　横幅六一・二センチ、奥行き六一センチ、高さ四五センチ
水輪　高さ四六センチ、横幅六二・五センチ
火輪　高さ三四センチ、横幅五六センチ、奥行き五四・五センチ、軒幅一〇・五センチ、軒端一四・五センチ
風輪　高さ一七センチ、幅三六・五センチ
空輪　高さ三〇センチ、横幅三四センチ

ところで、叡尊教団物故者の過去帳で、光明真言会に際して読み上げられてきた「光明真言過去帳(26)」にも常楽寺僧の名が見える。とりわけ、最初に出てくる観性房が注目される。

史料（6）　本書第一部第四章「西大寺光明真言過去帳の紹介と分析」九八頁。

〇勝順房　招提寺長老　　覚一房　善養寺
教律房　放生院　　**観性房　常楽寺**
（中略）

○勤聖房　招提寺長老

嘉元二（一三〇四）年二月一日に死去した唐招提寺長老勝順房[27]と嘉元四（一三〇六）年二月一五日に死去した[28]唐招提寺長老勤聖房との間に常楽寺観性房があがっている。すなわち、常楽寺観性房は嘉元二年から嘉元四年の間に死去したと考えられる。この観性房に関しては、大塚氏は文観の名の一字をもらっているとして、文観の弟子で常楽寺長老となった人物ではないかと推測している[29]。

しかし、嘉元二年から嘉元四年といえば、弘安元（一二七八）年に生まれた文観は、まだ二〇代と若く、正安三（一三〇一）年に比丘戒を受けた点[30]が注目される。僧にとって、この比丘戒を受けて初めて一人前の僧となった[31]と言える。他方、弘安三（一二八〇）年までの叡尊の直弟子名簿と言える「授菩薩戒弟子交名[32]」には第二三一番目に「播磨国人　慶尊　観性房[33]」という人物がいる。叡尊から授戒を受けた当時は二〇代でも嘉元二年から嘉元四年の頃は四〇代である。それゆえ、観性房慶尊は、文観の弟子どころか、文観の大先輩というべき立場であった。この叡尊直弟子で、かつ播磨国人の観性房慶尊が常楽寺の住持にふさわしい。とすれば、常楽寺は文観の協力を得て中興がなされとはいいえ、叡尊直弟子の一人で、文観の大先輩である播磨国出身の観性房慶尊が初代長老となったと推測される。

次に「明徳末寺帳」では常楽寺に次いで第二番目に記されている成福寺ほかの末寺についてみよう。

第二節　成福寺ほかの直末寺

成福寺

成福寺は、「明徳末寺帳」では常楽寺に継いで第二番目に記されているので、播磨国の西大寺末寺で第二位の寺格であったと考えられる。

史料（1）の「明徳末寺帳」には成福寺は「ヲノヘ」という注記がある。そのことから、現在の加古川市尾上に所在したと考えられている(34)。その地は加古川左岸の河口部にあたる。おそらく常楽寺とも加古川で結ばれていたのであろう。

史料（7）　松尾「西大寺末寺帳考」一五四頁。

坊々寄宿諸末寺

　二聖院分

般若寺　　南都元興寺 極楽坊

備後国尾道 浄土寺　　播磨国尾上 **成福寺**

（後略）

史料（7）のように永享八（一四三六）年付の「坊々寄宿末寺帳」にも、二聖院分として記載されている。また、先述の史料（2）のように、一五世紀半ばの末寺帳にも記載されており、その頃までは西大寺末寺であった。ただ、寛永一〇（一六三三）年の末寺帳には見えない[35]ので、江戸時代には末寺ではなくなっていた。

成福寺は、先述の『播磨鑑』に見えない。しかし、『鎮増私聞書』[36]の、文安元（一四四四）年二月二七日条には、「二月廿七日ニ尾上ノ成福寺ヘ出、恒例ノ五種ノ行ヲ当年ハ引上テ廿八ヨリ行、導師ノ為也」とあり、尾上に成福寺があったことがわかる。その頃までは西大寺末寺として活動していた。

さらに、先述の「光明真言過去帳」にも以下のように、成福寺僧が見られる。

史料（8）　本書第一部第四章「西大寺光明真言過去帳の紹介と分析」一〇四頁。

○当寺第九長老沙門覚真

（中略）

祖一房　安禎寺　　　　良日房　成福寺

（中略）

○当寺第十長老沙門清算

史料（8）は、「光明真言過去帳」の一部である。それによれば、成福寺僧良日房が、延文五（一三六〇）年一〇月二五日に死去した[37]西大寺第九代長老沙門覚真と、貞治元（一三六二）年一一月一四日に亡くなった[38]西大寺第一〇代長老沙門清算との間に記載されている。成福寺僧良日房は、その間に亡くなったのであろう。

史料（9）　本書第一部第四章「西大寺光明真言過去帳の紹介と分析」一〇六～一〇七頁。

○当寺第十五長老沙門興泉

恩浄房　妙台寺

（中略）

法円房　成福寺

（中略）

○当寺第十六長老沙門禅誉

史料（9）は、「光明真言過去帳」の一部である。成福寺法円房が、康暦元（一三七九）年六月晦日に亡くなった西大寺第一五代長老沙門興泉と[39]、嘉慶二（一三八八）年五月五日に死去した西大寺第一六代長老沙門禅誉との間[40]に記載されている。成福寺法円房は、その間に亡くなったのであろう。

史料（10）　本書第一部第四章「西大寺光明真言過去帳の紹介と分析」一一二～一一三頁。

○当寺第廿六長老沙門高海

（中略）

祐泉房　成福寺

道善房　常福寺

（中略）

○当寺第二十七長老沙門良誓

史料（10）は、「光明真言過去帳」の一部である。成福寺祐泉房が、永享八（一四三六）年四月二六日に亡くなった[41]西大寺第二六代長老沙門高海と、宝徳二（一四五〇）年正月二日に死去した[42]西大寺第二七代長老沙門良誓との間に記されている。祐泉房は、その間に亡くなったのであろう。先述した文安元（一四四四）年二月二七日に鎮増を成福寺に招いたのはこの祐泉房であろう。

福泉寺

播磨国西大寺末寺の第三位に位置づけられていた福泉寺については従来まったく触れられていない。福泉寺は「明徳末寺帳」には二つ出てくるが、一五世紀の半ばには第三番目の福泉寺のみが出ている。報恩寺のように、同名異寺かもしれない。ここでは、播磨国西大寺末寺の第三位の福泉寺に注目する。

福泉寺は、先述の中世の三つの末寺帳には出てくる。永享八年の「坊々寄宿末寺帳」には三室分として福泉寺が出ている[43]。

福泉寺がどこに所在したのかなどは不明である。しかし、福泉寺僧については、叡尊教団の物故者名簿といえる「光明真言過去帳」に出てくる。

もっとも、福泉寺は近江にも所在したが、近江の福泉寺は注記により、文安五（一四四八）年四月に直末寺となっており[44]、それ以前の「光明真言過去帳」には出てこないと考えられる。

史料（11）　本書第一部第四章「西大寺光明真言過去帳の紹介と分析」一〇四頁。

○当寺第九長老沙門覚真

（中略）

慈証房　福泉寺　　　　智願房　円福寺

（中略）

○当寺第十長老沙門清算

史料（11）は、「光明真言過去帳」の一部である。それによれば、福泉寺慈証房が、延文五（一三六〇）年一〇月二五日に亡くなった[45]西大寺第九代長老沙門覚真と、貞治元（一三六二）年一一月一四日に死去した[46]西大寺第一〇代長老沙門清算との間に記載されている。福泉寺慈証房は、その間に死去したのであろう。

この慈証房の存在により、一四世紀半ばには西大寺直末寺福泉寺は存在していたことがわかる。

史料（12）　本書第一部第四章「西大寺光明真言過去帳の紹介と分析」一〇五～一〇六頁。

覚日房　金剛寺　　　　俊一房　桂宮院

（中略）

尭円房　福泉寺　　　　浄妙房　鷲峰寺

（中略）

○当寺第十五長老沙門興泉

史料（12）は、「光明真言過去帳」の一部である。それによれば、福泉寺尭円房が、応安三（一三七〇）年八月一五日に亡くなった[47]桂宮院俊一房と、康暦元（一三七九）年六月晦日に死去した[48]西大寺第一五代長老沙門興泉との間に記載されている。福泉寺尭円房は、その間に死去したのであろう。

史料（13）　本書第一部第四章「西大寺光明真言過去帳の紹介と分析」一〇八～一〇九頁。

○当寺第十八長老沙門深泉

（中略）

摂善房　福泉寺　　印空房　来迎寺

忍如房●当寺住

○当寺第十九長老沙門良耀

史料（13）は、「光明真言過去帳」の一部である。それによれば、福泉寺摂善房が、応永二（一三九五）年九月二五日に死去した[49]西大寺第一八代長老沙門深泉と、応永一一（一四〇四）年二月二五日に亡くなった[50]西大寺第一九長老沙門良耀との間に記されている。福泉寺摂善房は、その間に亡くなったのであろう。

史料（14）　本書第一部第四章「西大寺光明真言過去帳の紹介と分析」一一一頁。

○当寺第廿三長老沙門英源

（中略）

円秀房　福泉寺　　源光房　東光寺

（中略）

○当寺第廿四長老沙門元空

史料（14）は、「光明真言過去帳」の一部である。それによれば、福泉寺円秀房が、応永二六（一四一九）年一〇月五日に亡くなった[51]西大寺第二三代長老沙門英源と、応永三〇（一四二三）年七月二五日に死去した[52]西大寺第二四代長老沙門元空との間に記されている。福泉寺円秀房は、その間に死去したのであろう。

史料（15）　本書第一部第四章「西大寺光明真言過去帳の紹介と分析」一一二頁。

○当寺第廿五長老沙門栄秀

（中略）

円泉房　福泉寺　　乗仙房●妙台寺

○当寺第廿六長老沙門高海

史料（15）は、「光明真言過去帳」の一部である。それによれば、福泉寺円泉房が、永享二（一四三〇）年八月二日に死去した[53]西大寺第二五代長老沙門栄秀と、永享八（一四三六）年四月二六日に亡くなった[54]西大寺第二六代長老沙門高海との間に記されている。福泉寺円泉房は、その間に死去したのであろう。

以上のように、僧侶の面からも、福泉寺は西大寺直末寺として一五世紀までは機能していたことがわかる。

曼陀羅寺

曼陀羅寺は「明徳末寺帳」の第四番目に記載されている。それゆえ、播磨国で第四位の寺格の西大寺直末寺であったと考えられる。

この曼陀羅寺については、先述の「明徳末寺帳」に「サタニ」と注記があり、兵庫県加西市佐谷町に所在したと考えられている。(55) 注意すべきは、注記により、後に延命寺と改名した点である。その注記の「今」は、第二七代長老良誓（一四三六〜五〇年在任）から文亀二（一五〇二）年のいつかと考えられる。(56)『兵庫県の地名Ⅱ』(57)によれば、加西市佐谷町のところに、「当地西部の山際に延命寺墓があり、五輪塔などの残欠が散乱していた」とある。

さて、曼陀羅寺については、地理的な位置が明らかにされたくらいであった。ここでは、僧侶に注目してみよう。これまでたびたび触れてきた「光明真言過去帳」に曼陀羅寺僧が見える。もっとも西大寺直末寺の曼陀羅寺は越後国にも所在する。しかし、越後曼陀羅寺は、明徳二（一三九一）年八月二五日に、直末寺となった寺であり、明徳二年八月二五日以前に「光明真言過去帳」には出てこないと考えられる。それゆえ、明徳二年八月二五日以前に「光明真言過去帳」に見える曼陀羅寺僧は播磨曼陀羅寺僧であろう。ただし、播磨曼陀羅寺は、一五世紀半ばから文亀二年の間に「延命寺」と改名しているが、(58) いつ改名したのかは時期に幅がありすぎ特定できない。

史料（16）　本書第一部第四章「西大寺光明真言過去帳の紹介と分析」九九〜一〇〇頁。

○示観房　招提寺長老　　理心房　当寺住

明智房　万陀羅寺　　律禅房　北京白毫寺

（中略）

了一房　同寺　　　　　　　　　宗賢房　霊山寺

史料（16）は、先に触れた「光明真言過去帳」の一部である。それによれば、曼陀羅寺明智房が、元亨元（一三二一）年九月五日に死去した招提寺長老示観房と、元亨三（一三二三）年に亡くなった駿河霊山寺宗賢房との間に記載されている。曼陀羅寺明智房は、その間に死去したのであろう。
ところで、この明智房については、鎌倉時代の末期に亡くなっており、叡尊の直弟子であった可能性がある。実際、「授菩薩戒弟子交名」には、「播磨国人　明範　明智房」なる人物がいる。播磨国出身であり、この人物が曼陀羅寺明智房であろう。この明智房が、「光明真言過去帳」に最初に出てくるが、曼陀羅寺の開山であった可能性が高い。

史料（17）　本書第一部第四章「西大寺光明真言過去帳の紹介と分析」一〇〇頁。

浄勇房　常光寺　　　　　〇了心房　戒壇院長老
（中略）
良明房　浄住寺住　　　　**知道房　万陀羅寺**
（中略）
〇当寺第四長老沙門静然

史料（17）は、「光明真言過去帳」の一部である。それによれば、曼陀羅寺知道房が、元徳元（一三二九）年一〇月三日に死去した戒壇院長老了心房と、元弘元（一三三一）一二月一三日に亡くなった[61]西大寺第四代長老沙門静然との間に記載されている。知道房は、その間に死去したのであろう。

史料（18）　本書第一部第四章「西大寺光明真言過去帳の紹介と分析」一〇四頁。

〇当寺第八長老沙門元燿

（中略）

一円房　万陀羅寺　　聖印房　真福寺

（中略）

明覚房　釈迦寺　　**観明房　万陀羅寺**

（中略）

〇当寺第九長老沙門覚真

史料（18）も、「光明真言過去帳」の一部である。曼陀羅寺一円房と観明房が文和四（一三五五）年一〇月一七日に死去した[63]西大寺第八代長老沙門元燿と、延文五（一三六〇）年一〇月二五日に亡くなった[64]西大寺第九代長老沙門覚真との間に記載されている。曼陀羅寺一円房と観明房はその間に亡くなったのであろう。

以上、曼陀羅寺は、播磨国出身で、叡尊直弟子の明智房明範によって開かれた可能性などを指摘した。

興善寺

二堂興善寺は、「明徳末寺帳」に第五番目に記載されている。それゆえ、播磨国では第五位の寺格の西大寺直末寺であった。興善寺については、史料が少ないために所在地もはっきりせず、これまでまったく触れられていない。しかし、先の**史料**（2）の一五世紀半の「西大寺末寺帳」にも見えるので、一五世紀半までは西大寺末寺であった。後考を期したい。

長坂報恩寺

長坂報恩寺は、**史料**（1）の「明徳末寺帳」では第六番目に記載されている。それゆえ、播磨国では第六位の寺格の西大寺直末寺であった。また、**史料**（2）の一五世紀半の「西大寺末寺帳」にも見えるので、一五世紀半ばまでは西大寺末寺であった。

この長坂報恩寺は、兵庫県明石市大久保町西脇に所在したとされる。また、発掘された瓦銘から、明徳四（一三九三）年に法隆寺瓦師が報恩寺の瓦を制作していたと考えられている[65]。

ここでは、その地理的な位置に注目したい。報恩寺は魚住泊の北二・八キロメートルに位置する[66]。史料がないために論じられないが、律寺が津管理を行っていた[67]ことを考えると、魚住泊管理と長坂報恩寺との関係を推定できる。後考を期したい。

ところで、報恩寺僧に関して**史料**（19）のように「光明真言過去帳」にも記載されている。

史料（19）　本書第一部第四章「西大寺光明真言過去帳の紹介と分析」一〇一頁。

興覚房　現光寺　　　　　　　　○本性房　極楽寺長老

（中略）

円証房　報恩寺　　　　　　　　智泉房　当寺住

（中略）

賢信房　飯岡寺　　　　　　　　○印教房　極楽寺長老

史料（19）によれば、報恩寺円証房が、建武元（一三三四）年一一月二一日に亡くなった[68]極楽寺長老本性房俊海と、暦応元（一三三八）年七月二七日に死去した[69]極楽寺長老印教房円海との間に記されている。それゆえ、報恩寺円証房は、その間に亡くなったのであろう。

ただ、報恩寺は、伊賀にも、出雲にもあり、この報恩寺が、「明徳末寺帳」に見える播磨の三つの報恩寺のいずれであるかすらはっきりしない。それゆえ、後考を期したい。

平報恩寺

平報恩寺は、「明徳末寺帳」では第一四番に記載されている。しかしながら、史料的にもっとも多数ある寺院であり、伏見院の祈願寺であった。それゆえ、他の寺よりも先に平報恩寺に注目する。

平報恩寺は、加古川市平荘町山角に所在する。この平報恩寺に関しては、比較的多くの研究があり、大いに参考になる。とりわけ、近年の大塚氏の研究[70]は、平報恩寺が叡尊教団の中でも、鎌倉極楽寺末寺から西大寺末寺へと転換した寺院であったことに光を当てている。この寺は「明徳末寺帳」では最後に記されているが、それは成立時期

が遅かったわけではない。おそらくは、報恩寺はもともとは極楽寺末寺で、後に西大寺直末寺となったからであろう。(71)

ところで、報恩寺の開山については、西大寺第二代長老慈道房信空とする説もあれば、証賢房覚秀とする説もある。大塚氏は、先の「光明真言過去帳」に見える円証房を開山とし、証賢房覚秀が第二代長老であったとする。(72)はたして誰が報恩寺を開いたのであろうか。結論を先に言えば元興寺文化財研究所(73)の指摘するように、天文九(一五四〇)年八月一七日付住持明誓の「印南報恩寺旧記覚」(74)の主張する証賢房覚秀が開山であったと考えられる。以下、そのことに注目しながら、報恩寺の歴史を見てみよう。

平報恩寺は、当初、同じ叡尊教団の寺院といっても、鎌倉極楽寺末寺であった。そのことは、大塚氏の指摘したように、極楽寺第四代長老本性房俊海(75)の某年一〇月一九日付書状(76)に「当寺(=極楽寺)末寺播磨国印南庄内報恩寺」とあることによって明らかである。それゆえ、西大寺第二代長老慈道房信空が開山ではないとする説は説得力がある。

また、「印南報恩寺旧記覚」では証賢房覚秀を開山とする。これは、寺伝であり、大いに尊重すべきである。

史料(20)　本書第一部第四章「西大寺光明真言過去帳の紹介と分析」一〇一頁。

○尭仙房　泉涌寺長老　　明忍房　称名寺

(中略)

蓮教房　当寺住　　**証賢房　報恩寺**

(中略)

○当寺第五長老沙門賢善

史料（20）は、「光明真言過去帳」の一部である。それによれば、報恩寺の証賢房が、建武五（一三三八）年一一月一六日に死去した称名寺明忍房剣阿[77]と、暦応三（一三四〇）年一〇月二日に死去した西大寺第五代長老賢善[78]との間に記されている。証賢房は、その間に亡くなったのであろう。すなわち、この証賢房こそ、報恩寺の開山証賢房覚秀であろう。

もっとも、大塚氏は、先述の**史料**（19）の「光明真言過去帳」に報恩寺僧と記載されている円証房を平報恩寺開山とする。しかしながら、この報恩寺が平報恩寺のことか、長坂報恩寺のことか、伊賀、出雲の報恩寺なのかなどは明確ではない。他方、「印南報恩寺旧記」では証賢房覚秀を開山とする。とすれば、寺名・房名が同一の**史料**（20）の証賢房こそ、平報恩寺の開山であった可能性は高い。

実際、報恩寺に伝わる「報恩寺文書」には以下のような文書がある。

史料（21）[79]　「報恩寺文書」一号文書

中納言経継

播磨国印南庄屛村内中島畠、所被寄附報恩寺也、為御祈禱料所、永代可令管領者也、院宣如此、仍執達如件

正和五年四月八日　　前越前守（花押）

証賢上人御房

史料（21）は、正和五（一三一六）年四月八日付後宇多院院宣写である。それによれば、「播磨国印南庄屏村内中島畠」が報恩寺に寄付されている。その相手の証賢上人こそ、開山の証賢房覚秀であろう。この史料から、平報恩寺は後宇多院の祈禱寺であったほど寺格の高い寺院であったこともわかる。[80]

以上のように、平報恩寺は、証賢房覚秀を開山とし、鎌倉時代末に律寺となり、ことに極楽寺末寺となったが、後に西大寺直末寺となった。

二堂報恩寺・長坂竜華院

二堂報恩寺と長坂竜華院は、**史料（1）**の「明徳末寺帳」ではおのおの第七、八番目に記載されている。それゆえ、二堂報恩寺と長坂竜華院は、おのおの播磨国では第七位、八位の寺格の西大寺直末寺であったと考えられる。

二堂報恩寺は、史料が少なく所在地など不明である。先の「明徳末寺帳」〈**史料（1）**〉によれば、至徳元（一三八四）年八月に直末寺となったことがわかる。永享八（一四三六）年付の「坊々寄宿末寺帳」では「護国院分」に記載されており、[81]西大寺の光明真言会に際しては、地蔵院に宿泊することになっていた。

他方、長坂竜華院は、長坂報恩寺と同じく兵庫県明石市に所在していたと考えられる。「明徳末寺帳」の注記によれば、応永一〇（一四〇三）年一〇月二七日に直末寺となっている。永享八年付の「坊々寄宿末寺帳」では「東室二分」に記載されており、[82]西大寺の光明真言会に際しては、東室二に宿泊することになっていた。

餝万寺

餝万寺は「明徳末寺帳」の第九番目に記載されている。それゆえ、播磨国で第九位の寺格の西大寺直末寺であったと考えられる。

鎊万寺は、『播磨鑑』によれば「餝東郡鎊万ノ郷清水村ニ有寺跡、寿量延長山鎊万薬師寺」とあり、姫路市に所在した。[83]「明徳末寺帳」の鎊万寺の注記によれば、「二聖院第廿七代和上御代文安四年八月日」とある。その意味は、鎊万寺僧は光明真言会に際して二聖院に宿泊することになっていたこと、また、西大寺第二七代長老良誓の代である文安四（一四四七）年に直末寺となったことを表している。**史料**（2）の一四五三年から一四五七年までの間に作成されたと考えられる末寺帳にも見えるが、以後は史料に出てこない。

延命寺

延命寺については、先の曼陀羅寺の改名した延命寺と同一なのかはっきりしないので、後考を期したい。

常住寺

常住寺は「明徳末寺帳」の第一一番目に記載されている。それゆえ、播磨国で第一一位の寺格の西大寺直末寺であったと考えられる。加古川市加古川町本町に所在する曹洞宗寺院が、その後身と考えられている。[84]聖徳太子創建の伝承を有する寺院である。

常住寺については、**史料**（1）の「明徳末寺帳」や**史料**（2）の一五世紀半ばの末寺帳に見えるように、一四世紀末から一五世紀半ばにかけて西大寺直末寺であった。

また、永享八（一四三六）年付の「坊々寄宿末寺帳」では「三室分」に記載されており、[85]光明真言会には西大寺三室に宿泊することになっていた。

史料（22）　本書第一部第四章「西大寺光明真言過去帳の紹介と分析」一〇五頁。

○当寺第十一長老沙門覚乗

行証房　浄光寺　　信覚房　報恩寺

○乗信房　招提寺長老　　**浄宣房　常住寺**

（中略）

○当寺第十二長老沙門貞祐

史料（22）は、「光明真言過去帳」の一部である。それによれば、常住寺浄宣房が貞治二（一三六三）年正月二六日に死去した[86]西大寺第一一代長老覚乗と、貞治四（一三六五）年九月二日に亡くなった[87]西大寺第一二代長老貞祐との間に記されている。浄宣房はその間に死亡したのであろう。それにより、常住寺は一四世紀半ばには成立していたことは確実である。浄宣房は常住寺僧として最初に出てくるので開山の可能性がある。

以後、「光明真言過去帳」には、信性房[88]、源明房[89]、観日房[90]、松什房[91]、聖弥房[92]、尭珠房[93]と出てくる。

史料（23）　本書第一部第四章「西大寺光明真言過去帳の紹介と分析」一一五頁。

○当寺第三十長老沙門仙恵

（中略）

本了房　小塔院　　**尭珠房　幡州常住寺**

（中略）

〇聖円房　招提寺長老

史料（23）は、「光明真言過去帳」の一部である。それによれば、常住寺尭珠房が、文明一〇（一四七八）年八月六日に亡くなった[94]西大寺第三〇代長老沙門仙恵と、文明一八（一四八六）年五月一日に死去した[95]招提寺長老聖円房との間に記載されている。尭珠房は、その間に亡くなったのであろう。以上から、一五世紀末までは播磨常住寺は律寺として機能していたことがわかる。

長坂寺

長坂寺は、**史料**（1）の「明徳末寺帳」では第一三番目に記載されている。それゆえ、播磨国で第一三位の寺格の西大寺直末寺であったと考えられる。また、「明徳末寺帳」では「護国院」と注記があり、西大寺の光明真言会では「護国院」に寄宿することになっていた[96]。

長坂寺については、明石市魚住町長坂に所在する遍照寺が長坂寺の子院と考えられており、その地に所在したと考えられている[97]。遍照寺は、「魚住の太子さん」と呼ばれるように、聖徳太子信仰の寺であった。

また、遍照寺の西三〇〇メートルの所には高さ二メートルもの西大寺様式の五輪塔があり、寺内にも西大寺様式の五輪塔があるなど、長坂寺も葬送に従事していたと考えられる。さらに、史料はないが、魚住泊に近く、魚住泊との関係も推測される。

おわりに

以上、中世叡尊教団の播磨国における展開を論じてみた。播磨国には一四箇寺もの西大寺直末寺があり、大和（四二箇寺）、伊勢（一八箇寺）、山城（一六箇寺）に次ぐ多さである。[98]それだけ、叡尊教団にとって重要な地域であったといえる。

播磨国で所在地がわかるのは八箇寺であるが、所在地は、加古川中流域の平報恩寺と常楽寺、加古川河口の尾上には成福寺と常住寺、明石市の魚住泊の近くには報恩寺、竜華寺、長坂寺が存在していた。[99]本文で述べたように、そうした地理的な位置からは、それらの律寺と河港、海港との密接な関係が推測される。

北条常楽寺は、文観の出身地に所在し、文観の母のために建立された宝塔も所在した。この他にも平報恩寺、長坂寺などには五輪塔が残っており、律寺が葬送に従事していたことを示している。ことに、播磨国の直末寺僧が奈良西大寺の光明真言会に参加していたことからも、各末寺でも光明真言会（少なくとも光明真言土砂加持）が行われていたと想定される。また、叡尊教団の地方展開といえば北条氏との関係が注目されがちであるが、播磨国においては、北条常楽寺が大野氏の菩提寺であったように、地方有力者の一族が律宗に帰依することによって律寺化したケースもある点が注目される。摂津国住吉荘厳浄土寺が、住吉神社の神主一族たる津守氏出身の本照房性瑜・興道房玄基兄弟らによって律寺化した[100]ように、地方有力者との関係にも注目すべきであろう。

ところで、平報恩寺は、鎌倉時代末には律寺化し、後宇多院の祈禱寺でもあったが、「明徳末寺帳」では、第一四番目に記載されるなど末寺のランクとしては極端に低い。とりわけ西大寺第二七代長老良誓の代である文安四

（一四四七）年に直末寺となった笏万寺よりも低いのが注目される。それは、おそらく当初は、同じ叡尊教団であっても鎌倉極楽寺の直末寺で、後に西大寺直末寺となったからではないかと推測される。

註

（1）坂田大爾「播磨国における西大寺流律宗の展開（上）・（下）」（『歴史と神戸』二二二・二二三、一九九九年）。とりわけ、本稿で引用するのは、（下）の方である。
（2）加西市史編纂委員会編『加西市史第一巻　本編一考古・古代・中世』（加西市、二〇〇八年）。元興寺文化財研究所編『平成二年度中世民衆寺院の研究調査報告書Ⅱ』（元興寺文化財研究所、一九九一年）、田中幸夫「『峰相記』に記された東播磨」、山本祐作「東播磨の石造遺物」（いずれも『東播磨の歴史二　中世』〈但陽信用金庫、二〇〇三年〉所収）。内田啓一『文観房弘真と美術』（法藏館、二〇〇六年）も参考になる。
（3）大塚紀弘「鎌倉極楽寺流律家の西国展開――播磨国報恩寺を中心に」（『地方史研究』三五七、二〇一二年）。
（4）松尾「西大寺末寺帳考」（松尾『勧進と破戒の中世史』吉川弘文館、一九九五年）一三六頁。
（5）松尾「西大寺末寺帳考」〈前註（4）〉一四〇頁。
（6）永享八年付の「西大寺坊々寄宿末寺帳」にも、「東室一分」として播磨常楽寺があがっている（松尾「西大寺末寺帳考」一五七頁）。
（7）松尾「西大寺末寺帳考」〈前註（4）〉一三七頁。
（8）松尾「中世叡尊教団の筑後国への展開――新発見の中世西大寺末寺帳に触れつつ」（『山形大学人文学部研究年報』一〇、二〇一三年。後に松尾『中世叡尊教団の全国的展開』法藏館、二〇一七年、に所収）。
（9）「西大寺代々長老名」（『西大寺関係史料（一）諸縁起・衆首交名・末寺帳』、奈良国立文化財研究所、一九六八年）

一二一～一二七頁。

(10) 松尾『中世叡尊教団の全国的展開』〈前註（8）〉三五四・三五五頁。

(11) 松尾「西大寺末寺帳考」〈前註（4）〉一六〇頁。

(12) 松尾「西大寺末寺帳考」〈前註（4）〉。

(13) 本書第一部第四章「西大寺光明真言過去帳の紹介と分析」九三頁。

(14) 「西大寺末寺帳　その三」〈前註（9）〉一一九頁。

(15) 細川涼一「中世律宗と国家」（『日本史研究』二九五、一九八七年）、坂田前掲論文〈前註（1）〉、内田前掲書〈前註（2）〉、田中前掲論文〈前註（2）〉、『大野史誌』（大野史誌編集委員会、二〇〇六年）など参照。

(16) 松尾「西大寺末寺帳考」〈前註（4）〉一五七頁。

(17) 本文の史料（1）参照。

(18) 寛永一〇年三月七日付「西大寺末寺帳」〈前註（9）〉。

(19) 「西大寺諸国末寺帳　その五」〈前註（9）〉一三一頁。本末寺帳には大和長命寺の部分に「享保戊戌年八月日」という注記がある。

(20) 元興寺文化財研究所編『平成二年度中世民衆寺院の研究調査報告書Ⅱ』〈前註（2）〉は江戸時代の播磨国の西大寺末寺はないとするが、常楽寺・報恩寺は江戸時代においても西大寺末寺であり、それは間違いである。

(21) 松尾『中世律宗と死の文化』（吉川弘文館、二〇一〇年）。

(22) 網野善彦『異形の王権』（平凡社、一九八六年）。

(23) 内田前掲書〈前註（2）〉など参照。

(24) 『加西市史第八巻　史料編一古代・中世・近世1』（加西市、二〇〇六年）一五九・一六〇頁。

(25) この点は、大塚前掲論文〈前註（3）〉参照。

(26) 本書第一部第四章「西大寺光明真言過去帳の紹介と分析」九八頁。
(27) 「招提千歳伝記」(『大日本仏教全書一〇五』名著普及会、一九七九年)二三頁。
(28) 「招提千歳伝記」〈前註(27)〉二四頁。
(29) 大塚前掲論文〈前註(3)〉。
(30) 大塚前掲論文〈前註(3)〉八頁。
(31) 比丘戒受戒の意義については松尾『新版鎌倉新仏教の成立』(吉川弘文館、一九九八年)九五頁を、叡尊らが独自な新義律宗戒壇を樹立していたことについては、同書一九九頁などを参照。
(32) 松尾「西大寺叡尊像に納入された「授菩薩戒交名」と「近住男女交名」」(松尾『日本中世の禅と律』吉川弘文館、二〇〇三年)参照。
(33) 松尾「西大寺叡尊像に納入された「授菩薩戒交名」と「近住男女交名」」〈前註(32)〉七四頁。
(34) 『兵庫県の地名Ⅱ』(平凡社、一九九九年)一七二頁。
(35) 寛永一〇年三月七日付「西大寺末寺帳」〈前註(9)〉一一九頁。
(36) 『鎮増私聞書』(『兵庫県史　史料編中世四』兵庫県、一九八九年)三一九頁。
(37) 「西大寺代々長老名」〈前註(9)〉七三頁。
(38) 「西大寺代々長老名」〈前註(9)〉七三頁。
(39) 「西大寺代々長老名」〈前註(9)〉七三頁。
(40) 「西大寺代々長老名」〈前註(9)〉七三頁。
(41) 「西大寺代々長老名」〈前註(9)〉七三頁。
(42) 「西大寺代々長老名」〈前註(9)〉七三頁。
(43) 松尾「西大寺末寺帳考」〈前註(4)〉一五六頁。

(44) 松尾『勧進と破戒の中世史』〈前註(4)〉一四六頁。
(45)「西大寺代々長老名」〈前註(9)〉七三頁。
(46)「西大寺代々長老名」〈前註(9)〉七三頁。
(47)「常楽記」(『群書類従』一九、続群書類従完成会、一九七七年)二二七頁、応安三(一三七〇)年八月一五日条。
(48)「西大寺代々長老名」〈前註(9)〉七三頁。
(49)「西大寺代々長老名」〈前註(9)〉七三頁。
(50)「西大寺代々長老名」〈前註(9)〉七三頁。
(51)「西大寺代々長老名」〈前註(9)〉七三頁。
(52)「西大寺代々長老名」〈前註(9)〉七三頁。
(53)「西大寺代々長老名」〈前註(9)〉七三頁。
(54)「西大寺代々長老名」〈前註(9)〉七三頁。
(55)『兵庫県の地名Ⅱ』〈前註(34)〉三四三頁。
(56) 松尾「西大寺末寺帳考」〈前註(4)〉一三四頁。
(57)『兵庫県の地名Ⅱ』〈前註(34)〉三四三頁。
(58) 松尾「西大寺末寺帳考」〈前註(4)〉一三四頁。
(59)「招提千歳伝記」〈前註(27)〉二五頁。
(60) 湯山学「駿河国木瀬河・沼津と霊山寺」(『地方史静岡』一五、一九八七年)一五頁。
(61)「招提千歳伝記」〈前註(27)〉五五頁。
(62)「西大寺代々長老名」〈前註(9)〉七三頁。
(63)「西大寺代々長老名」〈前註(9)〉七三頁。

（64）「西大寺代々長老名」〈前註（9）〉七三頁。
（65）坂田前掲論文〈前註（1）〉四頁。
（66）坂田前掲論文〈前註（1）〉四頁。
（67）松尾『中世叡尊教団の全国的展開』〈前註（10）〉三八・三九頁。湯山「駿河国木瀬河・沼津と霊山寺」〈前註（60）〉も大いに参考になる。
（68）「常楽記」〈前註（47）〉建武元（一三三四）年一一月二一日条。
（69）「常楽記」〈前註（47）〉暦応元（一三三八）年七月二七日条。
（70）大塚前掲論文〈前註（3）〉。
（71）大塚前掲論文〈前註（3）〉。
（72）大塚前掲論文〈前註（3）〉一四頁。
（73）元興寺文化財研究所編『平成二年度中世民衆寺院の研究調査報告書Ⅱ』〈前註（2）〉。
（74）『加古川市史』第二巻（加古川市史編さん専門委員、一九九四年）一四一頁。
（75）性海については松尾「鎌倉極楽寺流の成立と展開――初代から九代までの極楽寺歴代住持に注目して」（『山形大学大学院社会文化システム研究科紀要』第十四号、二〇一七年、本書第二部第七章に採録）参照。
（76）「報恩寺文書」三号文書（『兵庫県史　史料編中世二』兵庫県、一九八七年）四四六頁。
（77）『金沢文庫古文書一二輯　識語編三』（金沢文庫、一九五八年）二〇頁。
（78）「西大寺代々長老名」〈前註（9）〉七三頁。
（79）「報恩寺文書」一号文書〈前註（76）〉では、「伏見院院宣」とするが、大塚前掲論文〈前註（3）〉に従った。
（80）大塚前掲論文〈前註（3）〉一三頁。
（81）松尾「西大寺末寺帳考」〈前註（4）〉一六〇頁。

(82) 松尾「西大寺末寺帳考」〈前註（4）〉一五八頁。
(83) 坂田前掲論文前註〈(1)〉五頁。
(84) 元興寺文化財研究所編『平成二年度中世民衆寺院の研究調査報告書Ⅱ』〈前註（3）〉六四頁。
(85) 松尾「西大寺末寺帳考」〈前註（4）〉一五六頁。
(86) 「西大寺代々長老名」〈前註（9）〉七三頁。
(87) 「西大寺代々長老名」〈前註（9）〉七三頁。
(88) 本書第一部第四章「西大寺光明真言過去帳の紹介と分析」一〇五頁。
(89) 本書第一部第四章「西大寺光明真言過去帳の紹介と分析」一〇八頁。
(90) 本書第一部第四章「西大寺光明真言過去帳の紹介と分析」一一二頁。
(91) 本書第一部第四章「西大寺光明真言過去帳の紹介と分析」一一二頁。
(92) 本書第一部第四章「西大寺光明真言過去帳の紹介と分析」一一三頁。
(93) 本書第一部第四章「西大寺光明真言過去帳の紹介と分析」一一五頁。
(94) 「西大寺代々長老名」〈前註（10）〉七四頁。
(95) 「招提千歳伝記」〈前註（27）〉八七頁。
(96) 「西大寺末寺帳考」〈前註（4）〉一六〇頁によれば、永享八年当時は長坂寺は西大寺直末寺ではなく「私相伝」の寺となっていたようである。それにもかかわらず、史料（2）に記載されたのかは後考を期したい。
(97) 坂田前掲論文前註〈（1）〉五頁。元興寺文化財研究所編『平成二年度中世民衆寺院の研究調査報告書Ⅱ』〈前註（2）〉。
(98) 「西大寺末寺帳考」〈前註（4）〉一三七頁の表8「国別直末寺数」を参照されたい。
(99) 元興寺文化財研究所編『平成二年度中世民衆寺院の研究調査報告書Ⅱ』〈前註（2）〉五九頁。

(100) この点は別の機会に述べるが、内田啓一「和泉市久保惣記念美術館蔵胎蔵旧図様について――西大寺性瑜の事績」(『仏教芸術』二八六、二〇〇六年)六六頁など参照。

第二章　備後・備中両国における展開

はじめに

奈良西大寺叡尊とその弟子たちは、備後・備中両国、現在の広島県・岡山県地域へも足跡を残している。この叡尊教団の備後・備中両国における展開については、河合正治氏(1)、松井輝昭氏(2)、中尾堯氏(3)らの優れた古典的な研究がある。河合氏は、瀬戸内地域に残る石造遺物にも注目しながら、叡尊教団の瀬戸内地域への広範な展開を論じた。とりわけ網野善彦氏(4)は、河合氏らの研究を踏まえて北条氏による交通路支配と、その担い手としての西大寺末寺の展開を見た。そうした研究を踏まえて、元興寺文化財研究所編『中世民衆寺院の研究調査報告書Ⅱ(5)』は現地調査を行って詳しく分析している。それらにより、おおよその寺院所在地などは明らかにされている。

しかしながら、歴史的な展開についてはさほど明らかにされていない。そこで、研究史を批判的に継承しながら見直してみる。

ここでは、まず残存文献史料の多い、備後国浄土寺のケースを通じて、叡尊教団の瀬戸内地域への展開のみならず、他地域への展開のイメージを得たい。

第一節　備後国における展開

ここでは、叡尊教団の備後国における展開を考えるが、それについては、先述の河合氏、松井氏の研究を踏まえた『広島県史　中世』[6]や元興寺文化財研究所編『中世民衆寺院の研究調査報告書Ⅱ』が詳しい。ことに、『中世民衆寺院の研究調査報告書Ⅱ』は、叡尊教団の備後国における展開を概観し、今高野山金剛寺について現地調査を踏まえた分析を行っている。本稿は、それらの研究を踏まえつつも誤りを正したい。

叡尊教団の備後国における展開を考えるうえで、明徳二（一三九一）年に書き改められた「西大寺末寺帳」[7]（以下、「明徳末寺帳」と略す）は大いに有効である。なお、「明徳末寺帳」には西大寺から長老（住持）が任命される直末寺の僧寺が記載されている。いわば直轄寺院のリストで、その記載順は寺格を表している[8]。

史料（1）　松尾「西大寺末寺帳考」一四八頁。

備後国
尾道 浄土寺　　クサイツ草出 常福寺
今高野大田庄 金剛寺

史料（1）は、「明徳末寺帳」の備後国分である。それによれば、浄土寺、常福寺、金剛寺の三つの西大寺直末寺があったことがわかる。尾道浄土寺は、備後国で筆頭の西大寺直末寺であった。

史料（2）　松尾『中世叡尊教団の全国的展開』三五五頁。

備後国

浄土寺　常福寺《クサイツ》草出

金剛寺イマ高野大田庄

史料（2）は、一四五三年から一四五七年までの間に作成されたと考えられる末寺帳である(9)。それによれば、一五世紀半ばにおいても、浄土寺、常福寺、金剛寺の三つが西大寺末寺であったことがわかる。ただ注意すべきは、後述のように、浄土寺は七五箇寺もの末寺を有したように、西大寺末寺は決して三箇寺に止まるものでなかった。それら三箇寺は備後国の西大寺末寺を代表する寺院であったのである。

史料（3）　「西大寺末寺帳　その三」一一九頁。

備後国

尾道 浄土寺　浄誉（花押）　浄土寺下末寺 曼陀羅寺　宗園（花押）

同 万福寺　良順（花押）

史料（3）は、寛永一〇（一六三三）年の末寺帳である。それによれば、浄土寺以外の二箇寺は消え、浄土寺末の曼荼羅寺と万福寺があがっている。その頃には常福寺と金剛寺は西大寺末寺を離脱していたのである。

以上の概観を踏まえて、浄土寺、常福寺、金剛寺に注目しつつ備後国における叡尊教団の展開を見よう。

浄土寺

浄土寺は、現広島県尾道市東久保町に所在する。この浄土寺に関しては分厚い研究史があるが、律寺化の過程に注目して先行研究の成果を見直そう。

先行研究によれば、浄土寺は浄土寺山南麓に位置し、転法輪山大乗院と号す。現在は、真言宗泉涌寺派で、本尊は十一面観音である。寺伝によれば聖徳太子の創建といい、浄土寺と東隣の曼荼羅堂《まんだら》(現海龍寺)は、高野山が大田庄倉敷地尾道浦を統轄するための政所であったと考えられている[10]。このように、浄土寺が聖徳太子創建伝説の寺院であったことや大田荘の倉敷地である尾道浦を扼する寺院であった点に注目しておこう。叡尊教団は、聖徳太子信仰を有し、四天王寺、教興寺など聖徳太子ゆかりの寺院の復興をめざした[11]。また、鎌倉極楽寺が和賀江津を管理したように[12]、津などの港湾の管理を行った。

浄土寺は、本来、高野山が管理する寺院であったが、鎌倉期には堂宇が荒廃し、住僧もいない状態であった。この浄土寺を中興し、律寺化したのが紀伊国人深教房定証である。定証は、叡尊直弟子名簿といえる「授菩薩戒弟子交名」の三八六番目に「紀伊国人　定証　深教房」と見える[13]。比丘(一人前の僧)全部で三八九人の内の三八六番目であり、叡尊晩年の直弟子といえる。

この定証による浄土寺の中興、換言すれば律寺化の過程は、嘉元四(一三〇六)年一〇月一八日付の「定証起請文」によって詳しく具体的に知ることができる。それゆえ、律僧による他の旧寺の復興と律寺化の過程を考えるうえでも大いに示唆に富んでいる。

この「定証起請文」は、すでに、松井氏[14]、苅米一志氏[15]らの先行する浄土寺研究においてはよく使われている史料である。とはいえ、鎌倉末期の叡尊教団の展開を具体的に知るうえで重要な史料であるので、見直そう。

まず、従来の研究において問題とすべきは、「定証起請文」の資料論が不十分な点である。従来は、以下のように考えられている。諸堂宇の建立が完了し、嘉元四年九月には西大寺長老信空を招請し、一〇月一日から一三日まで一連の落慶供養が行われ、起請文は同寺の建立次第を記したもので、供養が終了した一〇月一八日に書かれたとする。

そもそも、定証は嘉元四年一〇月一八日付で起請文を書いて何を起請したのかが明らかにされていない。このことを考えるうえで、従来の研究がまったく考慮に入れていない、定証がいつ亡くなったのかが重要である。従来は、浄土寺の寺伝をまとめたものである『浄土寺先師代々名簿』に基づき、嘉暦二(一三二七)年六月二七日とされてきた[16]。はたしてそうであろうか。次の史料を見よう。

史料(4) 本書第一部第四章「西大寺光明真言過去帳の紹介と分析」九八頁。

(前略)

○本照房　当寺住　　阿定房　西方寺

深教房　浄土寺　　○中観房　桂宮院長老

(後略)

史料(4)は、叡尊教団関係者の物故者名簿とされる[17]「光明真言過去帳」の一部である。それによれば、浄土寺深教房定証が、徳治二(一三〇七)年二月二四日に死去した[18]本照房性瑜と、徳治二年二月二日に亡くなった[19]桂宮院長老中観房との間に記されている。

この本照房と中観房の死亡月日は、それが事実だとすると記載の前後が逆で混乱が見られるとしても、死亡年次については徳治二年で一致している。それゆえ、月日は別にしても、浄土寺深教房定証の死亡年は徳治二年であったと推測される。

とすれば、それは浄土寺の寺伝の『浄土寺先師代々名簿』記載の死亡年月日と矛盾する。「光明真言過去帳」に誤りがあるのだろうか。

ところが、次の**史料**（5）により、深教房定証はやはり徳治二年七月二九日以前には亡くなっていたことがわかる。

史料（5）

奉寄付　浄土寺幷曼荼羅寺別当識事

右両寺者、本雖非律院、西大寺門流故、深教房移住之刻、両寺共為僧寺・尼寺砌之上者、誠匪直当山之祈禱、恢為四海之依怙、然則向後以浄土寺長老、為両寺之別当、殊致仏法之興行、可抽朝家之祈禱、就中為一山之評議、限永代所宛賜淵信法眼也、而仰信之余、奉去進長老之上者、寺家又同前也、仍限慈尊之暁、奉寄付之状如件

徳治二年丁未七月廿九日

預大法師慶尊（花押）

行事入寺祐金（花押）

年預入寺澄忍（花押）

検校権少僧都寛舜（花押）

史料（5）は、徳治二年七月二九日付「高野山衆徒寄進状」[20]である。それによれば、高野山衆徒から「浄土寺幷

曼荼羅寺別当識」が淵信法眼に永代にわたって授与されたが、淵信法眼は信仰の余りに、それを浄土寺長老定証に寄付した。高野山衆徒側も、その事を認めて寄付している。

注目されるのは、「西大寺門流故深教房移住浄土寺之刻」とある点だ。すなわち、「故」とあることから、深教房すなわち定証が徳治二年七月二九日以前には亡くなっていたことになる。とすれば、嘉暦二（一三二七）年六月二七日とする寺伝は間違いということになる。また、「光明真言過去帳」から、その死亡年月は徳治二年二月ではないかと考えられる。だとすれば、定証が起請文を書いた嘉元四（一三〇六）年一〇月一八日とは死の四箇月ほど以前ということになる。

定証は、「起請文」に「眼有障雖不能拝真容[21]」とあるように、その時にはすでに盲目であった。定証が起請文の重要な部分に花押ではなく、朱で手印を捺しているのも、盲目であることがその理由の一つと考えられている[22]。おそらくは死を意識しつつ、強烈な危機意識のもとで、本起請文を認めたのであろう。そうした定証の状況を踏まえて定証起請文を読み直す必要がある。

先述のように、浄土寺は、本来、高野山の支配下にあったが衰頽し僧侶もいないほどであった。定証は、そうした浄土寺の復興活動を行った。従来は、定証が嘉暦二年六月二七日まで生きたことを前提にして、二〇年以上前の嘉元四年一〇月六日付の「淵信法眼寄進状」を論拠に、「淵信は堂崎大乗律《だいじょうりつ》院（当寺）に対し、浄土寺・曼荼羅堂別当職、別所分山地、浜在家など、大田荘預所職として領家方の勢力拡大に尽力した褒賞として高野山から与えられたものを寄進している。この寄進を契機に定証により本格的に寺観が整えられる[23]」とされてきた。

しかしながら、定証は、徳治二年二月には亡くなっているとすれば、先の嘉元四年一〇月六日付の「淵信法眼寄進状」の位置づけ理解などを変更する必要がある。

というのも、「定証起請文」は死の四箇月前ころに書かれたとすれば、「淵信法眼寄進状」によって定証による復興が本格化したのではなく、永仁六（一二九八）年以来始まった定証による復興がほぼ成功したことを踏まえて、その功績に感銘を受けたが故に、「淵信法眼寄進状」が作成されたのであろう。ようするに、死期が迫り、盲目となっていた定証が、自らの人生を回顧しつつ、自己の功績を記したのが、「定証起請文」なのである。

そこで、次に問題となるのは、「定証起請文」で何を起請したのかである。起請文の要旨を記す事書部分は、「備後国尾道堂崎浄土寺大乗律院建立事」から始まり、まず「一、本堂浄土寺」「一、五重宝塔一基」、「一、多宝塔「地蔵堂一宇」の四つが浦人の光阿弥陀仏によって中興がなされたことを記す。次に、「一、金堂一宇」（それに食堂一宇、僧坊一宇、厨舎一宇）が定証の勧進によって造営され、嘉元四年一〇月上旬に西大寺二代長老信空を招いて落慶供養が行われたことを記す。その上で、「浄土寺・曼荼羅堂両院主職幷堂崎別所分山野浜在家等事」に関する預所の寄進状を西大寺長老信空に寄付したので、早くそれによって、管領すべき事が記されている。

以上の事書からわかるように、結局、光阿弥陀仏の支援や諸人への勧進によって中興・新造なった浄土寺・曼荼羅寺の管理権が一旦は定証に寄付されたが、それを西大寺長老信空に寄付、換言すれば西大寺直末寺とすることが起請文の要旨なのである。すなわち、まさに、尾道浄土寺を中興させ、その西大寺直末寺化を誓ったのである。それを踏まえて、律寺としての復興事業という作善を廻向して、四恩（父母の恩、国王の恩、衆生の恩、三宝の恩）に報い、一切衆生を饒益することなどを起請したのである。この点は従来ほとんど無視されてきたが、本起請文の肝である。

事書に続く部分には、定証の人生が簡潔にまとめられている。特に、紀伊国池田庄地頭尾藤氏という武士の家に生まれた[24]にもかかわらず、叡尊の弟子として律僧となるにいたった理由に関する記述がまず注目される。というのも、従来は、中世武士といえば、殺生の罪業感から念仏往生を求めると考えられがちであった。確かにそうしたケースもあったであろうが、他方、律僧となって不殺生などの持戒を目指すケースもあり、それを「定証起請文」は具体的に示しているからである。この点は、先の苅米氏の研究[25]が詳しいので、ここではこの程度で止める。

史料（6）　『広島県史　古代中世資料編Ⅳ』六八四・六八五頁。

（前略）永仁六年為利辺土衆生赴西国、（中略）依海路之便宜、暫逗留于当浦、住曼荼羅堂一夏安居畢、其後任宿志為度無仏世界、欲赴鎮西之処、当浦村翁邑老各申云、衆生利益強不可限鎮西、雖為何所利益可同歟、就中当浦者、高野山根本大塔領、後白河法皇勅願、両界不断行法、仏聖供灯運送之船津、五十六億七千万歳之間、不可有牢籠之地也、何必捨大乗善根之浦、強赴無仏世界之道、只住此所可興仏法云々、仍就其勧誘移住浄土寺、当寺内本自有堂閣有鐘楼有東西之塔婆、無僧坊無依怙無興隆之住侶、唯為青苔名月之閑地、空聞晨鐘、夕梵之音声、（中略）因茲普唱十方檀那知識、建立三間四面精舎、興三宝妙道、報四恩広徳、本尊者摸長谷寺観音、造立十一面聖容、奉安置石座、書記知識奉加之目録、欲籠観音住立之足下（後略）

史料（6）も、事書に続く「定証起請文」の一部である。それによれば、定証が、永仁六（一二九八）年に鎮西（九州）に布教のために、航海の都合で尾道浦にしばらく逗留し、曼荼羅堂に一夏の間住んだ。その後、布教すべく鎮西に赴こうとしたところ、尾道浦の翁や有力者が、衆生利益のためには強いて鎮西に行くべきではなく、高野山大塔領として、白河法皇勅願の両界不断行法のための仏聖供灯運送の船津である尾道浦に止まって、仏法を興すべきと願った。そのため、浄土寺に移ったが、そこは堂舎や東西の塔婆はあるが、僧房も支援者もいないために、僧侶もいない状態であった。そこで、定証は広く勧進を行って、再興を果たしたことがわかる。なお、後略部から、後援者の中心人物は、尾道浦の浦人（豪商カ）で有力者の光阿弥陀仏であった。また、定証は篤い観音信仰を有し、長谷寺観音を摸して十一面観音を建立し、石座に安置している。

このように、鎮西布教のついでに、航海の都合のために永仁六年に曼荼羅堂に一夏を過ごした定証が住人らの請いによって浄土寺に移り、再興がなされた事情が述べられている。

叡尊教団による旧寺、とりわけ交通の要衝に位置する寺院の中興といえば、北条氏と結んだ中興というのが強調されるきらいがあった。しかし、浄土寺のケースのように、在地住人の願望に応える形で復興が行われる場合があった点に注目したい。おそらく、そうしたケースが基本で、律寺化後に北条氏が取り込んでいったのであろう。

この深教房定証の後を継いだのは、先述の『浄土寺先師代々名簿』によって空教房であったとされる。

史料（7）　本書第一部第四章「西大寺光明真言過去帳の紹介と分析」一〇二頁。

○寂禅房　招提寺長老　　念観房　神宮寺
（中略）
明見房　不空王寺　　**義円房　浄土寺**
（中略）
良念房　東妙寺　　**空教房　浄土寺**
（中略）

本如房　称名寺　　　　　　良仙房　丹波惣持寺

史料（7）は「光明真言過去帳」の一部である。それによれば、浄土寺義円房と空教房とが、暦応四（一三四一）年六月一五日に死去した[26]招提寺長老寂禅房と、貞和二（一三四六）年一一月三〇日に亡くなった[27]称名寺本如房との間に記載されている。浄土寺義円房と空教房とは、その間に死去したのであろう。注目されるのは、空教房の前に義円房がいたことで、義円房が定証の後を継いだ可能性があることを指摘しておこう。

空教房は諱を心源と言った[28]。空教房の存生中には、正中二（一三二五）年二月の大火などがあったが、浄土寺は復興し、南北朝期には室町幕府の備後利生塔設置寺院に指定されている。従来は、正中二年の火災以後の復興を定証が行ったと考えられてきたが、空教房心源が行ったのである。

ところで、「『尾道志稿』によると、往古は末寺七五ヵ寺があったが、中古二一ヵ寺に減少、当時六ヵ寺があり、うち一ヵ寺は禅宗に転宗したと記す[29]」が、中世には末寺が七五箇寺もあるほどに栄えたのである。

なお、曼荼羅寺は、先の曼荼羅堂が発展したものと考えられるが、尼寺であり[30]、浄土寺も曼荼羅寺という尼寺とセットで発展していったのである。

浄土寺は、先述の永享八（一四三六）年付の「坊々寄宿末寺帳」にも出てくる。

史料（8）　　松尾「西大寺末寺帳考」一五四頁。

二聖院分

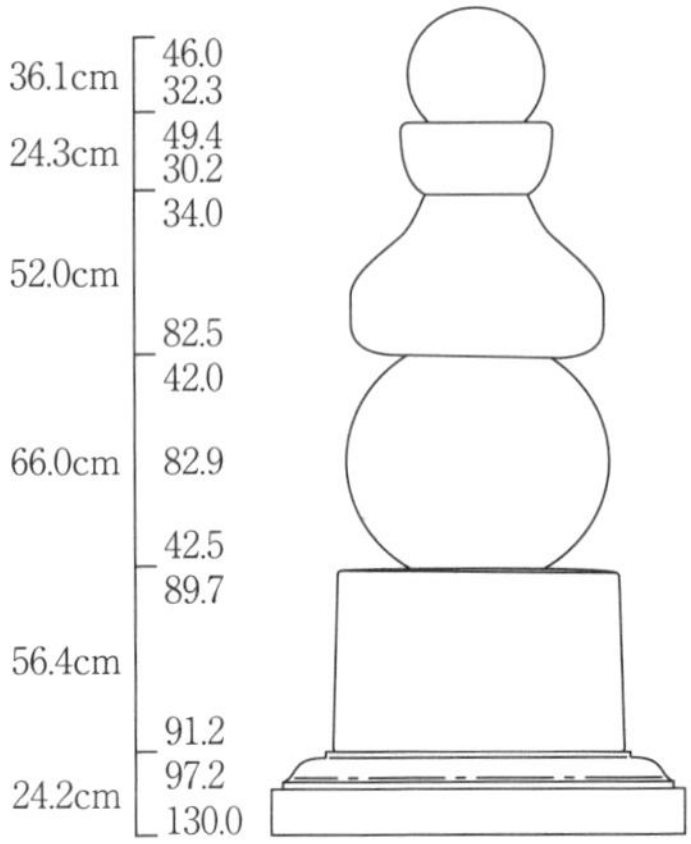

図2　浄土寺五輪塔実測図
（単位は cm）

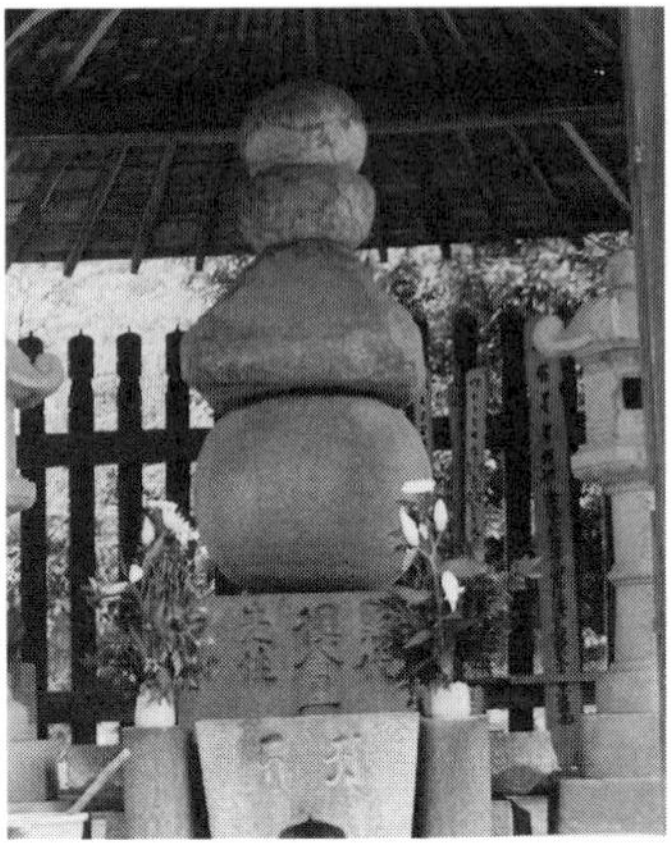

図1　浄土寺五輪塔

般若寺　　南部元興寺 極楽坊
備後国尾道 **浄土寺**　　播磨国尾上 成福寺

（後略）

史料（8）は、「坊々寄宿末寺帳」の「二聖院分」で、浄土寺は、光明真言会に際して二聖院に宿泊することになっていた。浄土寺僧は尾道においても光明真言を広めていたと考えられる。

ところで、浄土寺には、境内の北、観音堂と阿弥陀堂背後の山腹に**図1**[31]のような塔高二三四・八センチ（欠損部あり）の花崗岩製五輪塔がある。[32]寺伝では定証の五輪塔とされるが、発掘調査により、複数人の人骨の入った中世の常滑甕などが見つかっており、定証の墓である五輪塔の甕に歴代住持の骨も一緒に入れられていたと考えられている。また、その五輪塔は計測により、奈良西大寺の叡尊塔を七割に縮小した塔、すなわち西大寺様式の塔であるとされる。[33]この五輪塔の存在からも明らかなように、浄土寺も葬送活動に従事していたのである。

常福寺

常福寺は、「明徳末寺帳」などに「クサイズ」と注記されるように、現在の広島県福山市草戸町に所在した。江戸時代に領主の命によって明王院と合併させられ、寺地はそのままの所に明王院が立っている。芦田川の河口に位置する寺で、眼下に草戸千軒遺跡を見下ろす寺である。

草戸町は中世都市遺跡の草戸千軒遺跡があり、そこは大いに栄えた都市遺跡で、草戸千軒の民衆の精神的なよりどころとして常福寺も大いに栄えたと推測される。だが、ほとんど史料が残っていないために、中世常福寺の実態は不明であるが、実は示唆にとむ史料が残されている。

寺伝では大同二（八〇七）年空海の創建というが伝承の域を出ていない。現在の本堂は、元応三（一三二一）年に再建されたもので、この再建に叡尊教団が関与して、西大寺末寺となったと推測されている[34]。そこで、この本堂再建から見よう。

史料（9） 『明王院　その歴史と文化[35]』三五頁。

紀貞経代々二世悉地成就

元応三年十二月十四日沙門頼秀

史料（9）は、「明王院本堂内陣大虹梁蟇又銘文」である。本史料により、本堂は元応三年頃、紀貞能代々が現・当（現在と未来）二世ともに悟りが得られることを期待して建てられたことを表している。沙門頼秀は、本堂再建の中心人物で、紀貞経に勧めて資金を出させた人物であろう。頼秀は後に常福寺長老となっているが、この時は住持（長老ともいう）とは記されていない点が注目される。また、現在・当来の二世の悉地成就という表現からは、頼秀が密教を広めていたことがわかる。

史料（10）[36]

右夫普為令遂兜率上詣願望、結竜花下生来縁、
積一文勧進小資、成五重塔婆大功、順逆諸縁同利益、
貞和四年戊子十二月十八日
上九輪「再修」
鋳師大井、大工沙弥本願
住持沙門頼秀敬白
「覚忍」

史料（10）は、「五重塔相輪伏鉢陰刻銘」である。それにより、常福寺の五重塔が貞和四（一三四八）年一二月頃には建立されたことがわかる。まず、注目されるのは、先述の頼秀が「住持沙門」と記されている点である。すなわち、頼秀は当時常福寺の住持であった。元応三年の時点では住持ではなく、貞和四年には住持であった。おそらく、元応期の再興活動を踏まえて、浄土寺のケースのように、別当職などを寄付され、住持となったのであろう。本堂の建立から二八年も経過した貞和四年に、頼秀は草戸の人々に広く薄く寄付を集めて五重塔の建立した。
注目されるのは、この五重塔建立が、弥勒信仰に基づいて行われたことである。『弥勒経』によれば、弥勒浄土

へ生まれ、弥勒下生に立ち会うには戒律護持（＝持戒）などが重要とされるが[37]、そうした弥勒信仰に基づいて持戒の律僧による塔婆の建立がなされている。叡尊教団は弥勒信仰も勧めていたのである。とりわけ、人々に一文ずつの寄付を勧めて塔婆の建立を行ったのである。

ところで、頼秀が常福律寺の開山であったと考えられる。頼秀はいつ亡くなったのであろうか。このことを考えるうえで、先の**史料（10）**は大いに有効である。それによれば、「再修」「覚忍」とある。それらは、他と異筆で、刻法を異にし、いつの時期か不明だが後世の修理に際してのものという。覚忍とはおそらく住持と考えられている[38]。

史料（11）　本書第一部第四章「西大寺光明真言過去帳の紹介と分析」一〇六頁。

真浄房　花蔵寺　　　玄寥房　称名寺

（中略）

円一房　薬師院　　　**覚忍房　常福寺**

（中略）

○当寺第十五長老沙門興泉

史料（11）は、先述した「光明真言過去帳」の一部である。それによれば、常福寺覚忍房が応安六（一三七三）年一〇月一日に亡くなった[39]金沢称名寺第五代長老玄寥房什尊と、康暦元（一三七九）年六月一日に八六歳で死去した[40]西大寺第一五代長老興泉との間に記載されている。常福寺覚忍房はその間に亡くなったのであろう。この覚忍房は、**史料（10）**の覚忍と同一人物なのであろうか。

もっとも、西大寺直末寺には、「明徳末寺帳」によれば、備後常福寺のみならず山城常福寺、近江常福寺、豊前常福寺があった[41]。それゆえ、ただちには**史料**（11）の常福寺を備後常福寺だとは決めがたい。

しかし、山城常福寺は、「明徳末寺帳」に「第十六長老御時永徳三二月日」と注記され[42]、第一六代長老禅誉円宗房の時の永徳三（一三八三）年二月に西大寺直末寺となったことがわかる。また、近江常福寺は「明徳末寺帳」に「廿七代ニ寄進」[43]とあり、第二七代長老良誓（一四三六〜五〇）の時に直末寺となった。豊前常福寺はいつ直末寺となったかなど明確でなく、また、豊前国第五位の寺格の西大寺直末寺であって[44]、さほど有力な寺院ではない。

以上から、「光明真言過去帳」に一三八三年以前に出てくる常福寺は備後常福寺である可能性が高い。とすれば、応安六年一〇月一日から康暦元年六月一日に亡くなった常福寺僧覚忍とは、**史料**（10）の備後常福寺覚忍房であろう。従来、覚忍による五重塔の再修がいつなされたのかなど不明であったが、一四世紀後半になされたことがわかる。

考証が長くなったが、頼秀の死亡時期に話をもどそう。

史料（12）　本書第一部第四章「西大寺光明真言過去帳の紹介と分析」一〇二〜一〇三頁。

〇当寺第六長老沙門澄心

（中略）

常空房　常福寺　　勝賢房　観音寺

（中略）

〇当寺第七長老沙門信昭

史料（12）は、「光明真言過去帳」の一部である。それによれば、常福寺常空房が、貞和三（一三四七）年九月五日に亡くなった西大寺第六代長老澄心と、文和元（一三五二）年三月二日に死去した西大寺第七代長老信昭との間に記されている。この常空房が「光明真言過去帳」に常福寺僧として最初に出てくる人物であるが、この常空房こそは頼秀の房名と考えられる。とすれば、常空房頼秀は、貞和三（一三四七）年九月五日から文和元（一三五二）年三月二日の間に亡くなったことがわかる。また、**史料（10）**から、貞和四年一二月一八日には生存しており、それ以後で文和元年三月二日の間に死去したのであろう。[45][46]

ところで、先述した**史料（3）**の一五世紀半ばの「西大寺末寺帳」により、常福寺は一五世紀半ばまでは律寺として機能していた。文明三（一四七一）年六月一六日付「西国寺不断経修行事及西国寺上銭帳」に、常福寺衆として、一貫文を納めた教義、五百文を納めた賢成、二百文を納めた照源寺宥泉房、正貞庵賢識坊があがっている。常福寺は当時は、少なくとも二箇寺の末寺を有する寺院であったのだろう。尾道西国寺との関係がはっきりしないが、協力関係にあったのだろう。[47]

さらに、永享八（一四三六）年付の「坊々寄宿末寺帳」の「東室二分」に備後クサイズ常福寺の名があがっている。常福寺僧は、西大寺の光明真言会に際して東室二に宿泊することになっていた。常福寺僧は草出においても光明真言を広めていたと考えられる。[48]

金剛寺

金剛寺は、現在の広島県世羅郡世羅町甲山に所在した今高野山愛染院竜華寺の塔頭寺院の一つであった。金剛寺については、元興寺文化財研究所編『中世民衆寺院の研究調査報告書Ⅱ』や蔵橋純海夫氏の研究などがある。とり[49][50]

わけ、蔵橋氏の研究は、今高野竜華寺の専論であり、金剛寺研究の到達点といえる。それらを踏まえて、叡尊教団の備後国への展開という視点で見直そう。

金剛寺の所在する世羅郡の一帯には、中世において高野山領大田荘が広がっていた。大田荘は、文治二（一一八六）年に後白河法皇から紀伊国高野山根本大塔領として寄進された。以後、室町時代まで作田約六〇〇町歩余の広大な荘園であった。高野山は、大田荘を維持管理するための政所兼末寺として今高野山竜華寺を当地に建立したのである。このように、金剛寺は、高野山領大田荘の庄政所として出発したのであった。つまり、高野山領大田荘経営の中心拠点であった。蔵橋氏によれば、竜華寺には、一二の塔頭があり、その内の一つが金剛寺であったと考えられている。享保一二年に開版された「備後国世羅郡大田庄今高野山竜華寺略縁起」には、丹生神社前の池の東側に金剛寺が描かれ、そこから登った塔の岡には五輪塔が描かれている。(51)

先述した備後浄土寺に伝わる「浄土寺文書」によれば、元徳三（一三三一）年三月二一日には大田荘雑掌沙弥了信が、今高野に伝わる弘法大師ゆかりの薦一筋と縄二などを浄土寺に寄進している。(52)このように、金剛寺は浄土寺と関係しており、おそらくは、大田荘年貢の積み出しの尾道浦を押さえる浄土寺が西大寺末として中興されたのを契機に金剛寺も西大寺末寺化していったのであろう。

ことに、注目されるのは、金剛寺の辺りからは大界結界の結界石が三つ見つかっている点である。それらは、現在、境内の一箇所に集められているため、かつての所在地を明らかにできないが、まさに金剛寺が律寺であったことを示すものである。向かって右側のには、「大界外相北方」、真ん中のは上半分が欠けているため「□方」とのみ見え、左側のものは「大界外相西方」と刻まれている。とりわけ、左側のものには「建武五年戊寅九月八日」と年月日が陰刻されている。(53)大界結界は律寺化の際に結ばれるので、(54)建武五（一三三八）年九月八日には律寺化してい

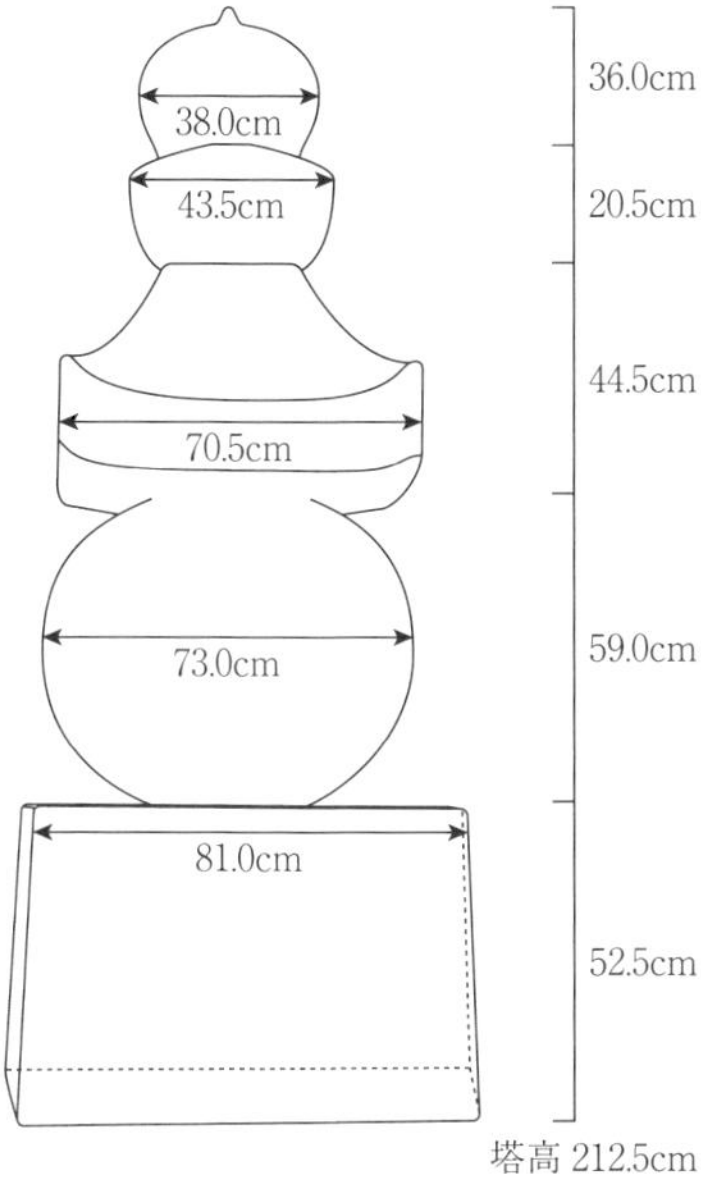

図4　金剛寺五輪塔実測図

図3　金剛寺五輪塔

たと考える。

史料（13）　松尾「西大寺末寺帳考」一五九頁。

南室二分

当国 白毫寺　　同十市 阿弥陀寺
山城国嵯峨 大覚寺　　伊賀 大聖寺
加賀国 明星寺　　丹後国ヒヲキ 金剛心寺
備後イマ高野 **金剛寺**

史料（13）は、永享八年付の「坊々寄宿末寺帳」の「南室二分」の部分である。金剛寺僧は、西大寺の光明真言会に際して南室二に宿泊することになっていた。金剛寺僧は大田荘においても光明真言を広めていたと考えられる。

ところで、先述のように塔の岡には、**図3**のような五輪塔が立っている。塔高が二一二・五センチの二メートルを越える西大寺様式の五輪塔である。水輪の型は木津惣墓系である。(55) おそらく、金剛寺の初代長老の墓であったのだろうか。

第二節　備中国における展開

備中国における展開を考えるうえでも、先述の明徳二（一三九一）年に書き改められた「明徳末寺帳[56]」は大いに有効である。

史料（14）　松尾「西大寺末寺帳考」一四八頁。

　備中国
善養《成羽》寺　　金《キン》光寺

史料（14）は「明徳末寺帳」の備中国の分である。それによれば、備中国に西大寺直末寺が善養寺と金光寺の二箇寺が所在したことがわかる。

史料（15）　松尾『中世叡尊教団の全国的展開』三五五頁。

　備中国
善養寺《ナリワ》成羽　　金光寺
菩提寺《カルヘ》

史料(15)は、一四五三年から一四五七年までの間に作成されたと考えられる末寺帳の「備中国」分である。[57]それによれば、一五世紀半ばにおいて、善養寺、金光寺、菩提寺の三箇寺が直末寺であったことがわかる。すなわち、一四世紀末から一五世紀半ばまでに菩提寺が直末寺に加わっている点は注目すべきである。

なお、寛永一〇(一六三三)年三月七日付の「西大寺末寺帳」には、それら三箇寺は見えない。[58]

善養寺

まず、史料(14)の「明徳末寺帳」で筆頭に記載されているように、備中国の西大寺直末寺で筆頭の寺格の寺院であった善養寺から見よう。

善養寺には、「成羽」と注記されているように、現在の岡山県高梁市成羽町に所在したと考えられている。[59]『中世民衆寺院の研究調査報告書Ⅱ』などでは、この寺の「起源および歴史的経過は全くわからない」[60]とする。はたしてそうであろうか。この点を考えるうえで、「光明真言過去帳」は有効である。というのも、善養寺僧の名が見えるからだ。

史料(16) 本書第一部第四章「西大寺光明真言過去帳の紹介と分析」九八頁。

○勝順房　招提寺長老　**覚一房　善養寺**

(中略)

○勤聖房　招提寺長老　覚一房　泉涌寺長老

史料（16）は、「光明真言過去帳」の一部である。それによれば、善養寺覚一房が、嘉元二（一三〇四）年二月一日に亡くなった招提寺長老勝順房と、嘉元四（一三〇六）年二月一五日に死去した招提寺長老勤聖房との間に記されている。覚一房はその間に亡くなったと考えられる。[61][62]

この覚一房が善養寺僧として最初に「光明真言過去帳」には見える。覚一房は、一三〇四年から一三〇六年の間に死去しており、しかも、備中国の筆頭の西大寺直末寺に入っている。とすれば、叡尊の直弟子であった可能性が高い。そこで叡尊の直弟子名簿といえる「授菩薩戒弟子交名」（一二八〇年成立）を見ると、一人前の僧である比丘、全部で三八九人の内の一五七番目に「京人　実海　覚一房[63]」がいる。この覚一房実海が先の「光明真言過去帳」の善養寺僧である可能性が高い。すなわち、覚一房は京都出身で、諱を実海といったのであろう。

そこで、覚一房実海に注目しよう。

史料（17）[64]

舎利之流布当寺雖盛、禀承之明鏡、古今尤稀、而去年秋不図感得招提寺舎利壱粒、相伝之由来、信仰無弐、機縁之純熟感欽、且千尓以連連相続、復相承、奇瑞之舎利、両参粒或伝従霊寺之宝壺、或出従名山之神油、無上之法宝待時、而自集興隆之祥兆、寧可不崇哉、因茲冶鋳参尺金銅宝塔一基、奉納此

仏舎利、所安置西大寺塔院也、永為一寺之
霊宝、将伝万代之後葉而已
文永七年歳次庚午六月一日己巳鬼宿金曜
本願主西大寺衆首沙門叡尊
慶印
行事比丘　実海
璋尊
末長入道成仏
銅細工　坂上　友末
鋳物師　友吉入道西珍

史料（17）は、叡尊が感得した唐招提寺舎利壱粒を入れるために制作した西大寺所蔵の金銅宝塔の底に記された文永七（一二七〇）年六月一日付銘文である。その制作の行事奉行を勤めたのが実海であったことがわかる。[65] 実海は、この頃は西大寺に居たのである。また、年月日未詳の「啓白文」[66]に、後に第二代西大寺長老となる信空らとともに同心衆として名を連ねている。

さらに注目されるのは、次の史料である。

史料（18）　「西大寺叡尊上人遷化之記」二九三頁。

（前略）此時実海覚一房、璋尊観玄房、隆賢浄賢房、道俊良縁房、永弁律道房、定慈直道房、鏡恵随覚房、良忍本覚房、生恵長真房、審重聖尊房、隆恵浄道房、賢信良法房、賢善覚律房、阿一如縁房、善基専寂房、尊鏡智篋房、善賢誓□房、尊俊安円房、禅雅覚曾房、惟基道尓房、鏡瑜思願房、信基覚運房等、門弟廿二人昇輿（後略）

史料（18）は、正応三（一二九〇）年八月二五日の叡尊死去に際して、棺を担いで西大寺西室から荼毘所まで運んだ門弟二二人の名前である。門弟の代表者である鎌倉極楽寺忍性らは、遠国ゆえに参集できていない。注目されるのは、棺を担いだ門弟の筆頭に実海の名があげられている[67]。このように覚一房実海は、叡尊門弟の中で実力者であったと考えられるが、おそらく善養寺の初代長老として善養寺の基礎を築いた人物なのであろう。ところで、善養寺といえば、成羽川の船路開削工事を主導したことでも知られる[68]。

史料（19）[69]

笠神船路造通事

徳治二年丁未七月廿日始之八月一日平之畢、其時干時

右、笠神竜頭上下瀬十余ケ所者、為日本無双難所之間、薩埵慈悲大志温懐不可不奉不可不行、依之相勤諸方十余ヶ月平之功已畢、

大勧進沙門尊海当国成羽善養寺

奉行代沙門実専南都西大寺実行□

根本発起四郎兵衛□□

石切大工　伊　行経
午□発□

史料（**19**）は、徳治二（一三〇七）年七月二〇日から八月一日にかけて行われた開削工事の記念碑というべき岩に記された銘文で、「笠神の岩文字」と呼ばれている。現在、笠神の岩は、新成羽ダムの建設に伴い水没している。**史料**（**19**）によれば、尊海が大勧進として一〇箇月余諸方面に勧募し、経費などを集め、実専も担当者として、石工伊行経によって「笠神竜頭上下瀬十余ケ所」の難所を開削したことがわかる。その根本発起人は四郎兵衛某という人物であった。

この奉行代実専がいかなる人物かに関しては異論があるが、和泉国日根荘の開発を請け負った実専と同一人物と考えられている。[(70)] 旧稿では疑義を呈したが、[(71)] 現在では私も、その説を支持する。

だが、この実専と南都西大寺実行□（房カ）との関係が明確ではない。服部英雄説では、実専と南都西大寺実行とは別人とする。すなわち、実専と実行の二人が担当したとする。はたしてそうであろうか。

図5は大本琢寿論文所載の[(72)]「笠神の文字岩銘」図を基に白黒反転させたものである。それによれば、「当国成羽善養寺」「南都西大寺実行□」の部分は文字も小さく、右に寄せて書かれており、おのおの、尊海と実専の注記として理解するのが最も素直であろう。とすれば、大勧進を勤めた尊海は善養寺僧で、実専は西大寺僧で房名が実行であったということになろう。[(73)] このことは極めて重要である。私見が成り立てば、和泉国日根野庄の開発を担った実専と実行房とは、同一人物の諱と房名ということを示していることになるからだ。

ところで、服部説は、和泉日根野庄の開発者担当者を、実行と実専の二人の人物とするが、その論拠は、一人が

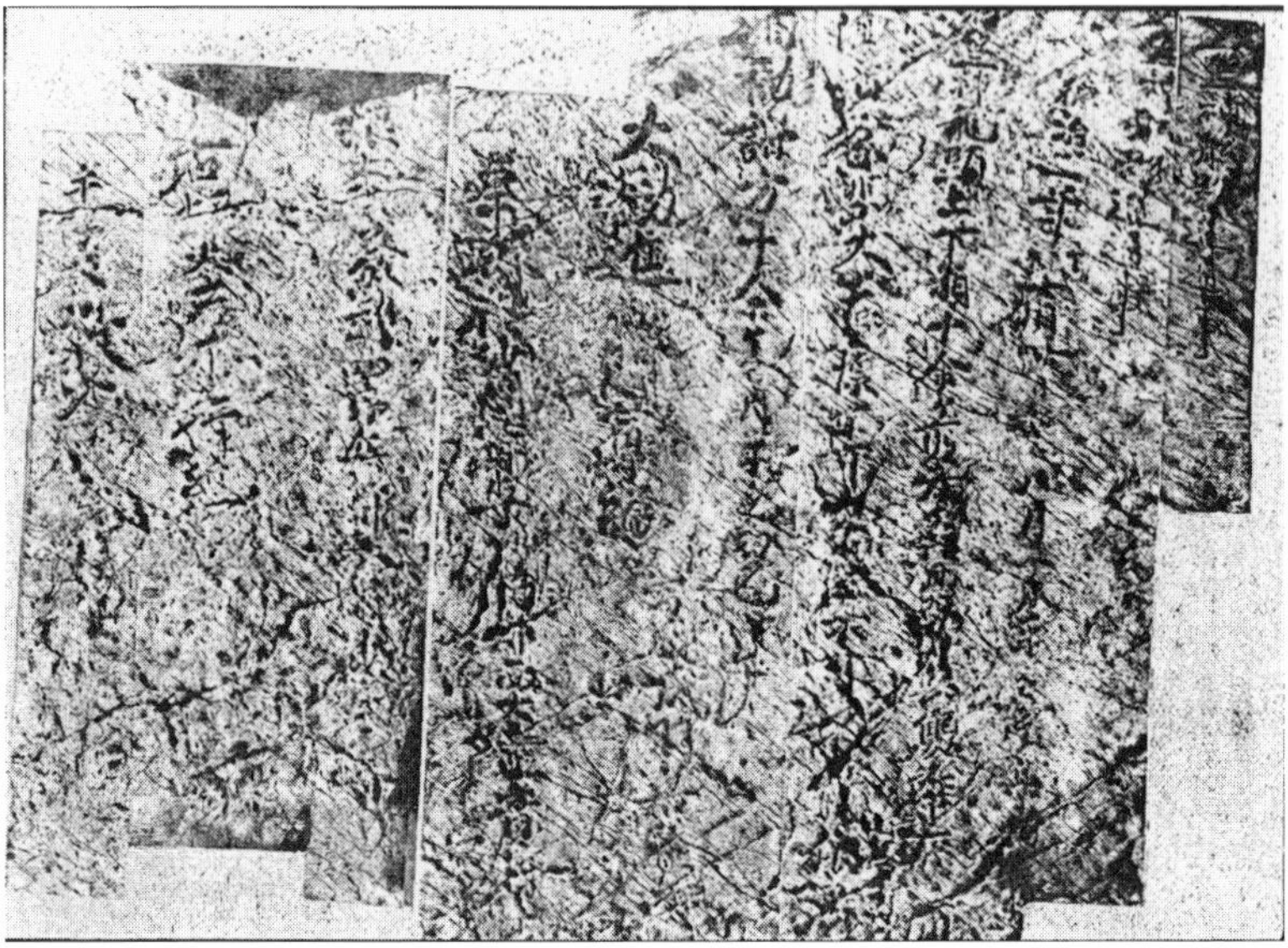

図5　「笠神の文字岩銘」

二つの名を有することを問題とするからだ[74]。しかし、当時の律僧は叡尊が思円房、忍性が良観房といった[75]具合に諱と房名の二つの名を有するのは極めて普通である。

服部説は、『九条家文書』の「九条禅定殿下御教書案」では、実行を「実行上人御房[76]」と敬意をもって表記しているのに対して、他方の実専は「日根荘荒野相分注文」の端裏書ではただ「実専」と表記されている[77]。そうした表記の相違からも、実行は実専よりも上位僧と主張した。

しかし、「九条禅定殿下御教書案」で「御房」としたのは、九条禅定殿下の意を奉じた家司との関係による書札礼によるのであろう。また、「実行御房」という表記からも実行が房名であることがわかる。

以上、実専に付された注記により、実専が西大寺所属で実行房という房名を有していたことがわかる。もっとも、服部説は実行の下の□は読んでいないが、現物を見られた藤沢説では文字の痕跡を認めている[78]。

史料（20）　本書第一部第四章「西大寺光明真言過去帳の紹介と分析」一〇〇頁。

深聖房　浄土寺　　　　　　〇善願房　極楽寺長老

（中略）

修真房　最福寺　　　　　　実行房　尺迦寺

浄勇房　常光寺　　　　　　〇了心房　戒壇院長老

ところで、史料（20）は「光明真言過去帳」の一部である。釈迦寺実行房が、嘉暦元（一三二六）年八月一〇日に亡くなった[79]極楽寺長老善願房と、元徳元（一三二九）年一〇月三日に死去した[80]戒壇院長老了心房との間に記載されている。実行房は、その間に死去したのであろう。他に実行房は「光明真言過去帳」に見えず、実行房実専である可能性は高い。実行房実専は後に尾張釈迦寺の長老となっていたと考えられる[補註1]。

尊海は、先述した一三〇四年から一三〇六年の間に死去した覚一房実海の後を継いで善養寺の長老であったと推測されるが、「笠神竜頭上下瀬余ケ所」開削工事の資金・資材などの準備に当たった。その実務を奉行したのが西大寺僧実行房実専であったということになる。さらに、石工として帰化人系の石工伊行経までも動員されている。すなわち、備前善養寺が中心になって行った事業を西大寺僧までも派遣されて実施に移されたのである。それは、難工事であったからというのが理由の一つであろうが、別の理由もあったと推測される。

史料（21）

（大般若経第一六一巻心経）

（第三心経奥書）
「正安四年七月廿八日啓白」
（第四心経奥書）
「南無恩徳広大釈迦牟尼如来
正安四年七月廿九日小苾蒭尊海四十夏七
南無妙法蓮華経南無文殊師利菩薩

史料（21）は、大和西大寺蔵文殊騎獅像胎内経の一つに記された「尊海写経願文」である。[81]すなわち、尊海という僧が正安四（一三〇二）年七月二八・二九日に大般若経一六一巻を書写し、それを文殊騎獅像に納めたことがわかる。この頃、尊海は西大寺にいたのであろうが、覚一房実海の死を受けて善養寺の長老として派遣されたのであろう。実行房実専とも西大寺で一緒に学んだのであろう。想像をたくましくすれば、尊海は海を、実専は実を実海から貰った実海の直弟子達であったのかもしれない。

以上のように、「笠神竜頭上下瀬余ケ所」は、鉄などを運ぶ成羽川舟運の要衝だが難所であり、その開削を善養寺僧が中心になって行ったことがわかる。このように、善養寺は成羽川の管理も担当し、開削以後は維持も行ったと考えられる。このことと、他地域での事例[82]を考えるならば、成羽川の管理・維持も担っていたと考えられる。

なお、明徳三（一三九二）年七月一八日付「備中国守護代吉見氏康遵行状案」[83]によれば、地頭職が天竜寺に与えられたのに抵抗して成羽庄地頭三村信濃守が善養寺に立てこもっている。この事から、三村氏の成羽庄支配の中核に善養寺が位置していた可能性が高く、善養寺は三村氏の菩提寺であったのだろう。

これ以後も、一五世紀までは、善養寺僧は先述の「光明真言過去帳」に見えるので、善養寺は一五世紀半ばまでは機能していた。

さらに、次の**史料(22)**のように永享八(一四三六)年付の「坊々寄宿末寺帳」にも出てくる。

史料(22) 松尾「西大寺末寺帳考」一五八頁。

東室二分

(中略)

備中ナリワ **善養寺**　備後クサイツ 常福寺

美濃大井 長康寺　肥前国ソノキ郡 宝生寺

紀州 宝金剛寺　備中カルヘ 菩提寺

播州長坂 竜華院

すなわち、善養寺は、奈良西大寺の光明真言会に際して、後述する備後常福寺、菩提寺他とともに「東室二」に宿泊することになっていた。この光明真言会に毎年参加していたように、善養寺僧は、地元において光明真言を広めていたであろう。

金光寺

金光寺は、先述の「明徳末寺帳」などで二番目に記載されており、備中国で第二位の寺格の西大寺直末寺であった。

『中世民衆寺院の研究調査報告書Ⅱ』[84]によれば、川瀬潔氏の説[85]を引いて、金光寺は、旧上房郡有漢町（現高梁市有漢町）にいた中世の領主秋庭氏の菩提寺に金光寺があり、一二七〇年頃に建立され、一二八〇年頃に西大寺末寺となったとする。また、有漢地区には、保月山六面石幢、宝塔、板碑など石造遺物が多く残り、その制作者が井野（伊）行恒で、それらが金光寺と関連する遺物とする。

ことに注目されるのは、宝塔で、その基礎部分には「嘉元三年乙巳二月十七日、願主沙弥西信、大工井野行恒」と彫られている。建立年が嘉元三（一三〇五）年であり、「笠神竜頭上下瀬余ケ所」開削工事の前々年である点が注目される。この保月宝塔などが、伊行経の生涯における確実な最初の事業と考えられている[86]。善養寺僧らは、その成功を見て、「笠神竜頭上下瀬余ケ所」開削工事を依頼したのであろう。

史料（23）　松尾「西大寺末寺帳考」一五七頁。

四室分

相模国　極楽寺　　但馬国　常住金剛寺
大和国　大御輪寺　伊賀国　大岡寺
伯耆国　国分寺　　讃岐国　鷲峰寺
越中国　弘正寺　　備中国　**金光寺**

（後略）

史料（23）は、先述の永享八（一四三六）年付の「坊々寄宿末寺帳」の「四室分」である。金光寺僧は西大寺光明真言会に際しては西大寺四室に宿泊するようになっていた。金光寺僧も、地元において光明真言を広めていたであろう。

菩提寺

菩提寺は、「明徳末寺帳」には記されてはいないが、先述の一五世紀半ばの「西大寺末寺帳」では三番目に記載されており、備中国で第三位の寺格の西大寺直末寺であった。おそらく、一五世紀になって末寺となったのであろう。

菩提寺は、史料（7）の「坊々寄宿末寺帳」などに「備中国カルヘ」と注記がある。そこは、『中世民衆寺院の研究調査報告書Ⅱ』[87]によれば、現在の岡山県都窪郡清音村軽部（総社市清音軽部）と考えられている。中世においては、山陽道と高梁川の交差点にあり、交通の要地として繁栄していた。軽部宿は一遍上人も来たという。そこには、嘉暦三（一三二八）年銘の宝篋印塔があるという。注目すべきは、善養寺と菩提寺が高梁川で結ばれていたと考えられる点であり、律寺と川の結びつきは重要である。

また、菩提寺は史料（22）のように永享八年付の「坊々寄宿末寺帳」の「東二室分」にも見える。西大寺光明真言会に際しては東二室に宿泊するようになっていた。菩提寺僧も、地元において光明真言を広めていたであろう。

おわりに

以上、叡尊教団の備後・備中両国における展開を見た。備後・備中両国には、西大寺直末寺が六箇寺所在した。備後国では、尾道浄土寺の律寺化の過程は興味ぶかい。叡尊教団の末寺化といえば、北条氏と連携した末寺化が想定されがちであるが、浄土寺の場合は、たまたま海路の都合のために立ち寄った定証に、浦人が浄土寺中興を願って再興がなされ、西大寺末寺化となっていた。西大寺直末寺の成立には、こうしたケースが多かったのであろう。また、浄土寺が最盛時には七五箇寺もの末寺を有していた点も、注目される。西大寺末寺というと、「明徳末寺帳」にあがっている二六二箇寺が注目されがちだが、それは西大寺直轄寺院であり。その下には数多くの孫末寺が存在していたのである。叡尊時代に一五〇〇箇寺の末寺があったとされるが、その数は誇張ではないと考えられる。

備中国においては、とりわけ善養寺による成羽川の難所開削が注目される。その工事には、後に和泉国日根荘の開発を請け負った西大寺僧の実行房実専が協力していた。律僧のネットワークの広がりには驚かされる。

残存史料は少なく明確ではないが、尾道浦を押さえた浄土寺、芦田川を押さえていた常福寺、成羽川の難所開削工事を行った備中善養寺など、港・川（通船）の維持・管理に関与していたと考えられる。律寺と港・川の管理・維持との関わりは注目すべき点である。この点は、他国においても言えることである[88]。

註

（1） 河合正治「西大寺流律宗の伝播」（『金沢文庫研究』一四―七、一九六六年）。

（2）松井輝昭「西大寺律宗展開の問題点――瀬戸内地域を中心に」（『芸備地方史研究』一三八、一九八二年）。
（3）中尾堯「備州における律僧の勧進活動」（中尾『中世の勧進聖と舎利信仰』吉川弘文館、二〇〇一年）。
（4）網野善彦『蒙古襲来』（小学館、一九七四年）。
（5）元興寺文化財研究所編『平成二年度中世民衆寺院の研究調査報告書Ⅱ』（元興寺文化財研究所、一九九一年）八三～九四頁。
（6）『広島県史　中世』（広島県、一九八四年）八八六～八八八頁など。浄土寺については『新修尾道市史』第六（尾道市役所、一九七七年）、『国宝の寺　尾道浄土寺』（浄土寺、二〇〇一年）なども参照した。
（7）松尾剛次「西大寺末寺帳考」（松尾『勧進と破戒の中世史』吉川弘文館、一九九五年）を参照。
（8）「明徳末寺帳」の資料論については、松尾「西大寺末寺帳考」〈前註（7）〉一四〇頁など。
（9）松尾『中世叡尊教団の全国的展開』（法藏館、二〇一七年）三四〇頁。
（10）『広島県の地名』（平凡社、一九八二年）三八八頁。
（11）叡尊教団の聖徳太子信仰に基づく旧寺の復興については研究が進んだ。細川涼一『中世律宗寺院と民衆』（吉川弘文館、一九八七年）、追塩千尋『中世の南都仏教』（吉川弘文館、一九九五年）、小野一之「聖徳太子の再生――律宗太子信仰」（吉田一彦編『変貌する聖徳太子』平凡社、二〇一一年）、松尾『中世叡尊教団の全国的展開』〈前註（9）〉など参照。
（12）石井進「都市鎌倉における「地獄」の風景」（御家人制研究会編『御家人制の研究』吉川弘文館、一九八一年）、松尾『中世都市鎌倉の風景』（吉川弘文館、一九九三年）など。
（13）松尾「西大寺叡尊像に納入された「授菩薩戒交名」と「近住男女交名」」（松尾『日本中世の禅と律』吉川弘文館、二〇〇三年）七九頁。
（14）松井「西大寺律宗展開の問題点――瀬戸内地域を中心に」〈前註（2）〉。

(15) 苅米一志「地頭御家人における信仰の基本的特質」(『日本文化研究』一三、二〇〇二年)。
(16) 朝井柾善「浄土寺五輪塔(累代先住墓)について」(『尾道市文化財春秋』二〇号、一九八五年)。佐藤昭嗣「尾道浄土寺伝定証上人墓の再検討」(『考古論集――河瀬正利先生退官記念論文集』二〇〇四年)。
(17) 「光明真言過去帳」の性格については、本書第一部第四章九四頁など参照。
(18) 内田啓一「和泉市久保惣記念美術館蔵胎蔵旧図様について――西大寺性瑜の事績」(『仏教芸術』二八六、二〇〇六年)六二頁。
(19) 「京兆桂宮院中観禅律師伝」(『大日本仏教全書一〇五』〈名著普及会、一九七九年〉所収「律苑僧宝伝」二七三頁)。
(20) 『広島県史　古代中世資料編Ⅳ』(広島県、一九七八年)六三三頁。平成三〇(二〇一八)年二月一七日に浄土寺を訪問し、本史料の写真を浄土寺小林住職より得ることができた。
(21) 松井「西大寺律宗展開の問題点――瀬戸内地域を中心に」〈前註(2)〉七頁
(22) 松井「西大寺律宗展開の問題点――瀬戸内地域を中心に」〈前註(2)〉。
(23) 『広島県の地名』〈前註(10)〉三八八頁。
(24) 苅米「地頭御家人における信仰の基本的特質」〈前註(15)〉四六頁。
(25) 苅米「地頭御家人における信仰の基本的特質」〈前註(15)〉。
(26) 「招提千歳伝記」〈前註(19)〉二八頁。
(27) 『金沢文庫古文書一二輯　識語編三』(金沢文庫、一九五八年)三三三頁。
(28) 「浄土寺文書」八二(〈前註(20)〉六三八・六三九頁)所収「浄土寺住持空教房心源申状」による。
(29) 『広島県の地名』〈前註(10)〉三八九頁。
(30) 『広島県史　古代中世資料編Ⅳ』〈前註(20)〉六三三頁。
(31) 上図は、五輪塔の写真、下図は佐藤「尾道浄土寺伝定証上人墓の再検討」〈前註(16)〉八九七頁の図。

(32) 朝井「浄土寺五輪塔（累代先住墓）について」〈前註（16）〉や佐藤「尾道浄土寺伝定証上人墓の再検討」〈前註（31）〉など参照。
(33) 佐藤「尾道浄土寺伝定証上人墓の再検討」〈前註（31）〉九〇二頁。
(34) 元興寺文化財研究所編『平成二年度中世民衆寺院の研究調査報告書Ⅱ』〈前註（1）〉八六頁。常福寺については志田原重人「草戸千軒にみる中世民衆の世界」（『中世の風景を読む6　内海を躍動する海の民』新人物往来社、一九九五年）、『明王院　その歴史と文化』（広島県立歴史博物館、一九九一年）など参照。
(35) 『明王院　その歴史と文化』〈前註（34）〉三五頁。なお、写真を見ると「三月」より「十二月」と読める。
(36) 『国宝明王院五重塔修理工事報告書』（国宝明王院五重塔修理委員会、一九六二年）六八頁。
(37) 速水侑『弥勒信仰』（評論社、一九七一年）七九頁。
(38) 『国宝明王院五重塔修理工事報告書』〈前註（36）〉二二・二三頁。
(39) 『金沢文庫古文書一二輯　識語編三』〈前註（27）〉三九頁。
(40) 「西大寺代々長老名」（『西大寺関係資料（一）諸縁起・衆首交名・末寺帳』奈良国立文化財研究所、一九六八年）七三頁。
(41) 松尾「西大寺末寺帳考」〈前註（7）〉参照。
(42) 松尾「西大寺末寺帳考」〈前註（7）〉一四三頁。
(43) 松尾「西大寺末寺帳考」〈前註（7）〉一四六頁。
(44) 松尾『中世叡尊教団の全国的展開』〈前註（9）〉三九七頁。
(45) 「西大寺代々長老名」〈前註（40）〉七三頁。
(46) 「西大寺代々長老名」〈前註（40）〉七三頁。
(47) 『明王院　その歴史と文化』〈前註（34）〉七頁。

(48) 松尾「西大寺末寺帳考」〈前註(7)〉一五八頁。
(49) 元興寺文化財研究所編『平成二年度中世民衆寺院の研究調査報告書Ⅱ』〈前註(1)〉八七～一〇五頁。
(50) 蔵橋純海夫「備後太田荘政所寺院の興亡——今高野山の歴史・住侶・文化財」(『国立歴史民俗博物館研究報告』第四五集、国立歴史民俗博物館、一九九二年)。『甲山町史　資料編1』(甲山町、二〇〇三年)も参照。
(51) 『甲山町史　資料編1』〈前註(50)〉表紙見返の図。
(52) 「沙弥了信施入状」〈前註(20)〉六九二・六九三頁。
(53) 元興寺文化財研究所編『平成二年度中世民衆寺院の研究調査報告書Ⅱ』〈前註(1)〉九三頁、『世羅郡の古石塔』(世羅郡文化財協会甲山地区部会、二〇一四年)一七七・一七八頁。
(54) 松尾「常陸三村寺結界石と称名寺結界絵図——結界の作法」〈前註(7)〉一一九・一二〇頁。
(55) 五輪塔の木津惣墓系については松尾『中世律宗と死の文化』(吉川弘文館、二〇一〇年)二一〇頁参照。また松尾『中世叡尊教団の全国的展開』〈前註(9)〉の口絵3参照。
(56) 松尾「西大寺末寺帳考」〈前註(7)〉を参照。
(57) 松尾『中世叡尊教団の全国的展開』〈前註(9)〉三四〇頁。
(58) 「西大寺末寺帳　その三」〈前註(40)〉一一九頁など参照。
(59) 元興寺文化財研究所編『平成二年度中世民衆寺院の研究調査報告書Ⅱ』〈前註(5)〉八三頁。『岡山県の地名』(平凡社、一九八八年)八五二頁では、成羽八幡神社のところに所在したとする説をあげる。
(60) 元興寺文化財研究所編『平成二年度中世民衆寺院の研究調査報告書Ⅱ』〈前註(5)〉八三頁。
(61) 「招提千歳伝記」〈前註(19)〉一三頁。
(62) 「招提千歳伝記」〈前註(19)〉一四頁。
(63) 松尾「西大寺叡尊像に納入された「授菩薩戒交名」と「近住男女交名」」〈前註(13)〉七二頁。

(64) 奈良文化財研究所編『西大寺叡尊伝記集成』(法藏館、一九七七年)三三一・三三二頁所収「西大寺壇塔銘」。細川涼一校注『感身学正記1』(平凡社、一九九九年)三二五頁参照。
(65) 奈良文化財研究所編『西大寺叡尊伝記集成』〈前註(64)〉三三二頁。
(66) 奈良文化財研究所編『西大寺叡尊伝記集成』〈前註(64)〉三九八頁。
(67) 「西大寺叡尊上人遷化之記」〈前註(64)〉二九三頁。
(68) 藤沢晋「十四世紀の成羽川水運開発記念碑笠神文字岩について」(『岡山大学教育学部研究集録』十八、一九六四年)、三浦圭一「鎌倉時代の開発と勧進」(『中世民衆生活史の研究』思文閣出版、一九八一年)、藤井駿『吉備地方史の研究』(法藏館、一九七一年)。
(69) 『鎌倉遺文』巻三〇、二三〇二〇号文書。大本琢寿「史蹟笠神の文字岩とその地方」(『史迹と美術』一五〇、一九四三年)。なお、ここでは服部英雄「日根野村絵図と荒野の開発」(『九州史学』一三二、二〇〇二年)二八頁の翻刻を参考にしつつも藤沢晋「十四世紀の成羽川水運開発記念碑笠神文字岩について」〈前註(68)〉も参考にし翻刻した。
(70) 服部「日根野村絵図と荒野の開発」〈前註(69)〉。
(71) 松尾「開発と中世非人――日根野村絵図をめぐって」(『山形大学史学論集』二、一九八二年)。旧稿は松尾『中世の都市と非人』(法藏館、一九九八年)に所収。
(72) 大本琢寿「史蹟笠神の文字岩とその地方」〈前註(69)〉。
(73) 久米田寺による日根野庄開発を担った実行房と実専は同一人物ということになる。
(74) 服部「日根野村絵図と荒野の開発」〈前註(69)〉三一頁。
(75) 和島芳男『叡尊・忍性』(吉川弘文館、一九五八年)など参照。
(76) 『図書寮叢刊九条家文書二』(宮内庁書陵部、一九七一年)一八一頁。
(77) 『図書寮叢刊九条家文書二』〈前註(76)〉一七六頁。

(78) 藤沢晋「十四世紀の成羽川水運開発記念碑笠神文字岩について」〈前註(19)〉六一頁。
(79) 松尾「鎌倉極楽寺流の成立と展開――初代から九代までの極楽寺歴代往持に注目して」(『山形大学大学院社会文化システム研究科紀要』第一四号、二〇一七年)三頁。本書第二部第七章に収載。
(80) 「招提千歳伝記」〈前註(19)〉五五頁。
(81) 『鎌倉遺文』巻二八、二九頁所収、二二一四〇号文書。
(82) 松尾『中世叡尊教団の全国的展開』〈前註(9)〉三八~四三頁など参照。
(83) 『成羽町史　史料編』(成羽町、一九九四年)二〇頁。
(84) 元興寺文化財研究所編『平成二年度中世民衆寺院の研究調査報告書Ⅱ』〈前註(5)〉八三頁。『有漢町史通史編』(有漢町、二〇〇四年)も参照。
(85) 川瀬潔「井野行恒と有漢地頭秋庭氏」(『高梁川』四三、一九八五年)。
(86) 『有漢の石碑めぐり』(有漢郷土史を学ぶ会、二〇一三年)五八・五九頁。
(87) 元興寺文化財研究所編『平成二年度中世民衆寺院の研究調査報告書Ⅱ』〈前註(5)〉八三頁。
(88) 松尾『中世叡尊教団の全国的展開』〈前註(9)〉三八~四三頁など参照。

補註

(1) 尾張釈迦寺については、松尾『中世叡尊教団の全国的展開』〈前註(9)〉二五〇~二五六頁参照。

第三章　周防・長門両国における展開

はじめに

ここでは、叡尊教団の周防・長門両国における展開を論じる。周防・長門両国における叡尊教団の展開については、松井輝昭氏(1)、追塩千尋氏(2)、『山口県史　通史編中世(3)』ほかの優れた研究があるが、それらに導かれつつも、新知見を加えたい。

ところで、瀬戸内地域の叡尊教団の展開については、松井氏の古典的な研究が大いに参考になる。松井氏は、尾道浄土寺と周防・長門国分寺に注目して叡尊教団の瀬戸内地域の展開について論じている。氏によれば「定証は、観音信仰による興法利生を志し、多くの信仰を集めた。そのために、浄土寺は観音道場の観を呈した。一方、両国分寺は、天下の安寧を祈る如法の聖域をつくるために、寺内から在庁官人や村人を排除し、叡尊の興法利生とは大きな懸隔を見せた。瀬戸内地域における律宗の展開は、社会的諸条件や布教者の信仰などに規定されて、必ずしも一様ではなかったと推測されるが、この二類型はその両極をなすものである」とする(4)。

また、「周防・長門国分寺は、院・朝廷と結びつくことによって律宗寺院として興隆、天下の安寧を祈る聖域性をとりもどしたが、それは寺内から在庁官人や村人らを排除することにより達成されたために、叡尊の教えた報恩のための興法利生とは大きな懸隔をみせることになった。なお、両国分寺の興隆も、蒙古襲来・北条氏との関係はほとんど認められない」(5)とする。

他方、森氏によって、松井説とは異なり、長門国分寺復興と蒙古襲来祈禱との密接な関係が明らかにされている。とりわけ、東大史料編纂所架蔵「長門国分寺文書」を使って鎌倉末期・建武新政期の長門国分寺の再興過程を論じている。(6)

以上のような従来の研究は示唆に富んでいるが、不充分な点がないわけではない。たとえば、周防国の筆頭の西大寺末寺であった富田浄宝寺の所在地・役割などがまったく明らかにされていない。また、周防国分寺の復興と鎌倉極楽寺との関係が持った意義などもさほど注目されていない。さらに、長門国分寺以外の西大寺末寺についての研究は十分ではない。そこで、ここでは近年の成果や現地調査を踏まえて、周防・長門両国における叡尊教団の展開を論じる。

第一節　周防国

富田浄宝寺

史料（1）　松尾「西大寺末寺帳考」一四八頁。

周防国

浄宝寺《トンタ》　四室　国分寺

史料（1）は、明徳二（一三九一）年に書き改められたという「西大寺末寺帳」（以下、「明徳末寺帳」と略記）の「周防国」の部分で、叡尊教団の周防国における展開を知るうえで非常に重要である。それによれば、トンタ浄宝寺と国分寺の二箇寺があがっている。

「明徳末寺帳」記載の寺院は奈良西大寺が住持任命権を直接に握る直末寺である。(7) いわば、西大寺直轄の寺院と言える。その記載の順序は寺格を表している。(8) それゆえ、周防国には、一四世紀末において西大寺の直末寺としてトンタ浄宝寺と国分寺の二箇寺が所在し、浄宝寺が国分寺よりも寺格の高い寺院であったことがわかる。

それゆえ、ここではまず浄宝寺から見てみよう。

史料（2）　松尾「西大寺末寺帳考」一五七頁。

四室分

相模国 極楽寺　　但馬国 常住金剛寺
大和国 大御輪寺　　伊賀国 大岡寺
伯耆国 国分寺　　讃岐国 鷲峰寺
越中国 弘正寺　　備中国 金光寺
周防国 **浄法寺**　　讃岐国 国分寺

（後略）

史料（2）は、永享八（一四三六）年付の「坊々寄宿末寺帳」の「四室分」である。それによれば、周防浄法寺が西大寺光明真言会に際して四室に泊まる末寺として記されている。なお、浄法寺とあるが音通から浄宝寺のことであろう。

西大寺光明真言会は、文永元（一二六四）年九月四日に叡尊によって始められた法会で、西大寺建立の本願称徳女帝の忌日を期して七昼夜にわたって亡者の追善、生者の現世利益のために光明真言を読誦する法会である。諸国の末寺から僧衆が集まり、西大寺内に宿泊して法会を勤修する叡尊教団で最重要な年中行事であった[9]。**史料**（1）の浄宝寺の注記にも「四室」とあり、そのことを支持している。とすれば、一五世紀においても、奈良西大寺の光明真言会に参加していたことになる。

史料（3）　松尾『中世叡尊教団の全国的展開』三五五頁。

周防国

浄宝寺　　国分寺
安楽寺法花寺長願寺長童寺

史料（3）は、一四五三年から一四五七年にかけて作成された[10]「西大寺末寺帳」の周防国の部分である。浄宝寺と国分寺が書かれているのは、「明徳末寺帳」と同じで、それらは一五世紀半ばまでは西大寺末寺であったのだろう。ことに、小さな文字で、国分寺の横に安楽寺、法花寺、長願寺、長童寺が書かれているのが注目される。

史料（4）　「西大寺末寺帳　その三」一一九頁。

周防国
防府　勅願所　　寺領弐百石
国分寺　　英照（花押）

国分寺下末寺
安楽寺（花押）
同
法華寺（花押）
同
長童寺（花押）
同
長願寺（花押）

史料（4）は、寛永一〇（一六三三）年三月七日付の「西大寺末寺帳」の周防国分である。周防国分寺は記載されているが、浄宝寺は見えない。寛永一〇年においては、浄宝寺は西大寺末寺ではなかったことがわかる。また、史料（3）の安楽寺以下の寺名も書かれているが、注記により国分寺の「下末寺」つまり、国分寺配下の寺であったことがわかる。

さて、従来、周防国分寺については、先述の追塩氏[11]や『山口県史　通史編中世』[12]の研究があるが、トンタ浄宝寺については謎とされている。すなわち、史料が少なく、富田（現周南市）にあったが、寺跡の所在地は不明とされている。[13]しかしながら、浄宝寺は「明徳末寺帳」で周防国で筆頭に記載されているように、周防国の西大寺末寺を代表する寺院であった。とすれば、国分寺よりも栄えていたはずで、周防国における叡尊教団の展開を理解する鍵となる寺院と言える。

ところで、「明徳末寺帳」の注記より、浄宝寺が「トンタ」すなわち、富田にあったことは確実である。そこで、富田地域の史料に浄宝寺を探すと、元文五（一七四〇）年一二月に富田村庄屋道源平右衛門が萩本藩の絵図方井上

武兵衛宛に報告した[14]「石高・由来書・境目書」に、

史料（5）[15]『新南陽市史』三二三・三二七頁。『防長寺社由来』第七巻、一六七頁。

防長地下上申

都濃郡富田村石高付・由来書・境目書共

　　　　　　　　庄屋　道源平右衛門

富田村石高付

　　　（中略）

一、観音堂（寺号浄宝寺と云）建咲院寺中にあり

　　但当国三十三カ所の内十七番目

とある。すなわち、建咲院寺内の観音堂が、浄宝寺と号していたことがわかる。

『山口県の地名』[16]によれば、「建咲院は、富田川東岸の陶氏の居館があったという徳山市大字下上の城山西南小丘の麓にあり、曹洞宗で富田山と号する。（中略）南北朝期以降この辺りを領した陶氏の八代興房が、父弘護と母鍋田氏追福のために文明一四（一四八二）年に建立した寺で、両親の法名をとって寺名とした」。すなわち、建咲院は文明一四年に創建されたことになる。

他方、寺伝によれば、建咲院は、この地にあった富田山宝成寺を再建したと伝える。[17]すなわち、それ以前に富田山宝成寺が所在したという。この宝成寺という名は、先の「石高・由来書・境目書」を参考にすれば、浄宝寺の間

違いであろう。とすれば、浄宝寺は現在の周南市土井の建咲院の地に、曹洞宗寺院の建咲院が建立される文明一四年頃まで存続していたことになる。

しかも、浄宝（法）寺が大内氏の有力家臣として、守護代を歴任するなど一時期は繁栄を誇った陶氏の居館近くに所在したとすれば、陶氏と密接な関係、おそらく菩提寺であった寺院であったと考えられる。

浄宝寺が所在した富田というのは、『山口県の地名』によれば、「『和名抄』に記される富田郷一帯を保域とする公領で、平野を除く新南陽市富田を中心に、徳山市域の小畑・四熊・下上・上・川曲・川上・中野・長穂・莇地一帯を領域とし、富田川がその中を貫流する。文治二年（一一八六）周防国の国衙領が東大寺造営料に寄進された折に、他の公領とともにその中に含まれていたと思われる(18)」。富田の地は、富田津（古市港）として大いに栄えた所であり、律寺と港湾支配との関係を考えれば、浄宝寺も富田津との関わりも大いに可能性があり、陶氏の後援を受けていたのであろう。

ところで、浄宝寺が現在の周南市土井の建咲院の地に所在したとすれば、建咲院境内にある市指定文化財である正安二（一三〇〇）年二月の沙弥真某建立の供養板碑（**図1**）が注目される。それは、安山岩製で、高さが一九〇・四センチ、中央部の幅六七・五センチ、奥行き三六・六センチといわれている。それには「正安二庚子年二月日　沙弥真□」と文字が刻まれている。叡尊教団が五輪塔をはじめ数多くの石造物を制作した(20)ことを考え合わせるならば、この板碑は、浄宝寺関係者の板碑と考えられ、貴重である。その板碑から、一三〇〇

図1　沙弥真某建立供養板碑

年には浄宝寺が存在していたのではないかと推測される。

また、浄宝寺観音堂に所在したという鎌倉時代の観音像や文殊騎獅像も浄宝寺の貴重な遺物である。また、「光明真言過去帳」にも、浄宝寺僧は散見される。

史料（6）　本書第一部第四章「西大寺光明真言過去帳の紹介と分析」一〇二頁。

○寂禅房　招提寺長老　　念観房　神宮寺

（中略）

覚禅房　大興善寺　　**慈律房　浄法寺**

（中略）

本如房　称名寺　　良仙房　丹波惣持寺

浄宝寺僧として、最初に「光明真言過去帳」に見えるのは慈律房である。慈律房は、暦応四（一三四一）年六月一五日に死去した[21]唐招提寺長老寂禅房と、貞和二（一三四六）年一一月三〇日に死去した[22]称名寺長老本如房湛睿との間に記載されている。慈律房は、その間に亡くなったのであろう。だとすれば、鎌倉時代末には浄宝寺は成立していたと考えられる。

慈律房の次に浄宝寺僧として「光明真言過去帳」に見えるのは慈善房である。

史料（7）　本書第一部第四章「西大寺光明真言過去帳の紹介と分析」一〇四頁。

○当寺第九長老沙門覚真

慈善房　**浄宝寺**　　　慈聡房　当寺住

（中略）

（中略）

当寺第十長老沙門清算

慈善房は、延文五（一三六〇）年一〇月二五日に七五歳で死去した[23]西大寺第九代長老覚真と、貞治元（一三六二）年一一月一四日に七五歳で死去した[24]西大寺第一〇代長老清算との間に記載されている。慈善房は、その間に死去したと考えられる。

浄宝寺僧として、慈善房の次に「光明真言過去帳」に見えるのは了印房である。

史料（8）　本書第一部四章「西大寺光明真言過去帳の紹介と分析」一〇六～一〇七頁。

○当寺第十五長老沙門興泉

覚樹房　宝薗寺　　　良空房　西琳寺

覚円房　神宮寺　　　行智房　三学院

了印房　**浄宝寺**　　　性通房　称名寺

（中略）

○当寺第十六長老沙門禅誉

史料（8）のように、了印房が、康暦元（一三七九）年六月晦日に八六歳で死去した[25]西大寺第一五代長老興泉と、嘉慶二（一三八八）年五月五日に九〇歳で死去した[26]西大寺第一六代長老禅誉との間に記載されている。了印房はその間に死去したと考えられる[27]。

史料（9）　本書第一部第四章「西大寺光明真言過去帳の紹介と分析」一〇八頁。

当寺第十七長老沙門慈朝

（中略）

林照房　聖林寺　　**道空房　浄宝寺**

（中略）

○当寺第十八長老沙門深泉

史料（9）のように、了印房の次に、道空房が記載されている。道空房は、明徳二（一三九一）年四月九日に七三歳で死去した[28]西大寺第一七代長老慈朝と、応永二（一三九五）年九月二五日に寂した[29]西大寺第一八代長老深泉との間に記載されている。道空房は、その間に死去したと考えられる。

史料（10）　本書第一部第四章「西大寺光明真言過去帳の紹介と分析」一一〇～一一一頁。

○当寺第廿二長老沙門英如

（中略）

印光房　浄宝寺　　　　　　如宣房　当寺住

（中略）

○当寺第廿三長老沙門英源

浄宝寺僧として印光房が「光明真言過去帳」には最後に見える。印光房は、応永二二（一四一五）年二月二九日に七一歳で死去した西大寺第二二代長老英如と、応永二六（一四一九）年一〇月五日に七三歳で寂した西大寺第二三代長老英源との間に記載されている。印光房は、その間に死去したと考えられる。[30][31]

すなわち、僧侶の面からも、一五世紀まで浄宝寺は活動していたことがわかる。しかし、先述のごとく、富田浄宝寺は、文明一四（一四八二）年には、観音堂を残して衰頽していたのであろう。

以上からわかるように、浄宝寺は富田津を押さえる周防国筆頭の西大寺直末寺であったと推測され、一五世紀までは機能していたと考えられる。

周防国分寺

周防国分寺は、現在の山口県防府市国分寺町に所在した。国分寺は天平一三（七四一）年の聖武天皇の御願による国分寺・国分尼寺建立の詔によって、全国に建立された。注目すべきことには鎌倉時代においても、諸国国分寺に祈禱が命じられている。とりわけ、蒙古襲来に際しては、その祈禱力が大いに期待された。たとえば、正応四（一二九一）年には、鎌倉幕府によって異国降伏祈禱が周防・長門両国分寺および一宮に命じられている。[32]それゆえ、国分寺の復興がなされ、その中興を担ったのが叡尊教団であった[33]。

周防国分寺は、江戸時代においても西大寺末寺であり続け、史料も比較的多く残存し、従来、厚い研究の蓄積がある[34]。しかし、叡尊教団内における周防国分寺の位置づけについては、はっきりしていない。前節で扱った「明徳末寺帳」などには浄宝寺の方が筆頭に記載されているように、寺格は周防国の西大寺末寺内で第二位であった点は大いに注意すべきである。

さて、叡尊教団と周防国分寺との関係は、永仁元（一二九三）年八月に忍性が第一四代東大寺大勧進に任じられたことに始まる、と考えられている。忍性は、永仁六（一二九八）年一二月頃まで大勧進であった[35]。この東大寺の復興料を負担したのが周防国であり、そのために関係ができたとする。しかし、忍性は永仁六年には泉涌寺系律僧の心恵に交代しており、心恵も東大寺の復興に大いに努力した。それゆえ、忍性の大勧進就任は律寺化の一つのきっかけとなったのだろう。

周防国分寺が、確実に律寺となったのは、鎌倉極楽寺第三代長老善願房順忍の代であった。順忍は、元亨二（一三二二）年一一月一二日に東大寺大勧進となった[36]。

とりわけ、次の**史料（11）**の正中二（一三二五）年付「周防国留守所下文案[37]」によれば、その頃には律僧が住んでいたことは確実である。

史料（11）

留守所下　周防国

国分・法花両寺興行幷下地奉免事

右倩検　聖武皇帝之往　勅、為東大寺・法花寺惣国分寺、日本六十余州仁建立国分・法花両寺、国分寺名金光明四天王護国寺、居二十僧、毎月八日読誦最勝王経、同令講讃、尼寺名為法花滅罪之寺、居一十尼、令講法華云々、爰関東極楽寺住持善願上人任国之時、目代覚順、如旧再興彼両寺、則居僧尼、令致　天下泰平国衙安全之祈禱、彼敷地院内地、自元寺家令進止、寺辺之公田下地里坪別紙在之、奉免事、始而非寄付、公田之儀、国分寺・尼寺差廿五丁、諸郷保在之、為令無僧尼之煩、引移遠所差少々置寺辺者也、移跡者即可為公平、（中略）次吉祥御願事、国名僧等令勤仕之、雖然彼行儀以外不儀也、勤行以後即於堂内執行酒肴之間、甲乙人等令乱入、殆擬及狼藉、所詮適持律僧止住之上者、自今年正中二以如法儀、向後者僧衆可令勤行也、（中略）

正中二年歳次乙丑十二月廿六日　散位土師宿祢　在判

（中略）

権介

権介

目代　在判

史料（11）によれば、極楽寺長老善願房順忍が東大寺大勧進として、周防国守だった時に、目代覚順によって周防国分寺・国分尼寺の再興がなされたことがわかる。また、正月の吉祥御願会に際して、従来は「国の名僧」が呼ばれていたが、その行儀はもっての外に悪かったという。すなわち、勤行が終わって堂内で酒宴があり、甲乙人が乱入し、狼藉を行ったという。そこで、今年正中二年からは律僧が如法に執行することになった。

この**史料**（11）に出てくる善願房順忍は、正和四（一三一五）年に五一歳で極楽寺長老を嗣ぎ[38]、嘉暦元（一三二六）年八月一〇日に六二歳で死去した[39]。善願房順忍による国分寺復興は、蒙古襲来に対する危機意識の高まりに対応した国分寺・一宮復興運動に連動したものであった。少なくとも一九箇寺の国分寺の復興が奈良西大寺と鎌倉極楽寺に依頼されている[40]。

従来、この吉祥会御願後に、酒宴が無くなったことなどをもって、周防国分寺から民衆が離れていったかのように解釈されてきた[41]。おそらくそれは的を射ていないであろう。というのも、周防国分寺は江戸時代においても西大寺末寺として継続しているからだ。厳格に戒律護持を目指した律僧たちの活動は大いに支持を集め、一五世紀までは全国的に律寺が展開し、叡尊の頃には一〇万を越える信者を獲得していった[42]。周防国分寺も律寺化し、貞治二（一三六三）年の周防目代連署禁制案では当寺のことを「戒律清浄霊場」とする[43]。

この周防国分寺の律寺化の過程について、次の史料は、従来使われてきたが、示唆に飛んでいる。

史料（12）　「周防国分寺文書」（『防府市史　史料Ⅰ』）九七号文書、三八八頁。

国分寺僧衆等申寺領権現堂事

右国分寺、中古之比、雖被成律院、々内敷地之下地等、為地頭進止之間、無程令転倒云々、爰関東極楽寺大勧進之御時、被興行之刻、及日本国々分寺再興之御沙汰之間、得境調寄進状等被経　奏聞之処、御感　綸旨・御教書被成下之畢、此御寄付事更非正税之失墜、為被止僧尼之煩、引替遠所散在之、差下符等、以一円之寺社所被寄付也（後略）

史料（12）は、康永元（一三四二）年六月日付「国分寺僧衆等申状」である。それによれば、周防国分寺は「中古之比」にいったんは律院化したが、寺内の土地などが地頭の支配下にあったこともあって律院は衰退した。善願房順忍が、元亨二（一三二二）年一一月一三日に東大寺大勧進となって国分寺を興行しようとしたが、ちょうど、全国的な国分寺再興の時期にあたり、散在する寺領を寺辺に集めるなどの許可を得て、律寺化に成功したことがわかる。

ところで、注目されるのは、周防国分寺が、極楽寺第三代長老善願房順忍によって律寺として復興されたこともあって、極楽寺流の寺として位置づけられていったことである。先述した明徳二（一三九一）年に書き改められた「明徳末寺帳」によれば、三河国以東の末寺の多くが極楽寺に属すという注記がある。「明徳末寺帳」の段階では周防国分寺も西大寺直末寺となっているが、律寺化した当初は極楽寺末寺であった。すなわち、叡尊教団は、叡尊没後は、その教団には鎌倉極楽寺を本寺とする極楽寺流と奈良西大寺を本寺とする末寺群が所在したのである。この点を見ておこう。

史料（13）[44]　『山口県史　史料編中世2』三九九頁。

極楽寺諸末寺被成　勅願寺候間、安堵　綸旨等被成下候、一紙候間、案文書進之候、又礼紙ニ、今度之亡魂等可訪候由、被仰下候、成　勅願寺候間、能々可有御訪候、又国転変候て未治定候間、何事も委細不申候、委細等此人々可被申入候、諸事期後信候、恐々謹言

（嘉暦元年）八月十一日　　　　覚順（花押）

謹上　周防国分寺長老

史料(13)は年未詳覚順書状である。覚順は善願房順忍と本性房俊海が東大寺大勧進の時に目代を務めている。善願房順忍は、元亨二年一一月一三日に大勧進となり、嘉暦元(一三二六)年八月一〇日に死去している。嘉暦元年一二月三日には第四代極楽寺長老本性房俊海が東大寺大勧進となり、元弘三年一〇月二九日には法勝寺円観房恵鎮が拝命している。それゆえ、史料(13)は、元亨三年から元弘三年までの八月一一日であろう。とりわけ、注目されるのは日付が八月一一日とあり、「今度之亡魂」とあることを考えると、嘉暦元年八月一〇日に死去した善願房順忍の鎮魂のためと考えられるが、善願房が鎌倉で死亡したとする情報が翌日に京都に届いたとは考えがたい。それゆえ、やはり元弘の動乱での死者の鎮魂のためとするのがもっとも自然である。

とすれば、史料(5)は元弘三(一三三三)年八月一一日付覚順書状と考えられる。つまり、元弘の動乱での死者の鎮魂の祈禱のために、極楽寺諸末寺が勅願寺化され、それを安堵する綸旨などが出された。だが、一紙しかないので覚順がその写を作って極楽寺末寺であった周防国分寺長老に送ったことがわかる。

史料(14) 『山口県史 史料編中世2』四〇五頁。

周防国分寺興行事、俊海上人申状副具書如此、可被申関東之由天気所候也、上啓如件

(嘉暦二年)四月十九日　　　左大弁資房(清閑寺) 奉

謹上　西園寺中納言(公宗)殿

史料(15) 『山口県史 史料編中世2』四〇五頁。

周防国分寺興行事、綸旨　副俊海上人申状、幷具書如此、執達如件、

（嘉暦二年）四月廿二日　　公宗

相模守殿

史料（16）　『山口県史　史料編中世2』四〇五頁。

周防国分寺事、早任綸旨、可令致興行沙汰之状、依仰執達如件、

元徳二年十一月六日　　右馬権頭　在判

相模守　　在判

本正上人（俊海）御房

史料（14）から**史料（16）**は、善願房順忍の死去後に大勧進交代を契機とした、本性房俊海による周防国分寺興行を安堵する文書群であろう。

以上のように、極楽寺は、極楽寺流とも呼べる本寺・末寺関係を形成し、善願房順忍および、本正（性）房俊海の努力もあってそれら全体が勅願寺となっていた。ことに周防国分寺は、鎌倉末から明徳二年以前は極楽寺流の末寺であったことがわかる。こうした極楽寺流の末寺だった西国の寺院としては、他に伊予国分寺(45)、丹後国分寺(46)、などがある。

次に、中世周防国分寺の住持について考えてみる。この問題を考えるうえで、前節でも触れた「光明真言過去帳」は重要である。

史料（17）　本書第一部第四章「西大寺光明真言過去帳の紹介と分析」一〇五〜一〇六頁。

覚日房　金剛寺　　俊一房　桂宮院

（中略）

○浄忍房　招提寺長老　　証義房　当寺住

（中略）

上律房　周防国分寺　　忍禅房　羂索院

（中略）

○当寺第十五長老沙門興泉

「光明真言過去帳」には、**史料（17）**のように、周防国分寺長老と考えられる上律房が応安三（一三七〇）年八月一五日に死去した桂宮院長老俊一房[47]と康暦元（一三七九）年六月晦日に死去した西大寺第一五代長老興泉[48]との間にはじめて現れる。上律房は、応安三年八月一五日から康暦元年六月晦日までの間に死去したのであろう。上律房以後はずっと周防国分寺僧の名が「光明真言過去帳」には見える[49]。

先述したように、周防国分寺は正中二（一三二五）年頃には叡尊教団の律僧が住む寺院であったが、周防国分寺僧が「光明真言過去帳」に見えるのは一三七〇年代からであった。この謎は、前述した周防国分寺が鎌倉時代末において、極楽寺流であったということを考えると解ける。すなわち、周防国分寺は極楽寺末寺であったので、西大寺の光明真言過去帳には記載されなかったからではないだろうか。とすれば、周防国分寺上律房が一三七〇年代に「光明真言過去帳」に見えるということは、周防国分寺がその時期に極楽寺末寺から西大寺末寺へと変化したのかもしれない。周防国分寺は永享八（一四三六）年付の「西大寺坊々寄宿末寺帳」の「三室分」に見え、(50) 永享八年頃には確実に西大寺光明真言会にも参加し、三室に宿泊することになっていた。

以上、浄宝寺、国分寺に注目して周防国における叡尊教団の展開について見た。次に長門国における展開を見よう。

第二節　長門国

長門国の西大寺直末寺の展開については、『山口県史　通史編』(51)が概説し、森氏(52)が長門国分寺に関して詳細な研究がなされている。ここでは、そうした先行研究に学びながら長門国における展開を見よう。

史料（18）　松尾「西大寺末寺帳考」一四八頁。

長門国
国分寺　昔ハ西室興泉和上御代無宿坊申請ル　　律成寺　西室
浄名《コトヲ》寺　一室　　蔵福寺　四室
長光寺　大慈院　　「善興寺」　附豊前大興善寺

史料（19）　松尾『中世叡尊教団の全国的展開』三五五頁。

長門国

国分寺府　律成寺
浄名寺コトウ　同蔵福寺
長光寺アサ　善興寺

史料（20）「西大寺末寺帳　その三」一一九頁。

長門国
府国分寺勅願所　英雄（花押）　寺領五百石
律成寺　宿坊興範（花押）

史料（18）は、「明徳末寺帳」の「長門国」分である。それには長門国分寺を筆頭に六箇寺が書かれている。「明徳末寺帳」の記載順は寺格を表しているので、長門国分寺が長門国における筆頭の西大寺直末寺であったことがわかる。**史料（19）**は、一四五三年から一四五七年にかけて作成された[53]「西大寺末寺帳」の長門国の部分である。「明徳末寺帳」と変化はない。**史料（20）**は寛永一〇（一六三三）年三月七日付の末寺帳で国分寺と律成寺が江戸時代において末寺として残っていたことがわかる。

国分寺

先述したように、長門国分寺については森氏の研究があり[54]、鎌倉期の律寺化の過程が詳しく論じられている。それゆえ、ここでは要点のみを紹介しよう。

森氏によれば、思寂房寂遍が延慶三（一三一〇）年、院宣・国宣に基づき、西大寺長老慈道房信空の後援を受けて、長門国分寺に入り、国分寺の復興に努めたことが詳しく論じられている。

森氏の研究によれば、律寺として復興される以前の国分寺には、寺内に田畠があり、白馬節会などの後には酒宴が行われるなど、戒律に違反する寺院生活であった。それゆえ、律寺となるや、寺内から田畠を排除し、節会後の酒宴を禁止するなど処置がとられた。そして、律寺化以前に住んでいた僧たちとの争いが起こり、後醍醐天皇らの力を借りて、その争いに勝利した。いわば、公家・武家の後援を受けて長門国分寺は律寺化が推進された。

従来、こうした律寺化に伴う処置により寺院を支えていた在庁官人や農民を国分寺から排除したと理解されてきた。

しかし、律僧の立場からすれば、律寺としての清浄性を確保した処置であり、そうした処置が執られたからといって、在庁官人と農民を救済活動の面で排除したとは言えない。なぜなら、国分寺律僧は、他の律寺の律僧が行っていたような、葬送活動や非人救済活動といった諸救済活動を行っていたと推測されるからだ。

次に長門国分寺の律僧について見ておこう。長門国分寺は寛永一〇（一六三三）年の「西大寺末寺帳」に載っているように、江戸時代の初期においても西大寺末寺であったので、複数の僧侶が「光明真言過去帳」に見られるが、ここでは南北朝期以前の僧のみをあげる。

史料（21）　本書第一部第四章「西大寺光明真言過去帳の紹介と分析」一〇二～一〇三頁。

○当寺第六長老沙門澄心

（中略）

明戒房　長門国分寺　　明智房　久米田寺

（中略）

○当寺第七長老沙門信昭

長門国分寺僧として、「光明真言過去帳」に最初に出てくるのは、明戒房である。明戒房は**史料（21）**のように、貞和三（一三四七）年九月五日に亡くなった西大寺第六代長老澄心[55]と、文和元（一三五二）年三月二日に死去した西大寺第七代長老信昭[56]との間に出てくる。明戒房はその間に亡くなったのであろう。

ところで、森氏の研究によれば、思寂房寂遍が、長門国分寺の開山と言うべき存在であったはずだが、明戒房が最初に記載されている。この事は一見すると謎であるが、紀伊国利生護国寺の開山であった浄賢房隆賢が西大寺大慈院に出世した[57]ように、律僧が移動し移動した先で死去する場合もある。実際、後述のように、寂遍は律成寺僧として死去したと考えられる。なお、律成寺のところで述べるように、寂遍の房名は思寂房ではなく恩寂房であろう。

史料（22）　本書第一部第四章「西大寺光明真言過去帳の紹介と分析」一〇六～一〇七頁。

○当寺第十五長老沙門興泉

（中略）

了浄房　正国寺　　**了義房●長門国分寺**

○当寺第十六長老沙門禅誉

明戒房の次には、了義房が康暦元（一三七九）年六月晦日に死去した西大寺第一五代長老興泉[58]と嘉慶二（一三八八）年五月五日に死去した西大寺第一六代長老禅誉[59]との間に記載されている。了義房は、その間に死去したのであろう。

注目すべきは、鎌倉末から南北朝期に長門国分寺長老であった興律上人などの名前が出てこない点である。おそらく、他の寺に移動したこともあって、見えないのかもしれない。

律成寺

律成寺については、『山口県史　通史編中世[60]』が簡略にその歴史をまとめているが、ここでは、『山口県史　通史編中世』が触れていない点を中心に述べておこう。

律成寺は、**史料**（**18**）「明徳末寺帳」の「長門国」分では第二番目に記載されている。それゆえ、長門国で第二位の寺格の西大寺直末寺の律寺であった。また、その注記に「西室」と記されているが、そのことは奈良西大寺で開催される光明真言会に際しては西大寺西室に宿泊することになっていたことを示している。光明真言会に際して、末寺僧がどこに宿泊するかを書きあげた永享八（一四三六）年の「西大寺坊々寄宿末寺帳」にも、「西室」分として記載されている[61]。先述した**史料**（**19**）の一四五三年から一四五七年にかけて作成された「西大寺末寺帳」にも、**史料**（**20**）の寛永の末寺帳にも記載されているように、律成寺は中世以来、江戸時代の寛永一〇（一六三三）年においても西大寺末寺であった。だが、江戸時代後期には「遺跡」となっていた。

宝永七（一七一〇）年八〜一〇月に平井温故が編述した「豊府志略（全）[62]」によれば「切通　此所上代は雲厳院律成寺の遺跡也、今は俗家となれり、此雲厳院本尊観音仏なるよし、焼失以来再興なきゆへ今は笑山寺にあり、山号を御所山と云」とある。すなわち、現在の下関市長府の字切通のところに律成寺があり、御所山という山号であったことがわかる。律成寺がどこに所在したかについては、忌宮絵図に見る守護館が想定されている。

この律成寺がいつ律寺化したか明確ではないが、律成寺は江戸時代初期の寛永期においても西大寺直末寺であったので「光明真言過去帳」には律成寺僧の名がたくさん出てくる。とりわけ律成寺の僧として「光明真言過去帳」には**史料**（23）のように恩寂房が最初に出てくる。

史料（23）　本書第一部第四章「西大寺光明真言過去帳の紹介と分析」一〇〇頁。

浄勇房　常光寺　　○了心房　戒壇院長老

（中略）

恩寂房　律成寺　　円戒房　海竜王寺

（中略）

○当寺第四長老沙門静然

史料（23）の「光明真言過去帳」によれば、律成寺恩寂房が元徳元（一三二九）年一〇月三日に死去した戒壇院長老了心房[63]と元弘元（一三三一）年一二月一三日に亡くなった西大寺第四代長老静然[64]との間に記されており、その間に亡くなったと考えられる。

この恩寂房とは謎の人物であるが、恩寂房とは長門国分寺の律寺化に努力した従来思寂房とされてきた人物であろう。恩と思のくずし字はよく似ており、森氏が依拠された東大寺史料編纂所本の写本は「思」とも「恩」とも読めるとすれば、恩寂房とすべきであろう。とすれば、国分寺の中興に努めた恩寂房寂遍は、律成寺僧として死去したことになる。国分寺は、律寺化以前の僧たちの「逆襲」にあって安定した状況ではなかったようで、恩寂房は当初は隠居所として律成寺を建立したのかもしれない。

以上、長門国分寺の中興開山であった恩寂房寂遍は律成寺を開き、そこで死去したと考えられることを述べた。

律成寺については、廃寺となったので史料は少ないが、大内弘世が永和二（一三七六）年には律成寺と修禅寺と堺山争論について裁許状を発給している[65]。また、文明一〇（一四七八）年一〇月五日には律成寺が博多滞在中の大内政弘のもとに参上して舎利・巻数を進上している[66]。大内氏の保護を受けていたのである。

ところで、律成寺は、長門国二宮忌宮神社の近くに立地する。それゆえ、忌宮神社と密接な関係、たとえば墓所であった可能性があるが、史料がないために明確ではない。ただ、神輿の行幸（遷座行法）などには関与していたことは確実である[67]。

浄名寺

浄名寺は、厚東武実によって元応三（一三二一）年頃に建立されたという[68]。現在は、浄土宗で、厚東川の右岸、宇部市棚井に所在する。

浄名寺は、先述した「明徳末寺帳」によれば、「コトヲ浄名寺　一室」として、第三番目に記載されている。記載の順序は寺格を表しているので、長門国で第三位の寺格であったと考えられる。「コトヲ」「一室」といった注記の意味は、浄名寺が厚東に所在し、西大寺光明真言会に際して西大寺一室に宿泊することになっていたことを表している。永享八（一四三六）年付の「坊々寄宿末寺帳」にも「一室」分として出てくる[69]。一五世紀前半までは、西大寺末寺の律寺であったことになる[70]。先述した**史料**（**19**）の一四五三年から一四五七年にかけて作成された「西大寺末寺帳」にも出てくるので、一五世紀半ばまでは西大寺末寺であった。寛永一〇（一六三三）年の末寺帳[71]など江戸時代の西大寺末寺帳には見えない。「浄名寺由来覚」によれば、正平年間（一三四六～七〇）の頃は西大寺末寺であったというが、寛文年間（一六六一～七三）には浄土宗となったという[72]。なお、貞治三（一三六四）年の「浄名寺領知行目録」によると、元応三（一三二一）年に厚東武実が寄進した土地が見えており、鎌倉末期にはすでに存在していた[73]。

浄名寺の所在地の棚井は、周防・長門の守護として、豊前までも支配が及んだ厚東氏の根拠地であった。それゆえ、中世においては大いに栄え市場も所在した。大山喬平氏によれば、「厚東氏の本根拠としての棚井は瀬戸内交易の中継拠点として交易と物流の中心に位置していたに違いない[74]」とされる。

ところで、暦応二（一三三九）年に幸誉らによって制作された如意輪観音、聖徳太子像がある。それらは、厚東武実によって暦応二年に父武仲の七回忌のために制作された。それらは、西大寺系の如意輪観音像、聖徳太子二歳像であり、その頃には西大寺律寺であったと考えられる。

それらには、胎内銘があるが、ここでは銘文が詳しい聖徳太子像の銘文をあげる。

史料（**24**）　末吉『調査報告書山口県宇部市清泰山浄名寺』（二〇一五年）。

正面

住持沙門寛真、大願主覚音、奉行僧道春、大檀那崇西、駿河権守武村、周防権守武藤、

聖徳太子像一軀、大仏子幸誉、侍従公、備前公、

右造像志趣者弘仏代我朝開衆生明晴偏太子恩徳、依之愚僧、□
得脱殊別慈父聖霊七廻依相当、明年九月一二日造此像所、□
頂令菩提也、惣者七世四恩三有法界寿類悉抜斎、且国、□
□□□法久住利益無辺敬白　暦応二年己卯自七月一日始之

背面

宗吽、索印、順心、英憲

現住僧交名　清賢、忍恵、基印

尼衆、覚如、□□

漆師大工　源兵衛尉

胎内銘によれば、住持寛真の時に、覚音を大願主、道春を奉行僧として崇西（厚東武実）、厚東武村、武藤が大檀那となり、仏師幸誉、侍従公（康尊）、備前公（幸為）に依頼して暦応二年に父武仲の七回忌のために制作されたことがわかる。また、住持が寛真で、現住僧として宗吽、索印、順心、英憲ら七人と尼衆も二人ほどいたことがわかる。おそらく、浄名寺とペアの尼寺も創建されたのであろう。

その仏師幸（康）誉、幸（康）尊、幸為は、厚東武村、武直ら厚東一族の依頼を受けて、翌暦応三年には豊前大興善寺の如意輪観音像を造像している。(75) 厚東氏の勢力拡大を受けての周防灘を越えたネットワークの存在が露わになる事例である。

先述のごとく「浄名寺由来覚」によると、正平年間（一三四六～七〇）の頃は西大寺末寺であったというが、暦応二（一三三九）年頃に西大寺末寺の律寺として出発したのであろう。

史料（25） 本書第一部第四章「西大寺光明真言過去帳の紹介と分析」一〇二～一〇三頁。

○当寺第六長老沙門澄心

（中略）

円道房　西光寺　　**慈性房　浄名寺**
覚心房　清源寺　　了実房　七仏薬師院
○寂心房　招提寺長老
○当寺第七長老沙門信昭

「光明真言過去帳」には、**史料（25）**のように、貞和三（一三四七）年九月五日に死去した西大寺第六代長老澄心[76]と、文和元（一三五二）年三月二日に死去した西大寺第七代長老信昭[77]との間に浄名寺僧慈性房が記載されている。ちょうど、浄名寺草創期であり、この慈性房が、先の聖徳太子像などの造立主体であった住持の寛真の房名の可能性がある。

浄名寺の墓地には五基の石塔墓があり、その内の二基は明らかに西大寺様式の五輪塔である。その二つの五輪塔の大きさを記しておく。

左側五輪塔（図2）

塔高一七四センチ、

地輪　高さ四四センチ、幅五八センチ、奥行五七・五センチ

水輪　高さ四六センチ、幅五三センチ

火輪　高さ三二・五センチ、幅五一センチ、奥行五〇センチ、袖高一四・五センチ

風輪　高さ一八センチ　幅三五センチ

空輪　高さ三〇・〇センチ、幅三一・五センチ、先ニ欠アリ

台座　高さ二四センチ、幅八五・〇センチ、奥行八四・〇センチ

図2　浄名寺五輪塔左側

右側五輪塔（梵字が五輪にあり）

塔高一五二センチ、

地輪　高さ三六・〇センチ、幅五九センチ、奥行五九・五センチ

水輪　高さ四四・〇センチ、幅五九センチ

火輪　高さ三〇・〇センチ、幅五三・〇センチ、奥行五三・五センチ、袖高一四・五センチ

風輪　高さ一七・五センチ、幅三〇・〇センチ

空輪　高さ　二四．五センチ　幅　二八センチ

蔵福寺

蔵福寺については、『山口県史　通史編』によれば、浄名寺の東隣の小字「蔵福寺」の地に所在したと考えられている。天文八（一五三九）年には大内氏が寺領への半済を停止している。また、弘治三（一五五七）年には毛利隆元は大内義興、義隆の証判に任せて蔵福寺の寺務・寺領を浄名寺に領掌させている。一六世紀初めには衰頽し、浄名寺の管理下に置かれていたとされてきた[78]。

そうした指摘は、示唆に富んでいるが、先述の**史料（19）**、**史料（20）**のように、「明徳末寺帳」や一四五三年から一四五七年にかけて作成された「西大寺末寺帳」には、利生塔寺院長光寺よりも高い寺格の寺院とされている点は注目すべきである。とりわけ、浄名寺・蔵福寺の所在地の棚井は、周防・長門の守護として、豊前までも支配が及んだ厚東氏の根拠地であったので、浄名寺に近接して立つ蔵福寺も厚東氏の建立と推測されるが、厚東氏を打倒した大内義興によって、厚東氏の鎮魂のために建てられたのかもしれない。

また、永享八（一四三六）年付の「西大寺坊々寄宿末寺帳」にも、四室に寄宿する寺として出てくる[79]。西大寺で開催される光明真言会に際して、四室に宿泊することになっていたのである。

ところで、「光明真言過去帳」にも、一人だけであるが、蔵福寺僧が見える。

史料（26）　本書第一部第四章「西大寺光明真言過去帳の紹介と分析」一〇九～一一〇頁。

○当寺第十九長老沙門良耀

空妙房　当寺住　　覚生房　当寺住

淵妙房　当寺住　　**周賢房　蔵福寺**

（中略）

○当寺第二十長老沙門高湛

史料（26）のように蔵福寺僧周賢房が、応永一一（一四〇四）年二月二五日に亡くなった西大寺第一九代長老沙門良耀[80]と、応永一五（一四〇八）年九月二五日に死去した西大寺第二〇代長老沙門高湛[81]との間に見える。周賢房は、その間に亡くなったのであろう。僧の面からも一五世紀まで独立した寺院として機能していたことがわかる。

この周賢房は、永徳二（一三八二）年七月一日付「大内義弘安堵状」の宛名の修賢上人[82]と同一人物と考えられる。とすれば、永徳二年七月一日付で、厚東郡内の蔵福寺の免田畠などが安堵されている。一四世紀末における蔵福寺の活動が知られる。

利生塔設置寺院長光寺

長光寺は、山口県山陽小野田市郡の西下津に所在した寺院であるが、現在は廃寺で、その跡地に洞玄寺という寺院が建っている。

先の**史料**（19）、**史料**（20）からわかるように一五世紀半ばまでは律寺であったが、寛永期には西大寺末寺ではなくなっていた[83]。実際、寛永年間（一六二四～四四）には、当地に厚狭毛利氏の菩提寺洞玄寺という曹洞宗の寺が建てられた[84]。

長光寺については、廃寺となったために史料は少ない。『山口県史　通史編中世』では「宝珠山洞玄寺由来記」により以下のことを明らかにしている。長光寺は厚東氏の創建で、もとは新善光寺と称した。正和二（一三一三）

年に領主の箱田貞副が極楽寺の仙戒上人を招いて再興したという[85]。文明一〇年には長光寺が博多在陣中の大内政弘のもとに参上して巻数と銭一〇〇疋を進上している。永禄元（一五五八）年には荒滝城番の岩武実秀に対して安国寺領・長光寺領の半済分が与えられている。ここでは西大寺関係史料を使って、以下に中世長光寺を見直してみよう。

従来は、先述の仙戒による再興を契機に西大寺末寺化したと考えられている。そうした指摘は間違ってはいないが、叡尊教団内には西大寺流と極楽寺流の二つがあり、より正確には、仙戒は極楽寺から入ったことを考えればおそらく「明徳末寺帳」以前は極楽寺の末寺であったと考えられる。

史料（27）　本書第一部第四章「西大寺光明真言過去帳の紹介と分析」一〇一頁。

○尭仙房　泉涌寺長老　　明忍房　称名寺

（中略）

仙海房　長光寺　　○禅戒房　招提寺長老

○当寺第五長老沙門賢善

史料（27）は、「光明真言過去帳」の一部である。それによれば、長光寺の仙海房が、建武五（一三三八）年一一月一六日に死去した称名寺明忍房剣阿[86]と、暦応三（一三四〇）年一〇月二日に死去した西大寺第五代長老賢善[87]との間に記されている。仙海房は、その間に亡くなったのであろう。

この仙海房が長光寺関係者で「光明真言過去帳」に最初に出てくる人物である。この長光寺の仙海房こそ、漢字を異にするが呼び名が同じであることからも正和二（一三一三）年に長光寺を再興させたとされる仙戒上人のことであろう。とすれば、仙戒とは仙海とも表記されたことになる。

この仙海という名では、『金沢文庫古文書』に多数出てくる。この仙海と長光寺開山が同一人物である可能性は大いにある。それらによれば、**表**のように、定仙の弟子で、正応二（一二八九）年をピークとして定仙書写の数多くの経典類を書写している[88]。正応六（一二九三）年正月二日には定仙から印信を授けられており[89]、その頃には一人前の密教僧となったのであろう。称名寺明忍房剣阿にも伝法灌頂を行っている[90]。極楽寺僧として密教の修行を積み、正和二年に新善光寺（後の長光寺）に招かれたのであろう。

この長光寺で注目されるのは、足利尊氏によって利生塔寺院とされ、その際に新善光寺から長光寺と名を改めたという点だ[91]。従来、安国寺・利生塔研究史において、長光寺は注目されていないが、長光律寺も利生塔設置寺院であった。長光寺の寺格の高さが偲ばれる。

「光明真言過去帳」には仙海以降の長老として、「覚智房　長光寺」「宗詮房　長光寺」「性恵房　長光寺」「理円房　長門長光寺」「春如房　長光寺」らが見える。

とりわけ、「光明真言過去帳」に最後に見える「春如房　長光寺[92]」は、文明三（一四七一）年一一月一二日に死去した[93]西大寺第二九代長老沙門高算と、文明一〇（一四七八）年八月六日に死去した[94]西大寺第三〇長老沙門仙恵との間に見える。長光寺はその頃までは機能していた。

ところで、長光寺遺跡からは、古代の須恵器が大量に発掘され、郡という地名からも郡衙が所在したと推測される。また、西津という地名からも、港のそばに位置していた。それゆえ、長光寺も港を押さえる寺院ではなかったかと推測される。

『金沢文庫古文書』所収仙戒関連史料表

no	年月日	内容	典拠
1	正応二(一二八九)年一〇月二三日	題未詳書写	識語二九二八
2	同年閏一〇月二二日	釈迦法書写	識語一〇四四
3	同年閏一〇月二三日	仏舎利法	識語二一一四
4	同年閏一〇月二五日	大勝金剛法書写	識語一五五五
5	同年閏一〇月二五日	宝楼閣経法書写	識語二二二二
6	同年閏一〇月二六日	菩提場経書写	識語二二三八
7	同年閏一〇月二六日	六字法書写	識語二六〇八
8	同年閏一〇月二七日	十五童子法書写	識語一〇八一
9	同年閏一〇月二七日	無垢浄光法書写	識語二三九三
10	同年閏一〇月二七日	守護経法日記書写	識語一一五一
11	同年閏一〇月二七日	寿命経法	識語一一六五
12	同年閏一〇月二九日	心経法書写	識語一三三三
13	同年一一月一日	聖観音法書写	識語一一九七
14	同年一一月一日	神呪経書写	識語一三五五
15	同年一一月一日	題未詳書写	識語二九五八
16	同年一一月二日	十一面法書写	識語一〇七四
17	同年一一月二日	准胝法書写	識語一一七六
18	同年一一月四日	多羅法書写	識語一六六二
19	同年一一月四日	不空羂索法書写	識語二〇七七
20	同年一一月四日	題未詳書写	識語二九二九
21	同年一一月四日	題未詳書写	識語二九三二
22	同年一一月四日	題未詳書写	識語二九五五
23	同年一一月五日	八字文殊鎮家法書写	識語一九五八
24	同年一一月六日	五字文殊法書写	識語六九〇
25	同年一一月七日	五大虚空蔵法書写	識語七〇七
26	同年一一月八日	五秘密書写	識語七一七
27	同年一一月九日	延命法書写	識語一七五
28	同年一一月一〇日	地蔵法書写	識語九七二
29	同年一一月一〇日	弥勒法書写	識語二三八七
30	同年一一月一一日	大勢至法書写	識語一五七一
31	同年一一月一一日	滅悪趣尊法書写	識語二四〇八
32	同年一一月一一日	馬鳴法書写	識語二四一五
33	同年一一月一二日	不動略鎮書写	識語二一五六
34	同年一一月一二日	持世菩薩法	識語九六五
35	同年一一月一四日	軍陀利法書写	識語四八五
36	同年一一月一五日	歩擲明王法	識語二二九七
37	同年一一月一八日	題未詳書写	識語二九二五
38	同年一一月二〇日	題未詳書写	識語二九二七
39	同年一一月二一日	大黒天法書写	識語一五二〇
40	同年一一月二七日	千手書写	識語一四二七
41	同年一一月二八日	羅刹天法書写	識語二五一九
42	同年一一月二九日	梵天法書写	識語二三〇七
43	同年一一月三〇日	伎芸天法書写	識語三四六
44	同年一一月三〇日	題未詳書写	識語二九二六
45	同年一二月一日	最勝太子法書写	識語八二八
46	同年一二月一日	題未詳書写	識語二八九一
47	同年一二月二日	題未詳書写	識語二九三三
48	同年一二月二〇日	産秘抄書写	識語八七八
49	同年一二月二〇日	題未詳書写	識語二九四四
50	正応五(一二九二)年八月二五日	塗壇法書写	識語一八三四
51	正応六(一二九三)年一月二日	定仙が仙海に伝法灌頂	六四二五
52	永仁元(一二九三)年一一月二八日	水歓喜天書写	識語一三七〇
53	不明	仙海が剣阿に印信を授ける	六三〇六
54	不明	仙海が剣阿に寛典方大事を授ける	六三八二
55	不明	仙海が多宝寺僧へ宛てた手紙	一七三四

※典拠欄の識語とは『金沢文庫古文書識語編』の番号であり、ただの数字は『金沢文庫古文書』の文書番号である。

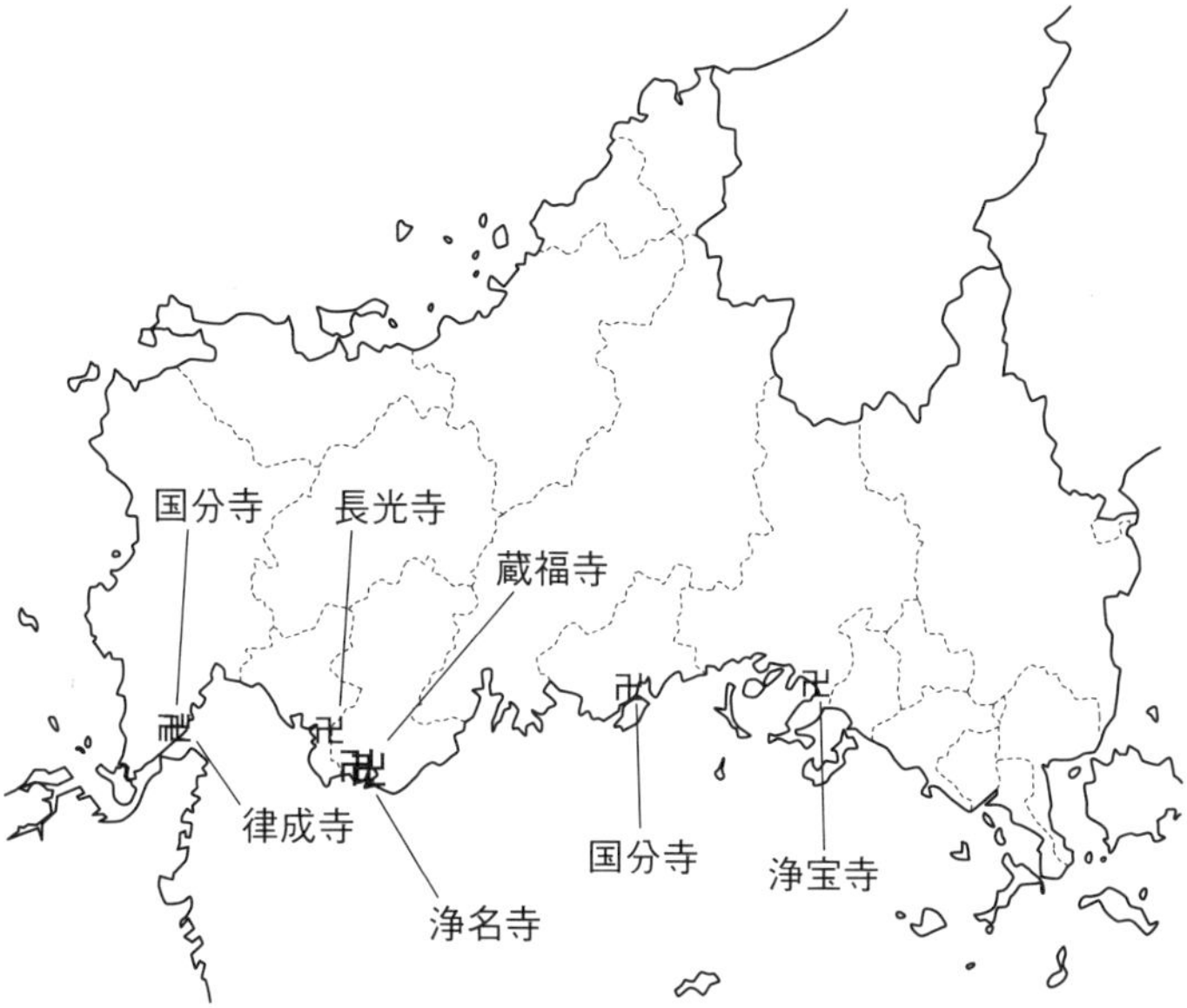

図3　長門・周防両国における西大寺直末寺

善興寺

善興寺の所在地やいつ成立したのかはまったく不明である。従来は、『山口県史　通史編』をはじめ、善興寺は一切無視されてきた。

しかし、先述の**史料（19）**、**史料（20）**のように、「明徳末寺帳」や一四五三年から一四五七年にかけて作成された「西大寺末寺帳」には、第六位の寺格の寺院とされている点は注目すべきである

また、「明徳末寺帳」の注記では、豊前大興善寺の末寺から直末寺となったようである。豊前大興善寺は、厚東氏が建立した豊前国で筆頭の西大寺直末寺であった[95]。それゆえ、善興寺も厚東氏が建立したのであろう。だとすれば、周防灘を媒介とする豊前・長門の連絡網の存在が見えるので興味ぶかい。さらに、一四五三年から一四五七年にかけて作成された「西大寺末寺帳」に見えるように、一五世紀半ばまでは機能していたと考えられる。

おわりに

以上、周防・長門両国における叡尊教団の展開を見た。国分寺の中興は、蒙古襲来を契機とする当時の国策というべきものであり、公武両政権の協力を受けてなされたことが良くわかる。また、周防国分寺の中興活動から理解されるように、叡尊教団内部に鎌倉極楽寺とその末寺が独自な展開を遂げていたこともわかる。さらに、国分寺などの官寺の伝統を引く寺院と異なって、浄宝寺、浄名寺、長光寺といった寺院は陶氏、厚東氏、箱田氏といった地域領主の後援によって成立していったことが明らかとなった。とりわけ、長門国で第五位の寺格である長光寺が利生塔寺院として室町時代においても大いに栄えていた点は注目される。

註

(1) 松井輝昭「西大寺律宗展開の問題点――瀬戸内地域を中心に」(『芸備地方史研究』一三八、一九八二年)。
(2) 追塩千尋『国分寺の中世的展開』(吉川弘文館、一九九六年)。
(3) 『山口県史　通史編中世』(山口県、二〇一二年)。
(4) 松井「西大寺律宗展開の問題点――瀬戸内地域を中心に」〈前註(1)〉一二頁。
(5) 松井「西大寺律宗展開の問題点――瀬戸内地域を中心に」〈前註(1)〉一三頁。
(6) 森茂暁「鎌倉末期・建武新政期の長門国分寺」(『山口県史研究』一、一九九三年)。
(7) 松尾「西大寺末寺帳考」(松尾『勧進と破戒の中世史』吉川弘文館、一九九五年)一三六頁。

(8) 松尾「西大寺末寺帳考」〈前註(7)〉一四〇頁。
(9) 松尾「西大寺末寺帳考」〈前註(7)〉一六一頁。
(10) 松尾「筑後国における展開」(松尾『中世叡尊教団の全国的展開』法藏館、二〇一七年)三四〇頁。
(11) 追塩『国分寺の中世的展開』〈前註(2)〉。
(12) 『山口県史 通史編中世』〈前註(3)〉。
(13) 『山口県史 通史編中世』〈前註(3)〉七六九頁。
(14) 『新南陽市史』(新南陽市、一九八五年)三一五頁。
(15) 『新南陽市史』〈前註(14)〉三二三・三二七頁。『防長寺社由来』第七巻(山口県文書館、一九八六年)一六七頁にも同様の記載がある。
(16) 『山口県の地名』(平凡社、一九八〇年)二四三頁。
(17) 『新南陽市史』〈前註(14)〉一一五二頁。もっとも同書一一五四頁では、浄宝寺(観音堂)が富田茶木原にあったのが移転してきたとする。
(18) 『山口県の地名』〈前註(16)〉。
(19) 『山口県の地名』〈前註(16)〉。
(20) 松尾『中世律宗と死の文化』(吉川弘文館、二〇一〇年)。
(21) 「招提千歳伝記」巻上之二(『大日本仏教全書一〇五 戒律伝来記外十一部』名著普及会、一九七九年)二八頁。
(22) 『金沢文庫古文書一二輯 識語編三』(金沢文庫、一九五八年)三三頁。
(23) 「西大寺代々長老名」(『西大寺関係史料(一) 諸縁起・衆首交名・末寺帳』、奈良国立文化財研究所、一九六八年)七三頁。
(24) 「西大寺代々長老名」〈前註(23)〉七三頁。

(25)「西大寺代々長老名」〈前註(23)〉七三頁。
(26)「西大寺代々長老名」〈前註(23)〉七三頁。
(27)了印房の次に書かれている性通房霊波は、「律苑僧宝伝」(『大日本仏教全書一〇五』)によれば永和三(一三七七)年八月一五日に死去しており、興泉より前に記載されねばならない。「光明真言過去帳」「律苑僧宝伝」いずれかの記載ミスであろう。
(28)「西大寺代々長老名」〈前註(23)〉七三頁。
(29)「西大寺代々長老名」〈前註(23)〉七三頁。
(30)「西大寺代々長老名」〈前註(23)〉七三頁。
(31)「西大寺代々長老名」〈前註(23)〉七三頁。
(32)「住吉神社文書」(『山口県史　史料編中世4』山口県、二〇〇八年)四一九頁。
(33)松尾『勧進と破戒の中世史』〈前註(7)〉。追塩千尋『国分寺の中世的展開』〈前註(2)〉。
(34)周防国分寺については『防府市史　史料Ⅰ』(防府市、二〇〇〇年)なども大いに参考になる。
(35)松尾『忍性』(ミネルヴァ書房、二〇〇四年)一六〇頁。
(36)永村真『中世東大寺の組織と経営』(塙書房、一九九〇年)第二章第一節表二「東大寺大勧進職一覧」。
(37)「周防国分寺文書」一(『防府市史　史料Ⅰ』〈前註(34)〉三六三頁)。
(38)田中敏子「極楽寺二代長老に就て」(『鎌倉』五、一九六〇年)。「極楽寺長老順忍舎利器銘」(『極楽律寺史』極楽寺、二〇〇三年、一〇六頁)も参照。
(39)「常楽記」(『群書類従』第二九輯)嘉暦元年八月一〇日条。
(40)松尾『勧進と破戒の中世史』〈前註(7)〉。
(41)松井「西大寺律宗展開の問題点——瀬戸内地域を中心に」〈前註(1)〉一〇頁。

(42) 松尾『中世叡尊教団の全国的展開』〈前註(10)〉など参照。
(43) 『山口県史　通史編中世』〈前註(3)〉七六八頁。
(44) 『山口県史　史料編中世2』(山口県、二〇〇一年)三九九頁の八月一一日付「周防国目代覚順書状」。
(45) 伊予国分寺の再興が極楽寺僧の手になることは、追塩『国分寺の中世的展開』〈前註(2)〉一九六頁参照。
(46) 丹後国分寺の再興と極楽寺僧との関係については永井規男「丹後国分寺建武再建金堂成立の背景」(『福原考古学研究所論集』吉川弘文館、一九七五年)参照。
(47) 「常楽記」(『群書類従』第二九輯、二二七、応安三(一三七〇)年八月一五日条。
(48) 「西大寺代々長老名」〈前註(23)〉七三頁。
(49) たとえば、乗空房、真珠房、本恵房、正俊房、本寿房など。
(50) 松尾「西大寺末寺帳考」〈前註(7)〉一五六頁。
(51) 『山口県史　通史編中世』〈前註(3)〉。
(52) 森茂暁「鎌倉末期・建武新政期の長門国分寺」〈前註(6)〉。
(53) 松尾「筑後国における展開」〈前註(10)〉三四〇頁。
(54) 森「鎌倉末期・建武新政期の長門国分寺」〈前註(6)〉。
(55) 「西大寺代々長老名」〈前註(23)〉七三頁。
(56) 「西大寺代々長老名」〈前註(23)〉七三頁。
(57) 松尾『中世叡尊教団の全国的展開』〈前註(10)〉一九四頁。
(58) 「西大寺代々長老名」〈前註(23)〉七三頁。
(59) 「西大寺代々長老名」〈前註(23)〉七三頁。
(60) 『山口県史　通史編中世』〈前註(3)〉七七一頁。

(61) 松尾「西大寺末寺帳考」〈前註(7)〉一五四頁。
(62) 「豊府志略(全)」(下関文書館、一九八六年)一六頁。
(63) 「招提千歳伝記」〈前註(21)〉五五頁。
(64) 「西大寺代々長老名」〈前註(23)〉七三頁。
(65) 『大日本史料』第六編四七、二四六・二四七頁。
(66) 『山口県史　通史編中世』〈前註(3)〉七七一頁。
(67) 『山口県史　通史編中世』〈前註(3)〉七七一頁。
(68) 平中十郎『厚東氏史話』(厚東氏史料研究所、一九七二年)九九頁。
(69) 松尾「西大寺末寺帳考」〈前註(7)〉一五五頁。
(70) 浄名寺は一四五三年から一四五七年までの間に作成された西大寺末寺帳にも見える(松尾「筑後国における展開」〈前註(10)〉四〇一頁)。
(71) 「西大寺末寺帳　その三」〈前註(23)〉一一九頁。
(72) 『山口県史　通史編中世』〈前註(3)〉七七一～七七二頁。
(73) 末吉武史『調査報告書山口県宇部市清泰山浄名寺』(二〇一五年)。
(74) 大山喬平「中世領主の館と市庭」(『山口県史　史料編中世3報　山口県史の窓』山口県環境生活部県史編さん室、二〇〇四年)四頁。
(75) 松尾『中世叡尊教団の全国的展開』〈前註(10)〉四〇一頁。
(76) 「西大寺代々長老名」〈前註(23)〉七三頁。
(77) 「西大寺代々長老名」〈前註(23)〉七三頁。
(78) 『山口県史　通史編中世』〈前註(3)〉。七七二頁。

(79) 松尾「西大寺末寺帳考」一五七頁。
(80)「西大寺代々長老名」〈前註（23）〉七三頁。
(81)「西大寺代々長老名」〈前註（23）〉七三頁。
(82)『山口県史　史料編中世3』〈前註（74）〉七一五頁。
(83) 寛永一〇年三月七日付の西大寺末寺帳には見えない（「西大寺末寺帳　その三」〈前註（23）〉一一九頁）。
(84)『山口県史　通史編中世』〈前註（3）〉七七三頁。
(85)『山口県史　通史編中世』〈前註（3）〉七七三頁。
(86)『金沢文庫古文書一二輯　識語編三』〈前註（22）〉二一〇頁。
(87)「西大寺代々長老名」〈前註（23）〉七三頁。
(88) たとえば、定仙書写の「寿命経法」を正応二年閏一〇月二七日に書写している（『金沢文庫古文書一二輯　識語編三』一一六五文書）。
(89)『金沢文庫古文書』六四二五号文書。
(90)『金沢文庫古文書』六三〇六号文書。
(91)「宝珠山洞玄寺由来記」（『防長寺社由来第四巻』山口県文書館、一九八三年）五二一頁。
(92) 本書第一部第四章「西大寺光明真言過去帳の紹介と分析」一一四頁。
(93)「西大寺代々長老名」〈前註（23）〉七四頁。
(94)「西大寺代々長老名」〈前註（23）〉七四頁。
(95) 松尾『中世叡尊教団の全国的展開』〈前註（10）〉三九八頁。

第四章　伯耆・因幡・出雲・石見四国における展開

はじめに

ここでは、中世叡尊教団の伯耆国と因幡国と出雲国と石見国、いわば山陰地方における展開を考察する。そのためには明徳二（一三九一）年に書き改められた「西大寺末寺帳」（「明徳末寺帳」と略記）は重要である。というのも、伯耆国分寺と因幡国分寺と出雲報恩寺と石見正法寺がそれに記されているように[1]、それらは確実に西大寺末寺であったからだ。そこで、伯耆国分寺、因幡国分寺、出雲報恩寺、石見正法寺の順で考察する。

第一節　伯耆国における展開――国分寺に注目して

伯耆国分寺は、現鳥取県倉吉市国分寺に所在したが、現在は廃寺である。国府川に臨んだ久米が原台地末端に位置する。伯耆国分寺については、主に古代の国分寺として研究がなされてきた[2]。

ただ『日本歴史地名大系　鳥取県の地名[3]』が以下のように、一五世紀半ばの再建を伝える。

天暦二年（九四八）一二月二八日の太政官符断簡（続左丞抄）によれば、金光明寺《こんこうみょう》（伯耆国分寺）は北側にある法華寺（国分尼寺）内の倉からの出火により焼失したといい、遺構にも火災の跡が確認される。火災後の再建は不明であるが、文明年間（一四六九～八七）に再建されたともいう（「大谷佐々木家系図」佐々木家文書）。出土遺物などから簡単な仏堂（薬師堂か）があったと思われる。

すなわち、「大谷佐々木家系図」によれば、文明年間（一四六九～八七）に再建されたという。

また、『角川日本地名大辞典　鳥取県』によれば、「現在の護国山国分寺は、寺伝によると、元禄六年に荒廃した国分寺内にあった薬師堂を現在地に移し、曹洞宗に改め、市内和田の定光寺末寺になった」(4)という。すなわち、元禄六（一六九三）年以前には伯耆国分寺は衰頽し西大寺末寺から離脱し、薬師堂のみの寺となっていた。

しかしながら、伯耆国分寺は叡尊教団によって、中世において中興されたのである。この点は、私(5)や追塩千尋氏(6)によって指摘されてはいるが、正面きって論じられてこなかったので、ここで注目する。

中世における国分寺・国分尼寺の中興は、蒙古襲来を契機に始まったと考えられてきた。とりわけ、全国のうち、一九箇国分の中興が、奈良西大寺と鎌倉極楽寺に委ねられ、実際に中興に成功したと考えられている(7)。伯耆国分寺も、それらの一つと考えられている。

史料（1）　松尾「西大寺末寺帳考」一五三頁。

（前略）

伯耆国　国分寺

明徳二年九月廿八日書改之了

史料（1）は、「はじめに」で触れた「明徳末寺帳」である。それには、伯耆国分寺があがっている。ただ、「明徳末寺帳」に記載されている末寺は西大寺から直接住持（長老という）が派遣される僧寺の直末寺であり、[8] 伯耆国に国分寺しか西大寺末寺がなかったわけではない点にも注目すべきである。すなわち、国分尼寺など他にも末寺があったと推測される。

史料（2）　松尾「西大寺末寺帳考」一五七頁。

四室分

相模国 極楽寺	但馬国 常住金剛寺
大和国 大御輪寺	伊賀国 大岡寺
伯耆国 **国分寺**	讃岐国 鷲峰寺

史料（2）は、永享八（一四三六）年三月日付「西大寺坊々寄宿末寺帳」の「四室」分の一部である。「西大寺坊々寄宿末寺帳」は毎年奈良西大寺で開催される光明真言会に際し、どの坊に宿泊するかが記されている。[9] 一五世紀前半において伯耆国分寺は四室に宿泊することになっていたことがわかる。

史料（3）　松尾『中世叡尊教団の全国的展開』三五八頁。

伯耆国
国分寺

史料（3）は、一四五三年から一四五七年にかけて作成された[10]「西大寺末寺帳」の一部である。すなわち、一五世紀半ばにおいても、伯耆国分寺は西大寺末寺であった。しかし、寛永一〇（一六三三）年三月七日付の末寺帳には見えない[11]。

さて、中世伯耆国分寺は、いつから律寺となったのであろうか。このことを考えるうえで、叡尊教団関係者の物故者名簿と言える「光明真言過去帳[12]」は重要である。中世伯耆国分寺関係の律僧として、「光明真言過去帳」に最初に見えるのは、道入房である。

史料（4）　本書第一部第四章「西大寺光明真言過去帳の紹介と分析」九八頁。

○当寺開山長老興正菩薩
　　理性房　光台寺
　　覚法房　佐野寺
　　照道房　小田原
○日浄房　西琳寺
○双意房　勝慢院長老
　　法光房　西谷寺
○円律房　招提寺長老
　　道入房　伯耆国分寺
○覚証房　喜光寺
　　空印房　市原寺
　　蓮順房　清冷寺
　　賢明房　極楽寺

史料（4）は、「光明真言過去帳」の一部である。それによれば、正応五（一二九二）年八月一四日に死去した唐招提寺長老円律房証玄[13]と、永仁六（一二九八）年七月二四日に亡くなった賢明房慈済[14]との間に伯耆国分寺僧道入房が記載されている。道入房は、その間に死去したのであろう。また、異論があるが西琳寺日浄房惣持が永仁二（一二九四）年に死去したとすれば[15]、道入房は一二九二年から一二九四年の間に死去したことになる。

史料（5）　松尾「西大寺叡尊像に納入された「授菩薩戒交名」と「近住男女交名」」七五頁。

伯耆国人
道実　道入房（後略）

史料（5）は、叡尊から受戒した直弟子のリストを書き上げた「授菩薩戒弟子交名」[16]の一部で、伯耆国人である道入房道実があがっている。**史料（4）**の道入房というのは、本史料の道入房道実と同一人物であろう。すなわち、「光明真言過去帳」に伯耆国分寺僧として最初に見える道入房は伯耆国出身で叡尊の直弟子であった。この道入房道実が伯耆国分寺中興の祖であった可能性は高いと考える。道入房は故郷の伯耆国に帰って、国分寺の復興に努めたのであろう。

以上、道入房道実が伯耆国分寺中興の祖であったとすると、従来、謎であったいつから伯耆国分寺の律寺化が始まったかに手がかりを得ることになる。

従来は、追塩氏が長門国分寺の事例から一三一〇年がもっとも早い国分寺律寺化の時期とされてきた[17]。しかし、伯耆国分寺僧の道入房道実は一三世紀末に死去しており、それ以前に伯耆国分寺は律寺化していたのである。このように、一三世紀末には伯耆国分寺が律寺化していたのは確実である。

道入房道実以降にも、「光明真言過去帳」には、以下のように仙観房、素妙房、源通房、覚樹房といった伯耆国分寺僧が記載されている。

史料（6）　本書第一部第四章「西大寺光明真言過去帳の紹介と分析」一〇〇頁。

（前略）

浄勇房　常光寺　　○了心房　戒壇院長老

（中略）

仙観房　伯耆国分寺　　修念房　弘正寺

（中略）

○当寺第四長老沙門静然

史料（6）によれば、伯耆国分寺の仙観房が、元徳元（一三二九）年一〇月三日付で死去した戒壇院長老了心房[18]と、元弘元（一三三一）年一一月一三日付で亡くなった西大寺第四代長老静然[19]との間に記されている。仙観房は、その間に死去したのであろう。

史料（7）　本書第一部第四章「西大寺光明真言過去帳の紹介と分析」一〇八～一〇九頁。

○当寺第十八長老沙門深泉

（中略）

覚意房　浄光寺　　**素妙房　伯耆国分寺**

（中略）

○当寺第十九長老沙門良耀

史料（7）によれば、素妙房が応永二（一三九五）年九月二五日に寂した西大寺第一八代長老深泉[20]と応永一一（一四〇四）年二月二五日に死去した西大寺第一九代長老良耀[21]との間に記載されている。素妙房は、その間に亡くなったのであろう。

史料（8）　本書第一部第四章「西大寺光明真言過去帳の紹介と分析」一一〇～一一一頁。

○当寺第廿二長老沙門英如
（中略）
珠覚房　宝光寺　　　　　源通房　伯耆国分寺
（中略）
○当寺第廿三長老沙門英源

史料（8）によれば、源通房が、応永二二（一四一五）年二月二九日に死去した西大寺第二二代長老英如[22]と、応永二六（一四一九）年一〇月五日に亡くなった西大寺第二三代長老英源[23]との間に記載されている。源通房は、その間に死去したのであろう。

史料（9）　本書第一部第四章「西大寺光明真言過去帳の紹介と分析」一一二～一一三頁。

○当寺第廿六長老沙門高海
（中略）

良文房　正法寺　　　　　　　　　　　　**覚樹房　伯州国分寺**

（中略）

○当寺第二十七長老沙門良誓

史料（9）によれば、覚樹房が、永享八（一四三六）年四月二六日に死去した西大寺第二六代長老高海[24]と、宝徳二（一四五〇）年正月二日に亡くなった西大寺第二七代長老良誓[25]との間に記載されている。覚樹房は、その間に死去したのであろう。先に触れた一五世紀半ばの西大寺末寺帳からも、伯耆国分寺は一五世紀半ばにおいて西大寺末寺であったが、「光明真言過去帳」の分析からも、その事は言える。

ところで、先述のように、伯耆国分寺は文明年間（一四六九〜八七）には再建されたと考えられている。「光明真言過去帳」には覚樹房以後は伯耆国分寺僧が見られないことを考えると、その中興は、律寺としての再興ではなかったのであろうか。後考を期したい。

次に、国分尼寺に関していえば、次の史料が参考になる。

史料（10）　松尾「西大寺叡尊像に納入された「授菩薩戒交名」と「近住男女交名」」一〇六頁。

光台寺

戒蓮　明覚房　卅七　美濃国生、了善　専念房　卅四　大和国生、専真　善覚房　卅三　山城国生、忍恵　覚真房　廿九　山城国生、寂信　性観房　廿七　山城国生、円智　道実房　山城国生、明顕　覚如房　廿四　山城国生、性誉　理教房　廿三　伊勢国生、**覚入　蓮忍房　廿二　伯耆国生**、禅覚　蓮願房　廿三　和泉国生、

照空　妙真房　廿二　讃岐国生、浄円　善性房　廿一　山城国生、性基　覚如房　十八　河内国生、智真　教覚房　十七　大和国生、戒禅　教静房　十七　和泉国生、善忍　本教房　十七　伊予国生

已上形同沙弥尼百三十八人

史料（10）は、先述した「授菩薩戒交名」の一部で、光台寺に所属する形同沙弥尼に伯耆出身の覚入蓮忍房がいたことがわかる。覚入蓮忍房が伯耆国分尼寺に入ったかどうかは不明だが、伯耆出身の尼がいたことは注目される。叡尊直弟子で、伯耆出身の道入房道実が国分寺の復興を担ったように、国分尼寺の復興も、同じく叡尊直弟子の伯耆出身覚入蓮忍房が担ったのかもしれない。可能性として指摘しておこう。

以上、中世伯耆国分寺に注目して、律寺化の過程を見てきた。伯耆国分寺は、国分寺の中では早い時期の一三世紀末には律寺化が伯耆国出身の道入房道実によって始まり、一五世紀半ばまでは律寺として機能していたのである。

第二節　因幡国における展開——国分寺に注目して

因幡国分寺は、袋川中流左岸の平地、現鳥取県鳥取市国府町に所在したが、現在は廃寺で、ただ寺号を継ぐ寺院がある。寛政七（一七九五）年に安部恭庵によって著された『因幡誌（全）』[26]によれば、当時、国分寺は衰退し一草庵となり、その草庵は黄檗宗で、本寺が鳥取興禅寺である最勝山国分寺という、と伝える。すなわち、寛政七年には西大寺末寺ではなかった。

さて、この因幡国分寺についても、古代に関する研究がほとんどであるが[27]、私[28]や追塩氏[29]によって、中世において、

叡尊教団によって中興された一九国分寺の一つとして考えられている、しかし、詳しい分析がなされたわけではないので、ここで論じておく。

因幡国分寺がいつ律寺化したのかははっきりしない。蒙古襲来を契機とした、叡尊教団による国分寺中興運動に伴う活動であったのだろうとは言える。

次の史料を見よう。

史料（11）　松尾「西大寺末寺帳考」一五二頁。

因幡国
国分寺

史料（11）は、先述した明徳二（一三九一）年に書き改められた「明徳末寺帳」の因幡国分である。すなわち、因幡国分寺は明徳二年頃には西大寺直末寺であった。

史料（12）　松尾「西大寺末寺帳考」一六〇頁。

護国院分
伊勢国 弘正寺　　同 興光寺
同 長妙寺　　伊賀国 長福寺
当国 現光寺　　同 喜光寺

同　迎摂寺　　河内　教興寺
同ヤヲキ　金剛蓮花寺　　丹波　物持寺
丹後国　国分寺　　因幡国　**国分寺**

史料（12）は、永享八（一四三六）年三月日付「西大寺坊々寄宿末寺帳」の「護国院」分である。先述のように、「西大寺坊々寄宿末寺帳」は毎年奈良西大寺で開催される光明真言会に際し、どの坊に宿泊するかが記されている。一五世紀前半において因幡国分寺は西大寺護国院に宿泊することになっていたことがわかる。

史料（13）　松尾『中世叡尊教団の全国的展開』三五七頁。

因幡国

国分寺

史料（13）は、一四五三年から一四五七年にかけて作成された(30)「西大寺末寺帳」の一部である。すなわち、一五世紀半ばにおいても、因幡国分寺は西大寺末寺であった。しかし、寛永一〇（一六三三）年三月七日付の末寺帳には見えない(31)。すなわち、一七世紀前半には確実に西大寺末寺を離脱していた。

また、因幡国分寺僧の存在も先に触れた叡尊教団関係者の物故者名簿と言える「光明真言過去帳」によって知られる。

史料（14）　本書第一部第四章「西大寺光明真言過去帳の紹介と分析」一〇六～一〇七頁。

○当寺第十五長老沙門興泉

（中略）

蓬覚房　額安寺　　戒智房　因幡国分寺

（中略）

○当寺第十六長老沙門禅誉

史料（14）は、「光明真言過去帳」の一部である。それによれば、因幡国分寺戒智房が、康暦元（一三七九）年六月晦日に死去した西大寺第一五代長老興泉[32]と、嘉慶二（一三八八）年五月五日に亡くなった西大寺第一六代長老禅誉[33]との間に記載されている。戒智房は、その間に死去したのであろう。

史料（15）　本書第一部第四章「西大寺光明真言過去帳の紹介と分析」一一三～一一四頁。

○当寺第廿八長老沙門元澄

（中略）

印順房　菩提寺　　昌澂房　因幡国分寺

（中略）

○当寺第廿九長老沙門高算

史料（15）も、「光明真言過去帳」の一部である。それによれば、因幡国分寺昌澂房が長禄元（一四五七）年一一月八日に死去した西大寺第二八代長老元澄[34]と、文明三（一四七一）年一一月一二日に亡くなった西大寺第二九代長老高算[35]との間に記載されている。昌澂房はその間に死去したのであろう。

従来、因幡国分寺が律寺として、いつまで機能したのかはっきりしなかったが、一五世紀半ばまでは律寺として機能していたのである。

さて、因幡国分寺がいつ律寺化したのかははっきりしない。しかし、次の史料（16）のような興味ぶかい史料がある。

史料（16）　性海『関東往還記』（細川涼一校注、平凡社、二〇一一年）一九三頁。

廿三日、一条局進私領六ケ所尽未来際殺生禁断状、**因幡国古海郷**、**同国福井幷伏野保**、美濃国時幷多羅山、常陸国塩橋村等也、至于後代、相伝之仁、可守此旨之由、有契状、発心之趣、随喜尤深、

史料（16）は、叡尊の鎌倉下向の記録である『関東往還記』の弘長二（一二六二）年六月二三日条である。それによれば、一条局が私領の六所を殺生禁断の地にする状を叡尊に提出している。その内に、因幡国古海郷（鳥取市古海）、福井（鳥取市福井）、伏野保（鳥取市伏野）が入っている。それゆえ、それが叡尊教団が因幡国へ進出する契機となったのかもしれない。

ところで、中世因幡国分尼寺については、史料がほとんどないが、次の史料は示唆に富んでいる。

史料（17） 松尾「西大寺叡尊像の納入された「授菩薩戒交名」と「近住男女交名」」一〇三頁。

法華寺現在形同

性忍　見智房　六十七　山城国生、春信　円順房　五十一　大和国生、**戒念　念法房　五十　因幡国生**、

史料（17）は、先に触れた「授菩薩戒弟子交名」の一部分である。それによれば、法花寺の形同沙弥尼として因幡出身で五〇歳の念法房戒念がいたことがわかる。

念法房戒念のような因幡国出身者が因幡国分尼寺の中興を担った可能性がある。

第三節　出雲国における展開

二〇〇九年三月六日、ＪＲ山陰線玉造温泉駅で降り、タクシーで報恩寺（現在、島根県松江市湯町玉湯町五六七番に所在する）に向かった。私が、報恩寺に関心を持ったのは、報恩寺が中世出雲国で唯一の西大寺末寺であったからだ。しかし、残念なことにその事実は、従来、まったく知られていない。それゆえ、西大寺末寺としての報恩寺に関する研究は皆無である。『島根県の地名[36]』などでもまったく触れられていない。そこで、ここに論じる次第である。

西大寺末寺としての報恩寺

まず、報恩寺が奈良西大寺の直末寺であったことを示そう。

史料（18）　松尾「西大寺末寺帳考」一五〇頁。

出雲国

「湯」
報恩寺

史料（19）　松尾『中世叡尊教団の全国的展開』三五六頁。

出雲国

報恩寺

史料（18）は、明徳二（一三九一）年に書き改められたという「明徳末寺帳」の「出雲国」分である。それによれば、出雲国の「湯」の報恩寺が西大寺末寺であったことがわかる。本「明徳末寺帳」には、奈良西大寺から住職が直接任命される寺院、すなわち、直末寺が記されている(37)。それゆえ、報恩寺は、一四世紀末において、西大寺直末寺であった。

史料（19）は、一四五三年から一四五七年にかけて作成された西大寺末寺帳の出雲国分である。史料（19）から、報恩寺は一五世紀半ばにおいても西大寺末寺であったと考えられる。

次に、この「湯」の報恩寺が、どこにあったかが問題となる。その手がかりとなるのは、「明徳末寺帳」の報恩寺に付された「湯」という注記である。そこで、「湯」を手がかりに探すと、松江市湯町（旧湯村）にある報恩寺に行き当たる。報恩寺は、現在、真言宗大覚寺末寺で西大寺末寺であったという伝承はまったくない。

『島根県の地名(38)』の記事を引用する。

宍道湖を見下ろす高台にある。養龍山と号し、高野山真言宗。本尊は十一面観音。「雲陽誌」によると、弘法大師の開基と伝え、尼子経久から堀尾吉晴・同忠氏・同忠晴まで代々の祈願所であった。また山内には大昌《だいしょう》寺など七つの末寺があったとされる。とくに堀尾氏の崇敬が厚く、慶長六年（一六〇一）居屋敷、門前二箇所の畑、山林竹木を寄進している（「堀尾氏寺領寄進状」報恩寺文書）。本尊は木造立像。高さ四・二六メートルの丈六仏で、長谷寺式の大作。欅材と松材の寄木造。天冠台上地髪部に一一面を配し、左手に水瓶、右手には錫杖をもつ。衣文は貞観様式の大ぶりなつくりになっている。昭和五六年（一九八一）の大修理で首および足に墨書が発見され、天文七年（一五三八）、運慶の子孫で京都七条《しちじょう》の大仏師式部卿の子康運の作であることが判明した。

以上、要するに報恩寺は、養龍山報恩寺といい、弘法大師開基の伝承を有する古代以来の由緒ある寺院である。かつては、十二坊の塔頭があったといわれるほど大いに栄えた。それゆえ、この湯町報恩寺が、「西大寺末寺帳」に見える「湯」の報恩寺と考えられる。

報恩寺は、「湯」と注記されるように、玉造温泉に近接し、宍道湖の湖畔の高台に建っている。この地には、温泉があったばかりか、向市という市場があり、大いに栄えていた都市的な場であったという。また、報恩寺の裏山には報恩寺古墳があり、古代以来の聖なる場であった。

ところで、報恩寺には、丈六（約四・二三メー

図1　報恩寺蔵十一面観音

トル）の十一面観音が残っている（**図1**）。巨大な十一面観音立像であり、長谷寺の観音と同木と言われる。しかし、修理の際、胎内銘があり、一五三八年制作で、京都の仏師康運の作であったことがわかったという。

このように、古代・中世を通じてひとまず存在が確認できる寺院であり、戦国時代・江戸時代にも、尼子、堀尾氏の保護を受けた。松江城下の南西の裏鬼門を守る寺院と位置づけられ、保護されていたという（以上は、報恩寺に伝来した「報恩寺文書」による）。また、江戸時代には、京都大覚寺末寺であった。

以上のようなことから、「明徳末寺帳」に見える「報恩寺」とは、湯町報恩寺のことと考える。

この報恩寺を誰が律寺として誰が中興したのかについては史料がないのではっきりしない。しかし、叡尊から受戒した弟子たちの名簿である「授菩薩戒弟子交名」によれば、「出雲国人　順然　覚心房[39]」、「出雲国人　栄円　智月房[40]」「唯覚　戒円房　廿八　出雲国生[41]」といった出雲国出身者がいる。史料がないのではっきりしないが、彼らのような出雲出身者が、報恩寺の律寺化に貢献したのかもしれない。

伝大野次郎左衛門五輪塔について

ところで、湯町報恩寺が、西大寺直末寺であったとすると、いろいろと出雲地域の謎が解けてくる。その一例として、出雲地域に出現した巨大五輪塔がある。すなわち、出雲地域にも、二・五メートルを超える、来待石という凝灰岩製の巨大五輪塔が突然出現しているが、その制作主体については謎が多い。特に、報恩寺のある玉造の西、上来待にある伝大野次郎左衛門の墓という伝承をもつ二・五メートルもの巨大五輪塔は謎に満ちている。以下、伝大野次郎左衛門五輪塔（**図2**）という。

この伝大野次郎左衛門五輪塔は、現在の県立わかたけ学園校庭のはずれの台地にぽつんと立っている。土御門天

図2　伝大野次郎左右衛門五輪塔

皇の墓と伝えるが、研究者の間では戦国時代の領主であった大野次郎左衛門の墓と推測されている[42]。しかし、何ら根拠があるわけではない。

ところで、中世の律宗教団が、五輪塔をはじめとする石造遺物を多数作り上げていったことは、周知のごとくである。特に、鎌倉時代の後期から南北朝期にかけて多数の二メートルを超える巨大五輪塔を建造していった。

それゆえ、この伝大野次郎左衛門五輪塔も、報恩寺あるいはその末寺が、建立の主体ではなかったかと考えられる。特に、来待と玉造は隣接しており、報恩寺（その末寺）こそ、巨大五輪塔を出雲地域に持ち込んだ主体と考えたい。

ただ、律宗の五輪塔は、関東は安山岩、関西は花崗岩が多いが、来待は来待石の産地であったために、凝灰岩を使ったと推測する。

第四節　石見国における展開

叡尊教団は石見国においても展開していた。明徳二（一三九一）年に書き改められた「明徳末寺帳」には、石見国正法寺が西大寺直末寺としてあがっている。正法寺は、現在の島根県浜田市三隅町に所在する高野山真言宗の寺院である。そこで、現地調査を踏まえ、[43]以下に論じる。

この石見正法寺については、元興寺文化財研究所『中世民衆寺院の研究調査報告書Ⅱ』[44]が、現地調査を行い、資料収集を踏まえた正法寺研究の到達点ともいうべき研究成果である。

また、『島根県の地名』が正法寺の歴史について簡潔にまとめている。それによれば「高野山真言宗正法寺は天平九年（七三七）行基草創の霊場と伝えられ、建仁二年（一二〇二）藤原国兼が再興、三隅兼信が菩提寺としたという。明徳二年九月二八日の西大寺末寺帳（極楽寺文書）に「三角　正法寺」とみえる[45]。『三隅町誌』[46]によれば、元亀元（一五七〇）年に毛利氏によって三隅氏のよる高城城落城に際し、兵火を蒙り、堂塔伽藍一切灰燼に帰した。三隅家没落の後天正年間（一五七三～九三）、益田兼家の助力を得て尊慶法印が勧進造営の事にあたったという。ここでは、それらを参照しつつ、以下、私見を加えよう。

史料（20）　松尾「西大寺末寺帳考」一四九頁。

石見国

三角 正法寺　大慈院

史料（20）は、「明徳末寺帳」の石見国分である。それによれば、一四世紀末期には石見国三角正法寺が西大寺直末寺であったことがわかる。三角は三隅のことである。注記の大慈院とは、光明真言会に際して、石見国正法寺僧が西大寺の大慈院に宿泊することになっていたことを表している。

史料（21） 松尾「西大寺末寺帳考」一六〇頁。

大慈院分（乗を消して慈とあり）

河内 西琳寺
同万歳 最福寺
河内 千光寺
当国高尾 神願寺
同 福林寺
越前国 神宮護国寺
越中 聖林寺
長門 長光寺

当国 大安寺
紀伊国スタ 利生護国寺
同 寛弘寺
紀伊国 宝光寺
伊賀国 七仏薬師院
越前 大善寺
石見国 **正法寺**

史料（21）は、永享八（一四三六）年三月日付「坊々寄宿末寺帳」の大慈院の部分である。それによれば、石見国正法寺が、永享八年においても奈良西大寺で開催される光明真言会に参加し、その際は大慈院に宿泊することになっていたことがわかる。すなわち、一五世紀の前半においても正法寺は叡尊教団に属していたのである。

史料（22） 松尾『中世叡尊教団の全国的展開』三五五頁。

石見国
正法寺

史料（22）は、一四五三年から一四五七年にかけて作成された[47]「西大寺末寺帳」の一部である。石見正法寺がそれに見える。すなわち、一五世紀半ばにおいても、石見正法寺は西大寺末寺であった。

史料（23）　本書第一部第四章「西大寺光明真言過去帳の紹介と分析」一一二頁。

○当寺第廿五長老沙門栄秀
　順覚房　長妙寺　　　　　**心浄房　石州正法寺**
（中略）
○当寺第廿六長老沙門高海

史料（23）は、「光明真言過去帳」の一部である。それによれば、石見正法寺の心浄房という僧が、永享二（一四三〇）年八月二日に亡くなった[48]西大寺第二五長老沙門栄秀と、永享八（一四三六）年四月二六日に死去した[49]西大寺第二六長老沙門高海との間に記載されている。心浄房は、その間に亡くなったのであろう。とすれば、一五世紀前半にも正法寺は西大寺末寺として、住僧もいたのである。

史料（24）　本書第一部第四章「西大寺光明真言過去帳の紹介と分析」一一五頁。

○当寺第三十長老沙門仙恵
　聡泉房　石州正法寺　　琳光房　西琳寺
　本了房　小塔院　　　　尭珠房　幡州常住寺

順如房　般若寺　　高順房　江州長安寺
真照房　金剛蓮花寺　文地房　肥後浄光寺
永円房　浄住寺　　**真周房　石州正法寺**
（中略）
○聖円房　招提寺長老　良舜房●現光寺

史料（24）も「光明真言過去帳」の一部である。それによれば、石見正法寺の聡泉房と真周房という僧が、文明一〇（一四七八）年八月六日に亡くなった[50]西大寺第三〇代長老沙門仙恵と、文明一八（一四八六）年五月一日に死去した[51]招提寺長老聖円房良恵との間に記されている。聡泉房と真周房は、その間に亡くなったのであろう。とすれば、正法寺には一五世紀の後半においても叡尊教団の住僧がいたことは明らかであろう。

しかし、寛永一〇（一六三三）年三月七日付の末寺帳には見えない[52]。すなわち、一七世紀前半には確実に西大寺末寺を離脱していた。

ところで、正法寺は三隅氏の菩提寺であった。そこで、注目されるのは、三隅氏が海上交通、舟運に関係する武士団であったという事である。中世以来、三隅津は大いに栄えたという[53]。また、鎌倉極楽寺による和賀津の管理をはじめ、中世叡尊教団は港湾の管理を任された。とすれば、正法寺は三隅津の管理を任されていたかもしれ

図3　伝三隅兼連五輪塔

ない。

また、正法寺の役割、とりわけ葬送従事に関して注目されるのは、二つの五輪塔である[54]。一つは、境内の伝三隅兼連五輪塔（図3）であり、いま一つは伝三隅悪五郎五輪塔である。伝三隅兼連五輪塔はいずれも西大寺様式の五輪塔である。伝三隅伝三隅兼連五輪塔は三隅兼連墓と言われ、総高一一八センチ。別称東向の墓とも言う。三隅城主四代兼連は、南北朝期にあって終始南朝に忠誠を尽くし、正平一〇（一三五五）年京都において北朝軍との戦いで戦死した。墓を東都へ向けて築けと遺言したという。他方、伝三隅悪五郎五輪塔は、総高一七二センチ。元亀元（一五七〇）年三隅城落城の際、戦死した三隅悪五郎国定の墓と伝えられるが[55]、鎌倉時代末期のものと考えられる[56]。従来、それらは注目されていないが、正法寺による葬送活動を示す貴重な遺物である

おわりに

以上、伯耆国・因幡国・出雲国・石見国に注目して中世叡尊教団の展開を論じてみた。伯耆国・因幡国は、国分寺が西大寺直末寺であり、山陰地方の国分寺の中世的展開を理解する事例と言える。とりわけ、一三世紀末以前という、史料的には比較的早い時期における、伯耆出身の道入房道実による伯耆国分寺の律寺化を明らかにできた点は重要である。

蒙古襲来退散祈禱を契機として、諸国一宮・国分寺の中興が国策となり、一九箇国の国分寺が奈良西大寺と鎌倉極楽寺に委ねられたが、おそらく、伯耆国分寺のように、そのうちのいくつかの国分寺には叡尊・忍性らによって、それ以前に弟子が派遣され、律寺化が始まっていたのであろう。

ところで、従来は、国分寺と叡尊教団との関係といえば、一五世紀以降において関係を維持していたのは伊予、周防、長門の三国分寺のみと考えられてきた(57)。しかし、これらの他にも、伯耆・因幡国分寺は確実に西大寺末寺であった。その他、尾張国分寺、加賀国分寺、越中国分寺、丹後国分寺、讃岐国分寺、陸奥国分寺も西大寺末寺であった(58)。それゆえ、諸国国分寺の六分の一が西大寺末寺として一五世紀半ばにおいても機能していたことは明らかである。

また、従来、中世に叡尊教団によって復興された国分寺の独自な機能については、等閑に付されてきた。それは史料が少ないことによる。しかし、奈良西大寺の光明真言会に毎年参加していた国分寺の律僧たちが、地元の伯耆・因幡国分寺において、ミニ光明真言会を開いていたと考えるのが自然であろう。国分寺ではない西大寺末寺の律寺では、光明真言会を開いていたと考えられている(59)。また、中世における再興後の国分寺では葬送従事など古代の国分寺僧ができなかったことを行っていたはずである(60)。

さらに、出雲国においては、湯の報恩寺という西大寺直末寺の存在を明らかにしたうえで、伝大野次郎左衛門墓所の造立主体に、報恩寺あるいはその末寺を推測した。文献史料が少なく、明確に論じがたいが、「明徳末寺帳」に見える「湯　報恩寺」とは湯町報恩寺であったはずであり、中世出雲における西大寺末寺の存在が明らかになったと考える。それにしても、報恩寺も市場の近くで、湖岸という交通の要衝で、温泉と玉造という人が集まる都市的な場に立つなど、他の律寺と同じような立地であったことにも注目しておこう。

石見国は、三隅正法寺に注目して叡尊教団の展開をみた。正法寺も西大寺直末寺として一五世紀半ばにおいても機能していた。また、三隅津管理との関係もうかがわれ、五輪塔の存在から葬送従事についても言えるであろう。

註

(1) 松尾剛次「西大寺末寺帳考」(松尾『勧進と破戒の中世史』吉川弘文館、一九九五年)一五三頁。

(2) 『新修国分寺の研究第七巻　補遺』(吉川弘文館、一九九七年)、『新編倉吉市史第一巻　古代編』(倉吉市、一九九五年)、『伯耆国分寺』(倉吉博物館、一九八三年)など参照。

(3) 『鳥取県の地名』(平凡社、一九九五年)五七六頁。それは、『鳥取県文化財調査報告書』第一一集(鳥取県教育委員会　一九七九年)四頁が元ねたであろう。なお、二〇一七年に現地調査を行ったが、大谷佐々木家文書の系図を見ることができなかった。

(4) 『角川日本地名大辞典　鳥取県』(角川書店、一九八二年)三三七頁。

(5) 松尾「勧進の体制化と中世律僧」〈前註(1)〉二八頁。

(6) 追塩千尋『国分寺の中世的展開』(吉川弘文館、一九九六年)二一八頁。

(7) 松尾「勧進の体制化と中世律僧」〈前註(1)〉二七・二八頁。

(8) 松尾「西大寺末寺帳考」〈前註(1)〉一三六頁。

(9) 松尾「西大寺末寺帳考」〈前註(1)〉一六一頁。

(10) 松尾「筑後国における展開」(松尾『中世叡尊教団の全国的展開』法藏館、二〇一七年)三五八頁。

(11) 「西大寺末寺帳　その三」(『西大寺関係史料(一)諸縁起・衆首交名・末寺帳』奈良国立文化財研究所、一九六八年)一一〇頁など参照。

(12) 「光明真言過去帳」については本書第一部第四章「西大寺光明真言過去帳の紹介と分析」を参照。

(13) 「律苑僧宝伝」(『大日本仏教全書一〇五』名著普及会、一九七九年)一四一頁。

(14) 奈良国立博物館編『大和額安寺鎌倉極楽寺五輪塔の納入品』(天理時報社、一九八六年)一二頁。

(15) 松尾『中世叡尊教団の全国的展開』〈前註(10)〉九一頁。

(16)松尾「西大寺叡尊像に納入された「授菩薩戒交名」と「近住男女交名」」(松尾『日本中世の禅と律』吉川弘文館、二〇〇三年)参照。
(17)追塩『国分寺の中世的展開』(前註(6))一八七頁。
(18)「招提千歳伝記」(前註(13))五五頁。
(19)「西大寺代々長老名」(前註(11))七三頁。
(20)「西大寺代々長老名」(前註(11))七三頁。
(21)「西大寺代々長老名」(前註(11))七三頁。
(22)「西大寺代々長老名」(前註(11))七三頁。
(23)「西大寺代々長老名」(前註(11))七三頁。
(24)「西大寺代々長老名」(前註(11))七三頁。
(25)「西大寺代々長老名」(前註(11))七三頁。
(26)安部恭庵『因幡誌(全)』(世界聖典刊行協会、一九七八年)一三八頁。
(27)『新修国分寺の研究』第四巻(吉川弘文館、一九九一年)。
(28)松尾「勧進の体制化と中世律僧」(前註(1))二七・二八頁。なお、大久保宗一『因幡国分寺の今昔』(大久保宗一、一九九一年)は国分寺の現状を知るうえで参考になる。
(29)追塩『国分寺の中世的展開』(前註(6))二三八頁。
(30)松尾「筑後国における展開」(前註(10))三五八頁。
(31)「西大寺末寺帳　その三」(前註(11))一一〇頁など参照。
(32)「西大寺代々長老名」(前註(11))七三頁。
(33)「西大寺代々長老名」(前註(11))七三頁。

(34)「西大寺代々長老名」〈前註(11)〉七四頁

(35)「西大寺代々長老名」〈前註(11)〉七四頁。

(36)『島根県の地名』(平凡社、一九九五年)など。

(37)松尾『勧進と破戒の中世史』〈前註(1)〉一三六頁。

(38)『島根県の地名』〈前註(36)〉一四三・一四四頁。なお、小野澤眞「『西大寺末寺帳』寺院比定試案」(『寺社と民衆』七、二〇一一年)も報恩寺を当寺に比定する。

(39)松尾『日本中世の禅と律』〈前註(16)〉七二頁。

(40)松尾『日本中世の禅と律』〈前註(16)〉七三頁。

(41)松尾『日本中世の禅と律』〈前註(16)〉一〇五頁。

(42)樋口英行『宍道町ふるさと文庫19　白粉石・来待石の宝篋印塔・五輪塔』宍道町蒐古館、二〇〇四年)三九頁。

(43)平成二九(二〇一七)年九月一九日に正法寺を訪問し、御住職高原法明氏のご教示を得た。

(44)元興寺文化財研究所『平成二年度中世民衆寺院の研究調査報告書Ⅱ』(元興寺文化財研究所、一九九一年)。三隅町誌編さん委員会『三隅町誌』(三隅町、一九七一年)なども参考になる。

(45)『島根県の地名』〈前註(36)〉六三八頁。

(46)『三隅町誌』〈前註(44)〉一一七四頁。

(47)松尾「筑後国における展開」〈前註(10)〉三五八頁。

(48)「西大寺代々長老名」〈前註(11)〉七四頁。

(49)「西大寺代々長老名」〈前註(11)〉七四頁。

(50)「西大寺代々長老名」〈前註(11)〉七四頁。

(51)「招提千歳伝記」〈前註(13)〉八七頁。

(52)「西大寺末寺帳　その三」〈前註（11）〉一二〇頁など参照。
(53)『三隅町誌』〈前註（44）〉。
(54)『三隅町の文化財』（三隅町教育委員会、一九九三年）二頁。
(55)『三隅町の文化財』〈前註（54）〉二頁。
(56) 元興寺文化財研究所『平成二年度中世民衆寺院の研究調査報告書Ⅱ』〈前註（44）〉一八〇頁。
(57) 追塩『国分寺の中世的展開』〈前註（6）〉二三八頁。
(58) 松尾『中世叡尊教団の全国的展開』〈前註（10）〉所収の一四五三年から一四五七年にかけて作成された末寺帳参照。
また、丹波金光明寺も丹波国分寺のことであろう。
(59)『新修大阪市史』第二巻（大阪市、一九八八年）二四八頁。
(60) 松尾「勧進の体制化と中世律僧」〈前註（1）〉四九頁などで、丹後国分寺を例に国分寺の葬送従事について見た。

第五章　伊予・讃岐両国における展開

はじめに

中世伊予讃岐両国における叡尊教団の展開については、私[1]や追塩千尋氏[2]、元興寺文化財研究所『中世民衆寺院の研究調査報告書Ⅱ』[3]ほかの研究がある。

ことに元興寺文化財研究所の『中世民衆寺院の研究調査報告書Ⅱ』は、伊予国分寺や讃岐国鷲峰寺の関係資料を収集し分析を加えるなど、到達点と言える。しかしながら、伊予国分寺開山智承による伊予国分寺下向年を正平二三（一三六八）年とするなど問題がある[4]。伊予国筆頭の西大寺末寺であった興法院についてほとんど注目していない。讃岐国についての研究も十分ではない。そこで、以下、本章では、伊予国と讃岐国における叡尊教団の展開を見よう。

第一節　伊予国における展開

中世叡尊教団の伊予国における展開を考察するうえで、「西大寺末寺帳」は重要である。

史料（1）　松尾「西大寺末寺帳考」一五〇頁。

伊予国

興法院　　国分寺「四室」

史料（1）は、明徳二（一三九一）年に書き改められたという「西大寺末寺帳」（「明徳末寺帳」と略す）の「伊予国」の部分である。「明徳末寺帳」に記載された寺院は、西大寺から住持が直接任命される西大寺直末寺である(5)。それによれば、興法院と伊予国分寺が記載されている。それゆえ、興法院と伊予国分寺が西大寺直末寺であった。また、その記載の順序は寺格を表している(6)ので、興法院の方が伊予国分寺よりも寺格は高かったのであろう。そこで、興法院から論じるべきだが、従来、興法院は所在地すら不明とされる寺院であるため、まず国分寺から論じる。

国分寺

伊予国分寺は、現愛媛県今治市に所在し、現在も近くの法花寺とともに西大寺末寺である。伊予国分寺も聖武天皇の勅願で諸国に建てられた国分寺の一つである。いわば古代以来の地方の有力官寺であった。

しかし、古代末には衰頽したようで、その衰えていた伊予国分寺の中興を担ったのは、鎌倉極楽寺であった。とりわけ、その中心人物が智承上人であった。

史料（2）　『伊予史料集成第六巻　国分寺・保国寺文書』一二二頁。

（前略）爰頼朝卿諸国々分二寺、於破処修造御願、令遂之、追彼先蹤、尊氏卿同毎国当寺修復、仰西大寺幷極楽寺、申下　綸旨、故先師智承上人蒙朝武之仰、下向当国、改此地、雖致与力、未返預件所帯、所詮去正平廿三年十月十五日、在御出符、両殿干国之御沙汰始、専寺社之沙汰之間、依為国中第一之寺、御庁宣幷守護御状明察也（後略）

史料（2）は、「応永一九（一四一二）年三月日附霊乗上人言上状」の一部である。それによれば、源頼朝の先例にならって、足利尊氏が諸国国分寺・尼寺の修造をめざし、西大寺と極楽寺に命じて中興させた。そこで、先師智承上人が公武の命を仰いで伊予国に下向して再興をめざした。

史料（2）に記述があるように、足利尊氏が源頼朝の先例を踏まえて諸国国分寺・尼寺の修造をめざし、それらの中興を西大寺と極楽寺に命じたか否かの当否は別として、智承によって伊予国分寺の再興がなされたと考えられている。

智承による復興がいつ始まったかについては、鎌倉末期に極楽寺に中興が命じられたが、**史料**（2）の正平二三（一三六八）年一〇月一五日という年月日から、その日になって西大寺智承が下向してきたと考えられている[7]。しかし、その年月日は、国司と守護が国府に出座した日付のことを指しているのであって、智承の伊予国分寺下向の日付ではない。そこで、伊予国分寺復興の過程を詳しく見よう。
まず、「国分寺文書」には、以下のような文書がある。

史料（3）[8]　『伊予史料集成第六巻　国分寺・保国寺文書』六一頁。

伊予国々分寺、宜致執務専興隆者、
天気如此、仍執達如件
元弘三年十一月三日　　左少弁　御判
極楽寺長老御房
追伸　寺領以下任旧記可致管領由、同被仰下候也

史料（3）は、元弘三（一三三三）年一一月三日付で伊予国分寺の興隆を鎌倉極楽寺長老本性房俊海に命じた後醍醐天皇の綸旨である。すなわち、伊予国分寺は、周防国分寺、丹後国分寺とともに極楽寺に任せられた点[9]がまず注目される。
先述した「霊乗上人言上状」では、建武政権による伊予国分寺の興隆についてはまったく触れられていないが、史料（3）からわかるように、建武政権も伊予国分寺の興隆政策を行っていた。

史料（4）　『伊予史料集成第六巻　国分寺・保国寺文書』六一・六二頁。

伊予国々分寺領得万名間事、任綸旨国宣之旨、甲乙人等停止違乱、寺家可被全知行之状如件、

建武二
五月廿四日　　目代　氏継　在判
永俊上人

史料（4）は、伊予国目代が建武二（一三三五）年五月二四日付で伊予国分寺領の得万名に関して、綸旨・国宣の旨に任せて甲乙人等の違乱を停止し、寺家の知行を全うするように命じている。宛名の永俊上人については、従来、まったく触れられていない。まったくの別人である可能性も残るが、「霊乗上人言上状」など伊予国分寺側の史料にまったく言及がなく、おそらく智承上人の別称と考えておきたい。(10)

史料（5）　『伊予史料集成第六巻　国分寺・保国寺文書』六二頁。

伊予国分寺并寺領等、如元管領不可有相違、殊可被致興行沙汰之由院宣所候也、仍執達如件
建武三年十二月十二日　　参議資明
極楽寺長老上人御房

史料（6）(11)　『伊予史料集成　第六巻　国分寺・保国寺文書』六四頁。

極楽寺雑掌隆慶申、当国々分寺同寺領等事解状如此、去年十二月十二日所被下院宣、早任先例可沙汰付雑掌、若有帯証文申子細之族者、且取進校正案、且可催上其仁、使節亦有緩怠者、可有其科之状、依仰執達如件
建武四年十月十七日

伊予国守護　　　　阿波守（花押）

史料（7）　『伊予史料集成第六巻　国分寺・保国寺文書』六五頁。

極楽寺雑掌隆慶申、伊予国国分寺同寺領等事、任去々年十二月十二日院宣、可沙汰雑掌由事、去年十月十七日施行付給候了、先立御管領上者、不可有子細候、恐々謹言

（暦応元）十一月十九日　　　　善恵（花押）

智承上人

さて、元弘三年一一月三日に極楽寺に伊予国分寺の復興が命じられたが、なかなかうまくいかなかった。**史料（5）**の建武三（一三三六）年一二月一二日付「光厳上皇院宣案」、**史料（6）**の建武四（一三三七）年一〇月一七日付「室町幕府禅立方頭人奉書」のように、たびたび寺領回復と中興が命じられている。それらを踏まえて、当時の領主河野通盛によって、国分寺領が智承に沙汰し付けられている。すなわち、この**史料（7）**によって、智承は暦応元（一三三八）年には下向していたと考えるべきであろう。以上のように、暦応元年には下向していた智承によって、伊予国分寺の中興は行われた。しかしながら、智承による伊予国分寺の中興は順調にいったわけではなく、正平二三（一三六八）年一〇月一五日になって、ようやく中興活動が安定したと考えられる。

ところで、智承は、ともすれば西大寺僧とする説もあるが[12]、**史料（3）**や**史料（5）**によって明らかなように、伊予国分寺の中興は極楽寺によって担われていた。それゆえ、智承も極楽寺から派遣されたと考えるべきであろう。

ところが、明徳二（一三九一）年になると、先述の史料（1）のように伊予国分寺は西大寺直末寺となっている。

史料（8）　松尾「西大寺末寺帳考」一五七頁。

四室分

伊予国《いよのくに》

国分寺

史料（8）は、永享八（一四三六）年付の「坊々寄宿末寺帳[13]」の「四室分」である。それによれば、毎年、奈良西大寺で開催されている光明真言会に際して、伊予国分寺は西大寺の四室に宿泊することになっていた。先述した史料（1）＝「明徳末寺帳」の注記に「四室」とあるのも、その事を表している。すなわち、伊予国分寺は、西大寺で開催される光明真言会に参加していたのである。

史料（9）　松尾『中世叡尊教団の全国的展開』三五六頁。

伊予国

国分寺　　　興法院

史料（9）は、一四五三年から一四五七年にかけて作成された[14]「西大寺末寺帳」である。それによれば、史料（1）の「明徳末寺帳」と異なり、国分寺が興法院よりも最初に書かれており、格上の扱いを受けている。興法院が衰頽しつつあったのであろう。

ところで、追塩氏の研究によれば、律寺独自な活動が見られない[15]とされるが、国分寺僧が西大寺の光明真言会に参加していたように、伊予国分寺においても死者の追善行事などを行うようになっていたと考えられる。

興法院

伊予国興法院については、その所在地すらわからないこともあって、研究がなされてこなかった。しかし、**史料**（1）の「明徳末寺帳」によれば伊予国西大寺直末寺の筆頭寺院であった。また、**史料**（9）のように、一五世紀半ばにおいても、国分寺に筆頭の地位は譲ったとはいえ西大寺末寺であった。寛永一〇（一六三三）年の西大寺末寺帳には見えない[16]ので、その頃には末寺ではなかった。

それゆえ、まったく手がかりがないとは考えがたい。そこで、探してみると、可能性がある寺院がないわけではない。すなわち、現西条市丹原町久妙寺にあった弘法院である。弘法院については、『愛媛県の地名[17]』が詳しいので以下に引用する。

久妙寺の西部山麓にあり、前に新池がある。真言宗御室派。梵音山と号し、本尊千手観音。明治初年の「伊予国周布郡地誌」に「境内東西四十六間、南北二十七間、面積五反三畝二十七歩、村の中央ノ内梵音山ニアリ、年月不詳行基開基創建（中略）嵯峨天皇勅シテ祈年（念カ）所トナシ、支院十二坊ヲ置キ田若干ヲ附セラル」とある。「予陽郡郷俚諺集」「愛媛面影」にも本尊は千手観音・二十八部衆、開山不明、空海再興、南嶺二重塔婆は礎石のみ残るとあり、塔本尊運慶作大日如来、十二所権現堂、南渓に荒神堂、峠に春日社、東に石の六地蔵とある。如意輪観音・涅槃像・両界曼陀羅など が伝わり、寺領は高松《たかまつ》・願連寺《がんれんじ》・池田《いけだ》三ヵ荘を領し一二坊あったが、それは宝光《ほうこう》寺・善福《ぜんぷく》寺・正善《しょうぜん》寺・便《べん》（蓮か）乗《じょう》寺・大見《だいけん》寺・法禅《ほうぜん》寺・阿弥陀《あみだ》寺・宝持《ほうじ》寺・中之《なかの》坊・理本坊《りほん》・法蔵坊《ほうぞう》・向坊《むかい》であったといい、地名として残っているものもある。宝永七年（一七一〇）の「周布郡大手鏡」には、京仁和寺末寺、一、真言宗　梵音山**弘法院**　東光坊久妙寺、一、久妙寺本尊　観音堂五間ニ五間半、一、鐘釣堂（同所ニ有）一丈ニ二間、一、大日堂（同所ニ有）二間四方久妙寺内ニ有、一、十二社権現　四尺ニ一間一、春日大明神祠、一、弁財天祠、とあり、同書にはさらに、古昔ハ末寺十二坊有之寺領山林等有之由申伝ル観音堂七間ニ八間有之由其後廃壊及三間四面之堂有之天和三癸亥年観音堂及大破建立仕候ニ付材木被下置人足周布郡中より御出シ被下周布桑村奉賀ヲ以四間ニ四間半堂成就（中略）観音厨子貞享元甲子年周布桑村両郡助力ニテ相調（中略）鐘楼堂並鐘貞享二乙丑年建立仕ルニ付堂入用材木被下置（中略）寺ハ寛文三癸亥年（中略）四間ニ五間之寺建立仕ル右寺及大破並寺地引申ニ付元禄六癸酉年（中略）五間ニ六間寺成就仕ルとあり、周布《しゅうふ》郡内から桑村《くわむら》郡までを含む普請が行われる大寺であったことがわかる。明治四五年（一九一二）に本堂を焼失したが、大正二年（一九一三）に再建された。

以上からも、久妙寺が栄えて居た様子がうかがえる。とりわけ、宝永七（一七一〇）年の「周布郡大手鏡」には、「京仁和寺末寺　一、真言宗　梵音山**弘法院**　東光坊久妙寺」とある点は注目される。すなわち、久妙寺内に弘法院があった。字が異なるが、音通で弘法院も興法院も同じであろう(18)。久妙寺は、行基菩薩草創伝承の寺院であり、行基信仰を有する叡尊教団が入ってもおかしくはない。それゆえ、可能性を指摘しておこう。

さて、興法院は、伊予国における西大寺末寺の筆頭寺院であり、僧侶についても史料が残されている。

史料（10）　本書第一部第四章「西大寺光明真言過去帳の紹介と分析」一〇一～一〇二頁。

〇当寺第五長老沙門賢善　（中略）

聞恵房　羂索院　　　　　　　円源房　丹後国分寺
○寂禅房　招提寺長老　　　　念観房　神宮寺
（中略）
寂乗房　正法寺　　　　　　**勝円房　興法院**
（中略）
本如房　称名寺　　　　　　良仙房　丹波惣持寺

史料（10）は、叡尊教団の物故者名簿[19]といえる「光明真言会過去帳」の一部である。それによれば、暦応四（一三四一）年六月一五日に死去した唐招提寺長老寂禅房慶円[20]と、貞和二（一三四六）年一一月三〇日に死去した金沢称名寺第三代長老本如房湛睿[21]との間に勝円房が記されている。勝円房はその間に死去したのであろう。すなわち、一四世紀の前半には律寺、正確には律院として活動していたのであろう。

史料（11）　本書第一部第四章「西大寺光明真言過去帳の紹介と分析」一〇二～一〇三頁。

○当寺第六長老沙門澄心
（中略）
覚智房　長光寺　　　　　　**本円房　興法院**
（中略）
○当寺第七長老沙門信昭

史料（11）も、「光明真言会過去帳」の一部である。本円房が、貞和三（一三四七）年九月五日に亡くなった[22]西大寺第六代長老澄心と、文和元（一三五二）年三月二日に死去した[23]西大寺第七代長老信昭との間に記載されている。本円房は、その間に亡くなったのであろう。

史料（12）　本書第一部第四章「西大寺光明真言過去帳の紹介と分析」一〇四頁。

○当寺第九長老沙門覚真

（中略）

尊観房　当寺住　　敬智房　興法院

（中略）

○当寺第十長老沙門清算

史料（12）も、「光明真言会過去帳」の一部である。敬智房が、延文五（一三六〇）年一〇月二五日に亡くなった[24]第九代長老覚真と、貞治元（一三六二）年一一月一四日に死去した[25]第一〇代長老清算との間に標されている。敬智房は、その間に亡くなったのであろう。

史料（13）　本書第一部第四章「西大寺光明真言過去帳の紹介と分析」一〇六〜一〇七頁。

○当寺第十五長老沙門興泉

（中略）

円智房　興法院　　　　　　　　空覚房　大御輪寺

（中略）

○当寺第十六長老沙門禅誉

史料（13）も、「光明真言会過去帳」の一部である。円智房が、康暦元（一三七九）年六月晦日に死去した[26]第一五代長老興泉と、嘉慶二（一三八八）年五月五日に亡くなった[27]第一六代長老禅誉との間に標されている。円智房はその間に亡くなったのであろう。

この円智房が「光明真言会過去帳」に見える興法院僧の最後であるが、先述の**史料**（9）のように、一五世紀半ばにおいても興法院は西大寺末寺であった。ただ、筆頭寺院から第二位に変わっている点は注目される。

第二節　讃岐国における展開

中世叡尊教団は讃岐国へも展開をしていた。そのことは、叡尊から授戒を受けた直弟子名簿と言える弘安三（一二八〇）年の「授菩薩戒弟子交名」に讃岐国人として、「覚聖　慈聖房[28]」、「俊性　覚樹房[29]」、「聖増　修蓮房[30]」、「祐円　覚性房[31]」、「円心　如月房[32]」、「乗顕　日蜜房[33]」らが見える点にもうかがえる。讃岐国への展開に関しては、元興寺元興寺文化財研究所『中世民衆寺院の研究調査報告書Ⅱ』[34]が到達点といえる研究であるが、まだまだ十分とは言いがたい。そこで、ここで取り上げる。

叡尊教団の讃岐国への展開を考えるうえでも、明徳二（一三九一）年に書き改められた「明徳末寺帳」は重要である。

史料（14）　松尾「西大寺末寺帳考」一五〇頁。

讃岐国
柏原 鷲峰寺　四室　　屋島 普賢寺
国分寺　四室

史料（14）は、「明徳末寺帳」の「讃岐国」分である。それによれば、鷲峰寺、普賢寺、国分寺の三箇寺が記載されている。その記載の順序は、その国の西大寺末寺内の寺格を表している。[35] それゆえ、鷲峰寺が讃岐国でもっとも寺格の高い寺院であった。まず、鷲峰寺から見る。

鷲峰寺

鷲峰寺は、円通山鷲峰寺といい、香川県高松市国分寺町柏原に所在する。現在は天台宗であるが、中世を通じて西大寺直末寺であった。

さて、鷲峰寺については、先述の『中世民衆寺院の研究調査報告書Ⅱ』が以下のように述べている。[36]

延享四年（一七四七）「円通山鷲峰寺縁起」（中略）によると、当寺は天平勝宝六（七五四）に鑑真和上によって開創され、当初は釈迦如来を本尊とした。その後貞観年中に智証大師（円珍）が再興し、千手観音を安置したという。「尾道浄土寺文書」嘉元四（一三〇六）年十月十八日の定証請文によると、この年に西大寺第二代長老信空上人が鷲峰寺僧の招きで、尾道浄土寺から「讃州柏原堂」へ赴き、鷲峰寺で布薩をしたという。すでにこの頃には西大寺派となっていたことがわかる。

すなわち、鷲峰寺は鎌倉末期には西大寺末寺であったことが明らかにされている。とりわけ、鷲峰寺が日本律宗の祖とされる鑑真による草創伝承を有する点は注目される。叡尊教団が「柏原堂」と呼ばれるほど堂一つの状態に衰頽していた鷲峰寺の中興を目指した背景には鑑真草創伝承の存在があったと推測される。後に触れる屋島寺も、鑑真草創伝承を有している。

次に、鷲峰寺の律寺としての中興の事情をより詳しく見ておこう。

史料（15） 「定証起請文」（『鎌倉遺文　古文書編』巻三〇、東京堂出版、一九八六年）二二一七四号文書、四六頁。

（前略）、十三日辰刻於堂崎乗船、為讃州柏原堂供養、依彼寺僧請解纜畢、（後略）

史料（15）は、嘉元四（一三〇六）年一〇月一八日付の「浄土寺定証起請文」の一部である。それによれば、西大寺第二代長老信空が浄土寺から讃岐国柏原堂供養に招聘され、船で讃岐国へ渡ったことを伝えている。注目されるのは、鷲峰寺が「柏原堂」と呼ばれている点である。寺院としての寺容が整っていれば鷲峰寺と表記されたはずであろう。とすれば、その記事は鷲峰寺本堂の落慶供養であったと考えられる。まさに、その頃、鷲峰寺は寺観が整いつつあったのである。

史料（16） 「律苑僧宝伝」一四八頁。

徳治元年十月結二界讃之鷲峰寺一。与二比丘六十余人一同行二布薩一。

史料（16）は、「律苑僧宝伝」の信空伝の一部である。それによれば、徳治元（一三〇六）年に、信空が鷲峰寺を結界し、比丘六〇余人とともに布薩を行った。本史料によれば、先の**史料**（14）の柏原堂が鷲峰寺のことを意味し、堂供養が寺としての結界であったことを示している。この史料は江戸時代の記録であるが、ひとまず律寺としての鷲峰寺が徳治元年に始まったという伝承があったのであろう。

史料（17）　松尾「西大寺末寺帳考」一五七頁。

四室分

相模国　極楽寺
大和国　大御輪寺
伯耆国　国分寺
越中国　弘正寺
周防国　浄法寺
加賀国　宝光寺
出羽国　菩提寺
大隅国宮内　正国寺
越中　円満寺

但馬国　常住金剛寺
伊賀国　大岡寺
讃岐国　**鷲峰寺**
備中国　金光寺
讃岐国　国分寺
讃岐国　屋島寺
伊予国　国分寺
伊勢　福善寺
長州　蔵福寺

阿弥《江州》陀寺　タカ嶋郡新城庄ほり川

史料（17）は、永享八（一四三六）年三月付の「坊々寄宿末寺帳」の「四室分」である。それによれば、鷲峰寺僧は、西大寺光明真言会に際して、四室に宿泊することになっていた。すなわち、一五世紀前半においても鷲峰寺は西大寺末寺であった。

史料（18）　松尾『中世叡尊教団の全国的展開』三五六頁。

讃岐国

鷲峰寺　普賢寺《ヤシマ》

国分寺　屋嶋寺

史料（18）は、一四五三年から一四五七年にかけて作成された[37]「西大寺末寺帳」の「讃岐国」分である。それによれば、**史料**（14）の「明徳末寺帳」と異なり、屋嶋寺が増えている点が注目されるが、鷲峰寺も見え、一五世紀後半においても西大寺末寺であった。しかし、寛永一〇（一六三三）年三月七日付の末寺帳には見えず[38]、その頃には西大寺末寺ではなくなっていた。延宝四（一六七六）年に園城寺から観慶が招かれて、天台宗となった[39]。

史料（19）　本書第一部第四章「西大寺光明真言過去帳の紹介と分析」九九～一〇〇頁。

○示観房　招提寺長老　理心房　当寺住

（中略）

恵日房　**鷲峰寺**　　　光律房　大日寺
了一房　同寺　　　宗賢房　霊山寺

史料（19）は、叡尊教団の物故者名簿といえる「光明真言会過去帳」の一部である。それによると、鷲峰寺の恵日房が、元亨元（一三二一）年九月五日に死去した唐招提寺長老示観房と、元亨三（一三二三）年八月一一日に死去した駿河霊山寺長老宗賢房との間に記されている。恵日房はその間に亡くなったのであろう。ところで、柏原堂と呼ばれていた鷲峰寺が寺観を整え、本堂の供養がなされ、律寺としての中興がなったのが嘉元四（一三〇六）年一〇月だとすれば、「光明真言過去帳」に鷲峰寺僧として最初に出てくる恵日房が鷲峰寺の開山であった可能性は高い。この恵日房については、叡尊から授戒を受けた直弟子名簿といえる弘安三（一二八〇）年の「授菩薩戒弟子交名」に「法同沙弥」と見える「賢宗　恵日房」かもしれない。可能性を指摘しておこう。

この恵日房の他にも、「光明真言会過去帳」には道戒房、円空房といった鷲峰寺の僧侶が記載されている。

史料（20）　本書第一部第四章「西大寺光明真言過去帳の紹介と分析」一〇二頁。

〇寂禅房　招提寺長老　　　念観房　神宮寺

（中略）

道戒房　**鷲峰寺**　　　空証房　月輪寺

（中略）

専如房　屋嶋寺　　　　　　　　　　円空房　鷲峰寺

（中略）

本如房　称名寺　　　　　　　　　　良仙房　丹波惣持寺

史料（20）も、先述の「光明真言会過去帳」の一部である。それによれば、暦応四（一三四一）年六月一五日に死去した唐招提寺長老寂禅房慶円[44]と、貞和二（一三四六）年一一月三〇日に死去した金沢称名寺第三代長老本如房湛睿[45]との間に道戒房と円空房が記されている。道戒房と円空房とはその間に死去したのであろう。すなわち、一四世紀の前半にも鷲峰寺僧の存在が知られる。

さらに、注目されるのは、天文一一（一五四二）年一二月一七日付で慶栄が注進した「鷲峰寺領庄内名々分帳事[46]」である。それによれば、天文一一年においても、分米だけで四〇石を越える寺領を有している点である。とりわけ「せキノ池下売地　六反小」には、「国分寺かかへ」と注記があり、近くの国分寺と、その頃においても関係を有していたと考えられる。

讃岐国分寺

国分寺は、現在の香川県高松市国分寺町国分に所在した。讃岐国分寺については、古代に関して研究がある程度で、中世については、西大寺末寺であったことが指摘されているくらいである[47]。そこで、より詳しく見よう。

史料（14）の「明徳末寺帳」では第三番目に記載されており、讃岐国内の西大寺末寺で第三位の寺格であった。讃岐国分寺については、律寺時代の資料が少なく、「十五世紀以降の西大寺との関係をうかがうことのできる国分

図　讃岐国分寺五輪塔

寺は、伊予・周防・長門の三カ寺位」とされ、一五世紀以降には西大寺末寺でなくなった[48]ように考えられてきた。

　しかしながら、先述した**史料（17）**からわかるように、讃岐国分寺は永享八（一四三六）年三月付の「坊々寄宿末寺帳」の「四室分」に記載されており、国分寺は鷲峰寺とともに、西大寺光明真言会に際して、四室に宿泊することになっていた。すなわち、一五世紀前半においても西大寺末寺として、光明真言会に参加していたのであろう。また、讃岐国分寺は、**史料（18）**のように、一四五三年から一四五七年にかけて作成された「西大寺末寺帳」に載っており、讃岐国分寺も一五世紀半ば以降においても西大寺末寺であった。

　ところで、国分寺には、元禄八（一六九五）年二月日付の「国分寺末寺帳」[49]があり、最盛期には三二箇寺の末寺があったが、その多くが天正年中（一五七三〜九二）に衰頽した[50]と伝える。伊予国の西大寺直末寺第三位の律寺であった国分寺の繁栄ぶりがうかがえる。

　また、国分寺が管理する西山墓所には鎌倉時代から南北朝期と推定される三基の五輪塔があり、そのうちのもっとも大きい高さ一四四センチの五輪塔は国分寺を再興した住持の墓標か供養塔と推定されている[51]**（図）**。別稿[52]で、叡尊教団が葬送活動に従事し、西大寺様式の五輪塔を建立したことを明らかにした。先の五輪塔は空輪・風輪が別石の可能性もあるが、とすれば一八〇センチ近くの巨大五輪であった可能性もある。それゆえ、中興された国分寺僧たちは、葬送活動に従事していたことを示している。

屋島寺（屋島普賢寺）

先述した「明徳末寺帳」〈史料（14）〉には屋島普賢寺が、一四五三年から一四五七年にかけて作成された「西大寺末寺帳」〈史料（18）〉には屋島普賢寺と屋島寺とがあがっている。しかしながら、屋島普賢寺については確実な史料がないため、屋島寺に注目する。

屋島寺は、香川県高松市屋島東町に所在し、南面山千光院と称す(53)。屋島寺については、慶長一六（一六一一）年一〇月一三日付の「屋島寺竜巌勧進帳(54)」によれば、鑑真が来島し、一伽藍を建立して普賢像を安置した。後に弘仁年間に弘法大師が千光院を建て、自ら千手観音像を刻んで、両部大曼荼羅堂などを整備したという。

この勧進帳から判断すれば、すなわち、鑑真が屋島に建てたという寺院が普賢寺で、弘法大師が建立したというのが屋島寺のことで、普賢寺は衰頽し、屋島寺が残ったのであろうか。後考を期したい。

ところで、鑑真が建てたという普賢寺は、鑑真弟子の恵雲が建立したというのが実態であったようである。

史料（21）　「招提千歳伝記」四三頁。

律師諱恵雲、字空盛、未詳姓氏、支那人也、嗣法高祖和尚、徳音振海岱、随吾大師来遊日国、於東大壇従吾高祖受具足戒、後為戒壇第五和尚、嘗於讃州建寺号屋嶋、常講律教、勧化道俗、是故学士如雲起、若弘法大師従師学習毘尼云、

史料（21）は「招提千歳伝記」の「屋嶋寺空盛雲律師伝」である。それによれば、恵雲は鑑真の弟子の中国人僧で、屋島寺を建てて律を講じたという。屋島寺を叡尊教団が中興の対象にしたのは、律宗の祖と言える鑑真にゆか

りの寺院であったからであろう。

史料（22）　本書第一部第四章「西大寺光明真言過去帳の紹介と分析」一〇二頁。

○寂禅房　招提寺長老　　念観房　神宮寺

（中略）

専如房　屋嶋寺　　円空房　鷲峰寺

（中略）

本如房　称名寺　　良仙房　丹波惣持寺

ところで、屋島寺については、**史料**（22）のように、屋島寺僧の存在が知られる。**史料**（22）は、先述の「光明真言会過去帳」の一部である。それによれば、暦応四（一三四一）年六月一五日に死去した唐招提寺長老寂禅房慶円[55]と、貞和二（一三四六）年一一月三〇日に死去した金沢称名寺第三代長老本如房湛睿[56]との間に専如房が記されている。専如房はその間に死去したのであろう。すなわち、一四世紀の前半に屋島寺僧の存在が知られる。この専如房は、「授菩薩戒弟子交名」の「比丘衆」の項に「伊勢国人　性阿　専如房[57]」と見える性阿かもしれない。可能性を指摘しておこう。

ところで、屋島寺は、先述した**史料**（17）の永享八（一四三六）年三月付の「坊々寄宿末寺帳」の「四室分」や、**史料**（18）の一四五三年から一四五七年にかけて作成された「西大寺末寺帳」にも見える。屋島寺は、その頃まで機能していたのである。

おわりに

以上、叡尊教団の伊予国・讃岐国における展開を見た。伊予国分寺は鎌倉極楽寺僧智承が建武新政期に下向して中興がなされ、南北朝期までは極楽寺の直末寺であった。ところが、明徳二（一三九一）年には、三河以東は極楽寺が、尾張以西は西大寺が末寺を支配するという取り決めがなされ、伊予国分寺も西大寺直末寺となっていた。また、伊予興法院は、従来まったく論じられてこなかった。しかしながら、興法院は現西条市丹原町久妙寺内に所在した可能性があり、一五世紀半ばにおいても西大寺直末寺であったことなどを明らかにした。

讃岐国については、鷲峰寺が一三〇六年に律寺となったことや、讃岐国分寺が最盛期には三二箇寺もの末寺を有する寺院であったこと、葬送活動に従事していたこと、屋島普賢寺・屋島寺もともに一五世紀後半においても機能していたことなどを論じた。

註

（1）松尾剛次「勧進の体制化と中世律僧」（松尾『勧進と破戒の中世史』吉川弘文館、一九九五年）二七頁など。片山才一郎『金光山国分寺史』（国分寺、一九七三年）も参考になる。
（2）追塩千尋『国分寺の中世的展開』（吉川弘文館、一九九六年）二一八頁。
（3）元興寺文化財研究所『平成二年度中世民衆寺院の研究調査報告書Ⅱ』（元興寺文化財研究所、一九九一年）。伊予国分寺文書は、『伊予史料集成第六巻　国分寺・保国寺文書』（伊予史料集成刊行会、一九七九年）、『国分寺古文書』

（国分寺、一九六四年）が参考になる。
(4) 元興寺文化財研究所『平成二年度中世民衆寺院の研究調査報告書Ⅱ』〈前註（3）〉一八九頁。
(5) 松尾「西大寺末寺帳考」〈前註（1）〉一三六頁。
(6) 松尾「西大寺末寺帳考」〈前註（1）〉一四〇頁。
(7) 元興寺文化財研究所『平成二年度中世民衆寺院の研究調査報告書Ⅱ』〈前註（3）〉一八九頁。
(8) 『伊予史料集成第六巻　国分寺・保国寺文書』〈前註（3）〉六一頁。なお、『愛媛県史　資料編古代・中世』（愛媛県、一九八三年）五一六頁によって「追申」部分を補った。
(9) 中世叡尊教団は西大寺が総本寺であったとはいえ、西大寺から住職が派遣される西大寺流（西大寺とその末寺）と鎌倉極楽寺から派遣される極楽寺流（極楽寺とその末寺）に大きく区分されていた。
(10) 智承房永俊といった具合に、智承が房名、永俊が諱といった関係を想定している。
(11) 『伊予史料集成第六巻　国分寺・保国寺文書』では本文書を「阿波守施行状」とするが、本文書は禅律方頭人細川和氏発給の禅律方頭人奉書である。禅律方頭人奉書については松尾「室町幕府の禅・律対策」『勧進と破戒の中世史』〈前註（1）〉参照。
(12) 元興寺文化財研究所『平成二年度中世民衆寺院の研究調査報告書Ⅱ』〈前註（3）〉一八九頁。
(13) 「坊々寄宿末寺帳」の資料の性格については松尾「西大寺末寺帳考」〈前註（1）〉一六一頁参照。
(14) 松尾『中世叡尊教団の全国的展開』（法藏館、二〇一七年）三四〇頁。
(15) 追塩『国分寺の中世的展開』〈前註（2）〉。
(16) 「西大寺末寺帳　その三」（奈良国立文化財研究所編『西大寺関係史料（一）諸縁起・衆首交名・末寺帳』一九六八年）。
(17) 『愛媛県の地名』（平凡社、一九八〇年）一七二頁。また、久妙寺についての研究として『丹原町誌』（丹原町、一九九一年）一三八三頁がある。
(18)『愛媛県の地名』〈前註（17）〉一七二頁。
(19)「光明真言過去帳」については本書第一部第四章「西大寺光明真言過去帳の紹介と分析」を参照。
(20)「招提千歳伝記」（『大日本仏教全書一〇五』名著普及会、一九七九年）二八頁。
(21)『金沢文庫古文書第一二輯　識語編三』（金沢文庫、一九五八年）三二一頁。
(22)「西大寺代々長老名」〈前註（16）〉七三頁。
(23)「西大寺代々長老名」〈前註（16）〉七三頁。
(24)「西大寺代々長老名」〈前註（16）〉七三頁。
(25)「西大寺代々長老名」〈前註（16）〉七三頁。
(26)「西大寺代々長老名」〈前註（16）〉七三頁。
(27)「西大寺代々長老名」〈前註（16）〉七三頁。
(28)松尾「西大寺叡尊像に納入された「授菩薩戒交名」と「近住男女交名」」（松尾『日本中世の禅と律』吉川弘文館、二〇〇三年）六九頁。
(29)松尾「西大寺叡尊像に納入された「授菩薩戒交名」と「近住男女交名」」〈前註（28）〉七一頁。
(30)松尾「西大寺叡尊像に納入された「授菩薩戒交名」と「近住男女交名」」〈前註（28）〉七二頁。
(31)松尾「西大寺叡尊像に納入された「授菩薩戒交名」と「近住男女交名」」〈前註（28）〉七四頁。
(32)松尾「西大寺叡尊像に納入された「授菩薩戒交名」と「近住男女交名」」〈前註（28）〉七五頁。
(33)松尾「西大寺叡尊像に納入された「授菩薩戒交名」と「近住男女交名」」〈前註（28）〉七八頁。
(34)元興寺文化財研究所『平成二年度中世民衆寺院の研究調査報告書Ⅱ』〈前註（3）〉。
(35)松尾「西大寺末寺帳考」〈前註（1）〉一三六頁。

(36) 元興寺文化財研究所『平成二年度中世民衆寺院の研究調査報告書Ⅱ』〈前註（7）〉一八五頁。
(37) 松尾『中世叡尊教団の全国的展開』〈前註（14）〉三四〇頁。
(38) 「西大寺末寺帳　その三」〈前註（16）〉。
(39) 元興寺文化財研究所『平成二年度中世民衆寺院の研究調査報告書Ⅱ』〈前註（3）〉一八五頁。
(40) 「光明真言過去帳」については本書第一部第四章参照。
(41) 「招提千歳伝記」〈前註（20）〉二五頁。
(42) 湯山学「駿河国木瀬河・沼津と霊山寺」（『地方史静岡』一五、一九八七年）一五頁。
(43) 松尾「西大寺叡尊像に納入された「授菩薩戒交名」と「近住男女交名」」〈前註（17）〉七九頁。
(44) 「招提千歳伝記」〈前註（20）〉二八頁。
(45) 『金沢文庫古文書第一二輯　識語編三』〈前註（21）〉三三頁。
(46) 『香川叢書　第二』（名著出版、一九七二年）二六頁。
(47) 松尾「西大寺末寺帳考」〈前註（1）〉一四一頁、元興寺文化財研究所『平成二年度中世民衆寺院の研究調査報告書Ⅱ』〈前註（3）〉一八四頁、『香川県の地名』（平凡社、一九八九年）、追塩『国分寺の中世的展開』〈前註（2）〉一九一頁。
(48) 追塩『国分寺の中世的展開』〈前註（2）〉二一八頁。
(49) 『香川叢書　第一』（名著出版、一九七二年）三三九〜三四二頁。
(50) 『香川叢書　第一』〈前註（49）〉三三九〜三四二頁。
(51) 『国分寺町の文化財』（国分寺町文化財保護委員会編、一九八〇年）一一頁。
(52) 松尾『中世律宗と死の文化』（吉川弘文館、二〇一〇年）。
(53) 元興寺文化財研究所『平成二年度中世民衆寺院の研究調査報告書Ⅱ』〈前註（3）〉一八四頁。

(54)『香川叢書　第二』〈前註(49)〉一四六～一四七頁。
(55)「招提千歳伝記」〈前註(20)〉二八頁。
(56)『金沢文庫古文書第一二輯　識語編三』〈前註(21)〉三二頁。
(57)松尾「西大寺叡尊像に納入された「授菩薩戒交名」と「近住男女交名」」〈前註(28)〉七八頁。

おわりに

本書は、「はじめに」で述べたように、前著『中世叡尊教団の全国的展開』の続編で、奈良西大寺叡尊《えいぞん》をいわば祖師とする叡尊教団を鎌倉新仏教教団のもう一つの典型と位置づけたうえで、その全国的な展開を明らかにすることを目指している。とりわけ、前著で扱えなかった中国・四国地方、畿内・北陸・関東地方への展開を明らかにしようとした。

まず、本書の構成と初出を示そう。

はじめに（新稿）

第一部　鎌倉新仏教教団としての叡尊教団

第一章　黒衣と白衣――袈裟の色の思想史

原題「黒衣と白衣」（『シリーズ・東アジア仏教　日本仏教論』春秋社、一九九五年）

第二章　鎌倉新仏教論と律僧――平雅行氏による批判に応える

原題「鎌倉新仏教論の深化をめざして――平雅行氏の書評に答える」（『史学雑誌』九九編一〇号、一九九〇年）

第三章　関東祈禱所再考――禅・律寺に注目して
原題「関東祈禱所再考――禅・律寺に注目して」（『日本仏教綜合研究』一四、二〇一六年）
第四章　西大寺光明真言過去帳の紹介と分析
原題「西大寺光明真言過去帳の紹介と分析」（速水侑編『日本社会における仏と神』吉川弘文館、二〇〇六年）

第二部　叡尊教団の畿内・北陸・関東地方への展開

第一章　摂津国における展開（新稿）
第二章　和泉国における展開（新稿）
第三章　近江国における展開（新稿）
第四章　丹後国における展開（新稿）
第五章　越前・越後・加賀国における展開（新稿）
第六章　常陸・下総・信濃国における展開（新稿）
第七章　鎌倉極楽寺流の成立と展開――初代から九代までの極楽寺歴代住持に注目して
原題「鎌倉極楽寺流の成立と展開――初代から九代までの極楽寺歴代住持に注目して」（『山形大学大学院社会文化システム研究科紀要』一四、二〇一七年）

第三部　叡尊教団の中国・四国地方への展開

第一章　播磨国における展開（新稿）

第二章　備中・備後両国における展開（新稿）
第三章　周防・長門両国における展開（新稿）
第四章　伯耆・因幡・出雲・石見四国における展開
原題「中世叡尊教団の伯耆・因幡・出雲・石見四国における展開――国分寺等に注目して」（『山形大学歴史・地理・人類学論集』一九、二〇一八年）
第五章　伊予国・讃岐国における展開（新稿）

おわりに（新稿）

採録論文の初出年を見れば、一九九〇年から二〇一八年までのほぼ三〇年近くにわたって書いた論文を集めたものと言えるが、第二部、第三部は、新稿のものがほとんどである。とはいえ、現地調査自体は、かなり以前から行っていたものを活字化したにすぎない。

構成を見れば明らかなように、第一部で、まず、鎌倉新仏教教団として叡尊教団の律僧（尼）たちを位置づけた。第一部第一章は、袈裟の色の思想史の観点から、「鎌倉新仏教とは何か」の問題に迫ったものである。近年では、法然、親鸞、道元、日蓮らを開祖とするいわゆる鎌倉新仏教の中世における役割は小さく、寺院・僧侶・寺領の面で、多数派は、旧仏教寺院の方であったとされる。いわゆる鎌倉新仏教教団が力を持ち出すのは一五世紀以降と考えられ、鎌倉新仏教というより、戦国仏教と呼ぶべきとする説までもある。

他方、私は、従来、旧仏教の改革派、すなわち旧仏教と考えられてきた、明恵、叡尊らが長期にわたり教団を形成しており、「個人」救済を組織的に行うなど、鎌倉新仏教教団として変わらない活動を行い、彼らの方が大きな役割を果たしてきたことを明らかにしてきた。いわば、叡尊教団などをもう一つの鎌倉新仏教教団と考えている。それゆえ、「個人」救済という質の面のみならず、教団の果たした役割の大きさという量の面からも、鎌倉新仏教教団の再評価をすべきと考えている（松尾『鎌倉新仏教の誕生』講談社、一九九五年など参照）。その際、叡尊らがいわゆる鎌倉新仏教教団と同じく官僧身分ではない遁世僧であった点が大いに注目されるが、本章では、遁世僧の象徴として黒衣を着る点に注目している。

第一部第二章は初出がほぼ三〇年前であるが、顕密体制論継承者の第一人者である平雅行氏との論争を通じて、私見と顕密体制論との相違、私見と旧来の鎌倉新仏教論との違いを明確にできると考え採録した。

第一部第三章では、関東祈禱所とも表記される鎌倉将軍家祈禱所を分析し、一三世紀後期の蒙古襲来の危機以後は、五〇箇寺を越える律寺が関東祈禱所化していたことを明らかにした。従来の鎌倉新仏教論では、鎌倉新仏教の特徴として民衆救済宗教という考えがあり、親鸞らが典型とされたために、将軍家との関係は等閑にふされた感がある。しかし、叡尊教団ほかの律寺（禅寺も）は、個人救済を第一義としながらも将軍家祈禱（鎮護国家の祈禱）も行っていたのである。

第一部第四章では、叡尊教団関係者の物故者名簿といえる「光明真言過去帳」の紹介と分析を行った。第二部以下の全国的な展開を考察するうえでもしばしば使う史料である。初出は二〇〇六年であるが、その後の原本調査により、初出の誤りを正すことができた。西大寺当局に感謝いたします。

第二部では七章にわたり、叡尊教団の畿内・北陸・関東地方での展開について、第三部では五章にわたって、中国・四国地方への展開を明らかにしようとしている。その際、地域史の成果に学びつつ、三つの中世西大寺末寺帳と「光明真言過去帳」などの西大寺関係史料を使い、現地調査を踏まえて論じた。第三部の中国地方もそうであるが、鎌倉極楽寺流（極楽寺とその末寺群）の、西大寺流とは異なる独自な展開と役割の大きさが知られた。

以上のような構成を有する本書であるが、本書によって明らかになった主要な事柄をまとめておこう。

（一）叡尊教団の存在

第一部では、叡尊教団について官僧と遁世僧という概念を使って、「鎌倉新仏教」のもう一つの典型として位置づけた。しかし、従来は、ともすれば叡尊・忍性のみが注目され、叡尊教団の存在については十分な光が当てられてこなかった。松尾著『中世律宗と死の文化』（吉川弘文館、二〇一〇年）、『中世叡尊教団の全国的展開』（法藏館、二〇一七年）と本書によって、叡尊教団の全体像が面として明確になったと自負している。もっとも、極楽寺とその末寺が展開した東国に関してはやり残した点が多い。

（二）「光明真言過去帳」の信頼性

叡尊教団の研究を始めて今年で四三年ほどになる。一つのテーマを四〇年以上も続けて研究を続けていると、史料も集まり、なんとなくではあるが史料を作成した人の息づかいが感じられるようになってきた。本書第一部第四章で紹介した叡尊教団関係者の過去帳である「光明真言過去帳」は、そうした史料の一つである。

「光明真言過去帳」を使いだした当初は、その信頼性に疑問がなかったわけではない。とりわけ備後浄土寺の寺伝では一三二七年に死去したとされる浄土寺開山定証が一三〇七年に亡くなった僧のところに記載されていた点などは「光明真言過去帳」の信頼性に疑問を抱かせるものであった。ところが、第三部第二章で論じたように定証は一三〇七年には亡くなっていることは確実であり、「光明真言過去帳」への信頼性が大いに高まったといえる。

（三）直末寺と私相伝の寺

別著『勧進と破戒の中世史』（吉川弘文館、一九九五年）で述べたように、西大寺末寺には二種類の末寺があった。直末寺と私相伝寺の二つである。直末寺は、西大寺がその寺の住持職（長老ともいう）任命権を有する末寺のことで、いわば直轄寺院である。他方、私相伝寺は、西大寺系の僧が長老であるが、その任命権は寺の開基の一族などが把握している寺院のことである。たとえば、近江石津寺は古代以来の寺院で、とりわけ藤原家代々の墳墓所であった。一四世紀末頃の別当兵部阿闍梨は不法を行い、怠けもので、妻子を蓄え、寺領を売却し、修造を行わないために、堂舎は衰微し、追善供養も行えないような状態であった。そこで、藤原直親は、明徳二（一三九一）年に別当を追放し、石津寺を律院とした。その際、舅甥で、西大寺門弟佐々木慈恩寺長老興算の弟子であった祐算を招いて、石津寺の興行を行った。ここに石津寺は西大寺系の私相伝の寺院となった。その後、石津寺は応永二〇（一四一三）年八月一〇日に西大寺直末寺となった。この事例は、西大寺系の私相伝寺院から西大寺直末寺の過程を明確に示していよう。

（四）叡尊教団の全国的ネットワークの存在

叡尊教団の研究を進めてみると、律僧たちの活動が全国的な広がりをもって行われていたことが注目される。そのことは永享八（一四三六）年三月付の「坊々寄宿末寺帳」などによって、全国から毎年、西大寺光明真言会に律僧が集合し、交流していたことからも想像される。ことに、第三部第二章などで明らかにしたように、西大寺僧実行房実専は、備中国成羽高梁川の開削に協力して成功させたが、後に、彼は和泉国久米田寺による日根野荘の開発を依頼されるほどであった。

（五）律寺化を支えた地方有力商人や武士

叡尊教団の全国的な展開を具体的に跡づけてみると、律寺化の過程が明らかとなった。その際、まず注目されるのは後援者として地方有力商人や武士の存在である。

備後浄土寺は、定証が、永仁六（一二九八）年に鎮西（九州）に布教のために、航海の都合で尾道浦にしばらく逗留したことに始まったが、定証の後援者の中心人物は、尾道浦の浦人（豪商カ）で有力者の光阿弥陀仏であった。また、近江慈恩寺は、室町幕府の有力者で、近江の有力者あった佐々木氏頼によって建立されたように、地方武士が律寺の後援者となっていた。丹後金剛心院を後援した松田氏、紀伊利生護国寺を後援した隅田氏など地方武士を後援者とする律寺も多い。

律寺というと、北条氏と結びついたイメージが強いが、当初は地方武士が建立した寺院が、後に将軍家祈禱寺に指定されるなどして、北条氏との関係を深めていったのであろう。

（六）律寺による地方荘園の管理

さらに注目されるのは、（四）とも関連するが律寺による地方荘園の管理機能がある。越後曼荼羅寺は越後佐味庄の管理を本寺である西大寺から委ねられていた。また、丹後泉源寺も西大寺丹後国志楽庄の管理を任されていた。こうしたケースは各地であったのだろう。

律僧が庄園の管理などに関わったケースは西大寺のみならず興福寺、高野山など他の諸大寺の場合もそうであった。たとえば、越前大善寺は、興福寺領河口庄の政所を務めているし、備後今高野金剛寺は高野山領大田荘の庄園管理に携わっていた。戒律護持を標榜し、廉直さで知られる律僧たちは、庄園管理を任されたのである。

（七）諸国国分寺復興の担い手としての律僧

蒙古襲来退散祈禱を契機として、諸国一宮・国分寺の中興が国策となり、一九箇国の国分寺が奈良西大寺と鎌倉極楽寺に委ねられたことはよく知られている。もっとも、長門国分寺はその一九箇国とは別であった（森茂暁「鎌倉末期・建武新政期の長門国分寺」『山口県史研究』二、一九九三年）。本書第三部第一・三章で論じたが、おそらく一三世紀末には律寺として再興された伯耆国分寺のように、そのうちのいくつかの国分寺には叡尊・忍性らによって、それ以前に弟子が派遣され、律寺化が始まっていたのであろう。その中興を支援したのは、国衙の責任者である国司以下の在庁官人であった。

ところで、従来は、国分寺と叡尊教団との関係といえば、一五世紀以降において関係を維持していたのは伊予・周防・長門の三国分寺のみと考えられてきた。しかし、これらの他にも、伯耆・因幡国分寺は確実に西大寺末寺であった。その他、尾張国分寺・加賀国分寺・越中国分寺・丹後国分寺・但馬国分寺・讃岐国分寺・陸奥国分寺の国分寺も西大寺末寺であった。また、筑前国分寺も一五世紀において東山太子堂速成就院の末寺であった（松尾『中世律宗と死の文化』吉川弘文館、二〇一〇年、一七六頁）。それゆえ、諸国国分寺の約五分の一が西大寺末寺として一五世紀半ばにおいても機能していたことは注目すべきことであろう。

（八）鎌倉極楽寺流の展開

本書第二部第七章で見たように、鎌倉極楽寺とその末寺群が東国のみならず西国にも展開していた。とりわけ、極楽寺第三代長老善願房順忍、第四代長老本性房俊海の時代には、極楽寺流と呼ぶべきほどの末寺展開をしていたことは確実である。今後は極楽寺流がどの程度の広がりをもって、いつまで大きな役割を果したのか明らかにする必要がある。

これまで、ともすれば西大寺とその末寺群は西大寺流と呼ばれることが多かったが、それでは極楽寺流（極楽寺とその末寺群）の独自な展開は捉えることができない。私は、叡尊教団という呼称を使って、西大寺流と極楽寺流の両方の動向を摑もうとしているが、叡尊教団という表記の有効性が言えよう。

あとがき

私は叡尊教団の研究を卒論研究以来行ってきたが、今年で四三年目となった。四三年も研究していると、私家版の叡尊教団データベースもどきも整ってきて、かつては分からなかったことが分かることも多い。本書は、そうした研究の成果の一つであるが、本書刊行には二つの理由がある。

二〇一七年二月に法藏館から『中世叡尊教団の全国的展開』（以下、前著と表記）を上梓したところ、予想外の反響があり、『中外日報』（二〇一七年四月一四日号）、『六大新報』（二〇一七年五月五日号）末木文美士氏（『山形新聞』二〇一七年七月五日号）、追塩千尋氏（『佛教史學研究』五九―二、二〇一七年）、大谷由香氏（『日本歴史』八三八、二〇一八年）、前川健一氏（『宗教研究』三九一、二〇一八年）、誉田慶信氏（『歴史』一三一、二〇一八年）、ほかによって書評・紹介された。それらの書評等により、とりわけ前著では紙幅の都合もあって扱わなかった地域における展開についての続編の刊行が求められた。そこで、本書を刊行することにしたのである。

さらに、私は、今年度末で六五歳となり、勤務する山形大学人文社会学部を定年退職する予定である。平均寿命が延び、六五歳でもそれほどの老人ではないが、知人で六〇前後で亡くなった人も多い。その一人に故中村生雄氏がいる。科研調査で一緒に中国・韓国などを旅したが、調査の際に本当に熱心であった。その理由を聞くと、「死」を意識して、研究成果のまとめに邁進されているとのことであった。中村氏は研究成果のまとめを完成せずに、それから間もなく六二歳で亡くなられたが、そうした故人の無念さを思うと、私も生きているうちに研究成果をまとめたいというあせりにも似た気持ちが湧いてきている。そこで、退職の記念とライフワーク研究のひとまずの集大成として本書の刊行を志した。

本書は単著（私家版は除く）では一三冊目であるが、山形大学人文社会科学部の出版助成を受けることができた。山形大学人文社会学部の助成を受けるのは本書で四度目であり、深甚の感謝の意を表する。また、三八年間もの長期に亘り、私の研究生活を支援してくれた山形大学教養部、人文学部、人文社会学部と同僚・学生にも感謝したい。また、本書は、科学研究費基盤研究（c）「中世叡尊教団の全国的展開」（課題番号25370760、代表松尾剛次）、同「親鸞理解の変遷についての総合的研究」（課題番号16K02169、代表藤井淳、松尾は分担者）を使った研究成果であることを記しておく。また、駒澤大学の藤井淳氏には貴重な御教示を得た。名古屋大学の高松世津子氏には校正を手伝っていただいた。さらに本書の編集を担当された法藏館の上山靖子さんにも感謝したい。

ところで、前著でもそうだが、本書でも表紙に清凉寺式釈迦像の写真を使っている。清凉寺式釈迦像は叡尊教団寺院の本尊であり、前著では本寺である奈良西大寺と、豊後金剛宝戒寺の清凉寺式釈迦像の写真を使用した。金剛宝戒寺の清凉寺式釈迦像で九州地方における展開を象徴させている。本書では、鎌倉極楽寺の清凉寺式釈迦像で東国への展開を象徴させている。また、本書の裏表紙では尾道浄土寺の南無仏太子像（聖徳太子二才像）の写真を使用している。南無仏太子像は、叡尊教団の聖徳太子信仰を端的に示すものであるが、ここでは中国地方への教団の展開を象徴させている。写真の使用を快諾してくださった所蔵者に感謝の意を表します。

最後に、私も二人の孫娘を持つ身となった。孫たちが、本書を手にとって理解できる日が来ることを願って、筆を置こう。

平成三〇年一〇月一五日　台湾のホテルの一室にて

松尾剛次

松尾剛次（まつお　けんじ）

1954年、長崎県生まれ。東京大学大学院人文科学研究科国史学専門課程博士課程を経て、現在、山形大学人文学部教授。東京大学文学博士。専攻は、日本宗教史、日本中世史。主な著書に『鎌倉新仏教の成立』『勧進と破戒の中世史』『日本中世の禅と律』『中世律宗と死の文化』（以上、吉川弘文館）、『中世の都市と非人』『山をおりた親鸞　都をすてた道元』『中世叡尊教団の全国的展開』（以上、法藏館）、『中世都市鎌倉を歩く』（中公新書）、『忍性』（ミネルヴァ日本評伝選）、『破戒と男色の仏教史』『知られざる親鸞』（平凡社新書）、『親鸞再考』（NHK 出版）、『仏教入門』（岩波ジュニア新書）など多数。

鎌倉新仏教論と叡尊教団

二〇一九年三月二〇日　初版第一刷発行

著　者　松尾剛次

発行者　西村明高

発行所　株式会社法藏館
京都市下京区正面通烏丸東入
郵便番号　六〇〇-八一五三
電話　〇七五-三四三-〇〇三〇（編集）
〇七五-三四三-五六五六（営業）

装幀者　野田和浩

印刷・製本　中村印刷株式会社

ISBN978-4-8318-6066-8 C3021

索　引

I　人　名

あ行——

か行――

さ行――

た行――

な行――

は行――

ま行――

や行――

ら・わ行――

Ⅱ　寺 社 名

あ行――

か行――

さ行——

た行——

な行——

は行——

Ⅲ　書名・史料名

あ行――

か行――

さ行――

た行——

な・は行――

ま行――

や・ら行――

Ⅳ　事　項

あ行――

か行――

さ行――

た行――

な行――

は行――

ま行――

や・ら・わ行――